Die Bedeutung des vorehelichen Zusammenlebens
im Scheidungsfolgenrecht

Studien zum deutschen und internationalen Familien- und Erbrecht

Herausgegeben von Martin Lipp, Christoph Benicke,
Marina Wellenhofer und Bettina Heiderhoff

Band 11

PETER LANG
Frankfurt am Main · Berlin · Bern · Bruxelles · New York · Oxford · Wien

Linda Schlegel

Die Bedeutung des vorehelichen Zusammenlebens im Scheidungsfolgenrecht

PETER LANG
Internationaler Verlag der Wissenschaften

Bibliografische Information der Deutschen Nationalbibliothek
Die Deutsche Nationalbibliothek verzeichnet diese Publikation in der Deutschen Nationalbibliografie; detaillierte bibliografische Daten sind im Internet über http://dnb.d-nb.de abrufbar.

Zugl.: Frankfurt (Main), Univ., Diss., 2011

Gedruckt auf alterungsbeständigem, säurefreiem Papier.

D 30
ISSN 1864-497X
ISBN 978-3-631-60788-6

www.peterlang.de

Vorwort

Die vorliegende Arbeit wurde im Wintersemester 2010/2011 vom Fachbereich Rechtswissenschaften der Johann Wolfgang Goethe-Universität Frankfurt am Main als Dissertation angenommen. Rechtsprechung und Literatur haben bis Januar 2011 Berücksichtigung gefunden.

Mein besonderer Dank gilt Frau *Prof. Dr. Marina Wellenhofer-Klein* für die Anregung zu diesem Thema sowie die Betreuung der Arbeit im Rahmen meiner schönen Zeit als wissenschaftliche Mitarbeiterin an ihrem Lehrstuhl. Herrn *Prof. Dr. Albrecht Cordes* danke ich für die zügige Erstellung des Zweitgutachtens, Herrn *Prof. em. Dr. Dres. h.c. Peter Gilles* für die Übernahme des Vorsitzes der Prüfungskommission sowie Frau *Prof. Dr. Bettina Heiderhoff,* Herrn *Prof. Dr. Christoph Benicke,* Herrn *Prof. Dr. Martin Lipp* und meiner Doktormutter für die Aufnahme in diese Schriftenreihe.

Bedanken möchte ich mich außerdem bei meinen Lehrstuhlkolleginnen und Freundinnen *Elena Götzel, Dr. Ulla Möhn, Thi Hong Phuong Nguyen* sowie *Dr. Martha Schlenk* für die nette Arbeitsatmosphäre am Lehrstuhl und die wertvolle Unterstützung persönlicher Natur sowie in Form von Korrekturlesen.

Meinen Eltern *Dres. Cornelia und Günter Schlegel* danke ich für ihre Unterstützung sowie ihr uneingeschränktes Vertrauen während des gesamten Studiums und Entstehungsprozesses dieser Arbeit.

Mein inniger Dank gilt meinem Lebensgefährten *Jürgen Schnabel* für den notwendigen Rückhalt und sein liebevolles Verständnis in allen Phasen des Schreibens.

Frankfurt am Main, im Juni 2011 | Linda Schlegel

Inhaltsverzeichnis

Einleitung

„Familienrecht ist – wie die Familie selbst – ganz lebendig und dynamisch. Das muss es auch. Denn das Familienrecht muss auf soziale Veränderungen reagieren.“[1]

A. Einführung in die Problematik

Rechtsprechung und Gesetz haben den Anspruch, sich der sozialen Wirklichkeit anzupassen. Dies gilt insbesondere für das Familienrecht, weil hier zwischenmenschliche Beziehungen wie in keinem anderen Rechtsgebiet tangiert werden. Darüber hinaus betrifft es die natürlichen Wurzeln unserer Gesellschaft.

Über die letzten Jahrzehnte hinweg kann ein stetiger Wandel der Familien- und Partnerschaftsformen verzeichnet werden.[2] Es gibt insbesondere immer mehr sog. nichteheliche Lebensgemeinschaften.[3] Das heißt Mann und Frau leben zusammen, ohne eine Ehe geschlossen zu haben. Seit 1996 ist die Zahl nichtehelicher Lebensgemeinschaften um ein Drittel gestiegen und steigt auch weiterhin.[4] Im Jahr 2005 gab es rund 2,4 Millionen nichtehelicher Lebensgemeinschaften.[5] Mehr als die Hälfte aller nichtehelichen Lebensgemeinschaften gehen in eine Ehe über.[6] In diesem Fall spricht man auch von vorehelichen Lebensgemeinschaften oder von vorehelichem Zusammenleben der Ehegatten. Somit macht die voreheliche Lebensgemeinschaft den Großteil nichtehelicher Lebensgemeinschaften aus und ihre Anzahl steigt weiter.[7] Die künftigen Ehegatten leben vor allem vor der ersten Ehe zusammen, also im Alter zwischen 20 und 30 Jahren.[8] Dies spiegelt sich im kontinuierlich steigenden Erstheiratsalter

---

1 Zitat aus der Rede von *Brigitte Zypries* als damaliger Bundesjustizministerin am 7.7.2005 in Berlin beim Ambassadors Club, „Ein modernes Familienrecht für Deutschland“, abrufbar auf der Seite des Bundesministeriums der Justiz (www.bmj.bund.de).

2 Zu den rechtstatsächlichen Hintergründen vgl. etwa *Peuckert,* Familienformen im sozialen Wandel, 2008.

3 Z. B. Statistisches Bundesamt, Im Blickpunkt: Frauen in Deutschland 2006, S. 38; gute Darstellung zur Zunahme nichtehelicher Lebensgemeinschaften bei *Nave-Herz,* FPR 2001, S. 3.

4 Statistisches Bundesamt, Mikrozensus 2006, Leben in Deutschland, S. 30.

5 Statistisches Bundesamt, Mikrozensus 2006, Leben in Deutschland, S. 30; von den 2.417.000 nichtehelichen Lebensgemeinschaften sind 1.674.000 ohne Kinder und 770.000 mit Kindern, vgl. Zahlen bei *Münder/Ernst,* S. 69.

6 Siehe hierzu unten Fn. 45.

7 Aufgrund der gesellschaftlichen Veränderungen, siehe hierzu unter B. I. 1. ausführlich.

8 Vgl. MünchKomm/*Wellenhofer* Nach § 1302 Rn. 6.

wider.[9] Die Gründe für einen Aufschub der Eheschließung sind meist längere Ausbildungszeiten oder insgesamt längere berufliche Unsicherheit.[10] Aber die Ehegatten leben nicht nur vor der ersten Ehe zusammen. Immer häufiger wird nämlich auch „zwischen den Ehen" zusammengelebt – das heißt nach einer ersten und vor einer zweiten Ehe,[11] vor allem weil die Scheidungsrate wächst.[12] Die nichteheliche Lebensgemeinschaft bietet sich insoweit als vorübergehende Beziehungsform nach einer gescheiterten Ehe an. Dabei leben im Unterschied zu Beziehungen vor der ersten Ehe überwiegend Kinder in der Partnerschaft und zumindest ein Lebensgefährte steht fest im Berufsleben.

In dieser Arbeit wird das voreheliche Zusammenleben als Aspekt im Scheidungsfolgenrecht betrachtet. Das Scheidungsfolgenrecht war erst jüngst Gegenstand umfangreicher Reformprojekte und alle wesentlichen Gebiete wurden modernisiert – der nacheheliche Unterhalt,[13] der Zugewinnausgleich,[14] der Versorgungsausgleich[15] sowie die Behandlung von Ehewohnung und Haushaltsgegenständen im Scheidungsfall.[16] Das Unterhaltsrecht ist für den anspruchsberechtigten Ehegatten regelmäßig am wichtigsten, weil es das Bestreiten des täglichen Lebens nach der Scheidung absichert. Doch gerade hier gibt es viele reformbedingte Anspruchskürzungen und -beschränkungen. Zum Beispiel wird der nacheheliche Betreuungsunterhalt grundsätzlich nur noch für drei Jahre nach der Geburt des Kindes zugestanden.[17] Einer der Gründe hierfür ist, dass die mit der Eheschließung bekundete Solidarität nicht mehr uneingeschränkt eine „Lebensstandgarantie" rechtfertigt. Heute gilt der Grundsatz der nachehelichen Eigen-

---

9 Siehe Statistisches Bundesamt, Datenreport 2008, S. 32: mittlerweile bei Männern 33 Jahre, bei Frauen 30 Jahre.

10 Die nichteheliche Lebensgemeinschaft ist aber kein Akademikerphänomen und kann bei jungen Menschen aller Bildungskreise beobachtet werden, vgl. *Matthias-Bleck,* 2006, S. 147 f.; *dies.* 2005, S. 53, 62 f.; *Duderstadt,* S. 4.

11 Hierzu unten Fn. 56 ff.

12 Bald wird jede dritte Ehe geschieden, vgl. Statistisches Bundesamt, Datenreport 2008, S. 32 f.

13 Vgl. den Entwurf zum Unterhaltsrechtsänderungsgesetz BT-Drucks. 16/1830 und 16/6980.

14 Gesetz zur Reform des Zugewinnausgleichs- und Vormundschaftsrechts, zum Entwurf vgl. BT-Drucks. 16/10798.

15 Gesetz zur Strukturreform des Versorgungsausgleichs, vgl. zum Entwurf BT-Drucks. 16/10144.

16 Ebenso durch das Gesetz zur Reform des Zugewinnausgleichs- und Vormundschaftsrechts, BT-Drucks. 16/10798. Die elterliche Sorge oder das Umgangsrecht als Scheidungsfolgen (vgl. § 137 III FamFG) sollen in dieser Arbeit nicht behandelt werden.

17 Siehe zum nachehelichen Betreuungsunterhalt § 1570 I 1 BGB.

verantwortung.[18] Insoweit beschränken sich Unterhaltszahlungen nach der Ehe tendenziell darauf, nur noch die ehebedingten Nachteile auszugleichen (vgl. etwa § 1578b I 2, 3 BGB). Zwar dient die nacheheliche Solidarität weiterhin als Rechtsfertigungsgrund des Unterhalts nach Scheidung.[19] Der BGH misst der nachehelichen Solidarität nach wie vor Bedeutung zu, etwa bei der Begrenzung des Krankheitsunterhalts.[20] Der Focus verschiebt sich jedoch auf einen Ausgleich ehebedingter Nachteile. Solche Nachteile entstehen dem Ehegatten, der bei einer traditionellen Aufgabenteilung seine Erwerbstätigkeit zugunsten der Kinderbetreuung oder Haushaltsführung einschränkt. Im Grunde basieren alle Scheidungsfolgen auf diesem Prinzip des Nachteilsausgleichs. Auch nach Meinung des BGH liegt dem gesetzlichen System der Scheidungsfolgen der Gedanke zugrunde, „dass ehebedingte Nachteile, die ein Ehegatte um der Ehe oder der Kindererziehung willen in seinem eigenen beruflichen Fortkommen und dem Aufbau einer entsprechenden Altersversorgung oder eines entsprechenden Vermögens auf sich genommen hat, nach der Scheidung ausgeglichen werden sollen, wobei Erwerbstätigkeit und Familienarbeit (...) grundsätzlich als gleichwertig behandelt werden."[21]

Dieser Ansatz des Nachteilsausgleichs soll ebenso der vorliegenden Arbeit zugrunde liegen. Denn der bisherigen Tendenz in der Rechtsprechung und Gesetzgebung folgend wird sich das Scheidungsfolgenrecht wohl zukünftig dahingehend entwickelt, dass primär die tatsächlich entstandenen Nachteile ausgeglichen werden.[22] Diese Entwicklung begegnet zugleich den hohen Scheidungszahlen und der zunehmenden Zahl von „Zweitfamilien".[23] Dem Ehestatus allein kommt dabei weniger Bedeutung zu,[24] weil es auch in nichtehelichen Lebens-

18 Vgl. hierzu § 1569 S. 1 BGB.

19 Zum Beispiel im Rahmen des Krankheitsunterhalts, vgl. hierzu aktuell BGH, FamRZ 2009, S. 1207; FamRZ 2010, S. 629, 632.

20 Vgl. jüngst BGH, NJW 2009, S. 2450 = FamRZ 2009, S. 1207 sowie BGH, FamRZ 2010, S. 629, 631.

21 BGH, FamRZ 2005, S. 1444, 1447 = NJW 2005, S. 2386, 2389 zur Inhaltskontrolle von Eheverträgen.

22 Ähnlich auch *Schwenzer,* 17. DFGT, S. 27, 34 f.

23 Vgl. BT-Drucks. 16/1830, S. 1. Gesteht man z. B. der Ehefrau nach Scheidung umfangreiche Zahlungsansprüche zu, wirkt sich dies oft negativ auf die neue Familie („Zweitfamilie") des zahlungspflichtigen Ex-Mannes aus. Zu diesem Problem auch *Hohloch,* in *Lipp/Schumann/Veit,* S. 7, 16 f.

24 Trotzdem ist der verfassungsrechtliche Schutz der Ehe weiterhin zu wahren. Vgl. insgesamt zur Tendenz im deutschen und internationalen Familienrecht das gleichnamige Buch von *Schwenzer,* „Vom Status zur Realbeziehung".

gemeinschaften zu traditioneller Arbeitsteilung kommt und beziehungsbedingte Nachteile entstehen. Dies gilt vor allem bei Kindern in der Beziehung.[25]

Vor diesem Hintergrund stellt sich nun die Frage, inwieweit dem vorehelichen Zusammenleben der Ehegatten im Scheidungsfolgenrecht Bedeutung zukommt. Haben die Ehegatten nämlich bereits vor der Ehe arbeitsteilig gelebt, so sind einem Ehegatten bereits vor der Ehe beziehungsbedingte Nachteile entstanden. Konzentriert sich das Scheidungsfolgenrecht also verstärkt auf den Ausgleich tatsächlich eingetretener Nachteile, dann sollte dies grundsätzlich auch für vorehelich entstandene Nachteile gelten. Daneben kann der Schutz des Schwächeren die Berücksichtigung vorehelicher Vermögensschiebungen im Scheidungsfolgenrecht gebieten. Die Folge von vorehelicher Arbeitsteilung ist nämlich oft eine wirtschaftliche Abhängigkeit wie in einer Ehe. Dies gilt vor allem, wenn nur ein Partner die zeitnahe Eheschließung ablehnte oder auf eine dauerhafte Paarbeziehung vertraute.[26]

Solche Fälle bereits vorehelicher Verflechtungen gibt es auch in der aktuellen BGH-Rechtsprechung. Gleich zwei Mal hatte der BGH jüngst über die Frage der Unterhaltsbefristung nach Scheidung trotz längeren Zusammenlebens der Ehegatten vor der Ehe zu entscheiden. Zur Veranschaulichung seien die zugrunde liegenden Sachverhalte kurz geschildert:

Der Sachverhalt des Urteils vom 26.5.2010[27] gestaltete sich dahingehend, dass die Ehegatten im Alter von 38 Jahren heirateten und die Ehe insgesamt 16 Jahre hielt. Die Frau hatte bereits vor der Eheschließung ihr Studium abgebrochen und die Partner lebten nach dem Muster der Hausfrauenehe. Im zugrunde liegenden Fall der Entscheidung vom 6.10.2010[28] gab die Frau bereits vor der Eheschließung ihre Anstellung als Sportlehrerin an einem Gymnasium auf, weil sie zu ihrem späteren Ehemann in einen anderen Landkreis zog. Nach einer sechsmonatigen Arbeitslosigkeit absolvierte sie eine Ausbildung zur Motopädin und arbeitete bis nach der Scheidung nur noch teilzeitig. Kinder wurden während der vorehelichen Lebensgemeinschaft in beiden Fällen nicht betreut – im ersten Fall blieb sogar die anschließende Ehe kinderlos. Der BGH lehnte es jeweils ab, die vorehelichen Entwicklungen unter Billigkeitsgesichtspunkten bei der Befristung des nachehelichen Unterhalts zu berücksichtigen.

Vorstellbar ist demgegenüber der Fall, dass die Frau bereits während eines zehnjährigen Zusammenlebens vor der Ehe über acht Jahre hinweg die gemeinsamen Kinder betreute, während der Mann allein erwerbstätig war. Zudem sei

---

25 Vgl. *Dethloff,* Gutachten, A 63.

26 Vgl. hierzu auch *Wellenhofer,* AnwBl 2008, S. 559 f.

27 BGH, NJW 2010, S. 2349.

28 BGH, FamRZ 2010, S. 1971.

unterstellt, dass beide Partner zwei Jahre vor der Eheschließung in das zukünftige Familienheim auf dem Grundstück des Mannes investierten. Die sich anschließende Ehe hält dann nur drei Jahre und es kommt zur Scheidung. In einem solchen Fall fragt sich, ob die voreheliche Beziehungsphase samt Kinderbetreuung und Investitionen ins Familienheim im Scheidungsfolgenrecht zu berücksichtigen ist und inwieweit dem bereits durch die bisherige Rechtsprechung Rechnung getragen wird.

B. Gang der Untersuchung

Im ersten Kapitel wird das voreheliche Zusammenleben als gesellschaftliche Lebensform analysiert. Dies geschieht zunächst im Vergleich zu anderen Formen der nichtehelichen Lebensgemeinschaft. Danach wird die Rollenverteilung zwischen den Partnern während einer vorehelichen Lebensgemeinschaft beleuchtet.

Die Kapitel zwei bis fünf behandeln die Bedeutung des vorehelichen Zusammenlebens für die einzelnen Bereiche des Scheidungsfolgenrechts.

Das zweite Kapitel betrifft den nachehelichen Unterhalt, das dritte Kapitel den Zugewinnausgleich, das vierte den Versorgungsausgleich und das fünfte Kapitel Ehewohnung und Haushaltsgegenstände nach Scheidung. Das Schema der Untersuchung ist für jedes der Kapitel zwei bis fünf gleich. Einleitend findet sich jeweils eine kurze Darstellung des speziellen Rechtsgebiets (unter A.). Dem schließt sich ein knapper Überblick zur Legitimation der einzelnen Scheidungsfolgen an (unter B.). Den wesentlichen Anteil machen die Untersuchungen zur Berücksichtigung des vorehelichen Zusammenlebens im aktuellen Recht aus (unter C.). Insofern wird mit einer Analyse der bisherigen Rechtsprechung begonnen. Hieran knüpfend werden weitergehende Optionen der Gesetzesauslegung durchdacht, wie die Rechtsprechung auf das zunehmende Zusammenleben vor der Ehe reagieren könnte. Am Ende der Kapitel zwei bis fünf sollen jeweils mögliche Regelungsdefizite des geltenden Rechts markiert und Vertragsempfehlungen für die späteren Ehegatten dargelegt werden (unter D.).

Im sechsten Kapitel ist auf die verfassungsrechtlichen Aspekte beim vorehelichen Zusammenleben einzugehen. Zunächst sind die bisherigen Untersuchungsergebnisse auf ihre verfassungsrechtliche Zulässigkeit zu überprüfen (unter A.). Dies gilt vor allem für solche Auslegungsoptionen, die über die bisherige Rechtsprechung hinausgehen. Danach ist zu überlegen, ob dem vorehelichen Zusammenleben als Vorstufe der Ehe nicht bereits ein eheähnlicher Schutz durch die Verfassung zukommt (unter B.). Dann wären nicht nur die diskutierten

Auslegungsoptionen, sondern möglicherweise auch Gesetzesänderungen geboten.

Soweit sich Regelungsdefizite in den einzelnen Kapiteln auftun, soll dem im siebten Kapitel begegnet werden. Dort sind den Untersuchungsergebnissen folgend entsprechende Regelungsvorschläge unter Berücksichtigung der verfassungsrechtlichen Anforderungen zu formulieren.

Kapitel 1

Einordnung und Ausgestaltung des vorehelichen Zusammenlebens

A. Einordnung als Form der nichtehelichen Lebensgemeinschaft

Das voreheliche Zusammenleben stellt einen Spezialfall der nichtehelichen Lebensgemeinschaft dar, denn zwischen den Partner ist (noch) keine Ehe geschlossen.[29] Anders als andere nichteheliche Lebensgemeinschaften endet es mit einer Eheschließung und nicht mit der Trennung der Lebensgefährten.

Im Folgenden sind zunächst gebräuchliche Definitionen einer nichtehelichen Lebensgemeinschaft zu beleuchten. Des Weiteren ist auf die Wesensmerkmale einer vorehelichen Lebensgemeinschaft in Abgrenzung zu anderen Formen der nichtehelichen Lebensgemeinschaft einzugehen.

I. Definition der nichtehelichen Lebensgemeinschaft[30]

Im soziologischen Sinne ist eine nichteheliche Lebensgemeinschaft das Zusammenleben zweier erwachsener Personen unterschiedlichen Geschlechts[31] über längere Zeit (oder wenigstens auf gewisse Dauer angelegt),[32] wobei eine sexuelle Beziehung unterhalten und gemeinsam gewirtschaftet wird, ohne miteinander verheiratet zu sein.[33] Ohne den Blick auf den rechtlichen Status unterscheidet sich die nichteheliche Lebensgemeinschaft häufig kaum von einer Ehe und kann daher als „faktische Ehevariante“ angesehen werden.[34]

---

29 Vgl. dies als Kriterium sowie zu weiteren Kriterien *Grziwotz,* S. 14; *Lieb,* Gutachten, A 10.

30 Bei den hier verwendeten Zahlen und Statistiken ist stets zu beachten, dass diese teilweise nur geschätzt werden können, da eine schemenhafte Erfassung nichtehelicher Lebensgemeinschaften nicht stattfindet und folglich auf Daten zur Haushalts- und Wirtschaftsgemeinschaft abgestellt werden muss, vgl. *Niemeyer,* Wirtschaft und Statistik 1994, S. 504, 505.

31 Zu gleichgeschlechtlichen Partnerschaften siehe A. I. a.E.

32 *Wingen,* S. 13; s. auch unter B. II. 3. b) zur Bedeutung der Dauer des vorehelichen Zusammenlebens für die Rollenverteilung.

33 *Peuckert,* S. 62; *Vaskovics/Rupp,* S. 11 ff.; *Wingen,* S. 13.

34 *Schenk* 1987, S. 229; *Glatzer,* S. 8.

An einigen Stellen verwendet das Gesetz den Begriff der „eheähnlichen Gemeinschaft", zum Beispiel im Arbeits- und Sozialrecht.[35] Auch § 1579 Nr. 2 BGB nennt eine „verfestigte Lebensgemeinschaft". Die Normen § 563 II 4 BGB und § 2 I GewSchG beinhalten als Kriterium einen „auf Dauer angelegten gemeinsamen Haushalt". Es fehlt aber jeweils eine Legaldefinition der nichtehelichen Lebensgemeinschaft. Nach Ansicht des BVerfG ist eine nichteheliche Lebensgemeinschaft „eine Lebensgemeinschaft zwischen einem Mann und einer Frau, die auf Dauer angelegt ist, daneben keine weitere Lebensgemeinschaft gleicher Art zulässt, sich durch innere Bindungen auszeichnet, die ein gegenseitiges Einstehen der Partner füreinander begründen, also über die Beziehungen in einer reinen Haushalts- und Wirtschaftsgemeinschaft hinausgehen".[36]

Überwiegend wird vorausgesetzt, dass die Partner einer nichtehelichen Lebensgemeinschaft zusammen in einem Haushalt wohnen.[37] Ob auch Paarkonstellationen bei getrennten Haushalten als nichteheliche Lebensgemeinschaften angesehen werden, wird im Hinblick auf das voreheliche Zusammenleben später untersucht.[38] Mit dem BVerfG ist darauf abzustellen, dass die Beziehung „auf Dauer angelegt" ist.[39] Nicht zu folgen ist daher einigen Stimmen aus der Literatur, die erst ab einer Beziehungsdauer von drei Monaten überhaupt von einer nichtehelichen Lebensgemeinschaft sprechen.[40]

Zwar umfasst die Mehrzahl der Definitionen einer nichtehelichen Lebensgemeinschaft keine „lebenspartnerschaftsähnliche" *gleichgeschlechtliche Beziehung*.[41] Aber nicht zuletzt gebietet es der Gleichheitssatz, eheähnliche heterosexuelle und „lebenspartnerschaftsähnliche" homosexuelle Partnerschaften gleich zu behandeln.[42] Demzufolge gelten die Ausführungen in dieser Arbeit für eine eheähnliche ebenso wie für eine „lebenspartnerschaftsähnliche" Lebensgemeinschaft. Nur der Einfachheit halber wird einheitlich der Begriff der vor*ehe*lichen Lebensgemeinschaft verwendet. Zahlenmäßig dürfte sogar häufig ein „vorpartnerschaftliches" Zusammenleben vorzufinden sein, weil es für die gleichge-

---

35 Z. B. § 20 SGB XII; §§ 193 II, 194 I Nr. 2, II, III Nr. 10 SGB III; §§ 5 II 5, 6, III 2, 12 I BErzGG.

36 BVerfGE 87, 234, 264 = NJW 1993, S. 643, 645.

37 Etwa *Peuckert,* S. 62; *Lieb,* Gutachten, A 10.

38 Zum entsprechenden „living apart together" s. B. II. 3. a).

39 S. zudem etwa *Peuckert,* S. 62.

40 Vgl. *Peuckert,* S. 62.

41 So ausdrücklich z. B. *Hausmann/Hohloch,* S. 195; a. A. aber beispielsweise *Kingreen,* S. 60 f.

42 *Hausmann/Hohloch,* S. 48 f.; ähnlich für potenziellen Gesetzgebungsbedarf *Lieb,* Gutachten, A 107; als Mittel hierfür bei Normen sieht *Röthel,* ZRP 1999, S. 511, 518 den Analogieschluss; vgl. zu Analogie auch *Larenz,* Methodenlehre der Rechtswissenschaft, S. 365 ff.; als Rechtsprechungsbeispiel siehe etwa BGH, NJW 1993, S. 999.

schlechtlichen Partnern bis zum 1.8.2001 gar keine Option der Formalisierung ihrer Beziehung gab.[43]

II. Verschiedene Typen nichtehelicher Lebensgemeinschaften

Im Schrifttum ist weitgehend anerkannt, dass es nicht *die* nichteheliche Lebensgemeinschaft gibt.[44] Es wurden daher verschiedene Typologisierungsversuche vorgenommen, die hier im Überblick kurz dargestellt werden. Diese Einordnung bleibt aber nur eine grobe Kategorisierung, da eine absolute Erfassung jeglicher Einzelfälle nicht möglich ist. Von den anerkannten Typen nichtehelicher Lebensgemeinschaften ist für diese Arbeit hauptsächlich die voreheliche Lebensgemeinschaft relevant.

1. Voreheliche Lebensgemeinschaften

Voreheliche Lebensgemeinschaften sind anzahlmäßig von allen anerkannten Formen nichtehelicher Lebensgemeinschaften vorherrschend.[45] Mittlerweile kann fast davon gesprochen werden, dass die voreheliche Lebensgemeinschaft eine eigene Beziehungsphase[46] bis zur Eheschließung darstellt und dass vorehe-

---

43 Vgl. hierzu *Grziwotz,* FamRZ 2003, S. 1417, 1418.

44 *Grziwotz,* S. 5; *Hausmann/Hohloch,* S. 53; *Glatzer,* S. 6; *Wingen,* S. 63; *Schwenzer,* Vom Status zur Realbeziehung, S. 163; *Kingreen,* S. 57; *Münder/Ernst,* S. 68; vgl. *Coester-Waltjen,* NJW 1988, S. 2085; *Vaskovics/Rupp,* S. 76.

45 *Hausmann/Hohloch,* S. 53; *Vaskovics/Rupp,* S. 68; *Matthias-Bleck* 1997, S. 93 f.; *dies.* 2006, S. 173, 185, *dies.* 2005, S. 53, 63; *Lauterbach,* in *Klein/Lauterbach,* S. 269, 293, 301 f.; *Steinert,* NJW 1986, S. 683, 684; *Glatzer,* S. 39; *Erler,* FuR 1996, S. 10, 13; *Duderstadt,* S. 4 f.; *Rijsbergen,* S. 152; rund die Hälfte bei *Rupp,* ÖIF Materialsammlung, Heft 4, S. 59, 68 sowie *Nave-Herz,* FPR 2001, S. 3, 6. Anders dagegen noch *Wingen,* S. 47 ff., jedoch mit sich wandelnder Tendenz beim Blick in die Zukunft; *Burkart/Fietze/Kohli,* S. 51; vgl. *Dorbritz/Lengerer/Ruckdeschel,* S. 33 mit Daten des Bundesinstituts für Bevölkerungsforschung.

46 Vgl. *Matthias-Bleck* 1997, S. 93, m. w. N; *dies.* 2006, S. 171 ff.; *Schneider/Rosenkranz/Limmer,* S. 84; vgl. *Nave-Herz* 1997, S. 39; *dies.,* FPR 2001, S. 3, 4; Staudinger/*Strätz* Vorbem zu §§ 1297-1302 Rn. 2; wohl auch *Burkart/Fietze/Kohli,* S. 37, 243 f.; auch ähnlich *Peuckert,* S. 70 in Bezug auf nichteheliche Lebensgemeinschaften generell vor der Ehe; ferner *Flade,* S. 459 f., die es als typisch ansieht, bereits vor der Eheschließung mehrere Jahre zusammengewohnt zu haben.

liches Zusammenleben zum Normalfall geworden ist.[47] Öfters ist von einer neuen Form des Verlöbnisses die Rede.[48] Auch die Zahlen zum stetig ansteigenden Erstheiratsalter belegen diese Tendenz.[49] Denn obwohl junge Menschen nicht später aus dem Elternhaus auszuziehen, steigt das Heiratsalter. Dies lässt grundsätzlich auf ein längeres und häufigeres Zusammenleben in Paarbeziehungen vor der Ehe schließen.[50]

Die Beziehungsdauer vor der Ehe ist regelmäßig entweder recht lang (fünf bis zehn Jahre) oder sehr kurz (sechs bis neun Monate).[51] Im letzteren Fall bildet sie daher nur eine kurze Vorstufe[52] zur darauf folgenden Ehe und scheint sich faktisch wenig vom klassischen Verlöbnis (§§ 1297 ff. BGB) abzugrenzen.[53] Die länger andauernden Partnerschaften werden oft auch „Probeehen" genannt.[54]

Die voreheliche Lebensgemeinschaft ist überwiegend bei jüngeren Paaren vor der ersten Ehe zu finden.[55] Aber zunehmend leben mehr Menschen mittleren

---

47 *Lauterbach,* in *Klein/Lauterbach,* S. 269, 303; *Matthias-Bleck* 2006, S. 171 f., 175 betrachtet insbesondere die voreheliche, kinderlose Partnerschaft als Normalfall; vgl. zudem *Kreyenfeld/Konietzka,* S. 45, 48; *Hamann,* in *Schneewind/Rosenstiel,* S. 57, 65 f. auch als Vorphase zur Familiengründung.

48 *Niemeyer,* Wirtschaft und Statistik 1994, S. 504, 509; *Steinert,* NJW 1986, S. 683, 684; BMJFG 1985, S. 171; anders jedoch *Schenk* 1987, S. 216, die festhält, dass die Wahrscheinlichkeit, dass aus einer nichtehelichen Lebensgemeinschaft eine Ehe würde, deutlich geringer sei, als dass dies aus einem Verlöbnis heraus geschehe.

49 So auch *Flade,* S. 459, 460. Zum Anstieg des Heiratsalters etwa *Grünheid* 2008, S. 5; siehe zum steigenden Erstheiratsalter zudem Fn. 9.

50 Vgl. hierzu *Kreyenfeld/Konietzka,* S. 45, 48. Es werden natürlich auch anderweitige Wohnformen – wie z. B. Wohngemeinschaften während der Studienzeit oder Single-Haushalte – zwischen Elternhaus und Ehewohnung gewählt. Doch mit steigendem Alter bis zur Eheschließung wird davon auszugehen sein, dass vermehrt mit dem Partner zusammengelebt wird.

51 *Matthias-Bleck* 1997, S. 112; *dies.* 2006, S. 172, geht als Mittel der Länge des Zusammenlebens vor der Ehe sogar von 7,5 Jahren aus; zudem *Rijsbergen,* S. 155; von einer häufigen Dauer über mehrere Jahre geht aus *Lauterbach,* in *Klein/Lauterbach,* S. 269, 303, wonach anscheinend ein Viertel der vorehelichen Lebensgemeinschaften über zehn Jahre lang dauert, S. 294.

52 *Hausmann/Hohloch,* S. 54; *Grziwotz,* S. 7; *Schmidt,* S. 12; *Matthias-Bleck* 1997, S. 112; *dies.* 2005, S. 53, 63; nach *Peuckert,* S. 68 werden diese Beziehungen seltener.

53 Für die eingetragene Lebenspartnerschaft gelten die Normen des Verlöbnisrechts entsprechend gemäß § 1 IV LPartG. Kritisch zum Vergleich mit dem Verlöbnis *Nave-Herz,* FPR 2001, S. 3, 5.

54 *Peuckert,* S. 66; *Schmidt,* S. 12; *Erler,* FuR 1996, S. 10, 13; *Strätz,* FamRZ 1980, S. 301, 302; vgl. auch Statistisches Bundesamt, Datenreport 2006, S. 35.

55 Vgl. *Peuckert,* S. 64, 70; *Grünheid* 2006, S. 93; *Vaskovics/Rupp,* S. 161; *Steinert,* NJW 1986, S. 683, 684; bei unter 30-Jährigen nach *Schwenzer,* JZ 1988, S. 781.

bis höheren Alters in vorehelichen Lebensgemeinschaften.[56] Dies ist insbesondere dann der Fall, wenn mindestens ein Partners zuvor bereits verheiratet war und nun vor seiner nächsten Ehe mit dem neuen Partner zunächst ohne rechtliche Bindung zusammenlebt. Möglicherweise hindert auch eine noch nicht geschiedene vorige Ehe die vorehelichen Lebensgefährten an ihrer zeitnahen Eheschließung.[57] Bei solchen nachehelichen Lebensgemeinschaften, die gleichermaßen als voreheliche in eine Ehe münden, sind die Partner durchschnittlich älter als beim typischen vorehelichen Zusammenleben vor der Erst-Ehe.[58] Zudem sind oft Kinder betroffen, seien es eigene Kinder oder fremde (Stief-) Kinder. Ebenso unterscheidet sich das Arbeitsleben der Partner vor einer erneuten Eheschließung,[59] da in nicht mehr ganz jungen Altersgruppen meist eine endgültige berufliche Orientierung stattgefunden hat. Nacheheliche Lebensgemeinschaften gewinnen gleichfalls an Bedeutung.[60] Die Zahl der vorehelich Zusammenlebenden steigt sogar am deutlichsten bei den 30- bis 44-Jährigen.[61] Dies ist sicherlich auch durch die hohe Scheidungsrate bedingt.[62] Denn in circa einem Fünftel aller nichtehelichen Lebensgemeinschaften sind entweder einer der Partner oder beide geschieden.[63] Nennenswert ist zudem die aktuelle Zahl der Wiederverheiratungen in Deutschland, wobei beide Partner vor der Eheschließung verwitwet oder geschieden waren: jeweils 60.000 bis 65.000 pro Jahr – Erst-Ehen im Vergleich liegen um die 235.000-240.000 pro Jahr.[64] Die Zahl der Wiederverheiratungen dürfte sich erhöhen, wenn man die Wiederheiratszahlen um Eheschließungen ergänzt, bei denen nur ein Partner geschieden oder verwitwet war. Zusätzlich fließen als Faktoren die steigende Lebenserwartung und die zunehmen-

---

56 Zur steigenden Zahl nichtehelicher Lebensgemeinschaften im mittleren Alter aktuell *Weinmann,* Statistisches Bundesamt 2010, S. 16 f.

57 Vgl. *Grziwotz,* S. 8; *Strätz,* FamRZ 1980, S. 301, 302. Ferner wäre an den seltenen Fall einer Zweit-Ehe derselben Partner zu denken, vgl. als Beispiel aus der Praxis OLG Hamm, FamRZ 1989, S. 1091. Siehe hierzu auch B. I. 3, 4.

58 Leider fehlen weitestgehend Forschungsergebnisse hierzu, vgl. *Nave-Herz,* FPR 2001, S. 3, 6.

59 *Finger,* JZ 1981, S. 497, 499.

60 *Peuckert,* S. 65; *Venger,* S. 41; *Matthias-Bleck* 2005, S. 53, 63; *Engstler/Menning,* S. 47; *Niemeyer,* Wirtschaft und Statistik 1994, S. 504, 509.

61 Vgl. hierzu *Matthias-Bleck* 2006, S. 172.

62 Siehe etwa Statistisches Bundesamt, Datenreport 2008, S. 32 f.: nach den derzeitigen Verhältnissen wird bald wohl jede dritte Ehe wieder geschieden werden.

63 Zwei geschiedene Partner in 11 %, nur ein geschiedener Partner und ein lediger in 7 %, beide verwitwet in 3 % und einer verwitwet, der andere geschieden in 4 % aller nichtehelichen Lebensgemeinschaften nach: Statistisches Bundesamt, Datenreport 2008, S. 29.

64 Statistisches Bundesamt, Tabelle Erst-Ehen und Wiederverheiratung.

de Vitalität im Alter ein,[65] weshalb nach einer Scheidung selbst in fortgeschrittenem Alter immer häufiger neue Beziehungen nichtehelicher Art eingegangen werden.

Abschließend sei auf eine große Zahl vorehelicher Gemeinschaften im hohen Alter der Partner eingegangen. Insoweit existiert umfangreiche Rechtsprechung zu vorehelichem Zusammenleben, wobei diese Lebensgemeinschaft im Verfahren zur Widerlegung der Vermutung einer Versorgungsehe i. S. d. § 46 IIa SGB VI angeführt wird.[66] Diesen Entscheidungen der Sozialgerichte liegen regelmäßig ähnliche Sachverhalte zugrunde: Die Partner einer nichtehelichen Lebensgemeinschaft heiraten kurz vor dem Tod des schwer erkrankten Mannes, um der Frau eine große Witwenrente[67] zu sichern. Dieser „Trick" ist aber bei bloßen Versorgungsehen ausgeschlossen. Nicht selten leben die Partner vor dieser sehr kurzen Ehe auch 20 Jahre lang nichtehelich zusammen.[68] Bei einem solchen vorehelichen Zusammenleben im hohen Alter der Partner fehlt es jedoch in aller Regel an einer funktionalen Rollenverteilung zwischen den Partnern, wie sie dem Scheidungsfolgenrecht zugrunde liegt. Vielmehr sind meistens beide Partner im Rentenalter und arbeiten nicht mehr. Sie leben vor allem zusammen, um die Einsamkeit im Alter zu umgehen. Zudem enden solche Lebensgemeinschaften regelmäßig mit dem Tod eines Ehegatten und das Scheidungsfolgenrecht greift ohnehin nicht. Entsprechende voreheliche Beziehungen sind für diese Arbeit somit nicht relevant.

---

65 *Venger,* S. 41.

66 § 46 IIa SGB VI: „Witwen oder Witwer haben keinen Anspruch auf Witwenrente oder Witwerrente, wenn die Ehe nicht mindestens ein Jahr gedauert hat, es sei denn, dass nach den besonderen Umständen des Falles die Annahme nicht gerechtfertigt ist, dass es der alleinige oder überwiegende Zweck der Heirat war, einen Anspruch auf Hinterbliebenenversorgung zu begründen." Rechtsprechung hierzu allein neuerdings z. B. LSG Niedersachsen vom 28.8.2008, L 1 R 193/06; Hessisches LSG vom 13.12.2006, L 2 R 220/06; Bayerisches LSG vom 3.12.2008, L 1 R 503/07; Sächsisches LSG vom 4.6.2008, L 6 R 395/06 KN; LSG Berlin-Brandenburg vom 26.2.2009, L 3 R 80/08; SG Lübeck vom 26.1.2006, S 7 RA 320/03. Gleichwohl greift die Vermutung oft trotzdem durch, da gerade längeres voreheliches Zusammenleben kurz vor dem Tod des Versicherten bei schwerer Krankheit die Eigenschaft der Ehe als Versorgungsehe unterstreicht.

67 Siehe § 46 II SGB VI.

68 Vgl. die Entscheidungen des LSG Niedersachsen vom 28.8.2008, L 1 R 193/06 (24 Jahre) oder Hessisches LSG vom 13.12.2006, L 2 R 220/06 (19 Jahre).

2. Weitere typische Formen nichtehelicher Lebensgemeinschaften

Es gibt darüber hinaus viele nichteheliche Lebensgemeinschaften, die zwar auf Dauer angelegt sind, bei denen aber eine Eheschließung auch in Zukunft nicht geplant ist. Gründe hierfür können das ausdrückliche Ablehnen der Ehe oder zumindest die Gleichgültigkeit gegenüber einer Eheschließung sein.[69]

Die Ausgestaltung solcher Lebensgemeinschaften ist teilweise eine gegen bürgerliche Werte gerichtete „echte" *Alternative* zur Ehe. Sie kann aber auch sehr eheähnlich sein.[70] Beispielhaft seien karriereorientierte Kinderlose als typische Partner genannt.[71] Die Beziehungspartner leben oftmals in Großstädten.[72] Trotzdem zeigt sich die Tendenz, dass die nichteheliche Lebensgemeinschaft immer weniger als Gegenmodell zur Ehe begriffen wird.[73]

Eine weitere Ausprägung der nichtehelichen Lebensgemeinschaft ist die *freie Partnerschaft.* In einer solchen Beziehung besitzen die Partner in der Regel keinen Willen zur längeren Bindung. Es wird vielmehr jede Art der Verpflichtung abgelehnt.[74] Es handelt sich in der Regel um eine recht kurzlebige Beziehungsform. Die freie Partnerschaft ist ohnehin als Grenzform einer nichtehelichen Lebensgemeinschaft anzusehen, wenn man für nichteheliche Lebensgemeinschaften per Definition zumindest ein „Angelegtsein" auf Dauer voraussetzt.[75] Vorzufinden sind freie Partnerschaften häufig in der Postadoleszens.[76] Auch finanzielle Gründe – wie günstigeres Wohnen zu zweit – können für das Wählen dieser Lebensform eine Rolle spielen.[77] Als Beispiel ist das Zusammenleben an einem auswärtigen Studienort anzuführen.[78]

Schließlich erkennen einige die sog. *„Quasi-Ehe"*[79] als eigenen Typus an. Hierunter sind nichteheliche Lebensgemeinschaften zu verstehen, bei denen eine

---

69 *Hausmann/Hohloch,* S. 54; *Grziwotz,* S. 8 f.; *Peuckert,* S. 66; *Schmidt,* S. 12.

70 *Grziwotz,* S. 9.

71 Als typischen Fall nennt *Wellenhofer,* FF 2008, S. 350, dass bei Partner unter 35 Jahre alt sind, voll berufstätig oder in Ausbildung sowie ledig und kinderlos.

72 *Peuckert,* S. 70.

73 *Peuckert,* S. 66, 69; vgl. *Vaskovics/Rupp,* S. 68; *Kreyenfeld/Konietzka,* S. 45, 49; hierzu auch *Matthias-Bleck* 2006, S. 172. *Lauterbach,* in *Klein/Lauterbach,* S. 269, 302, geht sogar davon aus, dass von einer Alternative zur Ehe kaum noch gesprochen werden könne.

74 *Hausmann/Hohloch,* S. 54; *Peuckert,* S. 66; *Schmidt,* S. 12.

75 Siehe zur Definition oben A. I.

76 *Peuckert,* S. 66.

77 *Wingen,* S. 60 f.

78 *Wingen,* S. 61; *Scholz,* ZRP 1981, S. 225, 227, der diese Rahmenbedingung als Motiv für den Verzicht auf Eheschließung deutet.

79 S. zum Begriff etwa *de Witt/Huffmann,* Rn. 19; *Schmidt,* S. 8, 12.

Eheschließung nicht unmittelbar angestrebt, aber ebenso wenig strikt ausgeschlossen wird. Insoweit können sich ändernde Umstände wie eine Kindesgeburt trotz der anfänglichen Ablehnung einer Ehe dazu führen, dass später trotzdem geheiratet wird.[80] Die Grenzen zu den anderen Typen sind freilich fließend. Die „Quasi-Ehe“ kann sich etwa rückblickend zu einer vorehelichen Lebensgemeinschaft wandeln, wenn die Partner letzten Endes heiraten. Denn selbst strikte Ehegegner können sich später doch für eine Ehe entschließen und bei einer Partnerschaft mit fester Heiratsabsicht kann eine Eheschließung ebenso ausbleiben.[81]

III. Ergebnis

Von allen Formen einer nichtehelichen Lebensgemeinschaft ist die voreheliche Lebensgemeinschaft zahlenmäßig vorherrschend. Regelmäßig sind die Partner eher jüngeren Alters und leben vor ihrer jeweils ersten Ehe entweder nur für wenige Monate oder über einen längeren Zeitraum zusammen. Aber immer häufiger werden auch nacheheliche Partnerschaften zu vorehelichen. Hier sind die Partner meist mittleren Alters und stehen fest im Berufsleben. Insofern leben vielfach Kinder im gemeinsamen Haushalt. Vorweggenommen sei mit Blick auf die beim Scheidungsfolgenrecht bedeutsame klassische Rollenverteilung, dass die Lebensumstände der Partner im mittleren Alter häufig zu einem Beziehungsmodell nach dem Muster der „Hausfrauenehe“ führen. Das heißt für die nachfolgenden Untersuchungen zum vorehelichen Zusammenleben, dass nicht ausschließlich auf das zahlenmäßig überwiegende Zusammenleben jüngerer Lebensgefährten und deren Lebenssituation vor der Erst-Ehe abgestellt werden darf.

Kaum Bedeutung für diese Arbeit erlangen nichteheliche Lebensgemeinschaften, die als Alternative zur Ehe oder als freie Partnerschaft gelebt werden. Denn solche Beziehungen gehen nur äußerst selten in eine Ehe über.

B. Ursachen und Ausgestaltung des vorehelichen Zusammenlebens

Immer häufiger leben die Ehegatten bereits vorehelich zusammen. Um dies sowie die Beweggründe der Partner hierfür erklären zu können, soll nachfolgend

---

80 *Hausmann/Hohloch*, S. 54; *Schmidt*, S. 12; zu den Motiven, die Partner zu einer (späteren) Eheschließung bewegen, siehe vertiefend unter B. I.

81 Vgl. *Glatzer*, S. 34; *Schenk* 1987, S. 215; zur Eheschließung aufgrund spontaner Auslöser trotz bisherigem Ablehnen vgl. *Wingen*, S. 46 f.

auf mögliche Ursachen eingegangen werden (unter I.). Im Anschluss daran wird die Rollenverteilung während des vorehelichen Zusammenlebens untersucht, weil dem Scheidungsfolgenrecht grundsätzlich das Beziehungsmodell einer „Hausfrauenehe" zugrunde liegt (unter II.).[82]

I. Gründe für zahlenmäßige Zunahme von vorehelichem Zusammenleben

Es kommen viele Gründe für das Eingehen einer der Ehe vorgeschalteten nichtehelichen Lebensgemeinschaft in Betracht.[83] Es ist nicht stets die bewusste Ablehnung der (zeitnahen) Eheschließung schlechthin.[84]

1. Veränderung der Rahmenbedingungen

Das Erstheiratsalter ist im Zuge der gesellschaftlichen Veränderungen stetig angestiegen. Bereits oben wurde auf den Zusammenhang zwischen steigendem Erstheiratsalter und vermehrtem vorehelichen Zusammenleben eingegangen.[85] Als Gründe für das ansteigende Heiratsalter sind beispielsweise zu nennen: die steigende Lebenserwartung der Menschen, die heutzutage verbesserte Planbarkeit der Familiengründung sowie die längere Dauer der Berufsausbildung gerade bei Frauen.[86] Der auf Dauer ausgeübte Beruf wird erst später gewählt und eine zeitnahe Eheschließung bis dahin oft mangels fester Berufsaussichten abgelehnt.[87]

---

82 Siehe hierzu etwa Kapitel 2 bis 4, jeweils unter B. Legitimation.

83 Vgl. als Überblick zu den verschiedenen Gründen gegen eine (direkte) Eheschließung: *Hausmann/Hohloch,* S. 54 und BMJFG 1985, S. 44 f.; *Grziwotz,* S. 5 f.; *Peuckert,* S. 76; *Schmidt,* S. 12; *Höpflinger,* S. 94 ff. Deshalb bedarf es weiterer Langzeitstudien, vgl. *Schneider/Rüger,* Zeitschrift für Soziologie 2007, S. 131, 148.

84 Siehe *Dethloff,* Gutachten, A 14.

85 Hierzu oben unter A. II. 1. Vgl. in zu diesem Zusammenhang auch *Höpflinger,* S. 113 mit einem Schema der Ursachen S. 117 sowie *Matthias-Bleck* 2005, S. 53, 60 f.

86 Vgl. hierzu *Grziwotz,* S. 6 f.; *Peuckert,* S. 77; *Wingen,* S. 63 f.; *Schenk* 1987, S. 214; *Engstler/Menning,* S. 66; *Matthias-Bleck* 2006, S. 145; *dies.* 2005, S. 53, 61; *Holzhauer,* JZ 2000, S. 1076, 1081; *Hausmann/Hohloch,* S. 54; *Burkart/Fietze/Kohli,* S. 10, 15; *Lois,* S. 74. Umgekehrt wird z. B. berufliche Konsolidierung als Eheschließungsgrund gesehen, vgl. *Matthias-Bleck* 2006, S. 180; *Schenk* 1987, S. 216, was sich mit der Aussage hier deckt.

87 Vgl. *Dorbritz,* S. 355; *Glatzer,* S. 32 sieht in der abgeschlossenen Ausbildung bzw. im festen Arbeitsplatz einen Grund für eine Heirat.

Generell sind junge Menschen heutzutage finanziell unabhängiger vom Elternhaus als früher.[88] Gerade junge Frauen sind nicht mehr auf eine frühzeitige finanzielle Sicherung durch die Eheschließung angewiesen.[89] Außerdem ist die nichteheliche Lebensgemeinschaft seit Längerem in Deutschland gesellschaftlich anerkannt.[90] Es gibt deshalb kaum noch eine zeitnahe Eheschließung junger Paare, um erlaubter Weise zusammenleben zu können.[91] Vielmehr ist es mittlerweile üblich, nach dem Auszug aus dem Elternhaus mit dem Partner oder Dritten (z. B. Studentenwohngemeinschaften) unverbindlich über einen gewissen Zeitraum zusammenzuleben.[92]

2. Geringere Bedeutung der Ehe

Infolge der geänderten Rahmenbedingungen fehlen zwingende Gründe für das Eingehen einer frühen Ehe oder einer Ehe überhaupt. Immer öfter wird nach dem verbleibenden Nutzen der Ehe gefragt. Zum Beispiel schätzt die Bevölkerung im Alter von 20 bis 39 Jahren die Ehe immer weniger Wert.[93] Mangels Notwendigkeit einer Ehe für das alltägliche Zusammenleben ist es für viele Paare schwierig, den richtigen Zeitpunkt zu finden, um das Thema Heiraten anzusprechen.[94] Häufig dienen von der Heirat im engeren Sinne losgelöste Ereignisse – wie eine Hochzeit im Verwandten- oder Bekanntenkreis – als „Auslöser" für eine grundsätzlich angestrebte Eheschließung.[95] Der Übergang ist nicht mehr automatisch impliziert.[96] Die voreheliche Beziehung dehnt sich daher aus, bis es durch entsprechende Anlässe zu einer Eheschließung kommt.[97] Aus soziologi-

88 Vgl. *Wingen,* S. 64.

89 *Höpflinger,* S. 109.

90 *Wingen,* S. 64; *Holzhauer,* JZ 2000, S. 1076, 1081 spricht vom Wegfall des Monopols der Ehe bei sexuellen Beziehungen; vgl. zudem *Schwenzer,* Vom Status zur Realbeziehung, S. 162 f. Anders noch zu früheren Zeiten, vgl. hierzu *Trost,* in *Nave-Herz/Markefka,* S. 363, 371.

91 Für das gesellschaftlich akzeptierte Zusammenleben der Partner etwa *Schenk* 1987, S. 214; *Nave-Herz,* FPR 2001, S. 3, 5. Der „Kuppelei-Paragraf" wurde 1973 abgeschafft.

92 Wie bereits unter A. II 1. gezeigt.

93 Andererseits wird die nichteheliche Lebensgemeinschaft immer mehr akzeptiert, vgl. jeweils *Dorbritz,* S. 355 f. und *Matthias-Bleck* 2006, S. 179. Zur Frage nach dem verbleibenden Nutzen der Ehe aus Sicht der Partner s. *Matthias-Bleck* 2006, S. 170.

94 *Nave-Herz* 1997, S. 38, wobei etwa Anträge mit Distanz gestellt werden, damit eine Rückzugsmöglichkeit besteht; zudem *dies.,* FPR 2001, S. 3, 6.

95 So *Trost,* in *Nave-Herz/Markefka,* S. 363, 369 f.

96 *Nave-Herz* 1997, S. 35.

97 Ähnlich auch *Nave-Herz,* FPR 2001, S. 3, 6.

scher Sicht wird erklärt, dass früher in der Eheschließung ein „rite de passage", ein Übertritt in eine nächste feste Phase, gesehen wurde. Heute könne nur von einem „rite de confirmation" gesprochen werden, also einer bloßen Bestätigung der Paarbeziehung durch die Ehe.[98]

Möglicherweise sind die verbleibenden Gründe für eine Eheschließung als entsprechende „Auslöser" vorliegend bedeutsam. Trotz Bedeutungsverlusts der Ehe wird ja noch geheiratet. Die Beweggründe *für* eine Eheschließung können daher u. U. deren zeitlichen Aufschub erklären. Mittlerweile ist überwiegend von einer *kindorientierten Eheschließung* zu sprechen.[99] Dies gilt insbesondere bei einer Erst-Ehe.[100] Hiermit verbunden sind Wünsche nach einem „richtigen" Familienleben sowie Sicherheit und Geborgenheit.[101] Dabei ist es unerheblich, ob die Heirat seit Längerem fest beabsichtigt war oder ob bloß unklare Heiratsabsichten bestanden.[102] Daraus ergibt sich, dass viele Paare vor der Ehe kinderlos leben. Dem pflichtet das steigende Alter der Mutter bei der ersten Kindesgeburt bei.[103] Gleichwohl wächst die durchschnittliche Dauer zwischen der Kindesgeburt in einer nichtehelichen Beziehung und der Eheschließung.[104] Letzteres spricht ebenfalls für eine vermehrte Kindesbetreuung während der vorehelichen Beziehungszeit.[105]

---

98 *Nave-Herz* 1997, S. 42, 47; *Trost,* in *Nave-Herz/Markefka,* S. 363, 371.

99 *Matthias-Bleck* 1997, S. 77 f.; *dies.* 2006, S. 185; *Nave-Herz* 1997, S. 44, 47; *dies.*, FPR 2001, S. 3, 5; *Glatzer,* S. 31; *Lauterbach,* in *Klein/Lauterbach,* S. 269, 293, 296ff.; *Schenk* 1987, S. 216; BMJFG 1985, S. 37; vgl. *Trost,* in *Nave-Herz/Markefka,* S. 363, 369; *Müller,* S. 57; *Wingen,* S. 43; *ders.,* FamRZ 1981, S. 331, 334; *Rijsbergen,* S. 154 f.; *Schwenzer,* Vom Status zur Realbeziehung, S. 160; *Dethloff,* Gutachten, A 13; *Lois,* S. 79; *Dorbritz,* FAZ vom 20.12.1999, S. 14; *Wellenhofer,* in *Scherpe/Yassari,* S. 101, 113; differenzierend hierzu *Vaskovics/Hofmann/Rost,* in *Schneewind,* S. 37, 41. Ähnlich auch *Schneider/Rüger,* Zeitschrift für Soziologie 2007, S. 131, 140, 143; *Vaskovics/Rupp,* S. 164. In den alten Bundesländern findet verstärkt eine kindorientierte Eheschließung statt, vgl. *Engstler/Menning*, S. 22.

100 Vgl. ähnlich *Müller,* S. 59.

101 *Rijsbergen,* S. 154 f.; *Matthias-Bleck* 1997, S. 76, 78; BMJFG 1985, S. 46 f.; auch für Jugendliche wichtig, *Busch/Scholz,* in *Busch/Nave-Herz,* S. 125, 135; *Rupp,* ÖIF Materialsammlung, Heft 4, S. 59, 68.

102 *Glatzer,* S. 31; siehe auch oben zur „Quasi-Ehe" unter A. II 2.

103 Vgl. Statistisches Bundesamt, Tabelle Durchschnittsalter bei Geburt, für verheiratete Mütter ca. 30 Jahre, nicht verheiratete ca. 28 Jahre.

104 *Schneider/Rüger,* Zeitschrift für Soziologie 2007, S. 131, 134 f.; auch *Peuckert,* S. 41. Hierfür spricht ebenfalls, dass immer weniger Geburten auch ohne Ehe stattfinden, vgl. Statistisches Bundesamt, Mikrozensus 2008, S. 32 f. Trotzdem zeigen diese aktuellen Zahlen, dass die Mütter vermehrt in einer Ehe leben, siehe dort S. 34.

105 Siehe hierzu noch umfassend unter B. II. 2 a).

Weitere Motive für eine Eheschließung sind z. B. ökonomische Gründe wie das Sparen von Steuern.[106] Das heißt, dass eine Eheschließung erst dann geschieht, wenn ein Partner fest im Berufsleben steht und Steuern sparen könnte. Für junge, vorehelich zusammenlebende Paare, bei denen beide Partner noch in der Berufsausbildung sind, spielt das Steuersparen hingegen noch keine Rolle. Hier bedarf es anderer Anreize für eine zeitnahe Eheschließung.

Außerdem gibt es spontane Liebesheiraten.[107] Oder die gesellschaftliche sowie individuelle Anerkennung der Ehe bewegt die Partner zur Heirat.[108] Denn die Trauungszeremonie führt zu einer symbolischen Festigung der Paarbeziehung, die auf das soziale Umfeld ausstrahlt.[109] Die letzten beiden Gründe sind jedoch wenig aufschlussreich, was den Aufschub der Eheschließung angeht. Denkbar ist allenfalls, dass die Lebensgefährten sich erst aufgrund des zunehmenden gesellschaftlichen Drucks nach einer längeren Beziehungszeit ohne Ehe doch für eine Hochzeit entscheiden. Denkbar ist dieser Fall z. B. bei Lebensgefährten vor der ersten Ehe, wenn der Großteil des Freundeskreises bereits geheiratet hat.

3. Wunsch nach längerer individueller Unabhängigkeit

Es besteht weiterhin vermehrt ein Wunsch nach längerer Unabhängigkeit unter den Partnern,[110] der sie von einer Eheschließung vorerst absehen lässt.[111] Insbesondere Frauen sind oft nach einer gelebten Unabhängigkeit in nichtehelicher Lebensgemeinschaft weniger bereit, sich zeitnah dem traditionellen Rollenbild der Hausfrau zu verschreiben.[112] Das geschieht auch aus Angst davor, dass sich

---

106 Vgl. *Schneider/Rüger,* Zeitschrift für Soziologie 2007, S. 131, 143 f., 150; *Matthias-Bleck* 1997, S. 82; *Schenk* 1987, S. 216 f.; für Jugendliche erscheinen diese Gründe hintanzustehen, vgl. *Busch/Scholz,* in *Busch/Nave-Herz,* S. 125, 135.

107 *Schneider/Rüger,* Zeitschrift für Soziologie 2007, S. 131, 145 f.; für Jugendliche steht eine romantische Ehe im Vordergrund, vgl. *Busch/Scholz,* in *Busch/Nave-Herz,* S. 125, 134 f.

108 *Schneider/Rüger,* Zeitschrift für Soziologie 2007, S. 131, 140 f., 144; *Glatzer,* S. 32; bei Jugendlichen jedoch weniger nach *Busch/Scholz,* in *Busch/Nave-Herz,* S. 125, 135. Da Paare meist bereits zusammenleben, bleibt allein Symbolwert, vgl. *Schenk* 1995, S. 237. Zudem werden durch Ehe Begriffe wie „mein Freund“, „meine Freundin“ in fortgeschrittenem Alter vermieden, vgl. *Glatzer,* S. 32; *Schenk* 1987, S. 216 oder auch ähnlich *Nave-Herz* 1997, S. 42.

109 Ähnlich *Nave-Herz,* FPR 2001, S. 3, 5.

110 Vgl. *Dorbritz,* S. 355 f.; *Matthias-Bleck* 2006, S. 179.

111 Vgl. *Matthias-Bleck* 2006, S. 180.

112 Vgl. *Peuckert,* S. 75; *Matthias-Bleck* 1997, S. 79; vgl. *Schneewind,* in *Schneewind/Rosenstiel,* S. 9, 11 f.

ihre Chancen auf beruflichen Aufstieg verringern könnten.[113] Teilweise werden Ehen auch vorerst abgelehnt, um dem im Elternhause erlebten Rollenschema zu entgehen.[114] Es wurde festgestellt, dass für voreheliche Paare unter dreißig Jahren die Freiheit eine größere Rolle spielt als für nacheheliche und ältere Paare.[115] Natürlich sind es teilweise auch negative Eheerfahrungen wegen einer früheren gescheiterten Ehe, die einen Partner von der weiteren Eheschließung vorübergehend abhalten.[116] Ferner spielen beim Aufschieben der Ehe in psychologischer Hinsicht Bindungsängste eine Rolle.[117]

4. Finanzielle Gründe gegen zeitnahe Eheschließung

Gerade bei geschiedenen Partnern können finanzielle Gründe einer weiteren Eheschließung entgegenstehen. Motive sind z. B. die Erhaltung von nachehelichen Unterhalts- oder Rentenansprüchen aus der vorhergehenden Ehe eines Partners.[118] In finanzschwachen Familien steht u. U. die Erhaltung von Sozialleistungen im Vordergrund.[119] Aber auch die Angst des wirtschaftlich stärkeren Partners, die scheidungsfolgenrechtlichen Ausgleichszahlungen nicht bewältigen zu können, kann ihn von einer (erneuten) Eheschließung abhalten.[120] Zuletzt sei an die mit einer Hochzeit verbundenen finanziellen Aufwendungen für Hochzeitsfeier und kirchliche Trauung gedacht.[121] Einige Paare wollen hierfür erst ein solides Finanzpolster schaffen und bis dahin von einer Hochzeit absehen.

---

113 *Matthias-Bleck* 1997, S. 78.

114 Vgl. *Schenk* 1987, S. 217 f., ähnlich auch S. 226. Zur vorehelichen Rollenverteilung siehe ausführlich unter B. II.

115 *Matthias-Bleck* 2006, S. 181.

116 Hierzu *Hausmann/Hohloch,* S. 54; *Schmidt,* S. 12; *Glatzer,* S. 33; *Burkart/Fietze/Kohli,* S. 48.

117 Vgl. *Wingen,* S. 54.

118 Wenn nicht ein Fall des § 1579 Nr. 2 BGB vorliegt.

119 Vgl. *Kunigk,* S. 41.

120 *Schenk* 1987, S. 215; *Scholz,* ZRP 1981, S. 225, 227; *Peuckert,* S. 76 oder *Waldner,* S. 153.

121 So auch *Schneider/Rüger,* Zeitschrift für Soziologie 2007, S. 131, 148 oder als Beispiel aus der Rechtsprechung SG Duisburg vom 16.12.2009, S 10 R 23/07.

5. Test- und Probierphase vor der Ehe

Darüber hinaus kann das voreheliche Zusammenleben als Test- und Probierphase zum wechselseitigen Kennenlernen und Testen der Beziehung dienen.[122] Verstärkt gilt dies sicherlich bei negativen Erfahrungen mit einer vorhergehenden gescheiterten Ehe.[123] Einschränkend zu berücksichtigen ist allerdings, dass das Testen der Beziehung nur äußerst selten die alleinige Intention beim Eingehen der Lebensgemeinschaft ist. Man zieht vielmehr in der Regel zusammen, weil man zusammen leben möchte.[124]

6. Äußere Hindernisse einer Eheschließung

Schließlich können äußere Hindernisse die Partner von einer Eheschließung vorübergehend abhalten. Dies gilt beispielsweise für rechtliche Hindernisse wie das Nochbestehen der vorigen Ehe oder eingetragenen Lebenspartnerschaft mindestens eines Partners[125] oder für aufenthaltsrechtliche Hindernisse bzw. Einreiseprobleme bei binationalen Ehen. Insgesamt können größere räumliche – häufig berufsbedingte – Distanzen viele Paare vorübergehend von einer Eheschließung abhalten. Als äußere Hindernisse sind außerdem denkbar: schwerwiegende Erkrankungen eines Partners oder naher Verwandter, Fortbildungs- oder Umschulungsmaßnahmen, Arbeitslosigkeit oder andere Lebensumstände, die zu einem Aufschub der Hochzeit führen.[126]

7. Ergebnis

Die veränderten gesellschaftlichen Rahmenbedingungen, die zum Aufschieben der Ehe führen, erklären die steigende Anzahl des vorehelichen Zusammenlebens. Eine vorerst gewünschte rechtliche Unabhängigkeit ist zu beachten, wenn

---

122 Dieser Aspekt wird in Kapitel 6 B. I. 3. a) unter dem Stichwort „weeding-Hypothese" vertieft. Zur Test und Probierphase z. B. *Lois,* S. 79 f.

123 Vgl. *Matthias-Bleck* 2006, S. 145; *Scholz,* ZRP 1981, S. 225, 227; *Wingen,* FamRZ 1981, S. 331, 334; *ders.* 1984, S. 54, nennt grundsätzliche Angst vor Scheidungsfolgen insbesondere bei Geschiedenen, aber auch das Nochverheiratetsein mindestens einer der Partner, S. 63.

124 *Vaskovics/Rupp,* S. 68 f.

125 Vgl. *Grziwotz,* S. 6; *Scholz,* ZRP 1981, S. 225, 227; vgl. *Coester-Waltjen,* NJW 1988, S. 2085; ferner kann als Rechtsprechungsbeispiel auf BGH, NJW 1986, S. 2832 verwiesen werden.

126 Vgl. hierzu veranschaulichend den Fall beim SG Duisburg vom 16.12.2009, S 10 R 23/07.

man bereits voreheliche Beziehungszeiten im Scheidungsfolgenrecht mit berücksichtigt und damit quasi rechtlichen Regelungen unterwirft.[127]

Zu beachten ist ferner, dass sich häufig nur einer der Partner eine leichtere Trennbarkeit der Beziehung wünscht und gegen eine zeitnahe Eheschließung ist.[128] Der andere muss diesem Wunsch dann folgen. Denn meist fehlen für den finanziell stärkeren Beziehungspartner die Gründe für eine frühe Eheschließung, wohingegen der finanziell schwächere Partner, in aller Regel die Frau, auf eine baldige Eheschließung hofft. Dies gilt vor allem dann, wenn die Frau bereits Kinder betreut und deshalb berufliche Nachteile erleidet.

II. Rollenverteilung in vorehelichen Beziehungen

Das wesentliche Kriterium zur Einordnung einer der Ehe vorgeschalteten Beziehung in dieser Arbeit ist – mit Blick auf das Scheidungsfolgenrecht – die jeweilige Rollenverteilung und wirtschaftliche Verflechtung zwischen den Partnern.[129]

1. Traditionelle Rollenverteilung ohne Ehe

Die vorurteilsbelastete und undifferenzierte Ansicht, dass nur in der Ehe traditionelle Rollenverteilung gelebt wird und in nichtehelichen Lebensgemeinschaften nicht, ist derart strikt nicht mehr haltbar.[130] Nichteheliche Partnerschaften folgen sogar überwiegend einer klassischen Rollenverteilung.[131] Bestehen feste Heiratsabsichten wie meist in vorehelichen Beziehungen, so gibt es selten einen bedeutsamen Unterschied zur ehelichen Arbeitsverteilung. Dies gilt insbesondere bei vorehelichen Lebensgefährten vor der ersten Ehe im Vergleich zu jüngeren Ehepaaren, weil gerade die ersten Ehejahre bis zur Kindesgeburt immer we-

---

127 Siehe hierzu Kapitel 6, dort vor allem unter A. I.

128 Ähnlich *Holzhauer,* JZ 2000, S. 1076, 1080.

129 Teilweise wird sogar eine Kategorisierung nichtehelicher Lebensgemeinschaften anhand des gemeinsamen Wirtschaftens der Partner vorgeschlagen, vgl. *Höhn,* in *Glatzer,* S. 3.

130 *Glatzer,* S. 42; vgl. *Meyer/Schulze,* S. 52; ähnlich auch *Vaskovics/Rupp,* S. 194. Einen Überblick über weitere Untersuchungen bietet *Künzler,* in *Klein/Lauterbach,* S. 235, 246 f., wobei er feststellt, dass keine Analyse signifikante Unterschiede bei der Arbeitsteilung herausfand.

131 *Schenk* 1987, S. 219; *Glatzer,* S. 43; BMJFG 1985, S. 16, 57. Eine Aufhebung der traditionellen Rollenverteilung in nichtehelichen Lebensgemeinschaften gerade im Hinblick auf die Hausarbeit verneint auch *Schwenzer,* Vom Status zur Realbeziehung, S. 161.

niger nach einem traditionellen Rollenschema gelebt werden.[132] Zudem entwickelt sich bei vielen nichtehelichen Partnern vermehrt das Bewusstsein dahingehend, dass die vielleicht an der Ehe erst negativ betrachtete Rollenverteilung weniger mit der formalen Eheschließung zusammenhängt, sondern meist bei längerem Zusammenleben an sich auftritt.[133]

Der Hauptteil der täglich anfallenden Hausarbeiten wird immer noch von Frauen erledigt.[134] Dies gilt zumindest für die traditionelle Aufgabenteilung, wie etwa Wäschewaschen oder Kochen als „Frauensache" und Reparaturarbeiten als „Männersache".[135] Daneben ergaben Befragungen, dass rund 30 % der Männer in nichtehelichen Lebensgemeinschaften der Auffassung sind, der Partner mache überwiegend den Haushalt – bei den Frauen gaben hingegen nur 5 % an, ihr Partner erledige den Großteil alltäglicher Aufgaben.[136] Auch für das voreheliche Zusammenleben als Unterform nichtehelicher Lebensgemeinschaften gilt nichts anderes. Zwar werden sehr junge Paare weniger tradierten Rollenschemata folgen. Allerdings findet sich in Beziehungen mittleren Alters, vor allem in nachehelichen Partnerschaften vor einer weiteren Ehe, verstärkt funktionale Arbeitsteilung. Grund hierfür sind meist die in der Beziehung vorhandenen Kinder eines oder beider Partner.[137]

Generell ist zwar davon auszugehen, dass in nichtehelichen Lebensgemeinschaften im Vergleich zur Ehe vermehrt die klassischen Rollen verlassen werden.[138] Eine gemeinsame Kasse ist anscheinend nur bei der Hälfte aller nichtehelichen Lebensgemeinschaften zu finden.[139] Der Mann ist in ca. 20 % der nicht-

132 BMJFG 1985, S. 16, 57.

133 *Schenk* 1987, S. 226.

134 *Peuckert,* S. 71; BMJFG 1985, S. 64 f.

135 *Burkart/Fietze/Kohli,* S. 50; BMJFG 1985, S. 64 f.; ähnlich auch *Busch/Scholz,* in *Busch/Nave-Herz,* S. 125, 139 f.

136 Es wurde insoweit nach der Art der Haushaltstätigkeiten differenziert. Es ergaben sich bei einzelnen Tätigkeiten deutlich höhere Prozentwerte, was deren Erledigung durch die Beziehungspartnerin angeht: beim Kochen (51 %), Bettenmachen (49 %) oder Wäschewaschen (61 %), vgl. hierzu *Duderstadt,* S. 9. *Künzler,* in *Klein/Lauterbach,* S. 235, 252 f. nennt als Zahlen: verheiratete Frauen investieren fast 24 Stunden pro Woche in Wäsche, Putzen, Kochen, kohabitierende dagegen sechs Stunden weniger.

137 Zum Einfluss von Kindern auf die Rollenverteilung s. sogleich unter 2. a).

138 *Glatzer,* S. 42; *Schwenzer,* JZ 1988, S. 781, 782; *Peuckert,* S. 71; *Busche,* JZ 1998, S. 387, 388.

139 *Schwenzer,* JZ 1988, S. 781, 782; *dies.,* Vom Status zur Realbeziehung, S. 162. Eine gemeinsame Kasse ist nicht zwingende Voraussetzung einer nichtehelichen Lebensgemeinschaft, vgl. *Grziwotz,* S. 14; ähnlich VGH Mannheim, NJW 1993, S. 2886.

ehelichen Lebensgemeinschaften der Hauptemährer; bei der Ehe ist er es in etwa einem Drittel der Fälle.[140]

Gleichwohl sind voreheliche Partnerschaften häufig eheähnlich ausgestaltet.[141] Dies gilt zumindest in Abgrenzung zu nichtehelichen Lebensgemeinschaften, die als Alternative zur Ehe oder als freie Partnerschaften gelebt werden.[142] Dem pflichtet die Feststellung bei, dass während der vorehelichen Beziehung öfters ein häuslich-orientierter Lebensstil vorherrscht und der Mann Vollzeit erwerbstätig ist.[143] Denkbar ist in Anbetracht der kindorientierten Eheschließung außerdem, dass die Lebensgefährten erst Eltern werden und sich die Frau aufgrund der ungleichen Arbeitsverteilung sodann eine Eheschließung wünscht.[144] Die wirtschaftlichen Verflechtungen intensivieren sich meist mit zunehmender Annäherung an die Ehe.[145] Allein durch die Eheschließung ändert sich im Alltag kaum noch etwas.[146] Bereits vor der Ehe werden oftmals wirtschaftliche Bindungen eingegangen, die das Auseinandergehen der Partner im Trennungsfall deutlich erschweren würden.[147] Nur bei vorehelichem Zusammenleben in sehr jungen Jahren, also deutlich vor der späteren Berufs- und Kinderphase, wird vor allem ausbildungsbedingt und ohne Kinder selten nach dem „Hausfrauenmodell" gelebt.

2. Kinder in der Beziehung als Indiz für traditionelle Arbeitsteilung

a) Auswirkungen von Kindern auf die Rollenverteilung in der Beziehung

Eine funktionale Arbeitsteilung findet auch in nichtehelichen Lebensgemeinschaften überwiegend statt, wenn Kinder die Paarbeziehung mehren.[148] Denn

---

140 10 % bei *Schwenzer,* Vom Status zur Realbeziehung, S. 162; allerdings kein Unterschied zwischen Ehe und nichtehelicher Lebensgemeinschaft bei BMJFG 1985, S. 72 nach den Angaben der befragten Paare.

141 Vgl. auch *Grziwotz,* S. 8.

142 Siehe hierzu oben A. II. 2.

143 Hierzu Ergebnisse bei *Lois,* S. 220, 225.

144 Zur kindorientierten Eheschließung siehe bereits unter B. I. 2. und zur Bedeutung von Kindern für die Rollenverteilung sogleich unter 2. a).

145 So *Vaskovics/Rupp,* S. 194.

146 *Nave-Herz* 1997, S. 42.

147 Obschon die jederzeitige Aufkündbarkeit bis zur Ehe teilweise gewünscht wird, vgl. *Grziwotz,* S. 7.

148 Obgleich tendenziell stärkere Arbeitsteilung in der Ehe stattfindet, siehe hierzu die sogleich folgenden Zahlen. Zum markanten Unterschied der Erwerbstätigkeit von Frauen mit bzw. ohne Kindern siehe Statistisches Bundesamt, Leben und Arbeiten in

meistens wird der Beruf zugunsten der Familie (zeitweise) aufgegeben und nur selten ausschließlich zugunsten der Paarbeziehung.[149] Dabei schränkt die erziehende Mutter viel häufiger als der Vater ihre Berufsausbildung oder -ausübung ein. Regelmäßig geht sie anschließend für längere Zeit keiner anderen Beschäftigung neben der Kindesbetreuung nach.[150]

In Zahlen sind es nur 8 % der Ehefrauen und 9 % der Frauen in nichtehelichen Lebensgemeinschaften, die Vollzeit erwerbstätig sind, wenn das jüngste Kind bis zu zwei Jahre alt ist. Die Teilzeiterwerbstätigkeit liegt in dieser Altersphase des Kindes für Ehefrauen bei 15 % und für Frauen in nichtehelichen Lebensgemeinschaften bei 20 %. Ist das jüngste Kind drei bis sechs Jahre alt, so gehen 13 % der Ehefrauen als Mütter einer Vollzeiterwerbstätigkeit und 36 % einer Teilzeittätigkeit nach. In nichtehelichen Lebensgemeinschaften sind es 27 % in vollzeitiger bzw. 35 % in teilzeitiger Beschäftigung. Im Falle eines Kindesalters von sieben bis zehn Jahren arbeiten 16 % der Mütter in einer Ehe vollzeitig und 45 % in Teilzeit. Bei Müttern in nichtehelichen Lebensgemeinschaften sind dagegen 43 % vollzeitig und 38 % teilzeitig berufstätig.[151] Andere Zahlen sprechen für eine Erwerbstätigkeit von 32 % bei nichtehelichen Müttern, wenn das jüngste Kind unter drei Jahre alt ist – bei Ehefrauen sind es 28 %. Ist das jüngste Kind unter 15 Jahre alt, sind ohne Ehe 56 % der Mütter erwerbstätig und mit Ehe 53 %.[152]

Teils wurde abweichend hiervon in Untersuchungen festgestellt, nichtehelich lebende Mütter gäben nicht zwingend dauerhaft und nicht einmal unbedingt nach der Geburt ihre Ausbildung oder ihren Beruf auf – anders als verheiratete.[153] Diese Feststellungen werden wiederum dahingehend eingeschränkt, dass nicht über das zahlreiche Inanspruchnehmen von Elternzeit hinweggesehen werden könne; immerhin nähme über die Hälfte aller Frauen Elternzeit nach der Geburt des Kindes und das teilweise auch noch bei einem Kindesalter von sechs Jahren. Im Ergebnis stimmen auch diese Feststellungen mit den oben dargestellten Zahlen überein. Denn einheitlich steht fest, dass sich kindbedingte Pausen für den Großteil der Mütter negativ auf deren Berufsleben auswirken.[154]

Diese Zahlen verdeutlichen, dass kaum ein Unterschied hinsichtlich der Erwerbstätigkeit von Müttern in einer Ehe oder einer nichtehelichen Lebensge-

---

Deutschland, S. 31 ff. und Schaubild 12. Ferner hierzu *Schenk* 1987, S. 219 sowie *Burkart/Fietze/Kohli,* S. 50 m. w. Nw.; BMJFG 1985, S. 65; *Meyer/Schulze,* S. 57 f.

149 Vgl. *Wellenhofer,* AnwBl 2008, S. 559, 560.

150 *Dethloff,* in *Scherpe/Yassari,* S. 137, 141.

151 Zahlen entstammen *Konietzka/Kreyenfeld,* Working Paper, S. 30.

152 So Statistisches Bundesamt, Datenreport 2008, S. 39.

153 *Vaskovics/Rost/Rupp,* S. 65 f., 68.

154 Vgl. hierzu *Vaskovics/Rost/Rupp,* S. 66, 68, 90 ff.

meinschaft besteht. Insbesondere in den ersten Jahren nach der Kindesgeburt sind die Zahlen fast identisch.[155] Die Teilzeiterwerbstätigkeit gestaltet sich bei Kindern bis zum Alter von sechs Jahren und sogar auch noch bis zum Alter von zehn Jahren sehr ähnlich. Dementsprechend verringern sich die Karrierechancen der ehelichen und nichtehelichen Mütter in gleicher Weise kindesbedingt. Denn viele Unternehmen gestehen Aufstiegschancen bei einer Teilzeittätigkeit – wenngleich meist unausgesprochen – in geringerem Umfang zu als bei einer Vollzeittätigkeit.[156] Demgegenüber wird rascher in nichtehelichen Lebensgemeinschaften wieder Vollzeit gearbeitet: nämlich im Alter des Kindes von drei bis sechs Jahren etwa doppelt so häufig wie in einer Ehe und bei einem Kindesalter von sieben bis zehn Jahren fast drei Mal so häufig.

Ferner bleiben beim alltäglichen Zusammenleben partnerschaftsunabhängig solche Aufgaben wie die Pflege des Kindes bei Krankheit, Kinderarztbesuche, Kinderfeste/-geburtstage oder Kleidungseinkäufe eine „Domäne“ der Mutter. Dies gilt unabhängig davon, ob eine Ehe besteht oder nicht.[157] Auch solche Verpflichtungen können sich negativ auf das Berufsleben der Mütter auswirken.

b) Anzahl der Kinder in vorehelichen Beziehungen

Nichteheliche Lebensgemeinschaften mit Kindern haben über die letzten Jahre zahlenmäßig stark zugenommen.[158] Allerdings bildet die voreheliche Lebensgemeinschaft eher eine Beziehungsform *vor* der „Kinderphase“.[159] Deshalb sind in vorehelichen Lebensgemeinschaften seltener Kinder vorhanden als in sonstigen nichtehelichen Lebensgemeinschaften. Das gilt trotz bzw. gerade aufgrund

---

155 Dementsprechend erklärt sich auch der Gleichlauf des Betreuungsunterhalts aus § 1615l II 2 bzw. IV BGB und § 1570 BGB insbesondere für die ersten drei Jahre nach der Geburt.

156 Hierzu etwa *Körner-Dammann,* NJW 1994, S. 2056, 2057, obwohl natürlich vor allem wegen Art. 3 II GG versucht wird, jegliche Ungleichbehandlung zu beseitigen. Allgemein zur Karrierechance von Müttern ist festzuhalten: Aus den Zahlen über Mütter in Führungskraftpositionen kann entnommen werden, dass verheiratete Mütter nur zu 10 % in einer Führungsposition arbeiten, Frauen ohne Partner und Kinder hingegen zu 17 % und Frauen ohne Kinder sogar zu 25 %, vgl. Statistisches Bundesamt, Leben und Arbeiten in Deutschland, S. 40 f.

157 Insgesamt zu den Zahlen übersichtlich BT-Drucks. 16/1360, S. 109.

158 *Grünheid* 2006, S. 91 ff.; *Glatzer,* S. 16; *Engstler/Menning*, S. 23; *Matthias-Bleck* 2006, S. 144 f. geht von einem Anstieg allein bei den Ledigen, nicht bei Geschiedenen aus; *Rijsbergen,* S. 152; *Burkart/Fietze/Kohli,* S. 33 f. Aktuell auch für immer weniger Geburten ohne Ehe, vgl. Statistisches Bundesamt, Mikrozensus 2008, S. 32 f., wobei die Mütter trotzdem vermehrt in einer Ehe leben, siehe S. 34.

159 Siehe hierzu *Rijsbergen,* S. 150.

des Kinderwunsches in der künftigen Ehe.[160] Nach und nach wandeln sich allerdings die Verhältnisse dahingehend, dass auch in der vorehelichen Beziehung vor der ersten Ehe vermehrt Kinder leben.[161] Damit nimmt ebenfalls die funktionale Arbeitsteilung bei jüngeren Lebensgefährten zu.

Richtet man sein Augenmerk auf vorehelichen Lebensgemeinschaften „zwischen den Ehen", bei denen also mindestens ein Partner geschieden ist, so sind häufig Kinder vorhanden.[162] Hierbei können die Kinder gemeinsame Kinder der (neuen) Partner sein oder aus der vorigen Beziehung eines Partners stammen.[163] Im letzten Fall spricht man von nichtehelichen Stieffamilien.[164] Insgesamt wird „zwischen den Ehen" vermehrt nach dem „Hausfrauenmodell" gelebt. Solche Beziehungskonstellationen sind daher besonders relevant für das Scheidungsfolgenrecht.

c) Rollenverteilung bei vorehelicher Pflege sonstiger naher Angehöriger

Neben der Kindererziehung als wesentlichem Aspekt der Haushaltsarbeit gibt es vereinzelt die häusliche Pflege von i. d. R. älteren Angehörigen. Bei der sich ändernden Gesellschaftsstruktur wird dies immer häufiger der Fall sein. Dies gilt insbesondere vor dem Hintergrund der hohen Fremdpflegekosten.[165] Etwa 80 % der häuslichen Pflegetätigkeit wird derzeit von Frauen erledigt, und zwar überwiegend von Ehepartnerinnen und Töchtern.[166] Dabei kann es sich ebenso um Frauen handeln, die pflegebedürftige Angehörige ihres nichtehelichen Partners umsorgen. Auch ihnen können insoweit Nachteile im Hinblick auf die eigene Erwerbstätigkeit entstehen. In der aktuellen Gesetzgebung hat sich diese Problematik mittlerweile z. B. in der Einführung des Pflegezeitgesetzes niedergeschlagen, das ab 1.7.2008 in Kraft ist. Ziel des Gesetzes ist es, den „Beschäftigten die Möglichkeit zu eröffnen, pflegebedürftige nahe Angehörige in häuslicher

160 Vgl. hierzu die obigen Ausführungen zur kindorientierten Eheschließung unter B. I. 2.

161 Vgl. *Glatzer,* S. 17, zum Wandel S. 31 Fn. 5; *Niemeyer,* Wirtschaft und Statistik, 1994, S. 514, der jedoch einen starken Unterschied zwischen östlichen und westlichen Teilen Deutschlands feststellt, wobei in den östlichen bei 53 % der vorehelichen Beziehungen schon Kinder in der Partnerschaft waren. *Engstler/Menning,* S. 23 f. haben etwas andere Zahlen: 13 % Rückgang in den alten im Vergleich zu 5 % in den neuen Bundesländern.

162 *Burkart/Fietze/Kohli,* S. 46; vgl. *Venger,* S. 42; siehe hierzu bereits unter A. II. 1.

163 *Erler,* FuR 1996, S. 10, 12; hierzu übersichtlich Statistisches Bundesamt, Frauen in Deutschland 2006, S. 38; vgl. *Wellenhofer,* AnwBl 2008, S. 559.

164 Vgl. etwa *Alt,* S. 35.

165 Die meisten Pflegebedürftigen werden von Angehörigen zuhause versorgt, vgl. Statistisches Bundesamt, Pflegestatistik 2007, S. 5.

166 *Engstler/Menning,* S. 139.

Umgebung zu pflegen und damit die Vereinbarkeit von Beruf und familiärer Pflege zu verbessern", vgl. § 1 PflegeZG.

3. Bedeutung der Dauer des Zusammenlebens für die Rollenverteilung

Nachfolgend soll die Bedeutung der Beziehungsdauer vor der Ehe sowie des Zusammenlebens der Partner für das Vorliegen von klassischer Rollenverteilung untersucht werden.

a) Zusammenleben als Kriterium für traditionelle Rollenverteilung

Beim Zusammenleben der Lebensgefährten ist grundsätzlich von Arbeitsteilung sowie gemeinsamem Wirtschaften auszugehen – anders als beim Getrenntleben. Grund hierfür ist, dass in einem gemeinschaftlichen Haushalt vor allem die Frau täglich anfallende Routinearbeiten übernimmt.[167] Von diesen Tätigkeiten profitiert der Mann meist nur, wenn die Partner tatsächlich zusammenleben.

Es fragt sich, inwieweit wirtschaftliche Verflechtungen der Partner auch bei vorehelichen Beziehungen entstehen, wenn die Partner nicht zusammenleben. Hierfür sei zunächst beleuchtet, wie voreheliche Beziehungen ohne Zusammenleben aussehen und vorkommen. Das Nichtzusammenleben bei Paarbeziehung wird auch als *„living apart together"* bezeichnet.[168] Zahlen zur Häufigkeit sind nicht leicht, da solche Lebensgemeinschaften noch schwerer zu erfassen sind als nichteheliche Beziehungen mit gemeinsamem Haushalt.[169] Meist leben jüngere Paare getrennt, also im Alter zwischen 18 und 24 Jahren.[170] Das „living apart together" gehört für sie als voreheliche Beziehungsphase zum „normalen" Ablauf einer Partnerschaftskarriere.[171] Unter Studierenden ist das „living apart together" sogar die häufigste Lebensform.[172] Für etwa 20 % aller Paare ist eine

---

167 Siehe hierzu oben B. II. 1.

168 Vgl. *Peuckert,* S. 78 ff. mit weiteren Nachweisen zu anderen Begrifflichkeiten, wie „Fernbeziehung" oder „Liebe auf Distanz"; *Glatzer,* S. 35; *Noyon/Kock,* Zeitschrift für Familienforschung 2006, S. 27.

169 Vgl. etwa *Peuckert,* S. 79.

170 Bei den 18- bis 24-Jährigen sind es 53 % der Paare, bei den 25- bis 30-Jährigen nur noch 26 %, bei den 30- bis 40-Jährigen nur noch 13 % und bei den über 40-Jährigen nur noch 6 %, vgl. BMJFG 1985, S. 28. Zahlen bei *Schneider/Ruckdeschel,* S. 245, 251: 18- bis 24 Jährige 15 % der Partnerschaften mit zwei Haushalten, 25- bis 29-Jährige 9 %, 30- bis 44-Jährige 4 % und 45- bis 61-Jährige auch 4 %. Bei den jüngeren Paaren leben 49 % bereits alleine, aber 29 % der Partner noch bei ihren Eltern.

171 *Schneider/Ruckdeschel,* S. 245, 253.

172 Vgl. hierzu *Peuckert,* S. 79 m. w. Nw.

Beziehung mit zwei Haushalten dagegen eine nacheheliche Lebensform und 10 % der dauerhaft auseinander wohnenden Partner sind verheiratet.[173] Auch in der Rechtsprechung sind Fälle des „living apart together" in nichtehelichen Lebensgemeinschaften dokumentiert. Als Beispiel dient der einer BGH-Entscheidung zugrunde liegende Sachverhalt:[174] Hier behielten die Lebensgefährten fast zehn Jahre ihre eigenen Wohnungen bei und besuchten sich regelmäßig.

Wenn „zwischen den Ehen" getrennt gelebt wird, kann dies eine vorübergehende Wohnoption aus Geheimhaltungsgründen sein, weil man den noch formalen Ehepartner nichts von der neuen Beziehung wissen lassen will. Sicherlich gibt es Partner, die zwar auf dem Papier getrennt wohnen, aber sich tatsächlich meist nur in einem Haushalt aufhalten. Die Ursachen für letzteren Fall sind insbesondere berufliche Gründe (z. B. „Pendeln" zum weiter entfernten Arbeitsplatz).[175] Häufig leben die Partner dabei trotzdem längere Zeitphasen zusammen, z. B. über das Wochenende oder über einige Wochen/Monate – je nach den beruflichen Pausen des abwesenden Partners. Für diese Zeit gibt es einen gemeinsamen Haushalt und alltägliche Aufgaben fallen an.[176] Oder ein Lebensgefährte übernimmt in seiner Wohnung die überwiegende Erziehung eines gemeinschaftlichen Kindes, solange ein Zusammenleben aus beruflichen Gründen nicht möglich ist. Vorstellbar ist zudem, dass ein Partner über längere Zeit helfend im Betrieb des anderen einspringt, obwohl nicht zusammengelebt wird. Dies ist etwa bei berufs- oder ausbildungsbedingter Abwesenheit des geschäftsinhabenden Partners vorstellbar.

Neben beruflichen Gründen für ein (Noch-) Nichtzusammenleben sind familiäre Gründe wie das Wohl der Kinder eines Partners aus der vorherigen Beziehung zu nennen. Es wird nämlich oft das Bestreben geben, den Kindern solange wie möglich das gewohnte Umfeld, also die alte Wohnung des betreuenden Elternteils, zu erhalten, bevor man zum neuen Lebensgefährten zieht. Überdies fehlt es manchmal an der Motivation oder den finanziellen Voraussetzungen für das Neueinrichten einer gemeinsamen Wohnung.[177] Häufig wird das „living apart together" von Frauen vorerst gewünscht, damit sie voll ihren beruflichen Tätigkeiten nachgehen können – ohne Belastungen aus dem privaten Bereich

173 *Schneider/Ruckdeschel,* S. 245, 253 f.

174 Vgl. hierzu BGH, NJW 2008, S. 3277.

175 *Peuckert,* S. 78 f.; besteht jedoch zusätzlich ein gemeinsam genutzter Haushalt, so stellt sich das Problem des Zusammenlebens weniger.

176 So *Noyon/Kock,* Zeitschrift für Familienforschung 2006, S. 27, 42.

177 Aber zu den finanziellen Nachteilen beim „living apart together" s. *Peuckert,* S. 82.

wie Auseinandersetzungen um egalitäre Erledigung der Hausarbeit.[178] Eine Rollenverteilung findet in den meisten genannten Fällen aber gerade nicht statt. Dem pflichtet bei, dass etwa zwei Drittel aller Personen in Beziehungen mit zwei Haushalten kinderlos sind.[179] Insoweit kommt es beim Getrenntleben viel seltener zur Aufgabenteilung wegen Kindesbetreuung.[180]

Damit ist festzuhalten, dass traditionelle Rollenverteilung überwiegend beim *Zusammenleben* der Partner vorliegt. Das voreheliche Zusammenleben ist für diese Arbeit als bedeutendster Fall zugrunde zu legen und dem Zusammenleben der Partner kommt Indizwirkung im Hinblick auf funktionale Rollenverteilung zu. Trotzdem kann der haushaltsführende Partner auch bei Beziehungen mit getrennten Haushalten ausnahmsweise schutzwürdig sein, wenn es tatsächlich zu wirtschaftlichen Verflechtungen kommt.[181]

b) Einfluss der vorehelichen Beziehungsdauer auf die Rollenverteilung

Mit zunehmender Beziehungsdauer verstärken sich regelmäßig die Effekte der Rollenverteilung und die wirtschaftlichen Verflechtungen. Je länger eine Beziehung dauert, desto schwieriger ist die Trennung.[182] Die Dauer täglich zu bewältigender Aufgaben entscheidet dabei mit über Stabilität und Zusammengehörigkeit, nicht allein die formale Dauer der Ehe.[183] Schwierig zu beantworten ist dagegen die Frage, *ab welcher Dauer* des der Ehe vorgelagerten Zusammenlebens eine relevante Rollenverteilung zu bejahen ist. Das Bundesverfassungsgericht[184] hat bei der Definition der nichtehelichen Lebensgemeinschaft das Angelegtsein auf Dauer als ausreichend erachtet.[185] Es hat somit keine Mindestbeziehungsdauer als Kriterium gefordert.

Insgesamt nimmt die durchschnittliche Dauer nichtehelicher Lebensgemeinschaften zu. Über 76 % aller nichtehelichen Lebensgemeinschaften leben schon

---

178 *Peuckert*, S. 81; hierzu auch *Noyon/Kock*, Zeitschrift für Familienforschung 2006, S. 27, 40.

179 *Schneider/Ruckdeschel*, S. 245, 254.

180 Siehe zum Zusammenhang von Kindern und Rollenverteilung unter 2. a).

181 Paare der am ehesten betroffenen Bevölkerungsschicht der Studenten werden selten derart arbeitsteilig wirtschaften, dass große Schutzbedürftigkeiten eines Partners entstehen.

182 *Schenk* 1987, S. 227.

183 Zur Beziehungsdauer als tauglichem Differenzierungsmerkmal für nichteheliche Lebensgemeinschaften vgl. *Höhn*, in *Glatzer*, S. 3; aber die Beziehungsdauer als Kriterium bereitet viele Probleme, s. hierzu etwa Kapitel 6 B. I. 2. b) bb).

184 BVerfGE 87, 234, 264; siehe das Entscheidungszitat oben unter A. I.

185 Vgl. ebenso etwa BGHZ 84, 36, 38; *Knoche*, S. 18; *Grosse*, S. 49; *Ohlenburger-Bauer*, S. 2 f.

länger als zwei Jahre und im Durchschnitt für rund sechs Jahre zusammen. Folglich kann nicht mehr von einer kurzlebigen Lebensform gesprochen werden.[186] Von den Formen des bloß wenige Monate andauernden vorehelichen Zusammenlebens einmal abgesehen, liegt ebenfalls meist längeres Zusammenleben von fünf bis zehn Jahren vor.[187] Die durchschnittliche Dauer vorehelicher Beziehungen (also ohne die bis zur Ehe gescheiterten Partnerschaften) wird teilweise sogar auf 7,5 Jahre geschätzt.[188] Es ist davon auszugehen, dass sich nach zwei Jahren vorehelicher Lebensgemeinschaft schon ca. 30 % der Partner das „Jawort“ gegeben haben. Über die Hälfte hat nach fünf Jahren geheiratet. Nach zehn Jahren haben rund 80 % der vorehelichen Paare eine Ehe geschlossen.[189] Ferner wurde errechnet, dass sich mit jedem Jahr der vorehelichen Beziehung die Wahrscheinlichkeit einer kirchlichen Trauung etwa um den Faktor 1,13 erhöht.[190]

In jüngeren Jahren (18 bis 30 Jahre) wird eine Ehe beim dauerhaften Zusammenleben seltener gewünscht als im mittleren Alter (31 bis 60 Jahre) der Lebensgefährten.[191] Hieraus lässt sich auf eine regelmäßig längere Dauer vorehelicher Beziehungen unter jungen Erwachsenen schließen. Wie bei den Grün-

---

186 *Peuckert,* S. 68; *Lauterbach,* in *Klein/Lauterbach,* S. 269, 302; *Schneider/Rosenkranz/Limmer,* S. 83; *Matthias-Bleck* 2006, S. 145; im östlichen Deutschland wohl noch längere nichteheliche Lebensgemeinschaften wegen der Loslösung von Ehe und Familie, wie *Engstler/Menning*, S. 45 und *Peuckert,* S. 77 feststellen. Allerdings wird dort auch weniger geheiratet, vgl. *Engstler/Menning*, S. 45, sodass die Relevanz dieser Daten für das voreheliche Zusammenleben gering ist. Durchschnittsdauer nichtehelicher Lebensgemeinschaften von fünf Jahren bei *Schneider/Ruckdeschel,* S. 245, 255.

187 Vgl. hierzu oben unter A. II. 1. *Wingen,* S. 65 ff., geht von mittel- bis langfristigem Zusammenleben als Indikator für eine „Probe-Ehe“ aus.

188 Und läge damit über dem Durchschnitt der Dauer nichtehelicher Lebensgemeinschaften insgesamt, so wohl *Matthias-Bleck* 2006, S. 172. Selbstverständlich lassen diese Zahlen keine absoluten Aussagen zu. Für die hiesige Arbeit ist unerheblich, dass bei nichtehelichen Lebensgemeinschaften im Allgemeinen eine lange Dauer oftmals für eine „Quasi-Ehe“, eine Alternative zur Ehe oder für eine freie Partnerschaft spricht, vgl. hierzu *Vaskovics/Rupp,* S. 69; *Wingen,* S. 30, 47, 67.

189 *Lauterbach,* in *Klein/Lauterbach,* S. 269, 294 f. (nach zwei Jahren 34 %, über die Hälfte nach drei Jahren und nach zehn Jahren 75 %); *Lois,* S. 157 (nach zwei Jahren 28 %, nach fünf Jahren 60 % und nach zehn Jahren nach der Haushaltsgründung 82 %). Die Angaben beziehen sich nur auf die vorehelichen Lebensgemeinschaften – ex post betrachtet.

190 So *Schneider/Rüger,* Zeitschrift für Soziologie 2007, S. 131, 148; etwa die Hälfte der nichtehelichen Partner mit Heiratsabsichten meint, in den nächsten drei Jahren zu heiraten, vgl. BMJFG 1985, S. 38.

191 *Peuckert,* S. 41.

den für den Aufschub einer Heirat gezeigt,[192] fehlen bisweilen (zwingende) Auslöser und feste Zeitpunkte für eine Eheschließung. Dies hat ebenfalls eine längere bzw. willkürliche Dauer des vorehelichen Zusammenlebens zur Folge.

Festzuhalten bleibt, dass sich grundsätzlich mit zunehmender Dauer des vorehelichen Zusammenlebens die klassische Rollenverteilung intensiviert. Es gibt indes keine feste Zeitspanne, nach der stets traditionelle Rollen eingenommen werden. Vielmehr ist die Situation in jeder Paarbeziehung für sich zu betrachten. Häufig schleicht sich eine traditionelle Aufgabenverteilung erst langsam im Laufe des Zusammenlebens ein.

III. Berücksichtigung vorehelicher Aufgabenteilung im Scheidungsfolgenrecht

Damit steht fest, dass die Ehegatten immer häufiger bereits vor der Ehe zusammenleben und sich mit zunehmender Beziehungsdauer die traditionelle Aufgabenverteilung zwischen den Partnern intensiviert. Spätestens wenn sich die Partner für gemeinsame Kinder entscheiden oder Kinder eines Partner mit in einem Haushalt leben, schränkt sich meist die Frau in ihrer Berufsausübung ein. Mit zunehmender Dauer der Berufseinschränkung entstehen ihr dadurch beziehungsbedingte Nachteile. Diese Nachteile stellen sich im Falle des Beziehungsendes als Fortkommensnachteile für das Bestreiten des täglichen Unterhalts dar, aber auch als Nachteile bei der Vermögensansammlung, da der haushaltsführende Partner – anders als der verdienende Partner – je nach beruflicher Qualifikation weniger Möglichkeiten hat, eigene Vermögensrücklagen aus dem Gehalt zu bilden. Ferner entstehen Versorgungsnachteile für das Rentenalter, weil die beruflich pausierende Partnerin meist weniger oder gar nicht für ihre spätere Rente einzahlt. Diese Nachteile können auch in Zahlen dargestellt werden. Zum Beispiel wird davon ausgegangen, dass eine Frau mit Kindern bei gleichem Bildungsniveau im Lebensverlauf bis zu 300.000 Euro bzw. 30,2 % weniger verdient als ein Mann mit Kindern.[193] Für den Fall, dass tatsächlich Kinder betreut wurden, können diese gravierenden Nachteile unabhängig von der jeweiligen

192 Siehe hierzu unter B. I. 2.

193 So für den Fall, dass die Frau einen Hauptschulabschluss hat. Hat die Frau einen Realschulabschluss oder Abitur, so verdient die im Laufe ihres Lebens etwa 15,5 % weniger als der Mann bzw. 175.000 Euro. Hat die Frau einen Hochschulabschluss, so verdient sie um die 250.000 Euro bzw. 19,3 % weniger als der Mann mit gleichem Bildungsniveau. Zu den Zahlen siehe *Luef*, Familienhandbuch.

Beziehungsform und demzufolge ebenfalls vor der Eheschließung entstehen.[194] Dies gilt umso mehr, wenn sich die Frau zum Beispiel in jüngeren Jahren vor der ersten Ehe hinsichtlich der Berufswahl oder in den ersten Berufsjahren einschränkt.

Im Fall einer Ehe der Partner hält das Gesetz zum Ausgleich dieser Nachteile für den haushaltsführenden Partner das Scheidungsfolgenrecht bereit. Dabei unterstellt der Gesetzgeber eine entsprechende Aufgabenteilung sowie eine darüber hinausgehende Solidarität der Ehegatten, auf Dauer füreinander einzustehen. Wird vor der Ehe bereits nach dem Hausfrauenmodell gelebt, kann der Gesetzgeber indes nicht automatisch eine ehegleiche Solidarität oder funktionale Aufgabenteilung unterstellen. Da die Ehegatten jedoch oftmals vor ihrer Ehe die klassischen Rollen einnehmen, ist es in diesen konkreten Fällen grundsätzlich geboten, den Nachteilsausgleich zugunsten des haushaltsführenden Partners auszudehnen. Dies ist insbesondere dann erforderlich, wenn die Einschränkung der Erwerbstätigkeit im Einvernehmen mit dem anderen Partner geschah und dieser die Nachteile faktisch (mit-) veranlasst hat.[195] Hier wird die Position des sich einschränkenden Ehegatten nämlich bereits durch voreheliches Vertrauen in eine dauerhafte Versorgung durch den Partner gestärkt und Letzterer muss sich an seinen Zusicherungen festhalten lassen. Schließlich ist es auch nicht unbillig, den Hauptverdiener bereits für den Ausgleich vorehelicher Nachteile zu belangen, denn die Arbeitsteilung hat ihm – etwa im Falle eines gemeinsamen Kinderwunsches – eine berufliche Tätigkeit in vollem Umfang ermöglicht.

Infolgedessen sind die Ausgleichsmechanismen des Scheidungsfolgenrechts mit Blick auf die gesellschaftlichen Entwicklungen dahingehend auszulegen, dass auch voreheliche beziehungsbedingte Nachteile grundsätzlich zu berücksichtigen sind, soweit die Ehegatten damals bereits nach dem Hausfrauenmodell lebten.

C. Ergebnis zu Kapitel 1

Das voreheliche Zusammenleben ist die häufigste Erscheinungsform einer nichtehelichen Lebensgemeinschaft, sogar mit zunehmender Tendenz. Ein Großteil jüngerer Paare vor der Erst-Ehe wählt zwar zu Beziehungsbeginn ein auf Selbständigkeit der Partner bauendes Lebensmodell. Mit zunehmender Dauer der gelebten Beziehung schleicht sich aber meist eine funktionale Rollenver-

---

194 Vgl. *Wellenhofer,* FF 2008, S. 350, 351; *dies,* AnwBl 2008, S. 559, 560. Siehe zudem Kapitel 1 B. II.; für nichteheliche Lebensgemeinschaften ferner *Busche,* JZ 1998, S. 387, 388.

195 Hierzu in den einzelnen Kapiteln noch ausführlich, etwa in Kapitel 2 unter C. I. 2. b).

eilung ein. Vor allem Kinder in der Beziehung führen zu einer traditionellen Rollenverteilung. Bei Partnern in fortgeschrittenem Alter, die „zwischen den Ehen" leben, gibt es meist umfangreiche wirtschaftliche Verflechtungen. Festzuhalten ist, dass oftmals bereits vor der Ehe wie in einer (Hausfrauen-) Ehe gelebt wird und ein für das Scheidungsfolgenrecht bedeutsames Abhängigkeitsverhältnis entsteht. Der dem Scheidungsfolgenrecht zugrunde liegende Gedanke des Nachteilsausgleichs kann daher aus rechtstatsächlicher Sicht grundsätzlich auf Zeiten des vorehelichen Zusammenlebens übertragen werden.

Kapitel 2

Bedeutung des vorehelichen Zusammenlebens im nachehelichen Unterhalt

Nun soll die Bedeutung des vorehelichen Zusammenlebens für das Unterhaltsrecht nach Scheidung (§§ 1569 ff. BGB) untersucht werden. Für die eingetragene Lebenspartnerschaft verweist § 16 S. 2 LPartG auf die Normen des nachehelichen Unterhalts, sodass alle folgenden Ausführungen grundsätzlich auf den nachpartnerschaftlichen Unterhalt übertragen werden können.[196]

Beim nachehelichen Unterhalt spielt die Schutzwürdigkeit des finanziell schwächeren Partners eine besondere Rolle, da die Unterhaltsansprüche einen wesentlichen Beitrag zur Rechnung seines täglichen Lebensbedarfs bieten. Der Unterhalt ist damit das Kernstück des Scheidungsfolgenrechts.[197]

A. Grundzüge des nachehelichen Unterhaltsrechts, §§ 1569 ff. BGB

Erste Voraussetzung eines Unterhaltsanspruchs nach Scheidung ist die Scheidung der Ehe. Zu unterscheiden sind insoweit der Unterhalt bei Getrenntleben der Ehegatten (§ 1361 BGB) und der Familienunterhalt während bestehender Ehe (§ 1360 BGB).

I. Unterhaltstatbestände

Die Ehegatten haben nach der Scheidung grundsätzlich eigenverantwortlich für ihren Unterhalt zu sorgen, § 1569 S. 1 BGB. Ein Unterhaltsanspruch wird nur dem Ehegatten gewährt, der hierzu außerstande ist, § 1569 S. 2 BGB. Dies ist vor allem dann der Fall, wenn der Ehegatte keiner Erwerbstätigkeit nachgehen

196 Beachtlich ist, dass es gerade bei gleichgeschlechtlichen Partnerschaften aufgrund des zum 1.8.2001 eingeführten LPartG zu einer Häufung des „vorpartnerschaftlichen Zusammenlebens" gekommen ist.

197 Zur Bedeutung des Unterhaltsrechts als Scheidungsfolge kann auf die BGH-Rechtsprechung zu Eheverträgen verwiesen werden, wobei Unterhaltsregelungen nur bedingt abbedungen werden können, der Zugewinnausgleich dagegen vollständig. Siehe hierzu Kapitel 3 D. II. 4.

kann. Insofern müssen Unterhaltsansprüche stets durch einen Tatbestand der §§ 1570-1576 BGB begründet werden.

Die Erwerbstätigkeit kann in erster Linie durch das Betreuen gemeinsamer minderjähriger Kinder erschwert sein. Dem Betreuenden kann dann sogenannter Betreuungsunterhalt nach § 1570 BGB zugesprochen werden. Wie lange der Anspruch gewährt wird, hängt vorwiegend vom Alter des Kindes sowie von Billigkeitsgründen ab.[198] Des Weiteren stellt es einen Unterhaltsgrund dar, wenn von einem Ehegatten wegen seines Alters (§ 1571 BGB) oder aufgrund einer Krankheit (§ 1572 BGB) keine Erwerbstätigkeit mehr erwartet werden kann. Außerdem kann einem Ehegatten bei Erwerbslosigkeit infolge schlechter Arbeitsmarktverhältnisse ein Unterhaltsanspruch zustehen (§ 1573 I, III, IV BGB). Letzterer Tatbestand ist jedoch nachrangig zu den anderen Unterhaltstatbeständen. Kann der Ehegatte nur teilweise seinen Unterhalt allein bestreiten, so hat er unter Umständen einen Aufstockungsunterhaltsanspruch, § 1573 II BGB. Schließlich sei auf den Ausbildungsunterhalt nach § 1575 BGB hingewiesen sowie auf den Unterhalt aus Billigkeitsgründen gemäß § 1576 BGB, wobei letzterer nur in Ausnahmefällen bei „sonstigen schwerwiegenden Gründen“ zu Unterhaltsansprüchen führt.

II. Bemessung des Unterhaltsanspruchs

Neben einem erfüllten Unterhaltstatbestand ist die Bedürftigkeit des Unterhaltsberechtigten eine weitere Voraussetzung des Unterhaltsanspruchs. Die Bedürftigkeit fehlt gemäß § 1577 BGB, solange und soweit sich der Berechtigte aus seinen Einkünften und seinem Vermögen selbst unterhalten kann.[199] Das Maß des Unterhalts bestimmt sich gemäß § 1578 I 1 BGB nach den ehelichen Lebensverhältnissen. Der Unterhalt umfasst hierbei den gesamten Lebensbedarf, § 1578 I 2 BGB.[200] Die Bedarfsberechnung basiert auf dem Halbteilungsgrundsatz, der gegebenenfalls mit Blick auf den Erwerbstätigenbonus zu modifizieren ist.[201] Der Unterhaltsschuldner ist darüber hinaus nur zur Unterhaltszahlung verpflichtet, wenn er leistungsfähig ist, d. h. ohne Gefährdung seines eigenen angemessenen Unterhalts dem Berechtigten Unterhalt gewähren kann, vgl. § 1581

198 Ohne weitere Voraussetzungen ist der Tatbestand des Betreuungsunterhalts nur bis zu einem Alter des Kindes von drei Jahren erfüllt, § 1570 I 1 BGB.

199 Inwiefern dies der Fall ist, regeln die § 1577 II-IV BGB.

200 Was § 1578 II und III BGB konkretisieren.

201 Zur hälftigen Zubilligung des zu verteilenden Einkommens vgl. z. B. BGH, NJW 1982, S. 2442; 1992, S. 1621, 1623; zum Erwerbstätigenbonus siehe auch Fn. 217.

BGB. Hierbei wird ein Selbstbehalt festgelegt, der dem Verpflichteten als Mindestbetrag für seine eigenen Bedürfnisse verbleiben soll.[202]

III. Beschränkungen des Unterhaltsanspruchs

Sind alle Voraussetzungen eines Unterhaltsanspruchs an sich gegeben, ist die Zahlungsverpflichtung des Ehegatten gegebenenfalls zu beschränken. Zunächst kann eine Herabsetzung oder zeitliche Begrenzung des eheangemessenen Unterhalts nach § 1578b I, II BGB in Betracht kommen, wenn eine an den ehelichen Lebensverhältnissen orientierte Unterhaltszahlung unbillig wäre. Bei der Beurteilung der Unbilligkeit sind zugunsten des Berechtigten dessen ehebedingte Nachteile zu berücksichtigen (s. § 1578b I 2, 3 BGB). Das sind vor allem Nachteile aufgrund von Kindererziehung, aus der Gestaltung von Haushaltsführung und Erwerbstätigkeit oder aufgrund der Dauer der Ehe.[203]

Des Weiteren kann der Unterhaltsanspruch ausnahmsweise wegen grober Unbilligkeit nach § 1579 BGB beschränkt werden – in Form der Versagung, Herabsetzung oder zeitlichen Begrenzung. Als Härtegründe nennt § 1579 BGB beispielsweise die kurze Ehedauer (Nr. 1),[204] das Leben in einer verfestigten Lebensgemeinschaft des Berechtigten mit einem neuen Partner (Nr. 2) oder das mutwillige Herbeiführen der Bedürftigkeit durch den Berechtigten (Nr. 4). Ferner gibt es Grenzen bei einer Geltendmachung von Unterhalt für die Vergangenheit, vgl. § 1585b II, III BGB. Die Ehegatten können Unterhaltsansprüche zudem durch Vereinbarung beschränken oder ausschließen, § 1585c BGB.

IV. Erlöschen des Unterhaltsanspruchs sowie Rangfragen

Der Unterhaltsanspruch erlischt mit der Wiederheirat des Berechtigten oder seinem Tode (§ 1586 I BGB). Reichen die Mittel des Verpflichteten nicht aus, um alle Unterhaltsansprüche zu befriedigen (sog. Mangelfall), wird die Frage der Rangordnung mehrerer Unterhaltsberechtigter relevant, vgl. §§ 1582, 1609

202 Vgl. hierzu die von vielen Gerichten der Bemessung zugrunde gelegte Düsseldorfer Tabelle; der monatliche Eigenbedarf (Selbstbehalt) liegt hiernach momentan bei 1.000 Euro.

203 Zum Begriff der ehebedingten Nachteile z. B. aktuell BGH, FamRZ 2009, S. 406 Rz. 32 ff.

204 § 1579 BGB und § 1578b BGB sind nebeneinander anwendbar, s. etwa Palandt/*Brudermüller* § 1579 Rn. 41. Bei Überschneidung der Anwendungsbereiche, also bei Ehen von kurzer Dauer, ist zunächst § 1579 Nr. 1 BGB zu prüfen (vgl. BT-Drucks. 16/1830, S. 20).

BGB. Seit dem Unterhaltsrechtsänderungsgesetz 2007 gestaltet sich die Rangordnung derart, dass primär minderjährigen Kindern Unterhalt gewährleistet werden muss und erst dann dem geschiedenen Ehegatten, vgl. § 1609 Nr. 1, 2 BGB. Letzteres gilt wiederum nur für den Fall des Betreuungsunterhalts nach § 1570 BGB sowie bei einer Ehe von langer Dauer; bei der Feststellung der Ehe von langer Dauer sind die Nachteile des § 1578b I 2, 3 BGB zu berücksichtigen. Die übrigen Unterhaltsansprüche von Ehegatten sind auf dem dritten Rang verortet. Der unterhaltspflichtige Ehegatte haftet in der Regel vor unterhaltspflichtigen Verwandten, § 1584 BGB.

B. Legitimation von Unterhaltsansprüchen

I. Einführung

Die Prinzipien des nachehelichen Unterhalts sind für das Verständnis der Unterhaltsnormen unerlässlich.[205] Sie sind vorab darzustellen, damit sie für die nachfolgenden Untersuchungen unter C. herangezogen werden können. Denn später stellt sich die Frage, inwiefern es nach Sinn und Zweck der Unterhaltsnormen gerechtfertigt ist, auch das voreheliche Zusammenleben der Ehegatten zu berücksichtigen.

Obwohl die Ehe nicht mehr besteht, verpflichtet das nacheheliche Unterhaltsrecht einen Ehegatten zur finanziellen Unterstützung des anderen. Damit wird der Unterhaltsverpflichtete in seiner allgemeinen Handlungsfreiheit beschränkt.[206] Wegen der Zahlungspflicht kann er seine finanziellen Mittel nicht vollständig für eigene Zwecke nutzen. Dieser Eingriff ist allerdings gerechtfertigt durch die Legitimation des nachehelichen Unterhalts.[207] Die grundlegende Umgestaltung des Eherechts durch das 1. EheRG 1976[208] betraf auch den Unterhalt nach Scheidung. Nach der Vorstellung des Gesetzgebers sollte der sozial Schwächere den sozial Stärkeren im Bedarfsfall auch nach der Ehescheidung auf Hilfe in Anspruch nehmen können.[209] Zu den Grundgedanken der Unterhaltsvorschriften wurde damals festgehalten: „Wenn eine Bedürfnislage in Verbindung mit der Ehe steht, soll der Grundsatz der Mitverantwortlichkeit eingreifen. Diese Verbindung zur Ehe besteht, wenn die Einigung der Ehegatten über die

205 So auch BGH, NJW 1980, S. 2247, 2249.

206 Siehe nur MünchKomm/*Maurer* Vor § 1569 Rn. 3.

207 Vgl. BVerfGE 57, 361 = NJW 1981, S. 1771; BVerfGE 68, 256 = NJW 1985, S. 1211, 1212.

208 Siehe zu den Änderungen des Unterhaltsrechts hierbei BT-Drucks. 7/650, S. 121 ff.

209 BT-Drucks. 7/650, S. 121; so auch Eherechtskommission 1971, S. 75.

Arbeitsteilung in der Ehe nach der Scheidung zum Nachteil eines Ehegatten fortwirkt, weil er seine wirtschaftliche Lage eng an seinen Partner geknüpft hat, indem er arbeitsteilig die Verwaltung des hauswirtschaftlichen Bereichs übernommen und auf Sicherung durch eigene Erwerbstätigkeit verzichtet hat."[210]

II. Verfassungsrechtliche Grundgedanken des nachehelichen Unterhalts

Das nacheheliche Unterhaltsrecht fällt als Folgewirkung der Ehe in den Schutzbereich des Art. 6 I GG.[211] Ein wichtiges unterhaltsrechtliches Grundprinzip ist daneben das Gleichberechtigungsgebot des Art. 3 II GG (i.V.m. Art. 6 I GG). Dies gilt bereits während der Ehezeit, aber auch für die Zeit danach.[212] Überwiegend ist nämlich die Frau der finanziell schwächere Partner in der Beziehung und seltener der Mann.[213] In einer auf Lebenszeit angelegten traditionellen „Hausfrauenehe" kommt der Mann für den Unterhalt auf, während die Frau ohne gleichwertiges Einkommen den Haushalt führt und die Kinder betreut. Auf diese Weise ermöglicht sie dem Mann dessen umfangreiche berufliche Tätigkeit. Nach einer Scheidung gibt die Frau ihre bisherige Haushaltstätigkeit für den Ehemann auf und ist ihm gegenüber auf Unterhaltsansprüche angewiesen.[214] Die Leistungen der Frau im Haushalt und durch Kindererziehung sind dabei gleichwertig neben das Beschaffen von Barmitteln durch den Mann zu setzen.[215] Jeder Ehegatte soll demnach eine gleiche Teilhabe am gemeinsam Erwirtschafteten genießen,[216] vgl. auch § 1360 S. 2 BGB. Maßstab der Teilhabe ist deshalb grundsätzlich der Halbteilungsgrundsatz.[217] Der BGH spricht neuerdings auch von einem „Surrogat" der geleisteten Haushaltsführung und Kinderbetreuung, wenn der bisher nicht erwerbstätige Ehegatte eine neue Berufstätigkeit auf-

---

210 BT-Drucks. 7/650, S. 121 f.; Grundlage hierzu bei Eherechtskommission 1971, S. 75 ff.

211 Z. B. BVerfGE 53, 257, 296; 66, 84, 93. Zur nachehelichen Solidarität s. unter III.

212 Vgl. schon BVerfGE 3, 225, 242; zudem etwa BVerfGE 105, 1, 10; *Maier,* NJW 2002, S. 3359; *Dauner-Lieb,* FF 2002, S. 151; *Büttner,* FF 2002, S. 78.

213 Z. B. ist bei OLG Frankfurt, NJW 1982, S. 1885 der Mann der schutzbedürftige Partner.

214 Vgl. *Ramm,* Grundgesetz und Eherecht, S. 37.

215 BVerfGE 21, 329, 341; 26, 265, 273; 37, 217, 251; 79, 106, 126; 105, 1, 10 ff.; in Bezug auf den Unterhalt auch BVerfGE 47, 1, 24; 53, 257, 296. Siehe z. B. BVerfGE 66, 84, 93 f. mit dem allgemeinen Gleichheitsgrundsatz – Art. 3 I (i.V.m. Art. 6 I GG).

216 Vgl. BT-Drucks. 16/1830, S. 18 betreffend § 1578b BGB; zudem etwa *Diederichsen,* NJW 1993, S. 2265, 2272.

217 Bzw. wegen des Erwerbstätigenbonus eine 3/7-Quote, vgl. hierzu etwa BGH, FamRZ 1991, S. 304, 305 oder die Düsseldorfer Tabelle unter B. I.

nimmt.[218] Diese BGH-Rechtsprechung wurde durch das BVerfG ausdrücklich gebilligt.[219]

Der Schutz des wirtschaftlich Schwächeren ist verfassungsrechtlich auch im Rechtsstaats- sowie im Sozialstaatsprinzip (Art. 20 I, III GG) verankert.[220] Es geht nämlich beim Unterhaltsrecht insbesondere um die Existenzsicherung des Ehegatten, anders als beim Zugewinnausgleich mit größeren Vermögenswerten.[221] Dieser Schutz realisiert sich insbesondere bei „Hausfrauenehen“, da im Scheidungsfall die wirtschaftliche Existenz der bisherigen Hausfrau zusammenbrechen kann.[222] Gerade berufliche Einschränkungen in jüngeren Jahren haben gravierende Auswirkungen auf die gesamte berufliche Karriere.[223] Mangels ausreichenden Einkommens kann der haushaltsführende Ehegatte nicht mehr allein seinen Lebensunterhalt bestreiten. Ein späterer Berufseinstieg fällt mit zunehmender Länge der Pause immer schwerer.[224]

Das Kind ist nach der Ehe ebenfalls schutzbedürftig.[225] Eine finanzielle Schlechterstellung des hauptsächlich betreuenden Elternteils trifft das Kind zumindest mittelbar. Zum Beispiel verbleibt im Alltag weniger Zeit für Beschäftigungen mit dem Kind, wenn Vater oder Mutter in größerem Umfang berufstätig sein müssen. Der Mutter wird im Falle der Kindererziehung insofern staatlicher Schutz über Art. 6 IV GG gewährt.[226]

III. Legitimation aufgrund nachehelicher Solidarität

Der besonderen Bedeutung der Ehe (Art. 6 I GG) entsprechend wird die Rechtfertigung des Unterhalts nach Scheidung aus der nachehelichen Solidarität abgeleitet.[227] Grundgedanke ist, dass sich mit zunehmender Ehedauer der gemeinsame Lebensplan der Ehegatten verwirklicht und sich zugleich die wirtschaftli-

---

218 BGH, FamRZ 2001, S. 986, 991.

219 BVerfGE 105, 1, 16.

220 Vgl. BT-Drucks. 7/650, S. 121; ähnlich *Schlüter,* S. 16; *Coester-Waltjen,* NJW 1988, S. 2085, 2086; *Schwenzer,* JZ 1988, S. 781, 782.

221 Ähnlich *Schumacher,* FamRZ 1994, S. 857, 861, spricht von „nackter Existenz“.

222 *Ramm,* Grundgesetz und Eherecht, S. 33; *ders.,* Familienrecht, Verfassung, Geschichte, Reform, S. 304.

223 Vgl. hierzu auch *Dethloff,* Gutachten, A 140 f.; *Cornelißen,* S. 292 ff.

224 Vgl. *Busche,* JZ 1998, S. 387, 388.

225 Vgl. *Ramm,* Familienrecht, S. 304.

226 *Ramm,* Familienrecht, S. 22 f.

227 Im Rahmen der Unterhaltsrechtsreform 2007 betont der Gesetzgeber beispielsweise die nacheheliche Solidarität bei langen Ehen, vgl. BT-Drucks. 16/1830, S. 13, vgl. ähnlich BT-Drucks. 7/4361, S. 15 f. Vgl. instruktiv hierzu *Brudermüller,* S. 113, 128 ff.

chen Verflechtungen verstärken.[228] Gesetzliche Ausprägung erfährt die nacheheliche Solidarität z. B. in § 1569 S. 2 BGB oder beim Maß des Unterhalts (§ 1578 BGB). Insoweit geht die maßgebliche „Lebensstandardgarantie" über das bloße Existenzminimum des Unterhaltsberechtigten hinaus.[229] Der BGH berücksichtigt die nacheheliche Solidarität zudem bei der Begrenzung des Krankheitsunterhalts (§ 1572 BGB).[230] Zwar kommt der Gedanke der nachehelichen Solidarität im aktuellen Unterhaltsrecht immer weniger bzw. modifiziert zum Ausdruck.[231] Der Gesetzgeber beschreibt den Gedanken des Unterhaltsrechtsänderungsgesetzes dahingehend, dass „mit dieser stärkeren Betonung der Eigenverantwortung des geschiedenen Ehegatten für seinen Unterhalt (...) das Prinzip der nachehelichen Solidarität in einer nach heutigen Wertvorstellungen akzeptablen und interessengerechten Weise ausgestaltet werden [soll]."[232]

IV. Legitimation aufgrund eines Nachteilsausgleichs

Seit der Unterhaltsrechtsreform 2007 wird der Ausgleich ehebedingter Nachteile durch den Gesetzeswortlaut betont, vgl. z. B. § 1578b I 2, 3 BGB.[233] Das Prinzip des Nachteilsausgleichs ist damit ein weiterer wesentlicher Rechtfertigungsgrund des nachehelichen Unterhalts.[234] Nach Ansicht des BGH können sich sol-

228 S. nur BGH, NJW 1981, S. 754, 755 f.

229 Ähnlich z. B. MünchKomm/*Maurer* § 1569 Rn. 7. Siehe vertiefend hierzu unter C. IV. 2. a).

230 Bei § 1578b BGB finden über das Merkmal „insbesondere" auch Aspekte der nachehelichen Solidarität Beachtung, vgl. aktuell BGH, NJW 2009, S. 2450, 2453 f. = FamRZ 2009, S. 1207.

231 Über die Auslegung des Begriffs der nachehelichen Solidarität kann man geteilter Meinung sein: Entweder man sieht hierin traditionell die Grundlage einer Ehe, die lebenslange Versorgung sichert, und zwar selbst über ihren Bestand hinaus. Oder man nähert sich der jetzigen Gesetzeslage an und stellt den Begriff der Eigenverantwortung in den Vordergrund. Vgl. hierzu die dargestellten „Szenarien" bei *Brudermüller,* S. 133 f.

232 Siehe BT-Drucks. 16/1830, S. 14.

233 Insoweit lassen sich Parallelen zur bisherigen BGH-Rechtsprechung der Inhaltskontrolle von Eheverträgen finden, wobei ehebedingte Nachteile bisher bereits ausschlaggebend waren (vgl. BGH, FamRZ 2004, S. 601, 604 oder FamRZ 2005, S. 691, 692). Es finden sich aber auch Ähnlichkeiten zur neueren Unterhaltsrechtsprechung, s. etwa NJW 2006, S. 2401 = FamRZ 2006, S. 1006. In diese Richtung gehen ferner die Beschlüsse des 67. Deutschen Juristentags, B. II., FamRZ 2008, S. 2004, 2005.

234 So differenziert *Brudermüller,* S. 140; instruktiv zu den verschiedenen Begründungsansätzen *Rauscher,* Rn. 557; die Betonung der ehebedingten Nachteile begrüßend *Wellenhofer,* FamRZ 2007, S. 1282, 1285; Born, NJW 2008, S. 2289, 2295; hierzu auch die Beschlüsse des 67. Deutschen Juristentags, B. II. 2., vgl. FamRZ 2008, S. 2004, 2005.

che Nachteile vor allem aus der Gestaltung von Haushaltsführung und Erwerbstätigkeit in der Ehe sowie aus der Dauer der Ehe ergeben.[235] Hierdurch wird die Fähigkeit eines Ehegatten (in aller Regel der Ehefrau) beeinträchtigt, nach der Ehe alleine für den eigenen Unterhalt zu sorgen.[236] Anders als bei der nachehelichen Solidarität wird verstärkt auf die *tatsächlichen* Nachteile geschaut, weniger auf die traditionelle Bedeutung des Ehebandes. Dieser Gedanke fügt sich damit in die Tendenz des deutschen Familienrechts „vom Status zur Realbeziehung" ein.[237]

V. Nachehelicher Unterhalt als Schadensersatz

Ein ähnlicher Ansatz ist, dass das Unterhaltsrecht anstelle einer „Lebensstandardgarantie" einen dem Schadensersatzrecht angenäherten Ausgleich gewährt.[238] Der schwächere Partner soll nicht schlechter dastehen, als er ohne Ehe stünde. Der wirtschaftlich stärkere Partner hat meist das Verhalten des Schwächeren mit veranlasst, insbesondere dessen Berufsaufgabe oder -einschränkung. Hieraus ergeben sich oftmals nachhaltige Konsequenzen für dessen weitere berufliche Laufbahn, wie z. B. das schwierigere Finden einer Arbeitsstelle nach langer Berufspause oder Karrierenachteile wegen der vorherigen Berufsunterbrechung. Deshalb liegt es nahe, dass der andere Ehegatte den hieraus entstehenden „Schaden" gleichermaßen zu verantworten und damit mit zutragen hat.[239] Der Unterhaltspflicht kommt aber in keiner Weise ein Strafcharakter ähnlich dem längst abgeschafften Verschuldensprinzip zu.[240] Ebenso wenig ist ein Verschulden i. S. d. § 276 BGB zu fordern. Es wird allein auf die Verursachungsbeiträge geschaut.

So bereits 7/4361, S. 15. Von ehebedingter Bedürftigkeit in diesem Kontext geht aus *Diederichsen,* NJW 1993, S. 2265, 2267. Ein verstärktes Orientieren des Unterhaltsrechts anhand von Nachteilen, vor allem von Zeiten der Kinderbetreuung, fordert *Dethloff,* Gutachten, A 70.

235 BGH, NJW 2009, S. 989, 991 = FamRZ 2009, S. 409.

236 BGH, NJW 2008, S. 1080, 1083 = FamRZ 2008, S. 582, 586; dies zitierend BGH, NJW 2009, S. 989, 991 = FamRZ 2009, S. 409.

237 Vgl. zu diesem Gedanken „From Status to Contract" grundlegend *Schwenzer,* Vom Status zur Realbeziehung.

238 Siehe hierzu *Klein/Schlechta,* FPR 2005, S. 496, 499; *Meder*, BMFSFJ 2007, S. 79, 83, 86 ff.; ähnlich auch *Wellenhofer,* AnwBl 2008, S. 559, 561. Kritisch hierzu aber wohl *Graba,* FamRZ 2008, S. 1217, 1223.

239 Etwa *Klein/Schlechta,* FPR 2005, S. 496, 499.

240 Zum Schadensersatz ursprünglich etwa RGZ 50, 303, 307; 62, 294, 298. Dies ist indes abzulehnen, vgl. so auch *Diederichsen,* NJW 1993, S. 2265, 2266.

VI. Ergebnis

Die soeben aufgezählten Legitimationsgründe sind nicht abschließend. Andere Stimmen in der Literatur sehen den nachehelichen Unterhalt etwa durch Vertrauensschutz gerechtfertigt.[241] Doch der Vertrauensschutz ist vielmehr allen aufgezeigten Prinzipien immanent. Es geht jeweils um den Schutz des entstandenen Vertrauens eines Ehegatten auf die dauerhafte Mitverantwortung des anderen.[242] Mit zunehmender Ehedauer verstärkt sich das Vertrauen in eine lebenslange Unterhaltsversorgung.[243] Insofern ist die Dauer der Ehe ein typisches gesetzliches Tatbestandsmerkmal, das Vertrauensschutz impliziert.[244]

C. Berücksichtigung des vorehelichen Zusammenlebens im aktuellen Unterhaltsrecht nach Scheidung

Nunmehr sind die einzelnen für diese Arbeit einschlägigen[245] Normen des nachehelichen Unterhalts daraufhin zu untersuchen, ob voreheliches Zusammenleben in der Rechtsanwendung bereits Berücksichtigung findet („Analyse einschlägiger Rechtsprechung"). Ist dies nicht der Fall, wird je nach Relevanz der Norm erörtert, ob die vorehelichen Beziehungszeiten bei der Normauslegung beachtet werden sollten und mit Blick auf die Wortlautgrenze auch könnten („Wortlaut- bzw. Auslegungsmöglichkeiten").[246] Gesetzesdogmatisch liegt es beispielsweise nahe, an Tatbestandsmerkmale wie die Ehedauer oder die ehelichen Lebensverhältnisse anzuknüpfen. Dabei fragt sich, ob die Ehezeit strikt auf die formale Ehedauer begrenzt ist oder ob aus Wertungsgründen auch das voreheliche Zu-

---

241 *Diederichsen,* FS Larenz, S. 127, 155; *ders.,* NJW 1993, S. 2265, 2273, der als Beispiel § 1574 II BGB a.F. anführt. Ähnlich auch *Gernhuber/Coester-Waltjen,* § 30 VIII 4. Gegen Vertrauensschutz als Begründung *Brudermüller,* S. 145; *Metz,* S. 190 f.; mit Bezug auf nichteheliche Lebensgemeinschaften *Reng,* S. 52 f.

242 *Wellenhofer,* AnwBl 2008, S. 559, 561.

243 Hierzu auch im Rahmen der Unterhaltsrechtsreform 2007 BT-Drucks. 16/1830, S. 13. Dies gilt trotz steigender Scheidungszahlen, wenn die Ehe tatsächlich lange hält.

244 Wie z. B. in §§ 1578b I 3, 1579 Nr. 1, 1574 II 2, 1609 Nr. 2 sowie § 1570 II BGB. Vgl. auch die Gesetzesbegründung (BT-Drucks. 16/1830, S. 17, 23 f.) oder *Diederichsen,* FS Larenz, S. 127, 155; *ders.,* FamRZ 1992, S. 1, 10.

245 Auf § 1575 BGB (Ausbildungsunterhalt); § 1573 BGB (Erwerbslosigkeits- und Aufstockungsunterhalt) und § 1577 BGB (Bedürftigkeit des Unterhaltsberechtigten) soll nachfolgend mangels inhaltlicher Relevanz für diese Arbeit nicht eingegangen werden.

246 Zur Methodik der Gesetzesauslegung etwa *Zippelius,* Juristische Methodenlehre, S. 49 ff., 61 ff.

sammenleben zu berücksichtigen ist. Das gilt insbesondere für den Fall, dass in der Paarbeziehung eine ehetypische Aufgabenteilung bereits vor der Ehe stattfand.

I. § 1570 BGB – Betreuungsunterhalt

1. Analyse einschlägiger Rechtsprechung

a) Unterhalt wegen Betreuung eines gemeinschaftlichen Kindes, § 1570 BGB

§ 1570 BGB bezieht sich nur auf gemeinschaftliche Kinder der Ehegatten. Das ist bei zu Ehezeiten geborenen Kindern die Regel, vgl. §§ 1591, 1592 I Nr. 1 BGB.[247] Der Betreuungsunterhalt wird für mindestens drei Jahre nach der Geburt des Kindes gewährt, vgl. § 1570 I 1 BGB. Für darüber hinaus zu gewährenden Unterhalt müssen kindbezogene oder (nachrangig zu prüfende) elternbezogene Gründe vorliegen.[248] Kindbezogene Gründe i. S. d. § 1570 I BGB können die Möglichkeiten der Kinderbetreuung sowie Belange des Kindes betreffen – beispielsweise eine Krankheit, Verhaltensauffälligkeit oder Behinderung des Kindes.[249] Ein elternbezogener Grund gemäß § 1570 II BGB liegt z. B. vor, wenn Einigkeit zwischen den Ehegatten darüber bestand, dass der betreuende Elternteil neben der Kindererziehung weiter studiert und somit auf umfangreicheren Betreuungsunterhalt während und damit auch nach der Ehe angewiesen ist.[250] Denkbar ist als elternbezogener Grund außerdem eine Übereinkunft von wirtschaftlich gut situierten Ehegatten dahingehend, dass sich der Kinder betreuende Elternteil eine längere berufliche Auszeit nehmen und „leisten" kann. Der nicht erwerbstätige Ehegatte konnte insoweit auf die andauernde finanzielle Unterstützung durch seinen Partner vertrauen.

Für die vorliegende Arbeit sind nur die elternbezogenen Gründe i. S. d. Annex-Anspruchs aus § 1570 II BGB relevant, da das Augenmerk auf die Paarbe-

---

247 Bei vorehelich geborenen gemeinsamen Kindern muss die Vaterschaft durch den Ehemann anerkannt oder festgestellt werden, § 1592 Nr. 2, 3 BGB.

248 Zur Prüfungsreihenfolge aus systematischen Gründen BGH, NJW 2009, S. 1876, 1878. Zu beachten ist für die Möglichkeiten der Kinderbetreuung, dass der Gesetzgeber bislang einen Anspruch auf Fremdbetreuung ab dem dritten Lebensjahr einräumt (§ 24 I SGB VIII) und ab 2013 sogar einen Anspruch ab dem ersten Lebensjahr gewährt, vgl. § 24 I, II SGB VIII in der Fassung ab dem 1.8.2013.

249 Vgl. BGH, FamRZ 2006, S. 846, 847.

250 So bei OLG Frankfurt, FamRZ 2000, S. 1522 zu § 1615l II BGB a.F.; hierzu aktuell auch OLG Nürnberg, NJW 2010, S. 1084.

ziehung und die dortige Arbeitsteilung der Eltern gerichtet ist.[251] Denn die Begriffe in Absatz 2 des § 1570 BGB wie Ehedauer oder Gestaltung von Kinderbetreuung und Erwerbstätigkeit knüpfen an die vereinbarte und praktizierte Rollenverteilung während der Ehe an.[252] Allerdings existiert bislang keine relevante Rechtsprechung, die bei diesen Tatbestandsmerkmalen eine voreheliche Kindesbetreuung oder voreheliches und damit die Ehedauer faktisch verlängerndes Zusammenleben der Partner berücksichtigt. Dies mag auch daran liegen, dass § 1570 II BGB erst mit Wirkung zum 1.1.2008 ins Bürgerliche Gesetzbuch aufgenommen wurde.[253]

b) Unterhalt wegen Betreuung eines nicht gemeinschaftlichen Kindes

Der Wortlaut des § 1570 BGB erfasst ausdrücklich nur die Betreuung eines „gemeinschaftlichen Kindes".[254] Die Betreuung eines nicht gemeinschaftlichen Kindes wird in der Rechtsprechung aber als ein sonstiger schwerwiegender Grund i. S. d. § 1576 BGB anerkannt.[255] Hierzu kann ebenso ein voreheliches Kind allein eines Partners zählen,[256] sei es das Kind des Unterhaltspflichtigen oder des Berechtigten.[257] Kümmert sich der später bedürftige Partner um das Kind des Verpflichteten, so ist ein hierauf gründender nachehelicher Unterhaltsanspruch meist unproblematisch aus Wertungsgründen zu bejahen;[258] immerhin fällt diese Betreuungsleistung in den Verantwortungsbereich des Verpflichteten.

Es kann aber ebenfalls ein nachehelicher Unterhaltsanspruch aufgrund der Betreuung des eigenen Kindes des Berechtigten über § 1576 BGB gewährt wer-

251 Als Beispiel für elternbezogene Gründe ist gerade hinsichtlich vorehelicher Beziehungszeiten auf die Rechtsprechung zu § 1615l II 4, 5 BGB zu verweisen, siehe hierzu unter C. I. 2. b) bb) (1).

252 Zu Letzterem Erman/*Graba* § 1570 Rn. 11; Palandt/*Brudermüller* § 1570 Rn. 15.

253 BT-Drucks. 16/6980, S. 9.

254 *Dethloff,* Gutachten, A 52 f. sowie *dies.,* in *Scherpe/Yassari,* S. 137, 157 mit dem Ruf nach Reformbedarf auf der Ebene rechtlicher Regelungen zur Stieffamilie sowie der Forderung, dass für nicht gemeinschaftliche Kinder eine Privilegierung wie bei § 1570 BGB normiert werden sollte, vgl. *Dethloff,* Gutachten, A 85.

255 Vgl. etwa BGH, FamRZ 1984, S. 361, 363; OLG Bamberg, FamRZ 1980, S. 587; OLG Düsseldorf, FamRZ 1981, S. 1070, 1072; Palandt/*Brudermüller* § 1576 Rn. 6. Bei ausdrücklicher Übernahme der Elternverantwortung auch *Rauscher,* Rn. 585.

256 Z. B. Palandt/*Brudermüller* § 1576 Rn. 6; MünchKomm/*Maurer* § 1576 Rn. 16.

257 Vgl. vertiefend hierzu *Pauling,* FPR 2004, S. 99 ff.

258 Auch bei einem nur biologisch aber nicht rechtlich vom Mann abstammenden Kind gilt nichts anderes, vgl. OLG Düsseldorf, FamRZ 1999, S. 1274.

den, vor allem wenn die Betreuung des Kindes mit Zustimmung des später Unterhaltspflichtigen geschah.[259]

Anerkannt sind beide Ansprüche aus § 1576 BGB indes nur für Betreuungsleistungen während der Ehezeit. Vorliegend stellt sich jedoch die Frage, ob die Betreuungsleistung eines nicht gemeinschaftlichen Kindes bereits während des *vor*ehelichen Zusammenlebens der Ehegatten zu einem Anspruch führen kann.[260] Insoweit ist die Rechtsprechung sehr rar. Zu nennen wäre lediglich eine Entscheidung des OLG Bamberg zu § 1576 BGB, wonach das Erfordernis festgestellt wurde, „dass der Unterhaltspflichtige durch sein Verhalten vor der Eheschließung oder während der Ehe bei dem anderen Ehegatten den Eindruck erweckt und verfestigt hat, er werde künftig für diesen gerade auch wegen des Vorhandenseins eines betreuungsbedürftigen Kindes selbst beim Scheitern der Ehe unterhaltsrechtlich einstehen“[261]. Es wird damit auf das Vertrauen des Berechtigten und die Veranlassung abgestellt. Diese Entscheidung blieb jedoch unbeachtet in Rechtsprechung und Literatur.[262]

c) Unterhalt wegen Pflege sonstiger naher Angehöriger

Die gleiche Frage stellt sich für einen Anspruch aus § 1576 BGB aufgrund von Pflege naher Verwandter des Unterhaltspflichtigen oder auch eigener Verwandter zu Zeiten des vorehelichen Zusammenlebens. Bislang gibt es keinen gesetzlich normierten Anspruch auf „Pflegeunterhalt“ – etwa für die Pflege älterer naher Angehöriger.[263] Ein solcher Anspruch weist Parallelen zum Anspruch aus § 1570 BGB (Betreuungsunterhalt) auf, da sich Betreuungs- und Pflegeleistungen ähneln. Für die Pflege naher Angehöriger *während* der Ehezeit kann grundsätzlich ein Anspruch aus § 1576 BGB zugestanden werden.[264] Betrachtet man

---

259 BGH, FamRZ 1983, S. 800, 801 für ein Kind aus früherer Ehe; selbst für ein Ehebruchskind des betreuenden Gatten nach *Pauling,* FPR 2004, S. 99, 101.

260 Etwa zur Gewährung des Unterhalts bei einvernehmlichem Erziehen eines behinderten Kindes der Mutter durch diese während der Ehe s. OLG Düsseldorf, FamRZ 1980, S. 56.

261 OLG Bamberg, Beschluss v. 26.11.1980, 2 UF 250/80.

262 In eine ähnliche Richtung geht aber die Rechtsprechung zum Betreuungsunterhalt des (nichtehelichen) Elternteils § 1615l II 4, 5 BGB, auf die noch eingegangen wird unter C. I. 2. b) bb) (1).

263 Auf die Möglichkeiten der Einführung eines eigenen gesetzlichen „Pflegeunterhaltsanspruchs“ soll in dieser Arbeit mangels dringender Bedarfslage nicht weiter eingegangen werden.

264 Vgl. MünchKomm/*Maurer* § 1576 Rn. 8, 16 vor allem bei Angehörigen des anderen Ehegatten; Palandt/*Brudermüller* § 1576 Rn. 7; Johannsen/Henrich/*Büttner* § 1576 Rn. 8. Weitere Nachweise unter I. 4.

indes *vor*eheliche Betreuungs- oder Pflegeleistungen, so fehlt es wiederum an Beispielen aus der Rechtsprechung oder selbst an Meinungen im Schrifttum.

2. Möglichkeiten und Grenzen der Auslegung von § 1570 BGB

Betrachtet man die voreheliche Kindesbetreuung als nichteheliche, so führen die ersten Gedanken zu einem denkbaren Unterhaltsanspruch zum Anspruch aus § 1615l BGB. Denn während der vorehelichen (also auch nichtehelichen) Beziehungszeit können Ansprüche auf Betreuungsunterhalt nach § 1615l II 2 bzw. IV BGB gewährt werden. Diese Unterhaltsansprüche knüpfen jedoch allein an die Mutter- bzw. Vaterschaft an – nicht an das Zusammenleben oder eine Beziehung der Eltern. Zudem hilft es dem bedürftigen Partner nicht weiter, wenn er zwar vor der Ehe (theoretisch) Ansprüche aus § 1615l BGB innehatte, aber er nach der Ehe gerade aufgrund der vorehelichen Rollenverteilung auf umfangreiche Unterhaltszahlungen angewiesen ist.

a) Einführendes Fallbeispiel

Zur Veranschaulichung dieser Problematik sei ein Fallbeispiel geschildert und erläutert:

Ein junges Paar lebt für einige Zeit in nichtehelicher Lebensgemeinschaft und bekommt nun ein gemeinschaftliches Kind. Wegen der Kindesbetreuung steht der Mutter grundsätzlich ein Betreuungsunterhaltsanspruch aus § 1615l II 2 BGB zu. Die Mutter geht in Absprache mit dem Vater nicht mehr ihrer bisherigen beruflichen Tätigkeit nach, sondern widmet sich vollumfänglich der Kindesbetreuung. Nach ständiger Rechtsprechung können für die Verlängerung des Betreuungsunterhaltsanspruchs aus § 1615l II 2 BGB auch elternbezogene Gründe relevant werden.[265] Demnach führt die Absprache der Rollenverteilung zwischen den Lebensgefährten vor der Ehe zu einem Vertrauenstatbestand, der bei der Billigkeitsabwägung des Satz 4, 5 des § 1615l II BGB zu berücksichtigen ist.

Nun heiraten die beiden, wodurch der Anspruch aus § 1615l II 2 BGB entsprechend § 1586 I BGB erlischt, weil die Frau zukünftig durch die eheliche Unterhaltspflicht abgesichert ist (§§ 1360, 1360a BGB).[266] Geht diese Ehe nach

265 Hierzu noch ausführlich unter C. I. 2. b) bb) (1).

266 Vgl. BGH, NJW 2005, S. 503, 504, 506 für den Fall, dass der Vater ein Dritter ist. Unter der Voraussetzung, dass der Unterhaltsanspruch nach § 1615l BGB schon entstanden war, Wendl/*Pauling* § 7 Rn. 34. Kritisch im Hinblick auf der Erlöschen des Anspruchs betreffend § 1570 BGB und damit wohl auch bei § 1615l BGB: *Dethloff,* Gutachten, A 75 f.; teils kritisch zudem *Schilling,* FPR 2005, S. 513, 515 oder *Kemper,* S. 161 f.

recht kurzer Zeit in die Brüche, besteht ein Anspruch der Frau nach § 1570 BGB auf Betreuungsunterhalt. Ist das Kind drei Jahre alt, kann die Rollenverteilung innerhalb der Elternbeziehung für sich genommen nur als elternbezogener Verlängerungsgrund gemäß § 1570 II BGB geltend gemacht werden. Bei § 1570 II BGB wird allerdings nach bisheriger Rechtslage allein die „Gestaltung von Kinderbetreuung und Erwerbstätigkeit in der Ehe" berücksichtigt, nicht aber voreheliche Kinderbetreuungszeiten bzw. voreheliche Arbeitsteilung.

Man könnte überlegen, ob der Anspruch aus § 1615l II 2 BGB aufgrund der Scheidung der Ehe wieder auflebt (analog) § 1586a I BGB. Denn der gemeinsame Lebensplan und diesbezügliches Vertrauen der vorehelichen Partner dürfte in diesem Fall mit der ständigen Rechtsprechung einen Anspruch auf Betreuungsunterhalt nach § 1615l II 2 BGB begründen.[267] Gegen eine Analogie des § 1586a BGB spricht aber dessen Eigenschaft als Ausnahmevorschrift zur Regel des § 1586 BGB.[268] Zumindest fehlt es an einschlägiger Rechtsprechung bei solchen Fallkonstellationen, die die vorehelich entstandenen, elternbezogenen Gründe im Rahmen des § 1570 II BGB ausreichend berücksichtigt.

Es bleibt somit bei einem Anspruch aus § 1570 BGB. Infolgedessen fragt sich, inwieweit die voreheliche Betreuungszeit des gemeinschaftlichen Kindes durch Auslegung des § 1570 II BGB als elternbezogener Grund Berücksichtigung finden kann, soweit es um eine Anspruchsverlängerung über drei Jahre hinausgeht. Angemessen erschiene im vorliegenden Fall etwa, dass der Unterhaltsanspruch der Ehefrau und Mutter bis zum Kindesalter von fünf Jahren über § 1570 II BGB verlängert wird.

b) Gebotene Auslegung wegen des Normzwecks von § 1570 II BGB

Zu untersuchen ist daher, ob der Normzweck des § 1570 II BGB ebenso für die Zeit des vorehelichen Zusammenlebens der Ehegatten greift. In diesem Fall könnten bereits diese Beziehungszeiten bei der Auslegung des § 1570 II BGB entsprechend berücksichtigt werden. Zwar ist dieser Annexanspruch mitunter aus Gründen der nachehelichen Solidarität legitimiert.[269] Aber der Gedanke der nachehelichen Solidarität lässt sich nicht auf Beziehungszeiten vor der Ehe ausdehnen, weswegen hierauf nachfolgend nicht weiter eingegangen wird.[270]

---

267 Vgl. hierzu unter C. I. 2. b) bb) (1).

268 Vgl. ähnlich Palandt/*Brudermüller* § 1586a Rn. 2 oder Wendl/*Gerhardt* § 4 Rn. 165.

269 BT-Drucks. 16/6980, S. 9; BGH, NJW 2009, S. 1876, 1878; NJW 2009, S. 1956, 1958; OLG Braunschweig, FamRZ 2009, S. 977 Rz. 69; OLG Düsseldorf, FamRZ 2008, S. 1861; z. B. auch Erman/*Graba* § 1570 Rn. 11; Luthin/Koch/*Koch*, Rn. 2096.

270 Hierzu noch ausführlich unter C. IV. 2. a).

aa) Ausgleich von beziehungsbedingten Nachteilen

(1) Ehebedingte Nachteile als Normzweck des § 1570 II BGB

Die Gesetzesformulierung des § 1570 II BGB nimmt vor allem Bezug auf wesentliche ehebedingte Nachteile (vgl. zum Begriff § 1578b I 2, 3 BGB).[271] Der Gesetzeswortlaut und -mechanismus bei § 1570 II BGB und bei § 1578b I BGB decken sich insoweit.[272] Diesem Ansatz pflichtet die anerkannte Legitimation des § 1570 BGB bei, dass der das gemeinschaftliche Kind betreuende Ehegatte eine Aufgabe des anderen mit übernimmt.[273] Nach der Ehe soll dann eine gerechte Lastenverteilung erfolgen. Der erziehende Ehegatte soll nicht ab einem Kindesalter von drei Jahren allein für die gesamte Betreuung und finanzielle Belastung einzustehen haben.[274] In diese Richtung geht auch eine aktuelle Entscheidung des OLG Braunschweig. Dort werden trotz Betonung der nachehelichen Solidarität als Grundlage des § 1570 II BGB ebenfalls Aspekte der Rollenverteilung und die hieraus resultierende Schutzwürdigkeit hervorgehoben.[275] Letzteres steht ebenfalls im Einklang mit der Gesetzesbegründung.[276]

(2) Ausgleich beziehungsbedingter Nachteile als Leitgedanke

Bislang kennt das Gesetz allein den Ausgleich *ehe*bedingter Nachteile als Normzweck einiger Unterhaltsnormen, wie § 1578b BGB oder eben § 1570 BGB. Doch hat das einführende Fallbeispiel unter a) verdeutlicht, dass es im Einzelfall unangemessen sein kann, voreheliche Kindesbetreuungszeiten und die diesbezügliche Arbeitsteilung bei § 1570 II BGB außer Acht zu lassen. Leben nämlich Kinder in der vorehelichen Beziehung, so gibt es kaum Unterschiede zwischen vorehelichen und ehelichen Partnerschaften, was das Aufgeben der Erwerbstätigkeit durch den Betreuenden in den ersten Jahren nach der Geburt angeht. Dies ergaben ebenfalls die Untersuchungen anhand sozialwissenschaftlicher Daten im ersten Kapitel dieser Arbeit.[277]

271 Vgl. zu den ehebedingten Nachteilen BT-Drucks. 16/1830, S. 19; anschließend auch Weinreich/Klein/*Klein* § 1570 Rn. 11a; *Graba,* FamRZ 2008, S. 1217, 1222; zur Bezugnahme auf die Regelungstechnik des § 1578b BGB auch Schwab/*Borth,* Handbuch, IV Rn. 204.

272 So *Kemper,* FuR 2008, S. 169, 176.

273 BVerfG, FamRZ 1981, S. 745, 749 f.; vgl. auch Erman/*Graba* § 1570 Rn. 1; als Ausdruck gemeinsamer Elternverantwortung nach Bamberger/Roth/*Beutler* § 1570 Rn. 1.

274 Vgl. OLG Jena, FamRZ 2008, S. 2203, 2205; sich anschließend Bamberger/Roth/*Beutler* § 1570 Rn. 25.

275 OLG Braunschweig, FamRZ 2009, S. 977 Rz. 69.

276 BT-Drucks. 16/6980, S. 9.

277 Siehe hierzu Kapitel 1 B. II. 2. a) sowie III.

Das Unterhaltsrecht unterstützt vor allem denjenigen Ehepartner, der es nach der Scheidung aufgrund klassischer Rollenverteilung nicht allein schafft, nach der Scheidung für seinen Unterhalt aufzukommen. Soweit die nachteiligen Dispositionen – wie das Einschränken der Erwerbstätigkeit – bereits zu Beziehungszeiten vor der Ehe stattfanden, so unterscheidet sich die hieraus entstehende Unfähigkeit, für das eigene Fortkommen nach der Scheidung zu sorgen, nicht von der Unfähigkeit wegen ehezeitlicher Dispositionen. Soweit nur einem Lebensgefährten durch gemeinsame Entschlüsse in der Beziehung Nachteile entstehen, so sind diese Nachteile vom allgemeinen Lebensrisiko abzugrenzen.[278] Denn Einschränkungen der Erwerbstätigkeit seitens der Frau, die motiviert durch partnerschaftliche Umstände sind, sind vielmehr der Beziehung zuzuordnen. Insoweit sind einseitige Fortkommensnachteile, die vor der Ehe entstehen, auch ohne Kinderbetreuung denkbar. Beispiele hierfür sind etwa Nachteile aufgrund eines Ortswechsels beim Zusammenziehen mit dem Mann, ein schwerer Unfall oder eine plötzlich auftretende Krankheit eines vorehelichen Lebensgefährten, woraufhin der andere Partner unter Einschränkung oder zeitweiser Aufgabe der eigenen beruflichen Tätigkeit den Beeinträchtigten pflegt.[279]

Mit zunehmender Dauer der Beziehung – formalisiert oder nicht – ist eine Verstärkung der wirtschaftlichen Verflechtungen zu konstatieren.[280] Daher drängt es sich auf, nicht strikt von *ehe*bedingten Nachteilen auszugehen, sondern vielmehr allgemein von *partnerschafts*- bzw. *beziehungs*bedingten Nachteilen zu sprechen. Für diesen Gedanken spricht auch, dass im Schrifttum vereinzelt das voreheliche Zusammenleben an sich als ehebedingter Umstand angesehen wird, und zwar in Abgrenzung zu nicht ehebedingten Umständen wie Alter oder Krankheit.[281] Denn für beziehungsbedingte Nachteile sind regelmäßig beide Beziehungspartner verantwortlich. Ergänzt sei, dass dies gleichermaßen für eine Beziehung nach Art der Zuverdienerehe gilt. Arbeitet die Frau zum Beispiel vor der Ehe nur halbtags, entstehen ihr ebenfalls beziehungsbedingte Nachteile – wenngleich nur in einem geringeren Umfang.

Der Gedanke der Nachteilskompensation – vorliegend als Normzweck des § 1570 II BGB – lässt sich daher auf voreheliche Beziehungszeiten der Ehegatten ausweiten. Er weist keinen spezifisch eherechtlichen Bezug auf.[282] Hieran ändert auch nichts, dass die traditionellen Rollen in vorehelichen Beziehungen

---

278 Vgl. ähnlich hierzu OLG Düsseldorf, FamRZ 2006, S. 1040, 1041 oder auch *Langheim*, FamRZ 2010, S. 409, 410.

279 Ähnlich genannt bei *Paus*, FR 1990, S. 172, 175 für steuerrechtlich relevante Unterhaltsleistungen unter nichtehelichen Partnern.

280 Siehe hierzu schon oben Kapitel 1 B. II. 3.; ferner *Roth-Stielow*, JR 1978, S. 233, 235.

281 So MünchKomm/*Maurer* § 1578b Rn. 24 f.

282 *Wellenhofer*, AnwBl 2008, S. 559, 561.

tendenziell stärker verlassen werden als in der Ehe.[283] Denn die entsprechenden Nachteile werden im Rahmen der Billigkeitsabwägung des § 1570 II BGB nur berücksichtigt, wenn sie auch tatsächlich entstanden sind. Dabei entstehen der Frau vor allem dann Nachteile, wenn sie vor der Ehe bereits Kinder betreut hat. Die Unterhaltsdauer wäre dementsprechend so weit über drei Jahre hinaus zu verlängern, bis die entstandenen Nachteile ausgeglichen sind.

bb) Vertrauensschutz bei § 1570 II BGB

Ferner hat der Gesetzgeber den Vertrauensschutz in die vereinbarte und praktizierte Rollenverteilung und die gemeinsame Ausgestaltung der Kindesbetreuung als maßgebliches Kriterium bei § 1570 II BGB erachtet.[284] Dem betreuenden Ehegatten soll eine Verlängerung des Betreuungsunterhalts dann zustehen, wenn er aufgrund einer entsprechenden Ehegestaltung darauf vertrauen durfte, das Kind persönlich betreuen zu können und nicht selber für seinen Unterhalt aufkommen zu müssen.[285] Fraglich ist deshalb, inwieweit es einen Unterschied machen kann und darf, ob es sich um die *Ehe*gestaltung oder allgemein um die (auch voreheliche) *Beziehungs*gestaltung handelt, welche das schutzwürdige Vertrauen entstehen lässt.

(1) Rechtsprechung zu § 1615l II S. 4, 5 BGB

Nach der Meinung des Gesetzgebers und der Rechtsprechung dürfte es anerkannt sein, dass bereits während vorehelicher Beziehungszeiten ein entsprechender Vertrauenstatbestand entstehen kann.[286] In diesem Kontext ist auf die Rechtsprechung des BGH zu § 1615l BGB (Unterhaltsanspruch des betreuenden

283 Hierzu *Schwenzer,* RabelsZ 2007, S. 705, 718; zust. *Wellenhofer,* AnwBl 2008, S. 559, 561.

284 Unter Nennung von BT-Drucks. 16/6980, S. 8 f. jeweils so OLG Braunschweig, FamRZ 2009, S. 977 Rz. 69; OLG Düsseldorf, FamRZ 2008, S. 1861; Palandt/*Brudermüller* § 1570 Rn. 15; auch *Born,* NJW 2008, S. 2289, 2294 gerade im Unterschied zu einem bloßen „One Night Stand". Hinsichtlich § 1615l II 2 BGB s. BGH, FamRZ 2008, S. 1739 = NJW 2008, S. 3125, was auf die ehebezogenen Gründe des § 1570 II BGB übertragen werden dürfte, vgl. Eschenbruch/Klinkhammer/*Eschenbruch,* S. 62 f.

285 Vgl. BT-Drucks. 16/6980, S. 9; Erman/*Graba* § 1570 Rn. 11; wohl auch Bamberger/Roth/*Beutler* § 1570 Rn. 29; *Kemper,* FuR 2008, S. 169, 175.

286 Vgl. BT-Drucks. 16/6980, S. 10, wobei die Dauer der Lebensgemeinschaft insgesamt als Gradmesser für gegenseitiges Vertrauen und „Füreinander-Einstehen-Wollen" gesehen wird; so auch BGH, FamRZ 2008, S. 1739, 1748.

Elternteils ohne Ehe) zu verweisen.[287] Seit der Unterhaltsrechtsreform von 2007 ist der Betreuungsunterhaltstatbestand des § 1615l II 2-5 bzw. IV BGB dem des § 1570 BGB deutlich angeglichen worden. Es gibt auch bei § 1615l II 3 BGB einen nahezu unbedingten Unterhaltsanspruch bis zu drei Jahren nach der Geburt des Kindes (vgl. ebenso § 1570 I 1 BGB). Dieser Anspruch kann über Satz 4, 5 des § 1615l II BGB aus Billigkeitsgründen verlängert werden. Über das Wort „insbesondere" in § 1615l II 5 BGB können entgegen der systematischen Stellung des § 1615l BGB im Verwandtenunterhalt (§§ 1601 ff. BGB) auch *elternbezogene* Gründe berücksichtigt werden (vgl. entsprechend § 1570 II BGB).[288] Es wird vor allem der Schutz des Vertrauens in den gemeinsamen Lebensplan der Elternteile anerkannt, die zugleich Partner einer nichtehelichen Lebensgemeinschaft sind.[289] Dieser Lebensplan ist regelmäßig eine dauerhafte Beziehung nach der Geburt des Kindes.[290] Dem pflichten die Beschlüsse des Deutschen Juristentags bei, wonach für die Bemessung des Betreuungsunterhalts insgesamt (also für § 1570 BGB und § 1615l BGB) die Lebensverhältnisse der Eltern entscheiden sollen, soweit diese in einer ehelichen oder nichtehelichen Lebensgemeinschaft gelebt haben.[291]

(2) Vertrauensschutz ohne voreheliche Kindesbetreuung

Leben die nichtehelichen Partner ohne gemeinsames Kind zusammen, gewährt das Gesetz keine Unterhaltsansprüche.[292] Etwas anderes gilt nach Meinung des

287 Zu den einzelnen Nachweisen siehe Fn. 284 ff. Für die Gleichsetzung des Vertrauens hinsichtlich der elternbezogenen Gründe wohl auch *Schilling,* FPR 2008, S. 27, 30.

288 Neuerdings bestätigt durch den BGH (FamRZ 2010, S. 357, 362) für eine über zehn Jahre andauernde nichteheliche Lebensgemeinschaft der Partner, wobei nur über gut dreieinhalb Jahre ein gemeinsames Kind erzogen wurde und zuvor ein nicht gemeinsames. Zudem BGH, FamRZ 2010, S. 444 = NJW 2010, S. 1138 (Rz. 26) für eine nichteheliche Lebensgemeinschaft mit Verlobung der Partner über eine Zeit von knapp sieben Jahren. Vertiefend hierzu *Schilling,* FPR 2008, S. 27, 29 f. Bei § 1615l BGB noch umfassendere elternbezogene Gründe forderte der Arbeitskreis 13, 17. DFGT, S. 155, 156.

289 Vgl. BT-Drucks. 16/6980, S. 10; zudem BGH, FamRZ 2008, S. 1739, 1748 = NJW 2008, S. 3125, 3133; BGH, FamRZ 2010, S. 357, 362; BGH, FamRZ 2010, S. 444 = NJW 2010, S. 1138 (Rz. 26); *Wever,* FamRZ 2008, S. 553, 557. In diese Richtung gehen auch die Beschlüsse des 67. Deutschen Juristentags, B. I. 6. b) (angenommen 25:3:4), z. B. abgedruckt in FamRZ 2008, S. 2004, 2005.

290 So etwa bei BGH, FamRZ 2006, S. 1362, 1367.

291 Vgl. Beschlüsse des 67. Deutschen Juristentags, B. I. 6. b) (angenommen 25:3:4), vgl. FamRZ 2008, S. 2004, 2005.

292 BGH, FamRZ 2010, S. 444 = NJW 2010, S. 1138 (Rz. 30); BGH, FamRZ 2010, S. 357, 363. Auf die Diskussion zu Unterhaltsansprüchen während und nach nichtehelichen Le-

BGH auch nicht für den Fall, dass ein nicht gemeinsames Kind während der nichtehelichen Lebensgemeinschaft betreut wurde.[293] Es ist es jedoch in der Rechtsprechung sowie gesellschaftswissenschaftlich anerkannt, dass in vorehelichen Lebensgemeinschaften oft nahezu identische Verhaltensmuster zu beobachten sind wie in einer Ehe. Zum Beispiel stehen die Partner häufig gegenseitig ebenso füreinander ein.[294] Vorstellbar sind insofern auch (meist konkludenten) Versprechungen, die beim schwächeren Partner Vertrauen in eine langfristige Versorgung erwecken. Es erscheint treuwidrig, wenn sich der Stärkere im Scheidungsfall trotzdem darauf beruft, dass die voreheliche Rollenverteilung rechtlich unbeachtlich sei.[295] Daher sind ebenfalls Konstellationen denkbar, in denen vor der Ehe nicht gemeinsame Kinder oder gar keine Kinder betreut werden und trotzdem beziehungsbedingtes Vertrauen in eine dauerhafte Unterhaltsleistung entsteht.

(3) Ehe bleibt Indiz für Vertrauensbildung

Allerdings sollte die Eheschließung bei § 1570 II BGB ein Indiz für die gegenseitige Übernahme von Vertrauen bleiben. Es liegen immerhin Willenserklärungen beider Partner vor und damit eine Übereinkunft hinsichtlich der gegenseitigen Verantwortungsübernahme (vgl. § 1310 I BGB). Möglicherweise entwickelt sich das durch § 1570 II BGB geschützte Vertrauen in die Rollenverteilung auch stärker während einer Ehe. Der Eheschließungsakt führt meist zur Festigung des Vertrauens in den Köpfen der Ehegatten. Man verspricht sich im Sinne des Lebenszeitprinzips lebenslange Treue und Zusammenhalt „bis dass der Tod uns scheidet".[296] Relativierend ist jedoch zu ergänzen, dass die Ehegatten bei den mittlerweile hohen Scheidungsraten nicht durchweg von einer garantierten Ehe auf Lebenszeit ausgehen werden. Dies gilt erst recht für „gebranntmarkte" Partner einer Zweitehe. Damit erlangt das stärkere Vertrauen allein durch die Ehe-

---

bensgemeinschaften wird hier nicht vertiefend eingegangen. Die h. M. ist ohnehin gegen Unterhaltspflichten ohne Trauschein, vgl. etwa MünchKomm/*Wellenhofer* Nach § 1302 Rn. 38 m. w. Nw., vor allem weil sich schutzwürdiges Vertrauen nicht aus bloßem Zusammenleben ergeben könne. Vertiefend zur Diskussion etwa *Reng,* Unterhaltsansprüche aufgrund nichtehelicher Lebensgemeinschaft.

293 BGH, FamRZ 2010, S. 357, 363.

294 Siehe hierzu die Definition des BVerfG zur nichtehelichen Lebensgemeinschaft in BVerfG, NJW 1993, S. 643, 645 sowie zu den ähnlichen Verhaltensmustern später in Kapitel 6 B. I. 2. a).

295 Vgl. ähnlich *Wellenhofer,* FF 2008, S. 350, 351.

296 Vertiefend zur Rechtfertigung des nachehelichen Unterhalts aufgrund des Lebenszeitprinzips *Metz,* S. 189 ff.

schließung primär bei Altehen besondere Bedeutung als Unterhaltsrechtfertigung.[297]

(4) Anhaltspunkte für schutzwürdiges Vertrauen vor der Ehe

Da das voreheliche Vertrauen anders als nach der Eheschließung nicht indiziert wird, muss der Unterhaltsberechtigte die Voraussetzungen für eine Unterhaltsverlängerung i. S. d. § 1570 II BGB bzw. für die vertrauensbildende Rollenverteilung vor der Ehe darlegen. Dies steht auch im Einklang mit der Rechtsprechung zu § 1615l II 2, IV BGB. Denn der BGH weist in ständiger Rechtsprechung darauf hin, dass eine Verlängerung über den Zeitraum von drei Jahren ausdrücklich begründet werden muss – die Darlegungs- und Beweislast trägt dabei der Unterhaltbegehrende.[298] Auf diese Weise kann z. B. verhindert werden, dass der Unterhaltsverpflichtete die vorehelichen Nachteile mangels Erwerbstätigkeit des Lebensgefährten mit tragen muss, obwohl auf die Erwerbstätigkeit zugunsten von Freizeitaktivitäten oder anderen Beschäftigungen verzichtet wurde, von denen der allein Berufstätige nicht profitiert.[299]

Schutzwürdiges Vertrauen vor der Ehe entsteht vor allem dann, wenn der voreheliche Partner als werdender Vater der Partnerin und Mutter verspricht, nach der Geburt des Kindes für die gesamte Familie zu sorgen.[300] Zum Beispiel darf eine das gemeinsame Kind betreuende Lebensgefährtin, die mit ihrem Partner zusammenlebt, je nach den Umständen darauf vertrauen, dass sie im Trennungsfall nicht unverzüglich eine vollschichtige Erwerbstätigkeit aufnehmen muss.[301] Insgesamt führt ein ausdrückliches *Einverständnis* mit der Berufsaufgabe des anderen Partners zugunsten der Kindesbetreuung oder Hausarbeit zu einem schutzwürdigen Vertrauen.[302] Denkbar ist zum Beispiel der Vortrag der Frau, dass beide Ehegatten sich bereits vor der Ehe über eine vollumfängliche Betreuung des Kindes bis zum Alter von sechs Jahren einig waren. Dann dürfte der Frau auch keine frühere Erwerbstätigkeit zugemutet werden und ihre

297 Vgl. hierzu *Diederichsen,* NJW 1993, S. 2265, 2275.

298 BGH, FamRZ 2008, S. 1739, 1748; BGH, FamRZ 2010, S. 357, 362; BGH, FamRZ 2010, S. 444 = NJW 2010, S. 1138 (Rz. 26 f.).

299 Dem Nichtehegatten kann nicht die „Faulheit" des anderen zum Nachteil gereichen.

300 Fall bei OLG Düsseldorf, FamRZ 2005, S. 1772, 1775 für die Geburt des zweiten Kindes; hierzu auch BVerfG, FamRZ 2007, S. 965.

301 So BGH, FamRZ 2010, S. 357, 363.

302 Vgl. auch *Rebe,* ZBlJugR 1981, S. 78, 91, der dann die Privatautonomie vor dem Schutzbedürfnis des anderen weichen sieht. Wenn der stärkere Partner absichtlich kein Einverständnis zur Berufsaufgabe des anderen erteilt, ist der Benachteiligte zwar schutzbedürftig, aber der andere Partner muss nicht aufkommen. Denn so entsteht kein Vertrauen.

Nachteile sind durch Unterhaltszahlungen zu kompensieren. Ein ausdrückliches Einverständnis ist im Nachhinein aber häufig schwer zu beweisen.

Aber auch ohne ausdrückliches Einverständnis kann der finanziell stärkere Partner allein durch die Weiterverfolgung seiner beruflichen Tätigkeit die Arbeiten des haushaltsführenden Partners quasi mit veranlasst haben. Dies ist insbesondere der Fall, wenn der andere Partner allein die gemeinsamen Kinder betreut und auf eigene Erwerbstätigkeit verzichtet. Hat der Berufstätige auf diese Weise die Berufsbeeinträchtigungen für den Schwächeren mit verursacht – etwa bei einem gemeinsamen Wunschkind, muss er selbige ebenfalls mittragen.[303] Bei einer solchen Fallkonstellation – also beim Vorhandensein gemeinsamer Kinder in der Beziehung und deren Betreuung allein durch die Mutter – wird regelmäßig das Entstehen von Vertrauen zu vermuten sein. Ähnliches gilt, wenn der Unterhaltsbegehrende seine Erwerbstätigkeit zum Zweck der Pflege des Partners bzw. seiner Angehörigen oder der Haushaltsführung aufgegeben oder eingeschränkt hat.[304] In der Regel besteht jeweils eine stillschweigende Übereinkunft zwischen den Partnern,[305] die zu schutzwürdigem Vertrauen in dauerhafte Unterhaltsleistungen beim schwächeren Partner führt.[306] Ferner liegt es nahe, dass eigene gravierende Nachteile nicht ganz ohne erwartete Gegenleistung in Kauf genommen werden. Im Übrigen kommt es einem widersprüchlichen Handeln des wirtschaftlich Stärkeren bis hin zu einem Missbrauch seiner besseren Stellung gleich, wenn er erst die Abhängigkeit veranlasst und dann nach der Scheidung die entstandenen Nachteile nicht kompensieren will. Die beziehungsbedingten Fortkommensnachteile sind vielmehr angemessen zu verteilen.[307]

Sind es nicht gemeinschaftliche Kinder, sondern ist das Kind ein Stiefkind des Verpflichteten, so bedarf es dagegen stets eines Einverständnisses des zahlungspflichtigen Partners. Denn er trägt im Vergleich zum leiblichen Elternteil keine gesetzliche Verantwortung und ihm kommen die Betreuungsleistungen nicht zugute. Hierbei dürfte jedoch ein konkludentes Einverständnis ausreichen, das sich aus den Gesamtumständen ergibt. Aber für § 1570 II BGB wird diese

---

303 *Wellenhofer,* AnwBl 2008, S. 559, 561 f.; *dies.,* FF 2008, S. 350, 351; *Dethloff,* in *Scherpe/Yassari,* S. 137, 157.

304 Vgl. so zur Diskussion um Unterhaltsansprüche nach Beendigung nichtehelicher Lebensgemeinschaften etwa *Rebe,* ZBlJugR 1981, S. 89, 90 f.; *Battes,* JZ 1986, S. 240 f.

305 Vgl. etwa *Busche,* JZ 1998, S. 387, 393; *Schwenzer,* JZ 1988, S. 781, 786.

306 *Rebe,* ZBlJugR 1981, S. 78, 91; für „gerechtfertigtes Vertrauen" *Diederichsen,* NJW 1993, S. 2265, 2273. Teils wird eingewendet, einem Vertrauen stehe das Wissen um die fehlende rechtliche Bindungen entgegen, vgl. so *Lieb,* Gutachten, A 84.

307 Vgl. *Wellenhofer,* AnwBl 2008, S. 559, 561; ähnlich *Dethloff,* Gutachten, A 56; *Busche,* JZ 1998, S. 387, 393.

Frage ohnehin nur bei einer sich anschließenden Betreuung von gemeinsamen Kindern relevant. Ansonsten besteht schon dem Grunde nach kein Unterhaltsanspruch aus § 1570 BGB.

Des Weiteren festigt eine Eheschließung, die sich der nichtehelichen Lebensgemeinschaft anschließt, bereits für sich genommen das Vertrauen in eine dauerhafte Versorgung.[308] Deshalb wird gerade bei *vor*ehelichen Lebensgemeinschaften häufig schutzwürdiges Vertrauen entstehen. Ein solches voreheliches Vertrauen kann der Berechtigte beispielsweise durch den Nachweis von Heiratsabsichten darlegen, etwa bei einem Verlöbnis (§§ 1297 ff. BGB). Schließlich ist auch die gesamte Beziehungsdauer ein Gradmesser für die Begründung eines Vertrauenstatbestands.[309]

Für schutzwürdiges Vertrauen reicht dagegen nicht allein, dass der Kindesvater und spätere Ehemann wirtschaftlich besonders gut situiert ist.[310] Ebenso fehlt es an der hinreichenden Darlegung eines Vertrauenstatbestands i. S. d. § 1570 II BGB, wenn der erwerbstätige Ehegatte während der Beziehung faktisch und freiwillig Unterhalt geleistet hat.[311] In beiden Fällen bedarf es daneben konkreter vertrauensbegründender Aspekte.

cc) Ergebnis

Der Normzweck des § 1570 II BGB gebietet es daher, voreheliche Beziehungszeiten bei der Auslegung zu berücksichtigen, soweit vor der Ehe bereits beziehungsbedingte Fortkommensnachteile oder schutzwürdiges Vertrauen in eine dauerhafte Unterstützung durch den Partner entstanden sind. Es bleibt jedoch dabei, dass während der Ehe das Entstehen von Nachteilen sowie von Vertrauen indiziert ist. Dabei muss der unterhaltsbegehrende Partner die vorehelichen vertrauensbegründenden Aspekte konkret darlegen.

c) Berücksichtigung über Billigkeitsabwägung des § 1570 II BGB

Die Billigkeitsabwägung i. S. d. § 1570 II BGB bietet den nötigen Spielraum zur gebotenen Berücksichtigung der vorehelichen Beziehungszeiten. Der Wortlaut

---

308 Zur Eheschließung als Art „Genehmigung" siehe unter C. IV. 2. a) oder Kapitel 6 A. I. 1. d).

309 BT-Drucks. 16/6980, S. 10.

310 So *Schilling,* FPR 2008, S. 27, 30.

311 *Schwenzer,* Vom Status zur Realbeziehung, S. 203 f. m. w. Nw. Sonst könnte der wirtschaftlich besser situierte Partner zudem von freiwilligen Unterhaltsleistungen während der vorehelichen Beziehung abgehalten werden, was der Schutzwürdigkeit abträglich wäre.

des § 1570 II BGB gibt zwar die Gestaltung von Kinderbetreuung und Erwerbstätigkeit *in der Ehe* sowie die Dauer *der Ehe* vor. Die Norm sagt, dass diese Aspekte zu berücksichtigen sind, schließt jedoch eine Berücksichtigung weiterer Aspekte grundsätzlich nicht aus.[312] „Einfallstor" für die Berücksichtigung vorehelicher Zeiten ist jeweils die Einzelfall erfassende Billigkeitsabwägung.[313] Zwar wirkt die Gesetzesformulierung bei § 1570 II BGB abschließend, da Begriffe wie „insbesondere" oder „vor allem" fehlen. Allerdings war es unter anderem Ziel des Gesetzgebers bei der Neuformulierung des § 1570 BGB, mehr Einzelfallgerechtigkeit zu ermöglichen.[314] Dies spricht für eine nicht abschließende Billigkeitsabwägung. Zumindest in Bezug auf solche Umstände, die im Zusammenhang mit den benannten Kriterien stehen (Ehedauer und Arbeitsteilung), sollten sämtliche Umstände des Einzelfalls berücksichtigt werden können. Es ist demzufolge möglich, eine bereits voreheliche Rollenverteilung der Ehegatten zu berücksichtigten.[315] Solche umfangreichen Billigkeitserwägungen beim Betreuungsunterhalt führen zwar zu einem höheren Maß an Rechtsunsicherheit, was die Dauer der zu gewährenden Unterhaltsansprüche angeht.[316] Doch dies ist der Preis für notwendige Einzelfallgerechtigkeit.[317] Außerdem können Unsicherheiten etwa durch Unterhaltsrichtlinien ähnlich den bisherigen Unterhaltstabellen gemildert werden.[318]

Voreheliche wirtschaftliche Verflechtungen zwischen den Partnern können also bereits nach aktueller Rechtslage durch entsprechende Gesetzesauslegung erfasst werden. Der Betreuungsunterhalt kann dementsprechend aus Billigkeitsgründen über drei Jahre hinaus verlängert werden. Für den Fall beziehungsbedingter Nachteile wäre ein gestufter Übergang bis hin zur Vollerwerbstätigkeit denkbar.[319] Der betreuende Ehegatte muss wie soeben gezeigt jeweils darlegen,

---

312 Auch bei den ähnlich aufgebauten § 1578b BGB (hierzu unter V.) und § 1579 Nr. 1 BGB (hierzu unter VI.) berücksichtigt ein Teil der Rechtsprechung und Literatur voreheliche Rollenverteilung entgegen des Gesetzeswortlauts.

313 Zur zunehmenden Bedeutung der Billigkeitsabwägung im Unterhaltsrecht siehe instruktiv *Graba,* FamRZ 2008, S. 1217.

314 BT-Drucks. 16/1830, S. 17.

315 Weil der Annexanspruch aus § 1570 II BGB nicht als allgemeine Billigkeitsnorm i. S. d. § 1576 BGB zu verstehen ist, vgl. Schwab/*Borth,* Handbuch, IV Rn. 204, darf dabei nur eine längere Dauer der Unterhaltszahlungen wegen fortdauernder Kindesbetreuung gewährt werden. Es gibt keinen hiervon losgelösten Billigkeitsanspruch.

316 Kritisch insoweit *Kemper,* FuR 2008, S. 169, 176 oder *Hauß,* FamRB 2007, S. 367, 370.

317 Für die Beibehaltung solcher Generalklauseln insgesamt BT-Drucks. 16/1830, S. 13.

318 Vgl. *Dethloff,* Gutachten, A 66 f.; vgl. z. B. die Düsseldorfer Tabelle.

319 Hierzu BGH, NJW 2009, S. 2592, 2593; einen Überblick zur Rechtsprechung bietet *Graba,* FamRZ 2010, S. 601, 604.

warum er aus Billigkeitsgründen keiner Teil- oder Vollzeiterwerbstätigkeit nachgehen kann.[320]

3. Rechtslage bei nicht gemeinschaftlichen Kindern

Für Unterhaltsansprüche wegen einer vorehelichen Betreuung von nicht gemeinschaftlichen Kindern während der Beziehung mit dem späteren Ehegatten gibt es keine Rechtsprechung. Zu fragen ist deshalb, ob eine solche Unterhaltsgewährung auf Basis von § 1576 BGB überhaupt begründbar wäre.[321]

a) Einführende Fallbeispiele

Zur Veranschaulichung soll die Notwendigkeit einer entsprechenden Unterhaltsgewährung anhand eines Fallbeispiels verdeutlicht werden:

Die Mutter eines Kindes, das von einem Dritten und nicht dem späteren Ehegatten abstammt, erhält bis zur Eheschließung (im Idealfall) Betreuungsunterhalt nach § 1615l II 2 BGB vom Vater des Kindes. Der Anspruch darauf ist unabhängig davon, dass sie zugleich mit dem späteren Ehegatten in nichtehelicher Lebensgemeinschaft zusammen lebt.[322] Der voreheliche Lebensgefährte der Mutter ist allein berufstätig. Der Anspruch aus § 1615l II 2 BGB erlischt aber gemäß § 1586 I BGB analog mit der Heirat der Mutter.[323] Auch für den Fall, dass ein Stiefkind im ehelichen Haushalt lebt, wird in der Ehe der diesbezügliche Bedarf der Mutter über §§ 1360, 1360a BGB abgedeckt.[324] Im Falle einer Scheidung der Ehegatten stellt sich allerdings die Frage, ob der Betreuungsunterhaltsanspruch des § 1615l II 2 BGB wieder analog § 1586a BGB auflebt,[325]

---

320 Vgl. z. B. BGH, NJW 2009, S. 1876, 1877 = FamRZ 2009, S. 770 m. Anm. *Borth.*

321 Zur Diskussion, ob der Betreuungsunterhalt für nicht gemeinsame Kinder unter § 1570 BGB zu fassen ist, siehe etwa *Dethloff,* Gutachten, A 52 f.

322 § 1579 Nr. 2 BGB ist nicht anwendbar für § 1615l BGB, vgl. *Peschel-Gutzeit,* FPR 2008, S. 24, 26; anders dagegen wohl *Mehrle,* FamRZ 2010, S. 510, 513, Fn. 31. Unterhaltsbeziehungen zwischen dem Kind und seinem nichtehelichen Stiefvater – dem Lebensgefährten der Mutter – bestehen bisher nicht.

323 BGH, NJW 2005, S. 503 unproblematisch für den hiesigen Fall, dass der Vater ein Dritter ist. Siehe hierzu bereits oben C. I. 2. a).

324 Vgl. BGH, FamRZ 1999, S. 367, 368 sowie auch BGH, NJW 2005, S. 503, 506; Wendl/*Scholz* § 3 Rn. 27.

325 Wendl/*Pauling* § 7 Rn. 5 für eine entsprechende Anwendung des § 1586b BGB aus den gleichen Gründen des BGH wie bei der analogen Anwendung des § 1586 BGB. Dagegen spricht, dass § 1586a BGB eine Ausnahmevorschrift im Vergleich zur Regel des

oder ob es auf den (restriktiv zu gewährenden) nachehelichen Unterhaltsanspruchs wegen Betreuung eines nicht gemeinschaftlichen Kindes aus § 1576 BGB ankommt.[326] § 1576 BGB ist als subsidiäre Ausnahmevorschrift nachrangig und sollte grundsätzlich hinter § 1615l BGB zurücktreten. Nur wenn es an einem Anspruch aus § 1615l II 2 BGB fehlt, ist ausnahmsweise ein Anspruch aus § 1576 BGB denkbar.

Modifiziert man dieses Fallbeispiel dahingehend, dass die vorehelich betreuende Lebensgefährtin nicht das eigene Kind, sondern das Kind des Mannes betreut, ändert sich der Anspruchsbedarf hinsichtlich § 1576 BGB. Hier kommt die Partnerin einer Tätigkeit nach, die nicht ihr obliegt, sondern ihrem späteren Ehemann als Vater. Dieser Fall ist natürlich seltener, da das Kind meistens von seiner leiblichen Mutter betreut wird.[327] Der Anspruch aus § 1615l II 2 BGB könnte formal nur dem Ehemann als Vater zustehen (§ 1615l IV BGB), nicht aber der betreuenden Lebensgefährtin, die eben nicht zugleich die Kindesmutter ist. Ein Ausgleich wegen ihrer bereits vorehelich erlittenen Fortkommensnachteile über § 1576 BGB muss in diesem Fall möglich sein.

b) Kriterien bei der Billigkeitsklausel des § 1576 BGB

§ 1576 BGB ist als Billigkeitsnorm stets restriktiv auszulegen.[328] Seit der Unterhaltsrechtsreform wird von vielen Seiten gefordert, dass Ehebedingtheit der schwerwiegenden Gründe vorliegen müsse.[329] Damit würden voreheliche Ursachen wie voreheliche Betreuungsleistungen als schwerwiegende Gründe von vornherein wegfallen. Es überzeugt aber die auch vom BGH vertretene Gegenauffassung, dass § 1576 BGB ebenfalls nicht ehebedingte schwere Unterhaltsgründe erfasse, da der Katalog der §§ 1570 ff. BGB ohnehin sehr beschränkt

---

§ 1586 I BGB ist und daher eng auszulegen und kaum analogiefähig ist, vgl. ähnlich Palandt/*Brudermüller* § 1586a Rn. 2.

326 Praktische Relevanz dürfte diese Konstellation wiederum nur bei sehr kurzen Ehen und jungem Kindesalter haben oder bei besonderen Betreuungs- oder Pflegebedürfnissen des Kindes, da der Anspruch nach § 1615l II 2 BGB gemäß Satz 3 nach drei Jahren endet und eine Verlängerung an Billigkeitsgründe geknüpft ist, § 1615l II 4 BGB.

327 Siehe hierzu die Abbildung bei Statistisches Bundesamt, Frauen in Deutschland 2006, S. 38; ähnlich BMJFG 1985, S. 79.

328 Etwa Palandt/*Brudermüller* § 1576 Rn. 1; Luthin/Koch/*Koch* Rn. 2158.

329 Vgl. so Palandt/*Brudermüller* § 1576 Rn. 3, der auf den durch das Unterhaltsrechtsänderungsgesetz bei Billigkeitsentscheidungen eingeführten Kausalzusammenhang verweist, beispielsweise bei § 1578b BGB. Ähnlich Johannsen/Henrich/*Büttner* § 1576 Rn. 3, wobei Ehebedingtheit wesentlicher Anhaltspunkt für grobe Unbilligkeit ist – aber insbesondere auf Kausalität der nachteiligen Dispositionen bezogen und weniger auf den genauen Ehezeitpunkt.

sei.[330] Es sollte jeder besondere Einzelfall über § 1576 BGB als positiver Billigkeitsklausel erfasst werden können. Tatsächlich bleibt es dagegen „in der Regel" bei ehebedingten Bedürfnislagen.[331] Wie bereits zu § 1570 II BGB ausgeführt, kann der Grundgedanke des Ausgleichs ehebedingter Nachteile ebenfalls auf Zeiten vor der Ehe übertragen werden.[332] Denn es kann nicht darauf ankommen, ob der Nachteil für den Betreuenden infolge einer Betreuungsleistung vor oder nach der Ehe eintrat. Schließlich bietet die strenge Voraussetzung der „groben Unbilligkeit" i. S. d. § 1576 BGB das notwendige Korrektiv zur Verhinderung einer extensiven Auslegung.[333]

Anerkannt ist beispielsweise, dass ein Unterhaltanspruch gemäß § 1576 BGB ausnahmsweise bei einer besonderen Lebensleistung des Berechtigten für den Verpflichteten gewährt werden kann.[334] Oder der Berechtigte hat Vermögensopfer im Interesse des Verpflichteten erbracht. Zu denken ist etwa an die Einschränkung der Erwerbstätigkeit zum Zweck der Erledigung von Aufgaben, die in die Sphäre des Unterhaltspflichtigen fallen (z. B. Betreuung seiner Kinder, Pflege seiner Angehörigen oder Haushaltsführung).[335] Für die Begründung des Anspruchs kann auch eine lange Ehedauer ausschlaggebend sein.[336]

Ein Anspruch aus § 1576 BGB kommt aber vor allem dann in Betracht, wenn der Unterhaltsbegehrende nach der Scheidung schutzbedürftig ist (vgl. „soweit und solange von ihm aus sonstigen schwerwiegenden Gründen eine Erwerbstätigkeit nicht erwartet werden kann").[337]

c) Voreheliche Betreuung von Kindern des Partners

Durch die Betreuung des nicht eigenen Kindes – also eines Kindes des Partners – übernimmt der Betreuende eine Aufgabe, die nicht seinem Pflichtenbereich

---

330 Vgl. so im Ergebnis vor der Unterhaltsrechtsreform BGH, FamRZ 2003, S. 1734, 1737; Wendl/*Pauling* § 4 Rn. 160 f.; *Gernhuber/Coester-Waltjen,* § 30 VIII 3 fordert nur einen sachlichen Zusammenhang.

331 So z. B. Palandt/*Brudermüller* § 1576 Rn. 3; MünchKomm/*Maurer* § 1576 Rn. 3. Ehebedingheit als kein Kriterium, aber trotzdem zu berücksichtigen nach *Rauscher,* Rn. 585.

332 Siehe C. I. 2. b) aa).

333 Vgl. MünchKomm/*Maurer* § 1576 Rn. 3.

334 Vgl. Eschenbruch/Klinkhammer/*Eschenbruch,* S. 127; Palandt/*Brudermüller* § 1576 Rn. 7.

335 Hierzu Johannsen/Henrich/*Büttner* § 1576 Rn. 8; ähnlich auch *Pauling,* FPR 2004, S. 99, 101.

336 MünchKomm/*Maurer* § 1576 Rn. 12, wobei der BGH zitiert wird, nämlich BGH, FamRZ 1983, S. 800, 802 und § 1582 I 2 BGB a.F.

337 Vgl. ähnlich OLG Karlsruhe, FamRZ 1994, S. 104, 107.

entstammt. Der voreheliche betreuende Partner wird regelmäßig darauf vertrauen, im Gegenzug für seine Leistungen entsprechende Unterstützung zu erhalten.[338] Ein Anspruch aus § 1576 BGB ist dementsprechend zu gewähren, wenn dies in Anbetracht der Gesamtumstände angemessen ist. Diese Notwendigkeit wurde bereits oben anhand des alternativen Fallbeispiels unter a) verdeutlicht. Kein Ausgleichsbedürfnis entsteht dagegen, wenn der berufstätige Elternteil während der vorehelichen Zeit umfangreiche Gegenleistungen wie mietfreies Wohnen und besonders großzügige finanzielle Unterstützung erbracht hat.

d) Voreheliche Betreuung eigener Kinder

Der Unterhalt wegen vorehelicher Betreuung *eigener Kinder* unter (teilweiser) Aufgabe der Erwerbstätigkeit sollte dagegen an strengere Voraussetzungen geknüpft werden. Diese Leistung fällt ausschließlich in die Sphäre des Betreuenden. In der Praxis ist deshalb zumindest ein konkludentes Einvernehmen des Verpflichteten hinsichtlich der Berufseinschränkung zu fordern, um spätere Ansprüche aus § 1576 BGB und damit eine nacheheliche Unterhaltsversorgung zu rechtfertigen.[339] Für den Fall, dass die Partnerin ihr eigenes Kind vor der Ehe betreut und deshalb nicht arbeiten geht, kommt die Unterhaltsverantwortung primär dem Vater des Kindes zu und eben nicht dem vorehelichen Partner. Hat das Kind keinen rechtlichen Vater, so können die vorehelichen Partner zumindest für eine Vaterschaftsanerkennung sorgen (§§ 1592 Nr. 2, 1594 ff. BGB). Tun sie dies nicht, wird es Gründe dafür geben und dem Nichtvater darf die Last eines Betreuungsunterhalts nicht ohne Weiteres aufgebürdet werden.

e) Ergebnis

Dementsprechend erfasst § 1576 BGB ausreichend die Einzelfälle, in denen eine außergewöhnliche Belastung des Berechtigten durch Betreuungsleistungen nicht gemeinschaftlicher Kinder während der vorehelichen Beziehung entsteht. Die positive Härteklausel des § 1576 BGB ist hierfür flexibel genug. Das Bedürfnis einer Unterhaltszahlung ergibt sich aus dem Ausgleich der durch die Betreuungsleistung erlittenen Nachteile, wegen denen „eine Erwerbstätigkeit nicht erwartet werden kann“. Im Falle der Betreuung eines Kindes des allein erwerbstä-

---

338 Ähnlich diesbezüglich *Kalthoener/Büttner/Niepmann,* Rn. 454, 530 m. Rspr.-bsp.; auch *Pauling,* FPR 2004, S. 99, 101, jedoch in Bezug auf die Prägung der Lebensverhältnisse.

339 So auch *Born,* NJW 2008, S. 2289, 2294 für § 1615l BGB.

tigen Partners ist die Betreuungsleistung zugleich eine besondere Lebensleistung zu dessen Gunsten.[340]

4. Rechtslage bei Pflege sonstiger naher Angehöriger

Bislang ist ein nachehelicher Unterhaltsanspruch aus § 1576 BGB anerkannt, wenn während der Ehe nahe Angehörige – insbesondere Angehörige des Verpflichteten – gepflegt wurden.[341] Hieran knüpft die Frage, inwieweit bei § 1576 BGB auch *vor*eheliche Pflegephasen Berücksichtigung finden können. Bei der Pflege älterer Angehöriger unter Aufgabe oder Einschränkung der Erwerbstätigkeit können dem pflegenden Partner wie bei der Betreuung von Kindern Berufsnachteile entstehen. Ebenso ist die voreheliche Betreuung von Angehörigen des *anderen* Lebensgefährten eine besondere Lebensleistung zu dessen Gunsten. Denn die Pflege seiner Angehörigen stammt als Aufgabe aus dessen Pflichtenbereich (vgl. etwa die Verpflichtung zum Elternunterhalt aus §§ 1601 ff. BGB).

Die Pflegebedürftigkeit in der Bevölkerung nimmt stetig zu. Im Dezember 2007 waren insgesamt 2,25 Millionen Menschen in Deutschland pflegebedürftig i. S. d. SGB XI. Hiervon erhielt gut eine Million der Menschen ausschließlich Pflegegeld und wurde damit i. d. R. von Angehörigen gepflegt.[342] Dabei werden die Eltern der Partner vor der Erstehe selten ein Alter erreicht haben, welches deren Pflegebedürftigkeit mit sich bringt. Daher ist die praktische Bedeutung vorehelicher Angehörigenpflege durch jüngere Lebensgefährten vor der ersten Ehe und somit im häufigsten Fall vorehelichen Zusammenlebens eher selten.[343] Bei vorehelichem Zusammenleben in fortgeschrittenem Alter der Partner, etwa vor einer zweiten Ehe, sind solche Pflegekonstellationen dagegen häufiger denkbar.

Zwei Fallkonstellationen sollen die Problematik veranschaulichen: Die 27- und 32-jährigen Partner einer nichtehelichen Lebensgemeinschaft leben zusammen in einem kleinen Ort nahe der Wohnung der Mutter des erfolgreich berufstätigen Mannes. Als sich die Gesundheitssituation der Mutter des Mannes soweit verschlechtert, dass sie zum Pflegefall wird, bietet es sich für die noch in der Berufsausbildung stehende Frau an, die Schwiegermutter einmal am Tag zu be-

---

340 Zur den besonderen Leistungen s. etwa Palandt/*Brudermüller* § 1576 BGB Rn. 7.

341 So z. B. als besondere Leistung anerkennend Palandt/*Brudermüller* § 1576 Rn. 7; für Angehörige insgesamt MünchKomm/*Maurer* § 1576 Rn. 8, 16. Zu Pflegeleistungen ggü. dem Ehemann als geschuldetem Beitrag zum ehelichen Unterhalt s. BGH, NJW 1993, 124 für § 844 BGB.

342 Statistisches Bundesamt, Pflegestatistik 2007, S. 4 f., 12.

343 Zu Zahlen der innerfamiliären Pflege bei vorehelichem Zusammenleben siehe Kapitel 1 B. II. 2. c).

suchen und ihr beim Waschen und Essen zu helfen. Der Mann sieht von einer Heirat ab, da ihm gerade die Zeit dafür fehle und ihm eine Ehe erst bei Geburt eines Kindes angebracht erscheint. Die Frau kann sich hingegen eine sofortige Eheschließung gut vorstellen. Nach einigen Wochen drängt der Mann darauf, seine Mutter in die gemeinsame Wohnung mit aufzunehmen. Er sorge schließlich für den Unterhalt der Beziehung. Die Folge ist, dass die Frau aus Liebe zu ihm die Pflege der Mutter komplett übernimmt und deshalb nach Ende ihrer Ausbildung ein Jobangebot nicht wahrnimmt. Sie vertraut dabei auf eine dauerhafte Beziehung und Unterhaltsversorgung durch ihren Lebensgefährten. Wird eine Ehe erst fünf Jahre später geschlossen, so fand bereits vor der Ehezeit eine ungleichgewichtige Aufgabenteilung statt. Sollte die Ehe nun bereits nach kurzer Zeit geschieden werden, drängt das Gerechtigkeitsempfinden auch auf eine Berücksichtigung der vorehelichen Pflegezeiten. Dies gilt bei den jungen Paaren vor allem, weil hier bedeutende berufliche Fortkommensnachteile der jungen Lebensgefährtin entstehen können; denn Nachteile zu Beginn der beruflichen Laufbahn erstrecken sich meist auf das gesamte Berufsleben.[344]

Nun soll das bisherige Beispiel abgewandelt werden. Die Partnerin ist im mittleren Alter und hat bereits ein zweijähriges Kind mit dem berufstätigen Vater. Sie ist deshalb nicht erwerbstätig. Wie im Fall oben drängt der Mann darauf, dass seine pflegebedürftige, über 80-jährige Mutter mit in den gemeinsamen Haushalt aufgenommen wird. Schließlich sei seine Frau ohnehin zuhause. Das Kind geht im Alter von vier Jahren in eine Betreuungseinrichtung, sodass die Mutter eigentlich einer Halbtagsbeschäftigung nachgehen könnte. Da sie jedoch weiterhin ihre Schwiegermutter pflegt, ist sie weitere vier Jahre nicht erwerbstätig. In diesem Fall ist wie oben bei einer anschließenden, kurzen Ehe von vorehelich entstandenen Fortkommensnachteilen auszugehen. Diese Konstellation findet sich häufiger, weil die Gefahr von Pflegebedürftigkeit eines (Schwieger-) Elternteils mit zunehmendem Alter der Ehegatten steigt. Doch anders als in jungen Jahren vor der ersten Ehe ergeben sich hier für die Frau weniger zusätzliche Karrierenachteile, da sie sich bereits wegen der Kindesbetreuung beruflich eingeschränkt hatte.

Der Anspruch aus § 1576 BGB ist jeweils begrenzt auf den Ausgleich der durch die Pflegeleistung erlittenen Nachteile. Hierbei ist die voreheliche (und eheliche) Pflege ein schwerwiegender Grund i. S. d. § 1576 BGB. Die Fälle, in denen die Pflegeleistung und damit das Erleiden von Fortkommensnachteilen nicht spätestens mit der Ehescheidung enden, sind dagegen sehr begrenzt. Nur äußerst selten pflegt ein Ehegatte die Angehörigen des Partners auch *nach* der

344 Vgl. insoweit auch die Zahlen in Kapitel 1 unter B. III.

Scheidung weiter und ist insoweit auf umfangreiche Unterhaltsleistungen angewiesen.

Darüber hinaus sollte die voreheliche Pflege sonstiger naher Angehöriger als beziehungsbedingter Nachteil im Rahmen von Billigkeitsabwägungen anderer Unterhaltsnormen (§§ 1570 II, 1574, 1578b oder 1579 BGB) gelten können.

II. §§ 1571, 1572 BGB – Unterhalt wegen Alters und Krankheit

1. Rechtsprechung zum Altersunterhalt

Beispielhaft sei der Fall erwähnt, dass die Partner über eine sehr lange Zeit zusammenleben – zum Beispiel vom 40. bis zum 60. Lebensjahr eines Partners. Mit 60 Jahren wird dann geheiratet. Bei solchen „Altersehen"[345] macht es keinen Unterschied für einen Anspruch aus § 1571 BGB, ob die Partner das hohe Alter „zusammen" erreicht haben oder nicht.[346] Der Anspruch besteht unabhängig davon, ob der Berechtigte bereits vor oder zu Beginn der Ehe das anspruchsbegründende Alter erreicht hat.[347] Der BGH fordert dementsprechend keine ehebedingte Unterhaltsbedürftigkeit für Unterhaltsansprüche wegen Alters.[348] Allein das Alter im Zeitpunkt der Unterhaltsberechtigung muss für die Bedürfnislage ursächlich sein, obgleich die Zahlungspflicht damit begründet wird, dass eine Mitverantwortung des Verpflichteten bestehe.[349]

Im Übrigen wird dieser Anspruch zunehmend restriktiv gewährt. Aufgrund der stärkeren Betonung der Eigenverantwortung der Ehegatten durch die aktuelle Unterhaltsrechtsreform[350] genügt es beispielsweise nicht mehr für eine Unterhaltszahlung vor Erreichung der Rentenaltersgrenze,[351] dass die Ehe von sehr

---

345 Ein Rechtsprechungsbeispiel zum Unterhalt aufgrund des Alters bei Altersehen ist z. B. OLG Koblenz, OLGR 2009, S. 238 = FamRZ 2009, S. 1750.

346 Der BGH geht vielmehr davon aus, dass grundsätzlich keine anderen zeitlichen Grenzen zu ziehen sind als bei Ehen, die im jüngeren Alter der Partner geschlossen werden, vgl. BGH, FamRZ 1982, S. 894 am Beispiel der Ehe von kurzer Dauer nach § 1579 Nr. 1 BGB.

347 Vgl. Wendl/*Pauling* § 4 Rn. 89.

348 BGH, NJW 1983, S. 683; kritisch diesbezüglich: Palandt/*Brudermüller* § 1571 Rn. 1; *Gernhuber/Coester-Waltjen,* § 30 III 1 sowie *Rauscher,* Rn. 561.

349 Bedingt durch die Eheschließung und das eheliche Zusammenleben, vgl. Palandt/*Brudermüller* § 1571 Rn. 1.

350 Siehe etwa BT-Drucks. 16/1830, S. 14.

351 Bisher noch bei Vollendung des 65. Lebensjahres. Nach dem Gesetzgeber gibt es zwar keine feste Altersgrenze, aber die Rentenaltersgrenze wird zumindest als oberste Alters-

langer Dauer war oder vom Berechtigten ausschließlich Haushaltstätigkeiten oder lange Kinderbetreuung übernommen wurden.[352] Voreheliche Arbeitsteilung und Zusammenlebenszeiten haben zwar wenig Relevanz für den Altersunterhalt. Allerdings ist eine Berücksichtigung bei der einzelfallorientierten Bestimmung der Altersgrenze denkbar. Hierbei werden nämlich vielerlei Kriterien herangezogen, darunter auch die Ehedauer und die ehelichen Verhältnisse.[353] Primärer Prüfungsort der Würdigung, ob „wegen seines Alters eine Erwerbstätigkeit nicht mehr erwartet werden kann", ist aber die Angemessenheit der Erwerbstätigkeit nach § 1574 II BGB.[354]

Für diese Arbeit erübrigen sich also vertiefende Gedanken hinsichtlich vorehelicher Zeiten bei § 1571 BGB. Es sei darauf hingewiesen, dass der Altersunterhalt nach neuer Rechtslage durch § 1578b BGB beschränkt werden kann.[355] Insofern können auch voreheliche Erwägungen eine Rolle spielen, wie bei der Untersuchung des § 1578b BGB noch gezeigt wird.[356]

2. Rechtsprechung zum Krankheitsunterhalt

Beim Krankheitsunterhalt ist etwa an den Fall zu denken, dass die Partner vor der Ehe über einige Jahre zusammengelebt haben und einer der Partner während dieser Zeit schwer erkrankte. Für § 1572 BGB ist nicht entscheidend, ob die Krankheit während des vorehelichen Zusammenlebens ausgebrochen ist oder dort bloß ihre Ursache hat. Die Ehebedingtheit der Krankheit oder des Gebrechens ist nach herrschender Meinung keine Voraussetzung.[357] Eine voreheliche Krankheit fällt also wie eine Krankheit während der Ehezeit unter § 1572 BGB.[358] Es hindert die Anspruchsentstehung auch nicht, wenn der andere Ehe-

---

grenze anerkannt, vgl. Wendl/*Pauling* § 4 Rn. 92. Zur Regelaltersgrenze von 65 Jahren siehe ferner BGH, FamRZ 1999, S. 708, 710.

352 Palandt/*Brudermüller* § 1571 Rn. 4; anders z. B. früher BGH, NJW 1985, S. 1340.

353 Vgl. Wendl/*Pauling* § 4 Rn. 92.

354 BGH, FamRZ 1985, S. 371, 373; FamRZ 1983, S. 144.

355 Hierzu aktuell für „Altersehen" (zum Begriff siehe vor Fn. 343) OLG Koblenz, FamRZ 2009, S. 1750; zudem OLG Celle, FamRZ 2009, S. 121.

356 Siehe hierzu die Ausführungen zu § 1578b BGB.

357 Ständige Rechtsprechung des BGH etwa FamRZ 1994, S. 566; 2004, S. 779, 780; zudem *Gernhuber/Coester-Waltjen,* § 30 IV 2; *Rauscher,* Rn. 561; BT-Drucks. 7/650, S. 124.

358 Also wird in aller Regel eine unerkannte voreheliche Erkrankung ebenso wenig zum Ausschluss des vollen Unterhaltsanspruchs nach § 1579 Nr. 8 BGB führen, vgl. so BGH, NJW 1994, S. 1286. Eine Ausnahme wird beispielsweise nur für den Fall angenommen, dass die Ehegatten bloß sehr kurz zusammen lebten oder andere Umstände die Beschränkung rechtfertigen, z. B. in BGH, FamRZ 1988, S. 930; OLG Oldenburg,

gatte im Zeitpunkt der Eheschließung nichts von der Krankheit wusste.[359] Wie bei § 1571 BGB bedarf es auch für § 1572 BGB vorliegend keiner weitergehenden Untersuchung von Auslegungsmöglichkeiten bei vorehelichem Zusammenleben der Ehegatten.

Ansprüche aus § 1572 BGB können ebenfalls durch § 1578b BGB beschränkt werden.[360] Insoweit kann für die Beschränkung des Anspruchs beachtlich sein, dass die Krankheit in keinerlei Zusammenhang mit der Ehe steht und damit regelmäßig nicht ehebedingt ist. Gerade beim Krankheitsunterhalt sind Aspekte der nachehelichen Solidarität von Bedeutung.[361] Auf Einzelheiten mit Blick auf voreheliches Zusammenleben wird erst bei den Ausführungen zu § 1578b BGB eingegangen.

III. § 1574 BGB – Angemessene Erwerbstätigkeit

Möglicherweise kann das voreheliche Zusammenleben sich auf die Beurteilung der angemessenen Erwerbstätigkeit i. S. d. § 1574 BGB auswirken. Als Beispiel sei der Fall genannt, dass die Ehegatten über zehn Jahre vor der Ehe zusammenlebten und die Frau über diese Zeit drei gemeinsame Kinder großzog. Die letzten Jahre des vorehelichen Zusammenlebens und die sich anschließende Ehe wurden auf höherem wirtschaftlichem Niveau gelebt, weil das Einkommen des Mannes deutlich anstieg. Die gelernte Altenpflegerin hat seit der Geburt des ersten Kindes im Alter von 30 Jahren nicht mehr gearbeitet. Nach einer fünfjährigen Ehe und mit Kindern im Alter von nun acht bis zwölf Jahren fragt sich, ob sie einer Tätigkeit als Altenpflegerin als angemessener Erwerbstätigkeit nachgehen muss. Grundsätzlich ist es für die etwa 42-jährige Frau angemessen i. S. d. § 1574 II 1 BGB, ihrer früher erlernten Tätigkeit wieder nachzugehen. Jedoch fragt sich, ob im geschilderten Beispiel auch die jahrelange voreheliche Kindesbetreuung zur Unbilligkeit nach den ehelichen Lebensverhältnissen (§ 1574 II 2 BGB) führen kann.

FamRZ 1991, S. 827; OLG Brandenburg, FamRZ 1996, S. 866, 867. Der Ausbruch oder das Angelegtsein der Krankheit vor der Ehe hindert nicht das Anrechnen, vgl. Palandt/*Brudermüller* § 1572 Rn. 13 bezüglich § 1579 Nr. 8 BGB.

359 Vgl. Palandt/*Brudermüller* § 1572 Rn. 3; Wendl/*Pauling* § 4 Rn. 96; ähnlich BGH, NJW 1994, S. 1286.

360 BGH, NJW 2009, S. 989, 991 = FamRZ 2009, S. 406, 409; NJW 2009, S. 2450 = FamRZ 2009, S. 1207; BGH, FamRZ 2010, S. 629, 631.

361 Vgl. aktuell hierzu BGH, NJW 2009, S. 2450, 2453 f. = FamRZ 2009, S. 1207 unter Hinweis auf die nacheheliche Solidarität als Grundlage des § 1572 BGB schlechthin, sowie jüngst BGH, FamRZ 2010, S. 629, 632.

1. Analyse einschlägiger Rechtsprechung

Zu den „früheren Erwerbstätigkeiten“ im Sinne des § 1574 II BGB zählt grundsätzlich auch eine vor der Ehe ausgeübte Tätigkeit.[362] Dadurch wird zumindest mittelbar ein Bezug zum vorehelichen Zusammenleben hergestellt. Gemeint ist dabei jedoch vor allem eine Tätigkeit bereits *vor* dem Zusammenziehen der Partner und keine Tätigkeit während der vorehelichen Beziehungsphase.

Des Weiteren findet für die angemessene Erwerbstätigkeit eine Billigkeitsabwägung statt, § 1574 II 1 BGB. Bei der Billigkeitsabwägung sind unter Miteinbeziehung der ehelichen Lebensverhältnisse insbesondere die Dauer der Ehe sowie die Dauer der Pflege und Erziehung eines gemeinschaftlichen Kindes zu berücksichtigen, § 1574 II 2 BGB. Daneben mag etwa aus Gesundheitsgründen eine Erwerbstätigkeit wie vor der Ehe billigerweise nicht mehr ausgeübt werden können.[363] Bei Auslegung des Tatbestandsmerkmals der Ehedauer i. S. d. § 1574 II 2 BGB findet voreheliches Zusammenleben nach bisheriger Rechtsprechung allerdings keine Berücksichtigung, obgleich die Ehedauer als Abwägungskriterium wegen des entstandenen Vertrauens in die Gemeinschaft gewählt wurde.[364] Für die Berücksichtigung vorehelicher Erziehungsphasen bei der Dauer der Pflege oder Kindeserziehung gibt es nur wenig Rechtsprechung. Lediglich vereinzelt wurden voreheliche Zeiten der Kindesbetreuung bei § 1574 II BGB a.F. beachtet.[365]

2. Möglichkeiten und Grenzen der Auslegung von § 1574 BGB

Voreheliche Zeiten des Zusammenlebens könnten durch entsprechende Auslegung des § 1574 BGB aber berücksichtigt werden. Anhaltspunkte für die Einbeziehung sind wie bei § 1570 II BGB die Dauer der Ehe sowie die Dauer der Pflege und Erziehung eines gemeinschaftlichen Kindes. Über die ehelichen Lebensverhältnisse findet auch bei § 1574 II 1 BGB eine Billigkeitsprüfung statt. Der Wortlaut ermöglicht daher prinzipiell, Einzelfälle wie voreheliche Dispositionen zulasten bloß eines Partners zu erfassen.

Gegen eine gebotene Berücksichtigung vorehelicher Zeiten im Rahmen der Billigkeitsabwägung des § 1574 II 1 BGB und damit gegen eine weite Auslegung spricht zwar der der Grundsatz der Eigenverantwortung als gesetzgeberi-

---

362 So etwa Palandt/*Brudermüller* § 1574 Rn. 4; Wendl/*Pauling* § 4 Rn. 138a.

363 Z. B. *Schwab,* FamRZ 2005, 1417, 1418.

364 Vgl. Palandt/*Brudermüller* § 1574 Rn. 5.

365 Zumal das Gesetz „nur“ ein gemeinschaftliches Kind verlange, so *Rolland* § 1574 Rn. 15 zu § 1574 BGB a.F.

schem Willen.[366] Zudem ist der Wortlaut des § 1574 BGB – zumindest die „ehelichen Lebensverhältnisse“ als Kernpunkt der Billigkeitsabwägung – teils durch die nacheheliche Solidarität als unterhaltsrechtliche Legitimation geprägt, welche nicht auf voreheliche Zeiten übertragbar ist.[367] Allerdings rechtfertigt sich § 1574 II BGB nicht allein über die nacheheliche Solidarität. Der Wortlaut nimmt vielmehr und im Wesentlichen Bezug auf ehebedingte Nachteile. Deshalb ist der Zweck des § 1574 BGB ebenfalls ein Ausgleich ehebedingter Nachteile. Dies zeigt ein Vergleich mit den ähnlich aufgebauten §§ 1578b I, 1570 II BGB, denen der Gedanke des Nachteilsausgleichs zugrunde liegt.[368] Da ehebedingte Nachteile als *beziehungs*bedingte Nachteile bereits vor der Ehe entstehen können,[369] sind solche Nachteile ebenso im Rahmen der Billigkeitsabwägung des § 1574 II 2 BGB zu beachten. Außerdem sind die berücksichtigungswürdigenden Merkmale der ehelichen Lebensverhältnisse nicht abschließend (vgl. „insbesondere“ bei § 1574 II 2 BGB).[370] Dass § 1578b I 3 BGB zusätzlich auf die „Gestaltung von Haushaltsführung und Erwerbstätigkeit“ Bezug nimmt, dürfte keine besondere Bedeutung für die Auslegung haben.[371] Im Schrifttum wird für die Unbilligkeitsprüfung des § 1574 II BGB vielmehr auf die des § 1578b I BGB verwiesen.[372]

Schließlich soll durch die einzelfallerfassende Billigkeitsabwägung das Vertrauen in die gemeinsame Ehegestaltung erfasst werden.[373] Bereits vor der Eheschließung kann berechtigtes Vertrauen auf eine dauerhafte Versorgung durch den Partner entstehen.[374] Ein systematischer Vergleich mit §§ 1570 II, 1578b,

366 Vgl. BT-Drucks. 16/1830, S. 17 oder z. B. Wendl/*Pauling* § 4 Rn. 138a. Die „ehelichen Lebensverhältnisse“ sind nunmehr allein ein Korrektiv mittels Unbilligkeitsabwägung zur Widerlegung der grundsätzlichen Angemessenheit einer Erwerbstätigkeit, vgl. „soweit eine solche Tätigkeit nicht nach den ehelichen Lebensverhältnissen unbillig wäre“. Im Vergleich hierzu der bisherige Wortlaut des § 1574 II BGB a.F.: „Angemessen ist eine Erwerbstätigkeit, die der Ausbildung, den Fähigkeiten, dem Lebensalter und dem Gesundheitszustand des geschiedenen Ehegatten sowie den ehelichen Lebensverhältnissen entspricht; bei den ehelichen Lebensverhältnissen sind die Dauer der Ehe oder die Erziehung eines gemeinschaftlichen Kindes zu berücksichtigen.“

367 S. die Ausführungen zu § 1578 BGB unter IV. 2. Nach Soergel/*Häberle* § 1574 (a.F.) Rn. 7 sind wohl die „ehelichen Lebensverhältnisse“ bei § 1574 BGB a.F. und § 1578 BGB vergleichbar.

368 Hierzu jeweils bei den benannten Normen und später Kapitel 7 unter A. II.

369 Siehe hierzu oben unter C. I. 2. b) aa).

370 So Wendl/*Pauling* § 4 Rn. 143.

371 Zumindest ergibt sich nichts aus der Gesetzesbegründung, BT-Drucks. 16/1830, S. 17.

372 So Bamberger/Roth/*Beutler* § 1574 Rn. 10.

373 Hierzu BT-Drucks. 16/1830, S. 17.

374 Siehe hierzu oben C. I. 2. b) bb).

1579 Nr. 1 BGB zeigt, dass auch bei § 1574 II BGB die *Ehedauer* ein Merkmal im Rahmen der Billigkeitsabwägung ist. Eine zunehmende Ehedauer indiziert wachsende Verflechtung und Abhängigkeit der beiderseitigen Lebenspositionen und es entsteht Vertrauen auf gemeinsame Lebensgestaltung.[375] Zum Beispiel muss eine 48-jährige gelernte Verkäuferin nach 25-jähriger Ehe mit einem Professor nicht mehr ohne Weiteres in ihren erlernten Beruf zurückkehren.[376] Je nach Einzelfall kann ein längeres Getrenntleben der Ehegatten zu einer kürzeren Ehedauer aus Billigkeitsgründen führen.[377] Dann dürfte ebenso ein besonders langes Zusammenleben der Ehegatten – nämlich unter Einschluss der Zeiten des vorehelichen Zusammenlebens – bei § 1574 II BGB zu einer längeren Ehedauer aus Billigkeitsgründen führen.

Nach dem Auslegungsmuster des ähnlich aufgebauten § 1578b BGB ist auch für § 1574 II BGB die voraussichtliche *Gesamtdauer der Kinderbetreuungszeit* anzusetzen, also während der Ehe und danach.[378] Unter Berücksichtigung der Handhabung bei § 1578b BGB sollte auch bei § 1574 II BGB die voreheliche Kindesbetreuungszeit mit berücksichtigt werden.[379] Es soll nach Meinungen im Schrifttum für die Kinderbetreuungszeiten auf die gleichen Maßstäbe wie beim Betreuungsunterhalt (§ 1570 BGB) abgestellt werden.[380] Und bei § 1570 II BGB sind vorehelich entstandene Nachteile wie oben gezeigt relevant.

3. Ergebnis

Auch bei § 1574 BGB können voreheliche Verflechtungen im Rahmen der Billigkeitsabwägung ausnahmsweise berücksichtigt werden. Dies gilt vor allem bei längeren, bereits vorehelichen Kinderbetreuungszeiten des Unterhaltsbegehrenden.

375 BT-Drucks. 16/1830, S. 17; BGH, NJW 2008, S. 2581, 2585; Palandt/*Brudermüller* § 1574 Rn. 5.

376 Vgl. BGH, FamRZ 1983, S. 144; Bamberger/Roth/*Beutler* § 1574 Rn. 13; Erman/*Graba* § 1574 Rn. 9. Mittlerweile dürften die Maßstäbe evtl. strenger zulasten des Unterhaltsbegehrenden sein.

377 Wendl/*Pauling* § 4 Rn. 142; Soergel/*Häberle* § 1574 (a.F.) Rn. 8; vgl. in diesem Kontext auch BGH, FamRZ 1983, S. 144.

378 Vgl. zu § 1578b BGB BT-Drucks. 16/1830, S. 19.

379 Was ebenso wenig dem Willen des Gesetzgebers widerspricht, vgl. BT-Drucks. 7/650, S. 129. Siehe ausführlich zur Rechtsprechung und zum Meinungsstand für § 1578b BGB unter V.

380 Bamberger/Roth/*Beutler* § 1574 Rn. 14. Siehe zu § 1570 BGB oben unter C. I.

IV. § 1578 BGB – Maß des Unterhalts

Es fragt sich weiterhin, ob die Zeiten des vorehelichen Zusammenlebens auch beim Maß des nachehelichen Unterhalts (§ 1578 BGB) relevant werden können. Zur Bestimmung der ehelichen Lebensverhältnisse i. S. d. § 1578 I 1 BGB stellt die Rechtsprechung vor allem darauf ab, welche Einkünfte die ehelichen Lebensverhältnisse geprägt haben.[381] Insoweit sind die Erwerbstätigkeit und die Familientätigkeiten (wie Haushaltsführung und Kinderbetreuung) als gleichwertig anzusehen.[382] Denkbar ist also, dass die vorehelichen Arbeitsleistungen in der Beziehung bereits das spätere Eheleben prägten und insoweit bei der Bestimmung des Unterhaltsmaßes zu berücksichtigen sind.

Es ist der Fall vorstellbar, dass die Partner einer nichtehelichen Lebensgemeinschaft nach jeweils geschiedenen Ehen zusammen leben. Der Mann verfügt über ein hauptsächlich aus Bonuszahlungen bestehendes Nettoeinkommen von 6.000 Euro. Die Ehefrau ist nicht erwerbstätig und entlastet den Mann durch die Betreuung der zwei gemeinsamen Kinder. Die Beziehung wird angesichts der Mittel des Mannes auf hohem finanziellem Niveau gelebt. Nach acht Jahren wird schließlich geheiratet. Aber aufgrund einer plötzlichen Finanzkrise verliert der Mann kurz nach der Eheschließung seine erfolgreiche Position. Er muss ein anderes Jobangebot annehmen und sein Netto-Einkommen liegt nunmehr bei 2.000 Euro. Nach drei Jahren scheitert die Ehe. Hier fragt sich, ob der höhere Lebensstandard vor der Ehe für das Maß eines nachehelichen Unterhaltsanspruchs der Frau relevant werden kann und sollte.

1. Analyse einschlägiger Rechtsprechung

Nach dem Wortlaut des § 1578 I 1 BGB („Das Maß des Unterhalts bestimmt sich nach den ehelichen Lebensverhältnissen.“) werden nur die *ehelichen* Lebensverhältnisse für das Unterhaltsmaß relevant. Hierbei ist nach Auffassung des BGH gemeint, dass die Verhältnisse für den Lebensstandard der Partner *prägend* waren.[383] Fraglich ist dabei wiederum, ob und inwieweit ein gemeinsamer vorehelicher Lebensstandard berücksichtigt wird.

381 Siehe zur Surrogatsidee nur BGH, NJW 2001, S. 2254, 2258; BVerfG, NJW 2002, S. 1185.

382 Dies ist Art. 6 I i.V.m. Art. 3 II GG sowie § 1360 S. 2 BGB zu entnehmen, vgl. BVerfG, NJW 2002, S. 1185.

383 Vgl. z. B. BGH, FamRZ 1984, S. 149, 150. Instruktiv zu Auslegungsmöglichkeiten der ehelichen Lebensverhältnisse siehe *Derleder,* FuR 1990, S. 9, 10 ff.

Der BGH hat eine Öffnung für den Endzeitpunkt der Lebensverhältnisse vollzogen,[384] was grundsätzlich für eine weite Auslegung der ehelichen Lebensverhältnisse sprechen könnte. Der BGH geht nämlich von der Möglichkeit aus, im Rahmen des § 1578 I 1 BGB auch „nacheheliche Entwicklungen schon bei der Bedarfsermittlung zu berücksichtigen"[385]. Der Stichtag der Scheidung ist nicht mehr ausschließlich maßgeblich.[386] Demgegenüber gibt es keine Rechtsprechung oder Diskussionen in der Literatur zur Übertragbarkeit dieser BGH-Rechtsprechung auf eine zeitliche *Vor*verlegung des Anfangsstichtags. Anerkannt ist zwar, dass vorehelich erworbene Rentenanteile die ehelichen Lebensverhältnisse prägen, da sie ein Surrogat der Erwerbstätigkeit sind, die sich nach Eheschließung in Form von Familienarbeit fortsetzt.[387] Außerdem können voreheliche Lebensverhältnisse, die geprägt sind von vorhandenen Schulden oder Unterhaltspflichten, die ehelichen Lebensverhältnisse mit prägen und sich auf diese Weise auf das Unterhaltsmaß auswirken.[388] Aber auf das Zusammenleben und die dortige Arbeitsteilung der späteren Ehegatten hat die Rechtsprechung bislang nicht abgestellt.

2. Möglichkeiten und Grenzen der Auslegung von § 1578 BGB

Möglicherweise können die vorehelichen Lebensverhältnisse für das Maß des Unterhalts im Wege der Auslegung des § 1578 BGB berücksichtigt werden. Zur Veranschaulichung dient die einleitend geschilderte Fallkonstellation.[389] Es fragt sich, ob dort die vorehelichen Lebensverhältnisse ebenfalls prägend für das Maß des späteren nachehelichen Unterhaltsanspruchs sein sollten.

---

384 Früher wurde formal auf den Zeitpunkt der Rechtskraft der Scheidung abgestellt, z. B. BGH, NJW 1981, S. 1782, 1784; NJW 1988, S. 2034, 2036; FamRZ 2003, S. 590, 591 zumindest schon die nachehelichen Entwicklungen erwähnend. Es bedurfte hierbei einer Menge korrigierender Rechtsprechung, um den laufenden, nachehelichen Veränderungen hinreichend Rechnung zu tragen, vgl. etwa Palandt/*Brudermüller* § 1578 Rn. 1.

385 Seit der Entscheidung des BGH vom 15.3.2006, FamRZ 2006, S. 683, 685 f.

386 BGH, FamRZ 2008, S. 968, 972.

387 Palandt/*Brudermüller* § 1578 Rn. 32.

388 Vgl. hierzu Soergel/*Häberle* § 1578 Rn. 2; Wendl/*Gerhardt* § 1 Rn. 623.

389 Siehe hierzu oben unter IV.

a) Nacheheliche Solidarität als Eheprivileg

Das Maß des Unterhalts bzw. die Norm des § 1578 BGB sind Ausdruck der nachehelichen Solidarität.[390] Nach der ursprünglichen Gesetzesbegründung sollte der durch die Ehegatten gemeinsam erreichte Standard beiden Partnern nach der Scheidung zuteil werden (sog. Lebensstandardgarantie[391]).[392] Dadurch soll der soziale Abstieg des wirtschaftlich schwächeren Ehegatten nach der Scheidung verhindert werden.[393] Leben dieselben Partner schon vor der Ehe lange zusammen und haben sie bereits tatsächlich Verantwortung füreinander übernommen,[394] dann erscheint es stimmig, den Solidaritätsgedanken auf das voreheliche Zusammenleben zu übertragen. Aus soziologischer Sicht steht insoweit fest, dass wirtschaftliche Verflechtungen und partnerschaftliche Solidarität meist mit zunehmender Annäherung an die Ehe eintreten.[395] Laut Duden ist Solidarität ein Zusammengehörigkeitsgefühl bzw. der Gemeinsinn.[396] Solidarität ist jeder Paarbeziehung immanent – stärker oder schwächer ausgeprägt.[397] Bei Beziehungen, die in eine Ehe münden, dürfte erst recht ein Solidaritätsgefühl bestehen. Dem steht auch nicht im Wege, dass der später zahlungspflichtige Ehegatte zum Scheidungszeitpunkt meist voreheliche Solidaritätsgedanken bestreiten wird. Denn es bleibt objektiv dabei, dass er mit der Eheschließung die voreheliche

---

390 Z. B. BGH, NJW 1987, S. 1555, 1556; MünchKomm/*Maurer* § 1569 Rn. 7; Lebensstandardgarantie wegen fortwirkender Verantwortung nach Schwab/*Borth,* Handbuch, IV Rn. 939 f. Siehe instruktiv zur Begründung der ehelichen Lebensverhältnisse als Kriterium *Derleder,* FuR 1990, S. 9, 10 ff. Aktuell in diese Richtung BGH, NJW 2009, S. 145, 146. Ähnlich für die nacheheliche Solidarität bei den ehelichen Lebensverhältnissen BT-Drucks. 16/6980, S. 9.

391 Zum Begriff BVerfGE, NJW 1981, S. 1771, 1773; BGH, NJW 1983, S. 1733, 1734. Aber mittlerweile soll § 1578 I 1 BGB keine absolute Lebensstandardgarantie mehr begründen, vgl. etwa BGH, FamRZ 2006, S. 683, 686. S. zur Lebensstandardgarantie ferner BT-Drucks. 10/2888, S. 18.

392 BT-Drucks. 7/650, S. 136; vgl. zudem BGH, NJW 2001, S. 2254, 2257. Vgl. zum Erfordernis gemeinsamer Lebensleistung BGH, FamRZ 2003, S. 590, 592 m. Anm. *Büttner.*

393 Vgl. etwa *Born,* NJW 2008, S. 3089 m. w. Nw.

394 Wie es häufig gleichermaßen ohne Eheschließung geschehen kann, siehe hierzu etwa Kapitel 6 B. I. 2. a). Kritisch zur Solidarität in nichtehelichen Lebensgemeinschaften wohl *Lieb,* Gutachten, A 88.

395 Vgl. hierzu etwa *Vaskovics/Rupp,* S. 194. In Belgien tendiert man sogar dazu, nur die letzten Ehejahre vor der Scheidung als maßgebend für die ehelichen Lebensverhältnisse anzusehen, vgl. *Pintens,* in *Hofer/Schwab/Henrich,* S. 27, 43.

396 Duden, Das Fremdwörterbuch, Berlin (u. a.) 2007.

397 Vgl. ebenso zur Solidarität bei der Bedarfsgemeinschaft i. S. d. § 7 III SGB II Rolfs/Giesen/Kreikebohm/Udsching/*Fahlbusch* § 7 SGB II Rn. 9.

Beziehung symbolisch von sonstigen nichtehelichen Beziehungen abgehoben hat.

Da die Partner schließlich eine Ehe eingehen, könnte hierdurch der finanziell stärkere Ehegatte außerdem rückwirkend die vorehelichen beziehungsbedingten Dispositionen genehmigen. Die Heirat nach dem formfreien Zusammenleben ähnelt einer Art *Genehmigung* der vorehelich eingetretenen Aufgabenteilung. Diese Genehmigung würde auf die voreheliche Beziehungszeit zurückwirken (vgl. die Wertung des § 184 I BGB).

Gleichwohl überwiegen die Gründe gegen eine Berücksichtigung des vorehelichen Lebensstandards aus Gründen der nachehelichen Solidarität. Die nacheheliche Solidarität ist ebenfalls Ausfluss des Art. 6 I GG, dessen Schutz dem vorehelichen Zusammenleben nicht zukommt.[398] Es kann insoweit auf die umfangreichen Argumente gegen den Schutz über Art. 6 I GG verwiesen werden, die in Kapitel 6 dargestellt werden.[399] Die besonders schützenswerte *eheliche* Solidarität ist trotz vorehelicher Heiratsabsichten erst ab der Eheschließung zu bejahen. Erst durch den Eheschließungsakt wird die partnerschaftliche Solidarität nach außen hin sowie auch zwischen den Ehegatten ausdrücklich bekundet.[400] Eine umfassende Teilhabe am gemeinsamen Lebensstandard sollte damit ein ehebezogenes Privileg bleiben.[401]

Auch der rechts- oder sozialstaatliche Schutz kann keine Beachtung der vorehelichen Zeiten bei den ehelichen Lebensverhältnissen des § 1578 I BGB gebieten. Denn die nacheheliche Solidarität sichert gerade *mehr* als die bloße Existenz in Form der „Lebensstandardgarantie".[402] Zwar wird der nacheheliche Unterhalt in Zukunft verstärkt zur Existenzsicherung dienen, da die unterhaltsrechtlichen Mangelfälle leider immer mehr zunehmen.[403] Außerdem besteht grundsätzlich eine Subsidiarität staatlicher Leistungen für Hilfsbedürftige[404] gegen-

398 Ausführlich hierzu unten Kapitel 6 B. I. 4. und II.

399 Siehe hierzu Kapitel 6 unter B.

400 Dies gilt trotz abnehmender gesellschaftlicher Bedeutung der Ehe, hierzu oben Kapitel 1 B. I. 2.

401 So auch *Schwenzer,* JZ 1988, S. 781, 785.

402 Vgl. kritisch hierzu z. B. BGH, FamRZ 2006, S. 683, 686; *Rauscher,* Rn. 557 m. w. Nw.; zur nachehelichen Solidarität als Begründung des § 1578 I 1 BGB nach früherer Rechtsprechung *Born,* NJW 2008, S. 3089, 3090, beispielsweise wird dort BGH, NJW 1987, S. 1555, 1556 zitiert.

403 Vgl. hierzu *Berghahn,* in Unterhalt und Existenzsicherung, S. 5, 9 m. w. Nw., 13 f., sowie *Berringer,* in Unterhalt und Existenzsicherung, S. 131, 133.

404 Die „aufgrund ihrer persönlichen Lebensumstände oder gesellschaftlichen Benachteiligungen an ihrer persönlichen oder sozialen Entfaltung gehindert sind", siehe etwa BVerfGE 100, 271, 284. Zu nennen ist primär die Grundsicherung für Arbeitssuchende

über Unterhaltsleistungen Dritter wie dem Ehegatten, vgl. z. B. § 2 II SGB XII. Es ist eine rechtspolitische Frage, ob man zukünftig dem unterhaltspflichtigen Ehegatten über das bisherige Maß des Unterhalts hinaus eine umfangreichere Unterhaltspflicht auferlegen will, wenn die Ehegatten bereits vor der Ehe einen hohen finanziellen Lebensstandard unterhielten. Wird insoweit die Grenze der Existenzsicherung betroffen, könnte man auf diese Weise den Staat von seiner (grundsätzlich subsidiären) Unterstützungspflicht entlasten. Allerdings tendiert man in der aktuellen Rechtspolitik beim nachehelichen Unterhalt zur Stärkung der Eigenverantwortung und geringerer Unterhaltsverpflichtungen.[405] Das System ist ohnehin komplexer, weil bei höheren Unterhaltszahlungen weniger Geld für die „Folgefamilie" bleibt.[406] Die ehelichen Lebensverhältnisse des § 1578 I BGB bleiben folglich selbst bei Existenzgefährdung des Unterhaltsbedürftigen unberührt von einem vorehelich höheren Lebensstandard in der Beziehung.

b) Geringer Vertrauensschutz bei freiwilligen Leistungen

Das Maß des Unterhalts bei § 1578 I BGB dient auch dem Schutz des Vertrauens in die tatsächlich gewachsenen Verhältnisse.[407] Der haushaltsführende Partner hat dem berufstätigen durch seine Leistungen im Haushalt das Erarbeiten der Lebensverhältnisse ermöglicht und soll mithin an deren Fortbestand partizipieren.[408] Solches Vertrauen kann ebenfalls bei bereits vorehelicher (abgesprochener oder gebilligter) Arbeitsteilung entstehen.[409] Interessant ist insofern die Rechtsprechung des BGH zur Unterhaltsverlängerung eines Anspruchs aus § 1615l II 4, 5 BGB bei nichtehelichen Lebensgemeinschaften.[410] Dort werden ebenfalls Vertrauensaspekte für das Maß des Unterhalts relevant. Nur anders als bei § 1578 BGB bestimmt sich das Maß des Unterhalts beim Anspruch aus § 1615l BGB nach den Lebensverhältnissen des Unterhaltsbegehrenden (vgl. §§ 1615l III 1, 1610 I BGB), nicht nach den Lebensverhältnisses in der nicht-

gemäß § 1 II SGB II bzw. „Hartz IV", oder für Familien und Eltern das Kindergeld (§ 1 BKGG) oder Elterngeld (§ 1 BEEG).

405 Siehe etwa als Ziel bei BT-Drucks. 16/1830, S. 1.

406 Vgl. BT-Drucks. 16/1830, S. 13, 23 f.

407 *Diederichsen,* FamRZ 1992, S. 1, 11.

408 So wohl *Diederichsen,* FamRZ 1992, S. 1, 11.

409 Siehe hierzu bereits oben unter C. I. 2. b) bb). Dagegen jedoch *Gernhuber/Coester-Waltjen,* § 30 VIII 8.

410 Siehe bereits ausführlich zu § 1570 II BGB unter C. I. 2. b) bb) (1).

ehelichen Beziehung.[411] Grund hierfür ist, dass der nichteheliche Partner alle Leistungen ohne Bezug zum gemeinsamen Kind – und damit ohne Unterhaltspflicht nach § 1615l BGB – *freiwillig* erbracht hat.[412] Der insoweit gemeinsam erreichte Lebensstandard kann nach Meinung des BGH keine nachhaltig gesicherte Rechtsposition darstellen.[413] Der nichteheliche Lebensstandard ist daher nicht als Maßstab für den Unterhaltsanspruch aus § 1615l II 2 bzw. IV BGB geeignet.[414]

An der Freiwilligkeit der vorehelichen Unterhaltsleistungen ändert auch nichts, dass der Gesetzgeber an anderer Stelle dem nichtehelichen Zusammenleben unterhaltsrechtliche Relevanz (im weiteren Sinne) beigemessen hat, z. B. bei der Bedarfsgemeinschaft im Sozialrecht (vgl. § 7 IIIa SGB II). Die Normen der Bedarfsgemeinschaft sollen etwa Zuvielleistungen des Staates verhindern und dienen nicht dem Vertrauensschutz.[415] Ebenso wenig ist der familienrechtliche § 1579 Nr. 2 BGB für die Auslegung des § 1578 BGB nutzbar. Denn § 1579 Nr. 2 BGB basiert auf der Vorstellung, dass der Berechtigte aufgrund einer neuen verfestigten Lebensgemeinschaft nur noch geringerer Unterhaltsleistungen bedarf.[416]

Damit bleibt es trotz solcher Regelungen dabei, dass die über eine gesetzliche Verpflichtung nach § 1615l BGB hinausgehenden Unterhaltsleistungen in nichtehelichen Lebensgemeinschaften freiwillig sind. Sie können nicht beim

---

411 So BGH, FamRZ 2010, S. 357, 359; BGH, FamRZ 2010, S. 444 = NJW 2010, S. 1138 (Rz. 15). Der Mindestbedarf ist bei §§ 1615l III 1, 1610 I BGB das Existenzminimum des Bedürftigen, also nach Düsseldorfer Tabelle 770 Euro. Bislang hatte der BGH einen Mindestbedarf abgelehnt, woran er bei seinen aktuellen Entscheidungen aber nicht mehr festhält, vgl. BGH, FamRZ 2010, S. 357, 360 f.; BGH, FamRZ 2010, S. 444 = NJW 2010, S. 1138 (Rz. 14, 18 f.).

412 So BGH, FamRZ 2008, S. 1739, 1742; BGH, FamRZ 2010, S. 357, 359 sowie BGH, FamRZ 2010, S. 444 = NJW 2010, S. 1138 (Rz. 16). Es bestehen nach aktueller Gesetzeslage keine Rechtspflichten zum Unterhalt in nichtehelichen Lebensgemeinschaften; auf die Diskussion solcher Pflichten de lege ferenda soll in dieser Arbeit nicht vertiefend eingegangen werden, vgl. zur Diskussion etwa *Dethloff,* Gutachten, A 131 ff.

413 BGH, FamRZ 2008, S. 1739, 1742; FamRZ 2010, S. 357, 359; BGH, FamRZ 2010, S. 444 = NJW 2010, S. 1138 (Rz. 16).

414 Das gilt selbst dann, wenn aus der zunächst kinderlosen nichtehelichen Lebensgemeinschaft später mehrere Kinder hervorgegangen sind. Vielmehr sollen auch dann die Verhältnisse des Kinderbetreuenden bei Geburt maßgebend sein für § 1610 I BGB, vgl. BGH, FamRZ 2008, S. 1739, 1742; FamRZ 2010, S. 357, 359.

415 Vom Vorliegen einer Bedarfsgemeinschaft hängt der Umfang der Leistung nach dem SGB II ab, vgl. hierzu Rolfs/Giesen/Kreikebohm/Udsching/*Fahlbusch* § 7 SGB II Rn. 8.

416 BT-Drucks. 16/1830, S. 21. Viele Kriterien hierzu bei Palandt/*Brudermüller* § 1579 Rn. 11 ff.

Maß des nachehelichen Unterhalts berücksichtigt werden, auch wenn sie den Lebensstandard der vorehelichen Paarbeziehung prägen.

Es kann darüber hinaus dem Gerechtigkeitsempfinden widersprechen, wenn der wirtschaftlich stärkere Lebensgefährte dem anderen bereits vor der Ehe aus reiner Großzügigkeit einen angenehmen Lebensstandard geboten hat und ihm dies nach der Scheidung zum Nachteil gereicht. Denkbar ist, dass der berufstätige Partner dem anderen etwa umfangreiche Freizeitbeschäftigungen oder ein mietfreies Wohnen ermöglicht und den Unterhalt des anderen mit bestritten hat.[417] Diese freiwilligen Leistungen sollten nicht durch einen höheren nachehelichen Unterhaltanspruch „bestraft" werden. Denn der nicht erwerbstätige Partner profitiert ja bereits vor der Ehe ausreichend von den auf Großzügigkeit basierenden Leistungen.

Natürlich kann es im Einzelfall zu schützenswertem Vertrauen und vertrauensbedingten, nachteiligen Dispositionen aufseiten des nicht erwerbstätigen Partners kommen.[418] In solchen Fällen ist das voreheliche Vertrauen aber primär bei Billigkeitsabwägungen mit Bezug zu beziehungsbedingten Nachteilen bedeutsam (also bei §§ 1578b, 1570 II, 1574 oder 1579 Nr. 1 BGB).[419] Bei diesen Normen geht es im Wesentlichen um das Vermeiden einer Schlechterstellung wegen einer vereinbarten klassischen Rollenverteilung. Es geht dagegen nicht – wie bei § 1578 BGB – um eine Besserstellung des Vertrauenden über das Maß der Nachteilskompensation hinaus. Es bleibt vielmehr ein Eheprivileg, dass der weniger erwerbstätige Partner unabhängig von tatsächlich erlittenen Nachteilen am höheren Lebensstandard der Beziehung nachhaltig profitieren darf. Da das Maß des nachehelichen Unterhalts nach § 1578 BGB nicht an einen Nachteilsausgleich anknüpft, können hier keine Wertungen wegen eines vorehelichen Vertrauens in den gemeinsamen Lebensstandard geltend gemacht werden.

c) Selten wirtschaftlich bessere Verhältnisse vor der ersten Ehe

Ohnehin ergibt eine lebensnahe Betrachtung, dass die vorehelichen Verhältnisse bei jüngeren Paaren tendenziell schlechter sind als die ehelichen. Da überwiegend vor der ersten Ehe zusammengelebt wird, trifft dies sogar auf die meistens vorehelichen Beziehungen zu. Vielmehr beschränkt die Rechtsprechung Unterhaltsansprüche über § 1578b BGB regelmäßig auf den „bloß" vorehelichen

---

417 Bsp. auch bei *Paus,* FR 1990, S. 172, 175 für eine Verneinung von Unterhaltsleistungen bei bestehender Beziehung.

418 Hierzu etwa *Hohmann-Dennhardt,* FF 2007, S. 174, 179 für nichteheliches Zusammenleben allgemein. Bereits hierzu unter C. I. 2. b) cc).

419 Siehe hierzu etwa bereits unter C. I. 2. c).

Standard.[420] Nur ausnahmsweise liegt der voreheliche Lebensstandard über dem ehelichen. Das einführende Fallbeispiel wäre ein entsprechender Fall.[421] Solche Konstellationen sind aber vermehrt bei Beziehungen „zwischen den Ehen“ und damit bei Partnern mittleren Alters vorstellbar. Hier steht regelmäßig zumindest ein Partner vor der Ehe fest im Berufsleben und hat ein solides Einkommen.

d) Ergebnis

Die nacheheliche Solidarität bzw. der Vertrauensschutz gebieten keine Berücksichtigung des vorehelichen Lebensstandards beim Maß des nachehelichen Unterhaltsanspruchs (§ 1578 BGB). Dem pflichtet bei, dass viele Familienrechtler für die Zukunft des nachehelichen Unterhalts fordern, die ehelichen Lebensverhältnisse als Maßstab nicht weiter zu strapazieren.[422] Sie sind dagegen, voreheliche Entwicklungen künstlich in die ehelichen Lebensverhältnisse zu integrieren.[423] Es sind ohnehin nur wenige Einzelfälle denkbar, in denen der voreheliche Lebensstandard höher war als der eheliche. In entsprechenden Ausnahmefällen ist eine angemessene Lösung durch Auslegung anderer Normen des nachehelichen Unterhalts zu suchen. Vorzugsweise sind das solche Normen, die an den Ausgleich ehebedingter Nachteile anknüpfen (§§ 1570 II, 1574 II, 1578b, 1579 Nr. 1, 1609 Nr. 2 BGB).[424]

3. Ergebnis

Nach bisheriger Rechtsprechung kommt dem vorehelichen Zusammenleben keine Bedeutung für das Unterhaltsmaß zu. Eine Berücksichtigung des vorehelichen Lebensstandards ist zudem auch nach Sinn und Zweck des § 1578 BGB nicht geboten.

V. § 1578b BGB – Herabsetzung und zeitliche Begrenzung des Unterhalts wegen Unbilligkeit

Besteht ein Unterhaltsanspruch dem Grunde nach, so kann er unter Umständen über § 1578b BGB aus Billigkeitsgründen herabgesetzt (Abs. 1) oder zeitlich befristet (Abs. 2) werden.

---

420 Hierzu aktuell BGH, FamRZ 2008, S. 1325 oder S. 1508 zu § 1578b BGB.

421 Siehe Eingangsbeispiel unter IV.

422 Arbeitskreis 3, 17. DFGT, S. 141, 142 zu § 1578b BGB n.F.

423 Arbeitskreis 3, 17. DFGT, S. 141.

424 Vgl. hierzu die Ausführungen zu §§ 1570 II, 1574, 1578b, 1579 Nr. 1, 1609 Nr. 2 BGB.

Im oben zum Betreuungsunterhalt (§ 1570 BGB) geschilderten Fallbeispiel,[425] wo die Frau bereits vor der Ehe in Absprache mit dem Mann das gemeinsame Kind betreute, wurde nach dem hier vertretenen Ansatz ein verlängerter Unterhaltsanspruch gemäß § 1570 I, II BGB aus elternbezogenen Gründen bejaht. In diesem Fall kann der Betreuungsunterhaltsanspruch wegen der bei § 1570 II BGB vorrangig durchgeführten Abwägung nach ständiger BGH-Rechtsprechung nicht mehr durch § 1578b BGB herabgesetzt oder zeitlich begrenzt werden.[426] Dass man den Betreuungsunterhalt als wesentlichem Anspruch des Scheidungsfolgenrechts nicht beschränken kann, entspricht daneben den Grundsätzen des BGH zur Inhaltskontrolle von Eheverträgen.[427] Anders liegt es beispielsweise beim Anspruch auf Krankheitsunterhalt (§ 1572 BGB) oder auf Unterhalt wegen Erwerbslosigkeit (§ 1573 I BGB). Hier gibt es keine vorrangige Abwägung und der Anspruch kann grundsätzlich durch § 1578b BGB beschränkt werden.

§ 1578b I 3 BGB nennt als Ursachen für ehebedingte Nachteile vor allem die Dauer der Pflege oder Erziehung eines gemeinschaftlichen Kindes, die Gestaltung der Haushaltsführung und Erwerbstätigkeit sowie die Ehedauer. Es kommt jedoch auch vor, dass bereits vor der Ehe solche beziehungsbedingten Nachteile entstehen und einer Herabsetzung oder zeitlichen Begrenzung des Unterhalts entgegenstehen.[428]

Vorstellbar ist zum Beispiel, dass die Ehefrau im Alter von 30 sowie 32 Jahren jeweils ein Kind bekommt. Sie betreut diese Kinder während der nichtehelichen Lebensgemeinschaft mit dem Kindesvater, wobei sie in Absprache mit ihm vollständig auf eine eigene Erwerbstätigkeit verzichtet. Einer Eheschließung steht zunächst die noch bestehende Ehe des Mannes mit einer anderen Frau entgegen. Im Laufe der folgenden Jahre sprechen die Lebensgefährten immer wieder über eine Eheschließung, aber sie heiraten erst nach insgesamt zehn Beziehungsjahren. Nach weiteren fünf Jahren der gemeinsamen Ehe kommt es zur Scheidung. Die Kinder der Ehegatten sind zu diesem Zeitpunkt 12 und 14 Jahre alt. Die Frau leidet bereits seit ihrer Geburt an einer chronischen

425 Siehe hierzu oben unter C. I. 2. a).

426 Vgl. BGH, NJW 2009, S. 1876, 1879; NJW 2009, S. 2592, 2596; FamRZ 2009, S. 1124, 1128.

427 Denn kann der Betreuungsunterhalt als Kernbereich kaum vertraglich abbedungen werden, sollte eine Beschränkung durch Richterspruch ebenfalls die Ausnahme bleiben. Zur Rechtsprechung des BGH s. etwa BGH, FamRZ 2004, S. 601 m. Anm. *Borth;* FamRZ 2005, S. 691 m. Anm. *Bergschneider.* Zur Ähnlichkeit des § 1578b BGB zu diesen Grundsätzen vgl. Erman/*Graba* § 1578b Rn. 21; ähnlich *Wellenhofer,* FamRZ 2007, S. 1282, 1285.

428 Vgl. zu den Grundlagen Kapitel 1 B. II. und III.

Erkrankung, welche ihr die Berufsausübung erschwert. Grundsätzlich könnte sie aber einer körperlich wenig anstrengenden Erwerbstätigkeit nachgehen. Im vorliegenden Scheidungsfall fragt sich, ob die vorehelich entstandenen Fortkommensnachteile der Frau bei der Begrenzung des Krankheitsunterhaltsanspruchs durch § 1578b BGB bereits berücksichtigt werden oder werden könnten.[429]

1. Analyse einschlägiger Rechtsprechung

Bei § 1578b BGB berücksichtigt ein Teil der bisherigen Rechtsprechung bereits ein voreheliches Zusammenleben der Ehegatten. Dabei ist die ergangene Rechtsprechung zu den bisherigen §§ 1573 V, 1578 I S. 2 BGB a.F. in ihren Grundzügen auf die Neuregelung des § 1578b BGB übertragbar.[430] Im Rahmen der Unbilligkeitsprüfung des Satz 1 sind insbesondere die ehebedingten Nachteile zu berücksichtigen, wie Satz 2 vorgibt. Die Rechtsprechung hält insoweit konkretisierend fest: Je mehr die Bedürftigkeit des Unterhaltsberechtigten auf ehezeitbedingter wirtschaftlicher Abhängigkeit beruht, desto weniger kommt eine Befristung in Betracht.[431]

Zwar bleiben auch bei § 1578b BGB voreheliche Zeiten mangels Ehebedingtheit grundsätzlich unberücksichtigt. Dies hat bereits die Rechtsprechung zum bisherigen § 1573 V BGB a.F. teilweise konstatiert.[432] In seiner aktuellen Rechtsprechung zu § 1578b BGB hat der BGH in bislang zwei Entscheidungen – vom 26.5.2010 und vom 6.10.2010 – konkret festgehalten, dass „das voreheliche Zusammenleben [...] grundsätzlich kein Billigkeitskriterium i. S. von § 1578b BGB [ist]. Denn daraus kann sich weder ein ehebedingter Nachteil ergeben, noch kann das voreheliche Zusammenleben ohne Weiteres ein erhöhtes Maß an nachehelicher Solidarität begründen."[433]

Zudem könne das Vertrauen in den Bestand der Ehe nicht deutlich vor der Ehe liegende Entwicklungen erfassen.[434] Anders noch schloss sich der BGH für

429 Ein weiteres Beispiel zur Befristung eines Anspruchs auf Aufstockungsunterhalt findet sich unter 2. a).

430 So jüngst OLG Köln, FamRZ 2009, S. 122.

431 Vgl. BGH, NJW 1990, S. 2810, 2811; Palandt/*Brudermüller* § 1578b Rn. 6; ähnlich auch BGH, FamRZ 2006, S. 1006, 1007 m. Anm. *Born* mit Hinweis auf den Gesetzestext, der die Ehedauer der Gestaltung von Haushaltsführung und Erwerbstätigkeit gleichrangig setze.

432 Z. B. OLG Düsseldorf, NJW-RR 1992, S. 1154, 1155 = FamRZ 1992, S. 951, 952 noch zu § 1573 V BGB a.F. für eine achtjährige Ehe; ebenso Soergel/*Häberle* § 1573 (a.F.) Rn. 33.

433 BGH, NJW 2010, S. 2349 Rz. 39; dies bestätigend BGH, FamRZ 2010, S. 1971 Rz. 25.

434 So BGH, FamRZ 2010, S. 1971 Rz. 25 m. w. Nw.

eine Unterhaltsbeschränkung über § 1578 I 2 BGB a.F. seinen Ausführungen zur Ehedauer i. S. d. § 1579 Nr. 1 BGB im Grunde an.[435] Im damals zu entscheidenden Fall war der Mann damit einverstanden, dass die Frau ihre Erwerbstätigkeit vor der Eheschließung aufgibt. Die vorehelich erlittenen Nachteile waren unter diesen Voraussetzungen wie ehebedingte Nachteile zu behandeln.

Demgegenüber zeigen sich mehrere Oberlandesgerichte etwas offener hinsichtlich einer Berücksichtigung vorehelicher Beziehungszeiten bei der Unterhaltsbeschränkung. Insoweit sei zunächst auf die Entscheidung des OLG München als einer Vorinstanz der soeben zitierten BGH-Entscheidungen eingegangen. Auch wenn das OLG im Ergebnis ehebedingte Nachteile der Frau im zugrunde liegenden Fall verneint, ist nach Auffassung des OLG im Rahmen der Billigkeitsabwägung des § 1578b BGB zu berücksichtigen, dass die Ehegatten vor der Ehe bereits längere Zeit zusammengelebt haben.[436]

Das OLG Nürnberg entschied für den Fall einer dreijährigen Kinderbetreuung durch die Frau vor der Ehe, gefolgt von einer vierjährigen Betreuungszeit während der Ehe:[437]

„Die […] Dauer der […] Ehe ist gemäß § 1573 Abs. 5 S. 2 BGB um die Zeit der Kinderbetreuung zu erhöhen. Aufgrund der nahe liegenden, vom Antragsgegner jedenfalls nicht in Abrede gestellten vorehelichen Betreuung [der Tochter] durch die Antragstellerin ist daher insoweit von einem Zeitraum […] von knapp sieben Jahren auszugehen. […] Es erscheint nämlich durchaus denkbar, daß sich die Einkommensverhältnisse der Antragstellerin ohne die kind- und ehebedingten Einschränkungen ihrer beruflichen Tätigkeit noch günstiger entwickelt hätten."

Im zugrunde liegenden Fall hat die gelernte Floristin vor der Kindesgeburt 1.700 Euro verdient und nach der Ehescheidung 1.900 Euro. Die Lohnsteigerung hätte jedoch nach Ansicht des OLG ohne die Nachteile aus der Kindeserziehung noch deutlicher ausfallen können.

Ausführlicher mit dem Fall der vorehelichen Betreuung eines gemeinschaftlichen Kindes befasste sich das OLG Karlsruhe.[438] Nach Meinung des OLG hat die betreuende Kindesmutter diese Leistungen auch im Interesse des Kindesvaters erbracht. Deshalb waren ihre erlittenen Versorgungsnachteile im Rahmen der Billigkeitsabwägung der §§ 1573 V, 1578 I 2 BGB a.F. zu berücksichtigen.

---

435 BGH, NJW 1986, S. 2832, 2833 f.

436 OLG München, Entsch. vom 31.07.2008 – 12 UF 1736/07.

437 OLG Nürnberg, FuR 2000, S. 40, 46 f.

438 Siehe hierzu OLG Karlsruhe, NJW-RR 1989, S. 1348, 1350 für den Fall des vorehelichen Zusammenlebens der Ehegatten vor ihrer Wiederheirat. Zur Frage der Berücksichtigung vorehelicher Kindesbetreuungszeiten nach alter Rechtslage bereits *Hahne,* FamRZ 1986, S. 305, 307.

Die erlittenen Nachteile seien in diesem Fall angemessen ausgeglichen, wenn für etwa acht Jahre nach der Scheidung ein recht niedriger Unterhalt i. H. v. 300 DM gezahlt wird.[439]

Außerdem hat das OLG Düsseldorf in einer Entscheidung im Rahmen der Billigkeitsabwägung des § 1573 V BGB a.F. die Kindesbetreuungszeiten während der ersten Ehe derselben Ehegatten und in der Zeit zwischen den Ehen berücksichtigt.[440]

Anders und restriktiver hat das OLG Frankfurt eine Begrenzung nach § 1578b II BGB trotz vorehelicher Betreuung des gemeinsamen Kindes zugelassen, da während der Ehezeit keine (weiteren) Nachteile mehr entstanden sind.[441] Gleichwohl hat das Gericht den Unterhalt nach Abwägung der Gesamtumstände auf drei Jahre nach der Scheidung begrenzt. Hierdurch wurde der Schutzbedürftigkeit des Unterhaltsberechtigten insgesamt ausreichend Rechnung getragen.[442] In einer anderen Entscheidung befristete das OLG Frankfurt einen Unterhaltsanspruch der Ehefrau, obwohl diese 1 1/2 Jahre vor der Eheschließung ihre Beamtenstelle aufgab, um mit dem Kläger zusammenziehen zu können.[443]

Auch das OLG Düsseldorf hat im zu entscheidenden Fall abgelehnt, dass das „vor der Eheschließung praktizierte Zusammenleben" bei § 1578 I 2 BGB a.F. berücksichtigt wird.[444] Ein Grund hierfür war, dass die unterhaltsbegehrende Partnerin keine gemeinsamen Kinder betreute.

Das OLG Hamm ließ es im zugrunde liegenden Fall offen, ob voreheliche Dispositionen grundsätzlich bei § 1578b BGB zu berücksichtigen seinen. Dies sei zumindest bei einer sieben Jahre vor der Ehe liegenden Aufgabe des Berufs abzulehnen, weil man ansonsten mit den vorehelichen Entwicklungen den Kreis der zu berücksichtigenden Umstände ins Uferlose ausweiten würde.[445]

Dieser Rechtsprechungsüberblick zeigt, dass sich der BGH – und ihm folgend in Zukunft sicherlich weitere Gerichte – stark am Wortlaut des § 1578b BGB und dessen „ehebedingten" Nachteilen orientiert. Einige Oberlandesgerichte neigen hingegen dazu, nach dem Zweck der Norm des § 1578b BGB auch eine voreheliche Rollenverteilung aus Billigkeitsgründen in die Abwägung einzustellen.

---

439 Vgl. OLG Karlsruhe, NJW-RR 1989, S. 1348, 1350.

440 OLG Düsseldorf, FamRZ 1996, S. 1416, 1417.

441 OLG Frankfurt, NJW 2008, S. 3440, 3441 = NJW-Spezial 2009, S. 5.

442 Es ging etwa um die Befristung des Aufstockungsunterhalts nach § 1573 II BGB, der ohnehin restriktiv gewährt wird.

443 OLG Frankfurt, FamRZ 2009, S. 1162, 1163.

444 OLG Düsseldorf FamRZ 1992, S. 951, 952. Gegen eine Berücksichtigung vorehelicher Zeiten überhaupt wohl auch *Kalthoener/Büttner/Niepmann*, Rn. 1079.

445 OLG Hamm, FF 2009, S. 28 Rz. 46.

2. Möglichkeiten und Grenzen der Auslegung von § 1578b BGB

a) Einführendes Fallbeispiel

Zur Veranschaulichung sei an den Sachverhalt des Falles angeknüpft, über den der BGH am 6.10.2010 entschied.[446] Die 1952 geborene Frau und der 1949 geborene Mann schlossen im November 1980 eine Ehe, aus der 1982 ein Sohn hervorging. Die Ehe wurde auf dem im November 2003 eingereichten Scheidungsantrag geschieden. Die Frau hatte vor der Ehe von 1971 bis 1973 als Sportlehrerin an einem Gymnasium gearbeitet, wobei sie bereits mit dem Mann befreundet gewesen war. Im Jahr 1973 war sie in die Nähe des späteren Ehegatten gezogen, wofür sie ihre Stelle gewechselt hatte und bis 1977 als Fachlehrerin für Sport und pflegerische Gymnastik tätig gewesen war. Sodann war das Paar in das Elternhaus des Mannes gezogen und die Frau hierdurch für sechs Monate arbeitslos geworden. In der Folgezeit absolvierte die Frau eine Ausbildung zur Motopädin und war in diesem Beruf bis zum Jahre 2008 nur teilzeitig tätig. Das Einkommen der Frau betrug zum Zeitpunkt der Scheidung rund 1.000 Euro, das des Mannes rund 3.500 Euro. Die Frau machte geltend, sie habe damals vor der Ehe ihre Anstellung als Gymnasiallehrerin aufgeben müssen. Als sie mit ihrem späteren Ehemann zusammenzog, habe es am neuen Wohnort nämlich keine passenden Stellen gegeben. Um die ihr entstandenen Nachteile zu belegen, verwies sie auf das heutige Nettogehalt einer ehemaligen Kollegin am Gymnasium von rund 2.000 Euro. Es fragt sich daher, inwieweit die vorehelichen Dispositionen hier als Billigkeitsaspekte des § 1578b BGB berücksichtigt werden sollten.

b) Gebotene Auslegung wegen des Normzwecks von § 1578b BGB

Die bisherige Tendenz in der Rechtsprechung zum neuen § 1578b BGB scheint wie gezeigt dahin zu gehen, dass unter dem Aspekt „ehebedingter Nachteile" voreheliche Zeiten des Zusammenlebens keine Berücksichtigung bei der Billigkeitsabwägung des § 1578b BGB finden sollen. Doch ist dies grundsätzlich, wie es bislang auch einige Oberlandesgerichte und Teile der Literatur vertreten,[447] nicht so starr und wortlautorientiert haltbar. Denn immerhin ist die Billigkeitsabwägung des § 1578b I 1 BGB nicht abschließend – in § 1578b I 2 BGB findet sich das Wort „insbesondere". Daher ermöglicht es der Wortlaut des § 1578b I

446 BGH, FamRZ 2010, S. 1971. Hier bestätigte der BGH in Rz. 25 seine oben zitierte Entscheidung vom 26.5.2010 zur Ablehnung der Berücksichtigung vorehelicher Zeiten (BGH, NJW 2010, S. 2349). Zum Sachverhalt vgl. auch die Entscheidung der Vorinstanz, OLG Hamm, FF 2009, S. 28.

447 Vgl. hierzu die Rechtsprechungsquellen unter 1. sowie aus der Literatur etwa MünchKomm/*Maurer* § 1578b Rn. 24.

BGB, dass weitergehende Billigkeitsaspekte trotz der auf *ehe*bedingte Nachteile ausgerichteten Billigkeitsabwägung berücksichtigt werden können. Das vertritt der BGH sogar in ständiger Rechtsprechung für die Berücksichtigung einer „darüber hinausgehenden nachehelichen Solidarität".[448] Vor allem bei der Befristung des Krankheitsunterhalts (§ 1572 BGB) kann zusätzlich auf die nacheheliche Solidarität abgestellt werden.[449] Zwar lässt sich der Grundgedanke der nachehelichen Solidarität nach dem in dieser Arbeit vertretenen Ansatz nicht auf die Berücksichtigung des vorehelichen Zusammenlebens im Unterhaltsrecht übertragen.[450] Dies hält auch der BGH in seiner Entscheidung vom 26.5.2010 fest, indem seiner Auffassung nach das voreheliche Zusammenleben nicht ohne Weiteres ein erhöhtes Maß an nachehelicher Solidarität begründet.[451]

Trotzdem ergaben die bisherigen Untersuchungsergebnisse dieser Arbeit, dass es im Ergebnis keinen Unterschied macht, ob die Fortkommensnachteile während der Beziehungszeit derselben Partner vor oder während der Ehe entstanden.[452] Es ist insoweit verallgemeinernd nicht allein von ehe-, sondern vielmehr von beziehungsbedingten Fortkommensnachteilen zu sprechen, die nach dem Unterhaltsrecht grundsätzlich auszugleichen sind. Der BGH stellt in seiner oben zitierten Entscheidung zu § 1578b BGB eingangs heraus, wie die Billigkeitsabwägung des § 1578b BGB zu verstehen ist.[453] Danach soll die Befristung oder Herabsetzung des nachehelichen Unterhalts davon abhängen, inwieweit einem Partner Nachteile im Hinblick auf die Möglichkeit eingetreten sind, für den eigenen Unterhalt zu sorgen. Bei Zugrundelegung dieses Zwecks müssten im unter a) geschilderten Fallbeispiel die vorehelichen Dispositionen – etwa das Aufgeben der Anstellung als Gymnasiallehrerin – Eingang in die Billigkeitsabwägung finden. Es kam zwar vor der Ehe nicht zur Rollenverteilung aufgrund von Kindesbetreuung. Allerdings zog die Frau zum Mann in dessen Elternhaus und verlor hierdurch ihre Arbeit zwischenzeitlich sogar vollständig, sodass sie umlernen musste. Unterstellt dass dies im Einverständnis des Mannes geschah, sind der Frau durch diesen Ortswechsel ungeachtet möglicher Wohnvorteile

448 So etwa BGH, NJW 2010, S. 2056 Rz. 44; BGH, NJW 2009, S. 2450, 2453 f.

449 Jüngst hierzu BGH, FamRZ 2010, S. 629, 632; vgl. zur restriktiveren Handhabung des Krankheitsunterhalts aktuell BGH, NJW 2009, S. 2450, 2454 f.; einen ähnlichen Fall siehe bei OLG Celle, NJW 2009, S. 521. Zu denken sei etwa an den Sachverhalt, dass die Frau wegen eines Hüftleidens nach einer 20-jährigen Ehe nicht mehr Vollzeit berufstätig sein kann. In einem Fall des BGH war es dagegen eine Darmkrebserkrankung, die zu 100 %iger Erwerbslosigkeit führte, vgl. BGH, NJW 2009, S. 2450.

450 Siehe oben unter C. IV. 2. a).

451 BGH, NJW 2010, S. 2349 Rz. 39.

452 Siehe hierzu Kapitel 1 B. III. sowie oben unter I. 2. b) aa) (2).

453 BGH, NJW 2010, S. 2349 Rz. 35.

nachhaltige Fortkommensnachteile entstanden, die sich ungefähr auf ein 1.000 Euro niedrigeres Gehalt im Monat belaufen. Der Mann dagegen konnte seine Einkünfte auf rund 3.500 Euro steigern. Daher sind in einem solchen Fall Aspekte des vorehelichen Zusammenlebens im Rahmen der Billigkeitsabwägung des § 1578b BGB zu berücksichtigen und je nach Einzelfall zu werten. Man könnte der Frau etwa über einen längeren Zeitraum einen ungekürzten Unterhaltsanspruch (im Fall Aufstockungsunterhalt, § 1573 II BGB) zusprechen, damit sie sich besser auf die neue Unterhaltssituation einrichten kann.

Auch die Argumentation des BGH, dass voreheliche Entwicklungen nicht vom Vertrauen in den Bestand der Ehe erfasst werden,[454] steht einer Berücksichtigung vorehelich entstandener Fortkommensnachteile nicht im Wege. Denn es kann bereits vor der Ehe schutzwürdiges Vertrauen in eine dauerhafte und – bei entsprechenden Heiratsabsichten – lebenslange Beziehung geben.[455] Der finanziell schwächere Partner ist nämlich gleichermaßen schutzbedürftig, wenn der andere bei ihm Vertrauen in eine dauerhafte Unterstützung hervorrief. Dies ist zum Beispiel denkbar, wenn der Unterhaltspflichtige den anderen Ehegatten stets auf eine baldige Eheschließung „vertröstet", weil derzeit noch seine erste Ehe besteht.

Schließlich könnte die restriktive Haltung des BGH in seinen beiden Entscheidungen auch mit den Umständen der dortigen Fallkonstellationen erklärt werden. Denn im Fall der Entscheidung vom 26.5.2010 gab es in der gesamten Beziehung keine Kinder, die betreut wurden, weshalb es für das Vorliegen beziehungsbedingter Nachteile ohnehin eines erhöhten Begründungsaufwandes bedurfte.[456] Im zweiten Fall der Entscheidung vom 6.10.2010 wurde der Sohn der Ehegatten erst nach der Eheschließung und nicht bereits vorehelich geboren.[457] Eine andere Entscheidung des BGH für den Fall, dass die Frau bereits vor der Ehe das gemeinsame Kind betreut und hierdurch Fortkommensnachteile erlitten hätte, ist zumindest nicht auszuschließen. Dann würden die Unterhaltsnachteile nämlich offensichtlich mit der entsprechenden Entlastung des später unterhaltspflichtigen Mannes korrelieren.

Fernerhin spricht für eine Berücksichtigung vorehelicher Beziehungszeiten bei der Billigkeitsabwägung des § 1578b I 1 BGB die Klarstellung des BGH, dass eine Unterhaltsbeschränkung über § 1578b BGB nach dessen gesetzlicher Konzeption die Ausnahme darstellen soll.[458] Vor diesem Hintergrund wäre es nämlich geboten, die „ehebedingten Nachteile" weit auszulegen und auf diese

454 BGH, NJW 2010, S. 1971 Rz. 25.

455 Siehe hierzu bereits ausführlich oben unter I. 2. b) bb).

456 BGH, NJW 2010, S. 2349.

457 BGH, FamRZ 2010, S. 1971.

458 Vgl. etwa BGH, NJW 2010, S. 2349 Rz. 33 m. w. Nw.

Weise die Billigkeitsaspekte um Aspekte zu erweitern, die gegen eine Beschränkung sprechen.

3. Anknüpfen an Billigkeitsabwägung

Es stellt sich gesetzesdogmatisch die Frage, bei welchem Tatbestandsmerkmal des § 1578b BGB voreheliche Zeiten berücksichtigt werden sollten. In Betracht kommt insoweit die *Ehedauer* als Tatbestandsmerkmal (§ 1578b I 3 a.E. BGB) oder die *Billigkeitsabwägung* (§ 1578b I 2 bzw. 3 BGB).[459]

Freilich wird das Vertrauen des Unterhaltsbegehrenden in eine dauerhafte Unterstützung durch den Partner indiziert, wenn die Ehe über eine lange Zeit bestand.[460] Ebenso indiziert eine lange Ehedauer die wirtschaftliche Verflechtung der gemeinsamen Verhältnisse und das Vorliegen ehebedingter Nachteile.[461] Man könnte also voreheliche Beziehungszeiten der Ehedauer hinzurechnen. Das OLG Nürnberg scheint sogar eine Verlängerung der Ehedauer um die Zeiten des vorehelichen Zusammenlebens zu bevorzugen.[462] Auch Teile der Literatur legen das Tatbestandsmerkmal der Ehedauer weit aus.[463]

Vorzugswürdig ist es aber in Übereinstimmung mit dem Großteil des Schrifttums und der Rechtsprechung,[464] dass die voreheliche Arbeitsteilung im Rahmen der Billigkeitsabwägung des § 1578b I 1 BGB als sonstiger Umstand Bedeutung erlangt (vgl. „insbesondere" bei § 1578b I 2 BGB).[465] Es bleibt insoweit bei der formalen Ehedauer in § 1578b I 3 a.E. BGB, welche erst mit der Heirat beginnt und nicht bereits zum Zeitpunkt des Zusammenziehens der Partner.[466] Denn nicht allein die Ehedauer, sondern vielmehr *alle* ehebedingten Nachteile i. S. d. § 1578b I 3 BGB sind im Rahmen der Billigkeitsabwägung

---

459 Für eine Berücksichtigung vorehelicher Kindesbetreuung im Rahmen der Billigkeitsabwägung bereits *Schwenzer,* Vom Status zur Realbeziehung, S. 75.

460 Hierzu aktuell z. B. OLG Celle, NJW-RR 2009, S. 302.

461 Vgl. hierzu BGH, FamRZ 2008, S. 1325, 1329; NJW 2009, S. 989, 992 unter Betonung des Vertrauensaspekts *Kalthoener/Büttner/Niepmann,* Rn. 1073b.

462 OLG Nürnberg, FuR 2000, S. 40, 46 f.

463 So wohl Palandt/*Brudermüller* § 1578b Rn. 10.

464 Siehe hierzu die obigen Rechtsprechungsbeispiele sowie Soergel/*Häberle* § 1573 Rn. 30 und *Diederichsen,* FS Müller-Freienfels, S. 99, 100, 106 f., jeweils zu § 1573 V BGB a.F. *Hahne,* FamRZ 1986, S. 305, 307 erkennt Probleme bei der Feststellung der Ehedauer im Falle vorehelicher Betreuung gemeinsamer Kinder.

465 Keine abschließende Auflistung in § 1578b I 1 BGB, vgl. „insbesondere" in § 1578b I 2 BGB. Hierzu etwa Wendl/*Pauling* § 4 Rn. 592; MünchKomm/*Maurer* § 1578b Rn. 24 selbst bei fehlender Kinderbetreuung bei nichtehelichem Zusammenleben vor der Ehe.

466 Zur formalen Ehedauer BGH, FamRZ 1988, S. 886, 887; Palandt/*Brudermüller* § 1578b Rn. 10.

einer weiten Auslegung hinsichtlich vorehelicher Zeiten zugänglich. Die voreheliche Kindesbetreuung ist dabei ein wesentliches Merkmal für funktionale Arbeitsteilung.[467]

4. Umfang der Beschränkung bei vorehelichen Nachteilen

Für den Umfang der konkreten Beschränkung des Unterhaltsanspruchs ist entscheidend, welchen Lebensstandard der unterhaltsbegehrende Ehegatte voraussichtlich ohne die Ehe bzw. ehebedingte Nachteile erzielt hätte und inwieweit dieses fiktive Einkommen von seinem tatsächlichen Einkommen zum Scheidungszeitpunkt abweicht.[468] Für voreheliche Nachteile fragt sich entsprechend, wie er ohne die vorehelichen Einschränkungen nach der Scheidung stünde. Es empfiehlt sich, insoweit beim vorehelichen Zusammenleben der Ehegatten für den „angemessenen Lebensbedarf“ i. S. d. § 1578b I 1 BGB insbesondere bei vorehelicher Kindesbetreuung an § 1610 BGB anzuknüpfen. Der BGH nennt als Unterhaltsmaßstab beim Betreuungsunterhalt des nichtehelichen Elternteils das Einkommen, das die Mutter ohne die Geburt des Kindes nachhaltig zur Verfügung gehabt hätte.[469] Diese Wertung ist auch für die Herabsetzung des nachehelichen Unterhalts über § 1578b I BGB zu berücksichtigen. Es ist entscheidend, wie die Kindesmutter ohne die vorehelichen Nachteile anlässlich der Kindesgeburt und -erziehung stünde. Je nach Einzelfall ist der Unterhaltsanspruch etwa über einen längeren Zeitraum nach der Ehe nur herabgesetzt zu gewähren. Oder er wird für eine kürzere Zeitspanne nach der Scheidung in voller Höhe gewährt und danach gar nicht mehr; Herabsetzung und zeitliche Befristung können gemäß § 1578b III BGB auch miteinander kombiniert werden. Neben Nachteilen wegen Kindesbetreuung sind ebenfalls sonstige ehebedingte Nachteile zu berücksichtigen – etwa Haushaltsführung oder die Pflege naher Angehöriger. Dabei kann als Entstehungszeitpunkt der Fortkommensnachteile grundsätzlich auf das (einvernehmliche) Einschränken der Erwerbstätigkeit des Unterhaltsberechtigten abgestellt werden.[470]

---

467 Insbesondere wenn es Kindern in der Beziehung gibt, soll ein längeres voreheliches Zusammenleben berücksichtigt werden nach *Dethloff*, Gutachten, A 63; RGRK/*Cuny* § 1578 Rn. 34 zu § 1578 I 2, 3 BGB a.F. Ausdrücklich im Rahmen der Billigkeitsabwägung und nicht bei der Ehedauer zu berücksichtigen nach OLG Düsseldorf, FamRZ 1996, S. 1416 für die Kinderbetreuungsdauer vor der zweiten Ehe derselben Partner.

468 Vgl. hierzu etwa BGH, FamRZ 2007, S. 2049, 2051; OLG Brandenburg, FamRZ 2008, 134, 135; S. 1508, 1510; S. 1952, 1953; dazu auch BT-Drucks. 10/2888, S. 18 f.; vertiefend hierzu etwa *Langheim*, FamRZ 2010, S. 409.

469 Siehe nur BGH, NJW 2008, S. 3125.

470 Vgl. hierzu auch die Kriterien in Kapitel 7 unter A. II. 3.

Abschließend sei darauf hingewiesen, dass bei Vorliegen der Voraussetzungen des § 1578b I 1 BGB eine Herabsetzung des Unterhaltsanspruchs auf den *angemessenen Lebensbedarf* geboten ist. Dabei orientiert sich der Lebensbedarf vorwiegend an den vorehelichen Verhältnissen.[471] Gemeint sind also die Lebensverhältnisse, die der bedürftige Gatte mittels eigener Einkünfte aktuell ohne Unterbrechung seiner Erwerbstätigkeit erzielen könnte.[472] Das voreheliche Zusammenleben der späteren Ehegatten spielt dabei entgegen der insoweit nahe liegenden Begrifflichkeit keine Rolle.

5. Ergebnis

Die bisherige Rechtsprechung berücksichtigt ein voreheliches Zusammenleben der Ehegatten bei § 1578b BGB nur vereinzelt. Vor allem der BGH begegnet dieser Problematik jüngst eher restriktiv und lehnt eine Relevanz vorehelicher Beziehungszeiten grundsätzlich ab. Geboten ist es dagegen nach Sinn und Zweck des § 1578b BGB, voreheliches Zusammenleben als Aspekt grundsätzlich in die Billigkeitsabwägung des § 1578b BGB einzustellen, soweit der Lebenssachverhalt hierzu Anlass bietet. Dies ist insbesondere der Fall, wenn bereits vor der Ehe gemeinsame Kinder betreut wurden. Ebenso kann beachtlich sein, inwieweit und wie lange die Ehegatten bereits vor der Ehe ihren Lebenszuschnitt aufeinander und auf ein gemeinsames Lebensziel ausgerichtet haben.[473] Hat etwa ein Partner in Absprache mit dem anderen im Hinblick auf die geplante Ehe seine berufliche Qualifikation aus diversen Gründen vernachlässigt, so dürfte ein Unterhaltsanspruch weniger beschränkt werden können, als wenn die Partner sich auf beidseitige Berufstätigkeit in der Ehe einigten.[474] Eine lange Ehedauer indiziert nach wie vor die Verflechtung der wirtschaftlichen Verhältnisse der Ehegatten sowie das Vorliegen ehebedingter Nachteile.[475]

---

471 BGH, NJW 1986, S. 2832, 2834; zur Beschränkung bei ausbildungsbedingten unterschiedlichen Lebensstandards vor der Ehe s. BGH, FamRZ 2008, S. 134, 135; OLG Celle, NJW 2008, S. 2449, 2450. Teilweise kritisch im Hinblick auf nicht ausreichende Würdigung der ehelichen Solidarität, wenn allein auf den vorehelichen Lebensstandard abgestellt wird, *Dethloff*, Gutachten, A 64.

472 OLG Karlsruhe, OLGR 2009, S. 171; Palandt/*Brudermüller* § 1578b Rn. 16. Vgl. in diesem Kontext z. B. BGH, FamRZ 2008, S. 1508, 1509; NJW 2008, S. 148, 150 m. Anm. *Born*.

473 Vgl. hierzu OLG Frankfurt, FamRZ 2009, S. 526, 527; auf gemeinsame Lebensplanung abstellend Palandt/*Brudermüller* § 1578b Rn. 8.

474 Dieses Beispiel bei *Gernhuber/Coester-Waltjen*, § 30 VII 2.

475 Vgl. hierzu BGH, FamRZ 2008, S. 1325, 1329; NJW 2009, S. 989, 992 unter Betonung des Vertrauensaspekts *Kalthoener/Büttner/Niepmann*, Rn. 1073b.

VI. § 1579 BGB – Beschränkung oder Versagung des Unterhalts wegen grober Unbilligkeit

Einleitend sei als Fall geschildert, dass die Ehegatten bereits vor der Ehe über rund zehn Jahre lang zusammen lebten und die Frau fünf Jahre hiervon gemeinsame Kinder betreute. Die sich anschließende Ehe hielt nur zweieinhalb Jahre. Hier fragt sich, ob die zehn Jahre Beziehungszeit vor der Ehe und vor allem die fünfjährige Kinderbetreuungszeit einer Beschränkung oder Versagung nachehelicher Unterhaltsansprüche über § 1579 Nr. 1 BGB (also wegen Ehe von kurzer Dauer) entgegenstehen können.

1. Analyse einschlägiger Rechtsprechung

Bei § 1579 Nr. 1 BGB (Unterhaltsbeschränkung oder -entzug wegen kurzer Ehe) kann auf gefestigte BGH-Rechtsprechung für den Fall vorehelicher wirtschaftlicher Verflechtungen zwischen den Partnern zurückgegriffen werden. Nach dem BGH ist es beispielsweise nicht entscheidend, dass Verhaltensweisen (etwa die Aufgabe der Erwerbstätigkeit des Kinderbetreuenden oder ein Umzug in die weit entfernte Wohnung des Partners) bereits vor der Eheschließung stattgefunden haben.[476] Der BGH schließt sich in einer maßgebenden Entscheidung insoweit den Ausführungen des OLG Köln als Vorinstanz an. Nach Ansicht des OLG war es im Fall ohne Bedeutung, dass die Dispositionen zeitlich teilweise vor der Eheschließung der Parteien lagen – vorliegend etwa die beziehungsbedingte Kündigung einer Kommanditbeteiligung, aus der monatlich 600 DM flossen. Denn der Mann sei währenddessen noch verheiratet gewesen und hierdurch vorübergehend an einer Eheschließung mit seiner späteren Ehefrau gehindert. Der BGH begegnete diesen Feststellungen wie folgt:

„Die Feststellungen tragen die Auffassung des OLG, die Ehe der Parteien sei nicht mehr von kurzer Dauer i.S. des § 1579 Nr. 1 BGB. (…) [Es geht] um die Frage, ob die Parteien tatsächlich ihre Lebensführung aufeinander eingestellt haben, was schon in Verhaltensweise vor der Eheschließung zum Ausdruck kommen kann.“[477]

---

476 BGH, NJW 1986, S. 2832, 2833 = FamRZ 1986, S. 886, 888 zur Bedeutung der vorehelichen Vermögensinvestitionen im Rahmen des Zugewinnausgleichs siehe Kapitel 3. Aus der Rechtsprechung kann ebenfalls das Beispiel einer vorehelichen Krankheit angeführt werden, welche nicht einerseits einen Anspruch nach § 1572 BGB auslösen und zugleich wieder zur Beschränkung nach § 1579 BGB führen kann, vgl. BGH, FamRZ 1995, S. 1406, 1407.

477 BGH, NJW 1986, S. 2832, 2833 = FamRZ 1986, S. 886, 887.

Der BGH verdeutlicht in einer späteren Entscheidung, dass die Ehedauer durch das voreheliche Zusammenleben unberührt bleibt. Im Rahmen einer Gesamtabwägung sind aber bereits voreheliche Verflechtungen zu berücksichtigen:

„Dass Ehegatten vor der Eheschließung längere Zeit zusammengelebt haben, hat zwar keinen Einfluss auf die Bestimmung der Ehedauer, lässt aber zusätzliche Rückschlüsse darauf zu, dass sie ihre Lebensführung bereits aufeinander eingestellt und in wechselseitiger Abhängigkeit auf ein gemeinschaftliches Lebensziel ausgerichtet haben.“[478]

Dieser Entscheidung lag der Fall einer fünfjährigen Ehe zugrunde, wobei die Partner während der Ehe bloß dreieinhalb Jahre zusammen gelebt hatten. Diesem ehelichen Zusammenleben waren die vorehelichen Zeiten des Zusammenlebens aus Wertungsgründen hinzuzurechnen.

Das OLG Schleswig geht ebenfalls davon aus, dass bei einer Ehedauer von vier Jahren eine kurze Ehe i. S. d. § 1579 Nr. 1 BGB dann ausgeschlossen werden könne, wenn die Parteien in hohem Maße auch in Ansehung eines längeren vorehelichen Zusammenlebens (im Fall sechs Jahre) ihre beiderseitigen Lebenspositionen miteinander verflochten haben und ihre Lebenssituation durch einen gemeinsamen Lebensplan entscheidend geprägt wurde.[479] Dieser Entscheidung lag folgender Sachverhalt zugrunde:[480] Der 58-jährige Mann und die 68-jährige Frau heirateten, nachdem sie vor der Ehe bereits über sechs Jahre lang im Haus des Mannes zusammen gelebt hatten. Bereits vor der Ehe baute das Paar das Haus des Mannes für den gemeinsamen Lebensabend um. Schließlich diente die Heirat unter anderem der finanziellen Absicherung im Alter. Doch nach drei Jahren wendete sich der Mann einer anderen Frau zu und die Ehegatten trennten sich. Ein Jahr später folgte die Scheidung.

Diese ständige Rechtsprechung findet auch im Schrifttum Zuspruch.[481] Nur vereinzelt fordern Stimmen, den vorehelichen Beziehungszeiten bei § 1579

---

478 BGH, FamRZ 1995, S. 1405, 1407 = NJW-RR 1995, S. 449.

479 OLG Schleswig, OLGR 1999, S. 342 unter Verweis auf die BGH-Entscheidung (FamRZ 1995, S. 1405, 1507).

480 OLG Schleswig, OLGR Schleswig 1999, S. 342.

481 Für eine Berücksichtigung vorehelicher Verflechtungen z. B. auch *Grziwotz*, S. 280; Weinreich/Klein/*Klein* § 1579 Rn. 17; Palandt/*Brudermüller* § 1579 Rn. 7; MünchKomm/*Maurer* § 1579 Rn. 9; schon früher fordernd *Schwenzer*, Vom Status zur Realbeziehung, S. 75. Anders aber wohl *Gernhuber/Coester-Waltjen*, § 30 VIII 8, die sogar von einer ablehnenden „allgemeiner Meinung“ ausgeht, allerdings ohne Belege.

Nr. 1 BGB keine Beachtung zu schenken, weil insoweit noch kein Vertrauensschutz mangels rechtlicher Bindung bestehe.[482]

2. Anknüpfen an Billigkeitsabwägung

Die nahezu einhellige Auffassung verneint, dass die formale Ehedauer um die Zeiten des vorehelichen Zusammenlebens der Partner verlängert werden soll.[483] Selbst die Zeiten einer früheren Ehe derselben Partner werden regelmäßig nicht zur Ehedauer der zweiten Ehe gerechnet.[484] Es werden allenfalls die Kindererziehungszeiten aus der ersten Ehe derselben Partner für die Dauer der zweiten Ehe berücksichtigt.[485] Für die Berechnung der Ehedauer bleibt es also dabei, dass die Eheschließung den Beginn der Ehe markiert.[486] Allerdings kann nach der überwiegenden Ansicht in Rechtsprechung und Literatur für die Frage, *ab wann* die Ehedauer als kurz anzusehen ist, das Maß der Verflechtungen der beiderseitigen Lebenssituationen relevant werden.[487] Insoweit wendet man sich langsam ab von dem strikt institutionellen Verständnis der Ehe bzw. dem forma-

482 *Gernhuber/Coester-Waltjen,* § 30 VIII 8; wobei eine derartige Berücksichtigung nicht um des Moralisierens willen abzulehnen sei. Gegen eine Beachtung des vorehelichen Zusammenlebens auch *Kemper,* S. 134.

483 Vgl. Erman/*Graba* § 1579 Rn. 9; Johannsen/Henrich/*Büttner* § 1579 Rn. 4; Luthin/Koch/*Koch* Rn. 2239; *Diederichsen,* FS Müller-Freienfels, S. 99, 100; gegen eine Berücksichtigung vorehelichen Zusammenlebens als „allgemeine Meinung" *Gernhuber/Coester-Waltjen,* § 30 VIII 8.; Soergel/*Häberle* § 1579 Rn. 4. Ein Beispiel für ältere Rechtsprechung gegen eine Beachtung vorehelichen Zusammenlebens s. OLG Karlsruhe, FamRZ 1979, S. 707. Trotzdem bereits für Abstellen auf die konkrete Lebenssituation früher BGH, FamRZ 1981, S. 754, 755 f.

484 Nach OLG Hamm, FamRZ 1989, S. 1091 sind die Zeiten der ersten Ehe außer Betracht zu lassen für die Dauer der zweiten Ehe; hierzu differenzierend OLG Karlsruhe, NJW-RR 1989, S. 1348; gegen eine Berücksichtigung zudem *Rolland* § 1579 Rn. 5e.

485 OLG Düsseldorf, NJW-RR 1996, S. 1348, 1349.

486 Vgl. hierzu z. B. BGH, NJW 1986, S. 2832, 2833; FamRZ 1995, S. 1405, 1406 f. m. w. Nw. = NJW-RR 1995, S. 449; Palandt/*Brudermüller* § 1579 Rn. 6; ferner *Rolland* § 1579 Rn. 5e.

487 BGH, FamRZ 1981, S. 140, 141 f.; NJW 1999, S. 1630, 1631; NJW 1982, S. 2064; OLG Hamm, NJW-RR 2006, S. 651, 652. Auf den rein formellen Eheschließungszeitpunkt abstellend *v. Münch/Backhaus* II. 8 a). Zeiten des Zusammenlebens als nicht allein ausschlaggebend nach BGH, NJW 1980, S. 2247, 2248 für eine sehr lange Ehe bei bloß kurzem Zusammenleben; als weitere Rspr.-bsp. vgl. BGH, NJW 2005, S. 3639, 3640 oder OLG Köln, FPR 2002, S. 307, 308.

len Status und stellt das tatsächliche Zusammenleben der Partner verstärkt heraus.[488]

Eine voreheliche, funktionale Rollenverteilung kann daher in die Billigkeitsprüfung des § 1579 BGB einfließen.[489] Insoweit ist auch auf die soeben unter 1. zitierte BGH-Entscheidung zu verweisen. Laut BGH hat das längere Zusammenleben der Ehegatten bei § 1579 Nr. 1 BGB nämlich keinen Einfluss auf die Ehedauer; es ist aber als Aspekt im Rahmen der Gesamtabwägung zu berücksichtigen.[490] Die Art und Weise der Berücksichtigung geschieht wie beim Beschränkungstatbestand des § 1578b BGB im Wege der Billigkeitsabwägung – bei § 1579 BGB geht es insoweit um die strengere Prüfung der groben Unbilligkeit.

3. Besondere Bedeutung der Kinderbetreuungszeiten bei § 1579 Nr. 1 BGB

Kinderbetreuungszeiten kommt bei § 1579 Nr. 1 BGB eine besondere Bedeutung zu. Der Unterhaltsanspruch soll nicht entgegen einer geordneten Betreuung und Erziehung des Kindes begrenzt werden.[491] Für alle Nummern des § 1579 BGB sind nach dem Wortlaut des Gesetzes die Kindesbelange „eines dem Berechtigten zur Pflege und Erziehung anvertrauten gemeinschaftlichen Kindes“ bei der Billigkeitsprüfung des § 1579 BGB ausdrücklich zu wahren. Denn grundsätzlich soll dem Berechtigten nicht die Möglichkeit einer persönlichen Betreuung genommen werden, was vor allem zulasten des Kindes ginge.[492] Voreheliche Kindesbetreuung ist dabei jedoch nicht relevant – weder die Betreuung

488 Etwa wird eine Ehe als kurz angesehen, weil die Ehegatten nur kurz zusammen lebten, vgl. OLG Hamm, FamRZ 1992, S. 326; AG Fürth, FamRZ 1995, S. 1156, 1157. Siehe zur Tendenz insgesamt ferner *Schwenzer,* Vom Status zur Realbeziehung, S. 74 f.

489 Vgl. BGH, FamRZ 1995, S. 1405, 1407; Johannsen/Henrich/*Büttner* § 1579 Rn. 4; sich anschließend Soergel/*Häberle* § 1579 Rn. 4 f.

490 BGH, FamRZ 1995, S. 1405, 1407 = NJW-RR 1995, S. 449.

491 Vgl. BGH, FamRZ 1984, S. 986, 988; Wendl/*Gerhardt* § 4 Rn. 626.

492 Vgl. hierzu *Rauscher,* Rn. 622; ferner BGH, FamRZ 1997, S. 671, 672. Relevant wurde dieser Aspekt z. B. für den Fall, dass der Unterhaltsanspruch der Mutter in Verbindung mit ihrem eigenen Einkommen unter dem notwendigen Bedarf liegt und sie ein gemeinschaftliches Kind betreut. Der BGH hat hier darauf verwiesen, dass die Betreuungsleistungen für das Kind nicht mit dem Kindesunterhalt abgegolten wären, sondern dass § 1570 BGB der Mutter die Betreuungsleistungen erst ermöglichten, vgl. hierzu BGH, FamRZ 2005, S. 1979, 1980.

nicht gemeinschaftlicher Kinder oder noch die vor der Eheschließung ausgeübte elterliche Sorge für gemeinschaftliche Kinder.[493]

Der 2. Halbsatz des § 1579 Nr. 1 BGB nimmt Bezug auf die nachehelichen Kinderbetreuungszeiten i. S. d. § 1570 BGB, seien es vergangene oder nunmehr auch künftige Betreuungszeiten.[494] Voreheliche Kinderbetreuungszeiten erfahren nach diesem Wortlaut ebenfalls keine Bedeutung. Allerdings werden voreheliche Kindesbetreuungszeiten bisher als Aspekt im Rahmen der Billigkeitsabwägung aktuell. Sie werden nur nicht für die – vom Wortlaut her näher liegenden – Kindesbetreuungszeiten im Sinne des § 1579 Nr. 1 Hs. 2 BGB relevant.

4. Keine Relevanz vorehelicher Zeiten für Nr. 2 und 8 des § 1579 BGB

Ergänzend sei betreffend § 1579 Nr. 2 BGB klargestellt (also für den Unterhaltsausschluss wegen einer neuen verfestigten Lebensgemeinschaft des Berechtigten), dass voreheliche Beziehungszeiten hier keine Bedeutung haben. Selbst wenn man davon ausgeht, dass die verfestigte Lebensgemeinschaft in eine Ehe mündet, kommt es auf eine Eheschließung oder allein deren Möglichkeit im Rahmen des § 1579 Nr. 2 BGB nicht an.[495] Ebenso wenig sind voreheliche Täuschungshandlungen[496] oder vorehelich angelegte Umstände als „anderer Grund" i. S. d. § 1579 Nr. 8 BGB für diese Arbeit bedeutsam.

5. Ergebnis

Im Rahmen des § 1579 Nr. 1 BGB berücksichtigt die Rechtsprechung bereits recht umfassend das voreheliche Zusammenleben als „Korrekturelement" im Rahmen der Billigkeitsabwägung. Der Unterhaltsanspruch ist daher trotz einer tatsächlich kurzen Ehedauer nicht herabzusetzen, zu befristen oder gar auszu-

---

493 Vgl. Anwaltkommentar-BGB/*Hohloch* § 1579 Rn. 17; *Diederichsen,* FS Müller-Freienfels, S. 99, 106 f.; Göppinger/Wax/*Bäumel* Rn. 1152.

494 BT-Drucks. 16/1830, S. 20 „kann" anstatt bisher „konnte". Die Prüfungsreihenfolge war vom Gesetzgeber zumindest für Zeiten der nachehelichen Kindesbetreuung so gewollt; durch das Unterhaltsrechtsänderungsgesetz sollen Kindesbetreuungszeiten nicht mehr der Ehedauer hinzugerechnet werden, sondern erst bei der Billigkeitsprüfung relevant werden, vgl. BT-Drucks. 16/1830, S. 20; zuvor bereits BVerfG, FamRZ 1989, S. 941, 943 f.; BGH, FamRZ 1990, S. 492, 494 f.

495 So Palandt/*Brudermüller* § 1579 Rn. 13.

496 Vgl. Palandt/*Brudermüller* § 1579 Rn. 29 zur Bedeutung vorehelicher Täuschungshandlungen bei § 1579 Nr. 7 BGB; zudem Wendl/*Gerhardt* § 4 Rn. 725.

schließen, wenn die späteren Ehegatten bereits eine lange Zeit vor der Ehe zusammenlebten und/oder Kinder betreut wurden.

VII. §§ 1582, 1609 BGB[497] – Rang des geschiedenen Ehegatten

In einem nächsten Schritt ist für § 1609 Nr. 2 BGB zu fragen, inwieweit die Berücksichtigung des vorehelichen Zusammenlebens hier zulässig oder sogar nötig ist. Immerhin kommt der Rangfrage stetig mehr Gewicht zu, weil sich die sogenannten „Mangelfälle" häufen. Dies sind Fälle, bei denen der Unterhaltspflichtige finanziell nicht für alle Verpflichtungen aufkommen kann.[498]

1. Analyse einschlägiger Rechtsprechung

Seit der Reformierung durch das Unterhaltsrechtsänderungsgesetz knüpft auch § 1609 BGB in Nr. 2 an Merkmale an, die einer voreheliche Zeiten berücksichtigenden Auslegung prinzipiell zugänglich sind. Das insoweit relevante Tatbestandsmerkmal ist die „Ehe von langer Dauer".[499] Bei der Feststellung der Ehedauer sind wiederum die Nachteile des § 1578 I 2, 3 BGB gemäß § 1609 Nr. 2 Hs. 2 BGB zu berücksichtigen, z. B. die wirtschaftliche Abhängigkeit der Partner oder das Ausmaß der wirtschaftlichen Verflechtung im Rahmen der ehelichen Lebensgemeinschaft.[500] Es fehlt jedoch bisweilen an maßgeblicher Rechtsprechung, die voreheliche Beziehungszeiten bei § 1609 Nr. 2 BGB berücksichtigt.

2. Möglichkeiten und Grenzen der Auslegung

a) Einführendes Fallbeispiel

Ein kurzes Fallbeispiel soll die relevanten Fallkonstellationen veranschaulichen: Die Lebensgefährten haben vor der Ehe bereits sieben Jahre zusammengelebt. Hieran schloss eine ebenfalls siebenjährige Ehe. Die Frau betreute insgesamt zwei gemeinsame Kinder, die zum Scheidungszeitpunkt sechs und zwölf Jahre

---

497 § 1582 BGB verweist lediglich auf § 1609 BGB, sodass nur § 1609 Nr. 2 BGB im Folgenden Untersuchungsgegenstand ist.

498 Vgl. hierzu etwa *Berghahn,* in Unterhalt und Existenzsicherung, S. 5, 9; *Berringer,* in Unterhalt und Existenzsicherung, S. 131, 133.

499 Bedeutsam für Ansprüche aus der bestehenden Ehe oder danach.

500 Vgl. BT-Drucks. 16/1830, S. 24; Palandt/*Diederichsen* § 1609 Rn. 20.

alt sind. Das erste Kind wurde während des vorehelichen Zusammenlebens der Partner geboren, das zweite während der Ehe. Nach der Scheidung lebt die Frau in einem kleinen Ort mit einer gesicherten Betreuungsmöglichkeit, sodass ihr das Nachgehen einer Erwerbstätigkeit grundsätzlich möglich wäre. Aber sie ist seit der Geburt des ersten Kindes im Einvernehmen des Mannes nicht mehr erwerbstätig. Der Mann lebt mittlerweile in einer neuen (nichtehelichen) Beziehung. Seine neue Lebensgefährtin hat ein zweijähriges Kind und ist ebenso nicht erwerbstätig. Das anrechenbare Einkommen des Mannes nach Abzug des Kindesunterhalts beträgt 1.400 Euro (angemessener Selbstbehalt 1.000 Euro).[501]

Der Ehefrau und der neuen Lebensgefährtin des Mannes steht jeweils ein Unterhaltsanspruch des gleichen Rangs zu (§ 1609 Nr. 2 BGB): § 1615l II 2 BGB zugunsten der Lebensgefährtin und nach den obigen Ausführungen ein (Annex-) Anspruch der Ehefrau aus § 1570 II BGB.[502]

Es fragt sich nun, ob die Ehefrau nachrangig Unterhalt erhalten soll, weil sie keine Ehe von objektiv langer Dauer (7 Jahre) mit dem Mann hatte. Oder kann auch hier das Vertrauen in die dauerhafte Versorgung durch den Mann, welches bereits vor der Ehe entstand, berücksichtigt werden?[503] Die Entscheidung ist im vorliegenden Fall besonders schwierig, weil die neue Lebensgefährtin des Mannes ein zweijähriges Kind betreut und eine vorzeitige Erwerbstätigkeit des betreuenden Elternteils bis zum dritten Lebensjahr des Kindes nicht erforderlich ist.[504]

Noch schwieriger gestaltet sich die Situation für den Fall, dass die neue Lebensgefährtin vor der Kindesbetreuung ein Nettoeinkommen von 1.500 Euro hatte und die Ehefrau noch nie gearbeitet hat. Hier beläuft sich das Maß des Unterhaltshalts der betreuenden Lebensgefährtin nach §§ 1615l II 2, III 1, 1610 BGB grundsätzlich auf 1.500 Euro. Hat der Mann z. B. ein anrechenbares Einkommen von rund 3.500 Euro, so ergeben sich Verteilungsprobleme.[505] Damit die schützenswerte Rechtsposition der geschiedenen Ehefrau überhaupt gewahrt werden kann,[506] müsste ihr Unterhaltsanspruch grundsätzlich gleichrangig

---

501 Ähnliches Beispiel ohne Bezug zu vorehelichem Zusammenleben bei *Schürmann,* FamRZ 2008, S. 313, 317. Zum angemessenen Selbstbehalt s. Düsseldorfer Tabelle B. IV., D. II.

502 Siehe hierzu oben unter C. I. 2.

503 Hierzu etwa aktuell BGH, NJW 2010, S. 365, 371.

504 Vgl. zur Altergrenze und den Bedingungen BVerfG, FamRZ 2007, S. 965.

505 S. anschaulich das Beispiel bei Scholz/Stein/*Scholz* Teil K Rn. 57.

506 Nach dem sog. Dreiteilungsgrundsatz des BGH (FamRZ 2008, S. 1911 = NJW 2008, S. 3213 –Dreiteilung bei einem betreuenden Elternteil als neuem Unterhaltsschuldner: ein Drittel für den Schuldner als Selbstbehalt, ein Drittel für die Ehefrau und ein Drittel für den betreuenden neuen Lebensgefährten als Elternteil) konnte verhindert werden,

sein.[507] Dies ist entweder bei Unterhaltsbedürftigkeit wegen Kindesbetreuung oder bei einer Ehe von langer Dauer bzw. bei beziehungsbedingten Nachteilen der Fall (vgl. § 1609 Nr. 2 BGB). Falls die geschiedene Ehefrau keinen Betreuungsunterhalt mehr erhält, etwa weil die Kinder für einen Anspruch aus § 1570 II BGB „zu alt" sind, und ihr vorehelich trotzdem weitere Nachteile entstanden sind, so sollte dies aber zu einer Rangstellung nach Nr. 2 des § 1609 BGB führen können. Nur dann würde ihre Rechtsstellung gegenüber der neuen betreuenden Lebensgefährtin des Mannes angemessen berücksichtigt.

b) Flexible Handhabung des Begriffs der „Ehe von langer Dauer"

Da es bei § 1609 Nr. 2 BGB keine einzelfallerfassende Billigkeitsabwägung gibt, wäre für die Miteinbeziehung vorehelicher Zeiten beim Tatbestandsmerkmal der langen Ehedauer anzusetzen. Die Ehedauer ist insoweit nicht allein anhand starrer Zeitgrenzen (Eheschließung bis Ehescheidung) zu bestimmen.[508] Sie soll als Tatbestandsmerkmal vielmehr flexibel gehandhabt werden.[509] Dem Regierungsentwurf ist insoweit zu entnehmen:[510]

„Die Zeitspanne kann nicht für alle Fälle gleich gefasst werden. Ihre Bestimmung ist vielmehr immer ein Akt wertender Erkenntnis, der anhand aller Umstände des Einzelfalls vom Gericht zu treffen ist. Ausgangspunkt ist dabei der Zweck der Regelung, Vertrauensschutz zu gewährleisten. Kriterien, die dabei herangezogen werden können, können neben der absoluten zeitlichen Dauer der Ehe auch das Lebensalter der Parteien im Zeitpunkt der Scheidung sein oder ob sie in jungen Jahren bzw. erst im Alter geheiratet haben. Weitere wichtige Kriterien sind die Dauer der Pflege und Erziehung eines gemeinschaftlichen Kindes sowie das Ausmaß gegenseitiger wirtschaftlicher Verflechtungen und Abhängigkeiten wegen der Ausrichtung auf ein gemeinsames Lebensziel."

---

dass die Lebensgefährtin besser steht als die Ehefrau, s. Berechnungsbeispiel bei Scholz/Stein/*Scholz* Teil K Rn. 57; hierzu auch BGH, NJW 2005, S. 818. Allerdings hat das BVerfG (Beschluss vom 25.1.2011 – 1 BvR 918/10) jüngst diese Vorgehensweise des BGH für verfassungswidrig erklärt.

507 Vgl. hierzu BGH, NJW 2008, S. 3213.

508 Vgl. Bamberger/Roth/*Reinken* § 1609 Rn. 23.

509 So lesen dies aus der Gesetzesbegründung MünchKomm/*Born* § 1609 Rn. 20 sowie *Borth,* FamRZ 2006, S. 813, 818. Erste Rechtsprechung hierzu: BGH, NJW 2008, S. 3213, 3218 f.; KG, FamRZ 2009, S. 528; OLG Braunschweig, FamRZ 2009, S. 977, 980.

510 BT-Drucks. 16/1830, S. 24.

Dem entspricht, dass gemäß § 1609 Nr. 2 Hs. 2 BGB auch die Nachteile im Sinne des § 1578b I 2, 3 BGB zu berücksichtigen sind.[511]

Aber eine objektiv lange Ehe von 15 oder 20 Jahren ist auch ohne umfassende Berücksichtigung weiterer Umstände eine lange Ehe i. S. d. § 1609 Nr. 2 BGB.[512] Die lange Ehedauer dient weiterhin als Indiz für das Eintreten von ehebedingten Nachteilen.[513] Allerdings kann man bereits bei einer Ehedauer von fünf oder zehn Jahren hinterfragen, ob diese Ehe als „lang" i. S. d. § 1609 Nr. 2 BGB gilt.[514] Haben die Partner bereits mehrere Jahre vor der Ehe zusammengelebt, könnte aus Wertungsgründen die gesamte Zeit des Zusammenlebens der Partner zugrunde gelegt werden. Insofern bietet sich ein Vergleich mit der Rechtsprechung zu § 1579 Nr. 1 BGB bei *Kurz*zeitehen an;[515] bei § 1609 Nr. 2 BGB geht es ja um *Lang*zeitehen. Bei § 1579 Nr. 1 BGB wird zunächst anhand der formalen Ehezeit danach gefragt, ob eine Kurzzeitehe vorliegt. Wird dies dann bejaht, so ist als nächster Schritt zu überprüfen, ob nicht ausnahmsweise voreheliche Umstände eine Beschränkung trotz der Kurzzeitehe verbieten. Nach dem gleichen Schema können bei § 1609 Nr. 2 BGB zunächst Ehen von langer Dauer anhand der formalen Ehedauer herausgefiltert werden. Im zweiten Schritt ist zu fragen, ob formal lange Ehen vielleicht doch nicht als lang im Sinne der Nr. 2 gelten oder bloß mittellange Ehen wegen ausgeprägter, vorehelicher Arbeitsteilung ausnahmsweise als lange Ehe gelten müssen.

Die Grundlage für die Festlegung der Rangordnung i. S. d. § 1609 BGB ist das unterschiedliche Schutzbedürfnis der verschiedenen Unterhaltsberechtigten.[516] Eine lange Ehedauer i. S. d. § 1609 Nr. 2 BGB macht den unterhaltsberechtigten Ehegatten schutzwürdig. Grund hierfür ist der Schutz des Vertrauens

---

511 Dieser Verweis wird mittlerweile auch durch die ersten Entscheidungen zum neuen § 1609 Nr. 2 BGB angeführt, vgl. OLG Braunschweig, FamRZ 2009, S. 977 Rz. 103, 119. So auch MünchKomm/*Maurer* § 1582 Rn. 15; *Schürmann,* FamRZ 2008, S. 313, 318.

512 Etwa 20 Jahre nach OLG Braunschweig, FamRZ 2009, S. 977, 980; zuvor etwa 15 Jahre nach BGH, FamRZ 1986, S. 886, 888 oder 14 Jahre nach OLG Hamm, FamRZ 1982, S. 70, 72, aber nicht bereits bei acht Jahren nach OLG Hamm, FamRZ 1997, S. 296, 297. Anscheinend aber für eine ständige Berücksichtigung der ehebedingten Nachteile BGH, FamRZ 2008, S. 1911, 1918. Insoweit ist die künftige Handhabung in der Rechtsprechung weiter abzuwarten.

513 Vgl. *Schürmann,* FamRZ 2008, S. 313, 318; ähnlich auch Wendl/*Gutdeutsch* § 5 Rn. 114.

514 Zur Regelfrist von zehn Jahren etwa *Kemper,* FuR 2007, S. 49, 52.

515 Insgesamt für einen Vergleich von § 1609 Nr. 2 BGB mit § 1579 Nr. 1 BGB mittlerweile auch Johannsen/Henrich/*Büttner* § 1582 Rn. 9.

516 Palandt/*Diederichsen* § 1609 Rn. 3.

in eine dauerhafte Unterhaltsversorgung und die nacheheliche Solidarität.[517] Solches Vertrauen kann bereits vor der Eheschließung entstehen, insbesondere wenn Kinder vorhanden sind.[518] Diesbezüglich kann auf die Ausführungen zum bereits vorehelich entstehenden Vertrauen in eine dauerhafte Versorgung beim Betreuungsunterhalt (§ 1570 II BGB) verwiesen werden.[519] Zwar bleibt die nacheheliche Solidarität ein „Ehespezifikum".[520] Die Tendenz weg von der Lebensstandardgarantie hin zum Ausgleich ehebedingter Nachteile hat aber auch bei § 1609 Nr. 2 BGB Niederschlag gefunden.[521] Denn § 1609 Nr. 2 Hs. 2 BGB verweist explizit auf die Nachteile i. S. d. § 1578b I 2, 3 BGB. Rollenverteilungsbedingte Nachteile können ebenfalls vor der Ehe entstehen und zwar am häufigsten bei Kindern in der Partnerschaft.[522] Auch kann der Gedanke des Ausgleichs ehebedingter Nachteile wie oben gezeigt auf voreheliche Beziehungszeiten ausgedehnt werden.[523]

Die Berücksichtigung des vorehelichen Zusammenlebens bei der Ehe von langer Dauer wird in der Literatur zwar teilweise kritisch gesehen.[524] Trotzdem fordern immer mehr Stimmen, dass die Zeit der Betreuung eines gemeinschaftlichen Kindes vor der Ehe im Rahmen der Abwägung zur langen Ehedauer Berücksichtigung finden sollte, denn auf den „Status" des Kindes komme es nicht an.[525]

Demzufolge sprechen Sinn und Zweck des § 1609 Nr. 2 BGB für eine Einbeziehung von vorehelichen Beziehungszeiten, zumindest soweit bereits vor der Ehe beziehungsbedingte Nachteile oder schutzwürdiges Vertrauen entstanden sind.

---

517 Vgl. hierzu die Gesetzesbegründung, BT-Drucks. 16/1830, S. 13, 23 f. sowie Rechtsausschuss BT-Drucks. 16/6980, S. 2. *Kemper,* FuR 2007, S. 49, 53 ordnet gerechtfertigtes Vertrauen in eine dauerhafte vorrangige Versorgung sogar als ausschlaggebendes Kriterium ein.

518 Siehe hierzu bereits unter C. I. 2. b) bb).

519 Oben unter I. 2. b).

520 Vgl. die Ausführungen unter C. IV. 2. a).

521 Zum Ende der Lebensstandardgarantie s. etwa *Born,* FamRZ 2006, S. 1008, 1010; *ders.,* NJW 2008, S. 1, 6. Siehe hierzu ferner BT-Drucks. 10/2888, S. 18.

522 Siehe Kapitel 1 B. II. 2 oder dort auch B. III.

523 Ebenfalls oben unter I. 2. b).

524 Ausdrücklich Palandt/*Diederichsen* § 1609 Rn. 19. Etwas widersprüchlich erscheint, dass durch Palandt/*Diederichsen* § 1609 Rn. 20 auf die § 1578b Rn. 6 ff. verwiesen wird, wobei dort in Rn. 10 der Kommentierung die Beachtlichkeit des vorehelichen Zusammenlebens für die Ehedauer bei § 1578b I 3 BGB festgestellt wird.

525 Johannsen/Henrich/*Büttner* § 1582 Rn. 9. Ähnlich auch *Klein/Schlechta,* FPR 2005, S. 498; *Kemper,* FuR 2007, S. 49, 52.

c) *Fehlende Billigkeitsabwägung bei § 1609 BGB*

Der Tatbestand des § 1609 Nr. 2 BGB unterscheidet sich im Gesetzesaufbau von den ähnlichen §§ 1570 II, 1574 II, 1578b, 1579 Nr. 1 BGB, bei denen ebenfalls voreheliche Nachteile zu berücksichtigen sind,[526] weil § 1609 BGB keine einzelfallerfassende Billigkeitsabwägung enthält.

Nach dem Willen des Gesetzgebers ist aber wie soeben gezeigt das Tatbestandsmerkmal der Ehe von langer Dauer flexibel zu handhaben. Teilweise wird bereits von einer faktischen Billigkeitsabwägung bei § 1609 Nr. 2 BGB gesprochen, vor allem wegen des Verweises auf § 1578b I 2, 3 BGB.[527] Es ist mittlerweile auch weitgehend anerkannt, dass Aspekte wie die Zeiten der vorehelichen Betreuung eines gemeinschaftlichen Kindes im Wege der Abwägung für das Merkmal der Ehedauer Bedeutung erfahren können.[528]

Demzufolge können die wesentlichen Fälle, in denen eine Berücksichtigung vorehelicher Beziehungszeiten bei der Rangfolge geboten ist, bereits nach der bisherigen Gesetzeslage auch ohne Billigkeitsabwägung erfasst werden. Dies beschränkt sich aber auf Kriterien, die mit der Ehedauer zusammenhängen, also bereits voreheliche beziehungsbedingte Nachteile oder schutzwürdiges Vertrauen des Unterhaltsberechtigten.

Schwieriger gestaltet es sich dagegen, wenn man weitergehende Gerechtigkeitsaspekte bei der Rangfrage berücksichtigen will. Zu nennen sind – wie auch im Fallbeispiel unter a) dargestellt – sonstige Umstände, etwa ob die Lebensgefährtin, die derzeit ein zweijähriges Kind betreut, oder die Ehefrau, die bereits vorehelich und insgesamt für zwölf Jahre Kinder betreut hat, vorrangig auf die Unterhaltszahlungen angewiesen ist. Hier werden über die Ehedauer hinausgehende Billigkeitsaspekte relevant und es werden die Lebensbedingungen der einzelnen Unterhaltsberechtigten miteinander verglichen. Denkbar ist auch, dass insofern andere Scheidungsfolgen, wie etwa der Zugewinnausgleich, Berücksichtigung finden. Hat der Ehegatte beispielsweise einen hohen Zugewinnausgleichsanspruch, so erscheint er im Vergleich zum nichtehelichen und kinderbetreuenden Lebensgefährten weniger schutzbedürftig.

Es bietet sich insgesamt an, für diese gesetzgeberisch gewollte umfangreiche Abwägung eine Billigkeitsabwägung in § 1609 BGB aufzunehmen. In diese Richtung gehen auch vereinzelte Forderungen des Schrifttums.[529] Freilich kolli-

---

526 Vgl. hierzu die jeweiligen Ausführungen zu den genannten Normen.

527 So etwa *Schürmann,* FamRZ 2008, S. 313, 318.

528 So mittlerweile auch Johannsen/Henrich/*Büttner* § 1582 Rn. 9; umfassende, berücksichtigungswürdige Kriterien nennt auch MünchKomm/*Maurer* § 1582 Rn. 18.

529 Ähnlich etwa *Schwab,* FamRZ 2005, S. 1417, 1424; Johannsen/Henrich/*Büttner* § 1582 Rn. 9; MünchKomm/*Maurer* § 1582 Rn. 18 mit umfassenden Abwägungskriterien.

diert eine solche Billigkeitsabwägung mit dem Grundgedanken einer Rangfolgeregelung wie § 1609 BGB. Für eine Rangordnung bedient man sich meist klarer Kriterien, die Rechtssicherheit schaffen. Auf diese Problematik ist später ausführlich im Rahmen der Regelungsvorschläge einzugehen.[530]

3. Ergebnis

Bereits nach der aktuellen Rechtslage können im Wege der Auslegung des Merkmals der langen Ehedauer bei § 1609 Nr. 2 BGB voreheliche Nachteile und voreheliches Vertrauen durch Normauslegung erfasst werden. Dies gilt trotz fehlender Billigkeitsabwägung bei § 1609 BGB. Trotzdem ist es nahe liegend, auch bei § 1609 Nr. 2 BGB eine Billigkeitsabwägung in den Gesetzeswortlaut aufzunehmen. Auf dieser Weise wird dem Normanwender suggeriert, dass ausnahmsweise umfassende Billigkeitsaspekte bei der Entscheidungsfindung berücksichtigt werden können. Auf mögliche Probleme der Rechtssicherheit wird in Kapitel 7 noch eingegangen.[531]

VIII. Ergebnis

Voreheliche Rollenverteilung nach dem „Hausfrauenmodell" und schutzwürdiges Vertrauen wird in der Rechtsprechung zu § 1579 Nr. 1 BGB bereits grundsätzlich berücksichtigt. Dabei knüpft die Rechtsprechung an das gesetzliche Tatbestandsmerkmal der kurzen Ehedauer an und berücksichtigt die vorehelichen Aspekte über die Billigkeitsklausel. Für die Unterhaltsnormen mit ähnlichem oder wortgleichem Aufbau (§§ 1570 II, 1574 II, 1578b, 1609 Nr. 2 BGB) sowie einer Rechtfertigung durch den Gedanken des Ausgleichs beziehungsbedingter Nachteile ist eine entsprechende Auslegung nach dem hier vertretenen Ansatz möglich.[532]

Umgekehrt wird teils eine umfassende Billigkeitsabwägung wohl wegen der bisherigen Auslegungspraxis abgelehnt, so Wendl/*Gutdeutsch* § 5 Rn. 115a.

530 Siehe unten Kapitel 7 A. II. 7.

531 Dort unter A. II. 7.

532 Ähnlich und pauschal für das gesamte Unterhaltsrecht wohl auch *Grziwotz*, FamRZ 2003, S. 1417, 1418 unter Verweis auf die Entscheidung des AG Crailsheim, FamRZ 1999, S. 1077.

D. Regelungsdefizite und Vertragsempfehlungen

I. Regelungsdefizite der aktuellen Rechtslage

Die bisherigen Untersuchungen haben gezeigt, dass die Rechtsprechung bei für voreheliche Verflechtungen relevanten Normen – also bei §§ 1570 II, 1574, 1578b, 1579 Nr. 1, 1609 Nr. 2 BGB – überwiegend zufrieden stellende Ergebnisse mittels Auslegung erreicht oder erreichen könnte. Die Billigkeitsabwägungen bieten jeweils einen angemessen Spielraum. Trotzdem zögert die Rechtsprechung bisweilen, stetig und umfassend die vorehelich entstandenen Fortkommensnachteile bei der Entscheidungsfindung zu berücksichtigen. Deshalb empfiehlt es sich im Gesetzeswortlaut zu verankern, dass ehebedingte Nachteile bereits vor der Ehe entstehen können. Die gesetzesdogmatische Umsetzung dieses Gedankens wird in Kapitel 7 noch ausführlich diskutiert.

Zudem ist die teils unterschiedliche Benennung der jeweiligen Ursachen für ehebedingte Nachteile verwunderlich. Im insoweit ausführlichsten § 1578b BGB werden die Hauptursachen für ehebedingte Nachteile zwar aufgezählt. Diese sind nämlich laut Gesetzeswortlaut: die Dauer der Pflege oder Erziehung eines gemeinschaftlichen Kindes, die Gestaltung von Haushalt und Erwerbstätigkeit während der Ehe und die Dauer der Ehe. Obwohl den §§ 1570 II, 1574 II, 1578b, 1579 Nr. 1 BGB jeweils dieselben Rechtfertigungsgedanken zugrunde liegen, differiert der Wortlaut jeweils leicht. Nur § 1609 Nr. 2 Hs. 2 BGB verweist auf die „Nachteile im Sinne des § 1578 Abs. 1 Satz 2 und 3". Es bietet sich daher an, allen entsprechenden Normen (§§ 1570 II, 1574 II, 1578b, 1579 Nr. 1 BGB) einheitlich definierte beziehungsbedingte Nachteile zugrunde zu legen.

Weiterhin stellt sich die Frage, ob bei der Rangfolgennorm des § 1609 Nr. 2 BGB eine Billigkeitsklausel in den Gesetzeswortlaut aufgenommen werden sollte. Bislang können die wesentlichen Fallkonstellationen vorehelicher Dispositionen ausreichend durch weite Auslegung des Merkmals Ehedauer berücksichtigt werden. Eine umfassende Abwägung ist auch vom Gesetzgeber gewollt.[533] Trotzdem bietet es sich wie oben gezeigt aus Klarstellungsgründen an,[534] auch bei § 1609 Nr. 2 BGB eine Billigkeitsabwägung einzuführen. Dies ist später in Kapitel 7 zu diskutieren.

533 Vgl. BT-Drucks. 16/1830, S. 24.

534 Siehe hierzu unter VII. 2. c).

II. Vertragsempfehlungen für nachehelichen Unterhalt

Abschließend soll auf Vertragsempfehlungen eingegangen werden, mit denen die Ehegatten die Zeiten ihres vorehelichen Zusammenlebens individuell berücksichtigen können.

Eheverträge werden noch relativ selten geschlossen. Durchschnittlich treffen etwa 10 % der Ehegatten vorsorgende Eheverträge für den Fall der Scheidung.[535] In circa einem Viertel der Verträge finden sich Regelungen über den nachehelichen Unterhalt. Dabei ist zumindest bislang der Unterhaltsausschluss mit 90 % die am häufigsten gewählte Regelungsvariante.[536] Eheverträge können vor der Eheschließung,[537] während bestehender Ehe oder nach der Scheidung geschlossen werden. Für die ersten beiden Fälle ist die Formvorschrift des § 1585c BGB – notarielle Beurkundung erforderlich – zu beachten.

1. Ehevertragliche Einbeziehung vorehelicher Beziehungszeiten

Im Hinblick auf die Berücksichtigung vorehelicher Beziehungszeiten sind die §§ 1570-1576 BGB ausfüllungsbedürftig. Folglich bieten sich vertragliche Regelungen durch die Partner an.[538] Es könnten zum Beispiel die oben jeweils erläuterten Auslegungsmöglichkeiten durch individuelle Regelungen fixiert werden. Das heißt man könnte für den Fall, dass das Gesetz an die Ehedauer oder ehebedingte Nachteile anknüpft,[539] die Beachtung der vorehelich eintretenden Fortkommensnachteile vertraglich festlegen.

---

535 So Untersuchungsergebnis aus dem Jahr 1988 von *Stach,* Eheverträge, S. 4 ff., 15, die 1.250 Eheverträge ausgewertet hat; hierzu auch Meyer-Götz/*Lotter* § 14 Rn. 1; 10 % auch bei *Grziwotz,* S. 49; nicht einmal 10 % nach *Müller-Soares,* capital.de (2007). Deutlich mehr Eheverträge – jedoch zum Großteil kurz vor dem entscheidenden Gerichtstermin geschlossen – bei *Pittscheidt,* Focus Nr. 29 (1994). Letztere Vereinbarungen haben aber gerade nicht den Vorteil, dass sie „im Frieden" und damit großzügig und mit Blick auf voreheliche Verflechtungen geschlossen werden.

536 So *Stach,* S. 106 f., jedoch für das Jahr 1988. Mittlerweile ist zumindest in Anbracht des neuen, restriktiveren Unterhaltsrechts vermehrt das Einräumen von Unterhaltsansprüchen empfehlenswert. Zu den Grundsätzen der Inhaltskontrolle von Eheverträgen unten Kapitel 3 D. II. 4.

537 Teils wird die Zulässigkeit solcher Vereinbarungen diskutiert, wenn ein Partner bei Vertragsschluss noch verheiratet ist, vgl. Weinreich/Klein/*Weinreich* NeLG Rn. 23. Solange aber keiner nachteilig betroffen wird, ist von Zulässigkeit auszugehen, so etwa OLG Hamm, FamRZ 2000, S. 95. Formulierungsmuster etwa bei Meyer-Götz/*Lotter* § 14 Rn. 88.

538 Vgl. *Waldner,* S. 122.

539 Zu den Normen siehe oben bei §§ 1570 II, 1574, 1578b, 1579 Nr. 1, 1609 Nr. 2 BGB.

Bisher wird für die Beratungspraxis insbesondere vorgeschlagen, die vorehelichen Beziehungszeiten vertraglich beim Zugewinnausgleich als Scheidungsfolge zu berücksichtigen.[540] Zum Beispiel kann man den Anfangsstichtag beim Zugewinnausgleich (i. d. R. den Tag der Eheschließung) zur Berechnung des Anspruchs vorverlegen.[541] Hierauf wird in Kapitel 3 noch umfassend eingegangen. Die Ehegatten könnten insoweit auch beim Unterhaltsrecht den Zeitpunkt der Eheschließung vertraglich etwa auf den Beginn des vorehelichen Zusammenlebens vorverlegen. Beweisprobleme lassen dadurch vermeiden, dass von den Partnern ein bestimmtes Datum als Anfangszeitpunkt bestimmt wird.[542] Für das Unterhaltsrecht ist außerdem anerkannt, dass längere Trennungszeiten aus der Ehezeit vertraglich ausgenommen werden können.[543] Kann man vertraglich zulasten des Unterhaltsberechtigten auf das tatsächliche Zusammenleben abstellen, so sollte dies erst recht zugunsten des Schwächeren durch Einbeziehung des vorehelichen Zusammenlebens zulässig sein.

Es sollte außerdem möglich sein, vertraglich den vorehelichen Lebensstandard für den Unterhaltsumfang bei § 1578 BGB zu berücksichtigen. Dem steht nicht entgegen, dass eine entsprechende Auslegungsoption der Rechtsprechung oben verneint wurde.[544] Denn vertraglich sind die Ehegatten frei darin, einen besseren Lebensstandard unabhängig von dem ehelichen zugrunde zu legen – soweit die Rechte Dritter dabei unberührt bleiben. Es wird auch teilweise vorgeschlagen, die ehelichen Lebensverhältnisse vertraglich zu fixieren, um im Scheidungsfall Darlegungs- und Beweisprobleme zu umgehen.[545] Daneben wird empfohlen, eine Bemessungsgrundlage mit in den Ehevertrag aufzunehmen.[546] Bei der Bemessungsgrundlage könnten die Ehegatten die vorehelichen Zusammenlebenszeiten in gewünschtem Umfang berücksichtigen.

Eine weitere Regelungsoption bietet sich beim Krankheitsunterhalt (§ 1572 BGB) oder Altersunterhalt (§ 1571 BGB) an. Die Rechtsprechung billigt zwar regelmäßig einen Unterhaltsanspruch aufgrund von vorehelichen Krankheiten aus § 1572 BGB zu. Selbiges gilt für ein im Laufe des vorehelichen Zusammenlebens „gemeinsam" erreichtes hohes Alter.[547] Um im Einzelfall ein Verfahren

---

540 Siehe hierzu unten Kapitel 3 D. II.

541 Vgl. zum Beispiels Meyer-Götz/*Lotter* § 14 Rn. 114; *Waldner,* S. 57, 60 sowie Kapitel 3 D. II. 2.

542 Und damit unabhängig von der Übereinstimmung mit dem wahren Beziehungsbeginn.

543 Vgl. wohl *Waldner,* S. 123 für das Herausnehmen aus den ehelichen Lebensverhältnissen.

544 Siehe unter IV. 2. d).

545 Vgl. für diese Option *Waldner,* S. 123.

546 Meyer-Götz/*Lotter* § 14 Rn. 173 f. mit Muster.

547 Vgl. jeweils Ausführungen oben unter C. II. 1. und 2.

zu vermeiden, empfiehlt es sich grundsätzlich, den Inhalt dieser ständigen Rechtsprechung vertraglich festzulegen.

2. Individuelle Festlegung von Unterhaltsansprüchen

Eine andere Frage ist es hingegen, ob die Parteien nicht lieber ausdrücklich Unterhaltsansprüche in gewollter Höhe und Dauer vertraglich festlegen sollten. Insofern kann das bereits vorehelich entstandene Ungleichgewicht zwischen den Partnern ausgeglichen werden. Die Ehegatten können dabei entweder inhaltlich an die gesetzlichen Unterhaltsnormen anknüpfen oder hiervon losgelöst z. B. eine Leibrente (§§ 759 ff. BGB) vereinbaren.[548] Solche Regelungen sind weniger umständlich und der Anspruchsumfang ist leichter feststellbar.

In Anbetracht der stetig geringer werdenden Absicherung durch das gesetzliche Unterhaltsrecht tendieren mittlerweile viele Ehepaare dazu, ein individuell vereinbartes und erweitertes Unterhaltsrecht per Vertrag festzulegen.[549] Eine konkrete Vereinbarung, die auch voreheliche Arbeitsteilung berücksichtigt, geht ebenfalls über das gesetzliche Unterhaltsmaß hinaus. Eine Einräumung von Unterhaltsansprüchen, die über das gesetzliche Maß hinausgehen, ist aufgrund der Privatautonomie und mangels Benachteiligung eines Partners in aller Regel zulässig. Die §§ 138 I, 242 BGB stehen dem nicht entgegen.[550] Grenzen finden sich jedoch, sobald ein Vertrag zulasten Dritter vorliegt. Dies kann beispielsweise bei der vertraglichen Fixierung eines hohen Ranges des bedürftigen Ehepartners geschehen (vgl. §§ 1582, 1609 BGB). Denn hier könnte ein dritter Unterhaltsberechtigter wegen der vertraglichen Vereinbarung in seiner gesetzlichen Rangposition nachteilig beeinträchtigt werden.[551]

Denkbar ist vorliegend ebenfalls, dass die vorehelichen Lebensgefährten bereits für die nichteheliche Beziehungsphase vor der Ehe individuelle Unterhaltsansprüche festlegen. Vertragliche Regelungen über den Unterhalt in nichtehelichen Lebensgemeinschaften sind allgemein anerkannt und zulässig.[552] Dies be-

---

548 Zu den Optionen etwa MünchKomm/*Maurer* § 1585c Rn. 17 ff.

549 *Brudermüller,* S. 146; *Schwenzer,* European Journal of Law Reform 2001, S. 199, 200 f.

550 Als Erweiterung der Rechte eines Ehegatten ist eine solche vertragliche Vereinbarung kontrollfest, vgl. *Langenfeld,* Rn. 1306. Dass der andere Partner, der zur Ausgleichszahlung verpflichtet ist, eine zu starke Einschränkung in seinen Rechten erfährt, kann durch die genaue Ausformulierung der Regelung verhindert werden. Z. B. könnte die Leistungsfähigkeit für jegliche Ansprüche vorausgesetzt werden.

551 Siehe hierzu instruktiv Luthin/Koch/*Wellenhofer* Rn. 5093.

552 Z. B. BGH, FamRZ 1986, S. 145, 146; Soergel/*Lange* Nehel LG Rn. 31; MünchKomm/*Wellenhofer* Nach § 1302 Rn. 37 m. w. Nw.; *Strätz,* FamRZ 1980, S. 301, 307; *Schwab,* in *Landwehr,* S. 61, 67 f.; *Rebe,* ZBlJugR 1981, S. 78, 90; *Hausmann/Hohloch,*

trifft den Unterhalt während der Lebensgemeinschaft sowie bei deren Beendigung.[553] Dabei können die Partner auch den Fall der späteren Eheschließung mit berücksichtigen;[554] dann ist jedoch das Formerfordernis des §§ 125 S. 1, 1585c S. 2 BGB zu beachten. Solche Vertragsoptionen bieten sich vor allem zugunsten des schwächeren Partners bei Beziehungen mit Kindern an.[555] Bislang werden allerdings auch Partnerschaftsverträge in nichtehelichen Lebensgemeinschaften nur sehr selten geschlossen.[556]

Nach alledem ist anzumerken, dass es bei der individuellen Festlegung von Unterhaltsansprüchen oft an der notwendigen Flexibilität fehlt, z. B. wenn sich die Lebensumstände der Partner unvorhergesehen ändern.[557] Dies gilt insbesondere für einen bereits vor der Ehe festgelegten Anspruchsumfang. Die Festsetzung von Unterhaltsbeträgen bietet sich daher vor allem in Form des außergerichtlichen Vergleichs an bzw. bei einem Ehevertrag nach dem Scheitern der Ehe.[558]

3. Ergebnis

Die Partner können die vorehelichen Beziehungszeiten entweder in einem Ehevertrag berücksichtigen oder einen Partnerschaftsvertrag für die Zeit der nichtehelichen Lebensgemeinschaft schließen. Am einfachsten ist eine höhenmäßige

---

S. 118 m. w. Nw.; *Grziwotz,* S. 263 m. w. Nw.; *Schwab,* FamR, Rn. 934; *Roth-Stielow,* JR 1978, S. 233, 235; *Busche,* JZ 1998, S. 387, 395; *Schwenzer,* Vom Status zur Realbeziehung, S. 168; *de Witt/Huffmann,* S. 90; *Burhoff,* Rn. 1177. Nach *Gernhuber/Coester-Waltjen,* § 44 II 2 können und dürfen vertraglich vereinbarte Unterhaltsansprüche nicht andere gesetzliche Unterhaltsansprüche gegenüber Dritten beeinträchtigen.

553 Wenngleich derartige Vereinbarungen ausdrücklicher Art gerade für die Zeit nach Beendigung der nichtehelichen Lebensgemeinschaft recht selten sind, vgl. etwa *Battes,* FS Pleyer, S. 467, 480; Staudinger/*Strätz* Anh zu §§ 1297 ff. Rn. 80.

554 Mit Mustern für Verträge bei einer solchen „Ehe auf Probe" *Grziwotz,* Partnerschaftsvertrag, S. 99 ff. oder auch *Grziwotz,* S. 56.

555 Brambring/Jerschke/*Grziwotz* B. IV. 3.

556 So *Schwenzer,* Vom Status zur Realbeziehung, S. 169. Im Jahr 1985 hatten nur 2 % der befragten Partner einer nichtehelichen Lebensgemeinschaft eine notarielle Trennungsvereinbarung getroffen, 8 % immerhin eine schriftlich und 11 % eine mündliche, vgl. BMJFG 1985, S. 87.

557 Zu einigen anpassungserheblichen Umständen s. etwa MünchKomm/*Maurer* § 1585c Rn. 48 f.

558 Eheverträge können auch nach der Scheidung und unabhängig vom Scheidungsverfahren geschlossen werden, vgl. etwa MünchKomm/*Maurer* § 1585c Rn. 6; zur Formfreiheit bei Vereinbarungen nach der Scheidung siehe Palandt/*Brudermüller* § 1585c Rn. 4.

Festlegung von Unterhaltsansprüchen für den Scheidungsfall, auch wenn sie je nach Einzelfall zu unflexibel ist. Sie bietet sich zumindest für einen Zeitpunkt nach dem Scheitern der Ehe an.

Durch vertragliche Regelungen insgesamt wird die Beweisbarkeit von Tatsachen aus der vorehelichen Beziehungsphase vereinfacht.[559] Dem schwächeren Partner kann auf der Ebene der Darlegungs- und Beweislast geholfen werden. Außerdem senken sie meist die Verfahrenskosten. Der Beratungspraxis ist zu empfehlen, auf die bereits vorehelich eingetretenen Nachteile aufmerksam zu machen. Auf diese Weise können die Ehegatten durch individuelle Vertragsgestaltung den schutzbedürftigen Partner umfassend absichern.

E. Ergebnis zu Kapitel 2

Ergebnis der Untersuchungen zum nachehelichen Unterhaltsrecht ist, dass die Rechtsprechung das voreheliche Zusammenleben allein bei § 1579 Nr. 1 BGB (Unterhaltsbeschränkung wegen kurzer Ehedauer) berücksichtigt. Nach dem hier vertretenen Ansatz ist eine entsprechende Berücksichtigung vorehelich eintretender Nachteile ebenfalls bei den systematisch ähnlich aufgebauten Normen möglich: § 1570 II BGB (Betreuungsunterhalt), § 1574 II BGB (angemessene Erwerbstätigkeit), § 1578b BGB (Unterhaltsbeschränkung wegen Unbilligkeit) und § 1609 Nr. 2 BGB (Rangfolge). Für § 1609 Nr. 2 BGB gilt dies sogar ohne eine Billigkeitsklausel im Gesetzeswortlaut, weil der gesetzgeberische Wille für eine einzelfallorientierte Abwägung spricht.

Vertragliche Regelungen sind eine sinnvolle Lösung, um voreheliche Verflechtungen privatautonom einzubeziehen. Jedoch sind entsprechende Vereinbarungen derzeit noch die absolute Ausnahme. Die Rechtsberatungspraxis sollte sich daher in Zukunft verstärkt dieses Problemkreises annehmen.

In Kapitel 7 sind aufgrund der spärlichen Rechtsprechung zum vorehelichen Zusammenleben einige Regelungsvorschläge zu erörtern, die aufgrund der bisherigen Auslegungsmöglichkeiten aber nicht als dringende Reformvorschläge zu verstehen sind.

559 Für vertragliche Regelungen generell so auch *De Witt/Huffmann*, S. 90.

Kapitel 3

Bedeutung des vorehelichen Zusammenlebens im Zugewinnausgleich

In diesem Kapitel wird die Bedeutung vorehelicher Zeiten für den Zugewinnausgleich beleuchtet. Der Zugewinnausgleich wird als Scheidungsfolge vor allem beim Vorhandensein größerer Wertgegenstände oder Vermögenssummen bedeutsam. Thematisiert wird allein der Zugewinnausgleich unter Lebenden nach §§ 1372 ff. BGB – also ohne den Zugewinnausgleich im Todesfall (§ 1371 BGB). Für die eingetragene Lebenspartnerschaft gelten diese Normen entsprechend, § 6 S. 2 LPartG.

Oft tätigen Lebensgefährten bereits vor der Eheschließung größere Investitionen. Zu nennen ist insbesondere der voreheliche Hausbau.[560] Bei solchen Hausbaufällen hilft ein Partner dem anderen bereits vor der Ehe beim Bau des Familienheims mittels Vermögenszuwendungen oder Arbeitsleistungen.[561] Ein Vermögensausgleich im Scheidungsfall drängt sich vor allem dann auf, wenn ein Ehegatte Alleineigentümer des Hausgrundstücks ist und die Investitionen des anderen ihm zugutekommen, vgl. insoweit §§ 946, 94 BGB. Typischerweise ging der vorehelich finanzierende Partner von einer dauerhaften Beziehung aus und wollte von den eigenen Leistungen selbst zukünftig profitieren. Dieser gewünschten dauerhaften Teilhabe steht später die Scheidung entgegen.

Außer solchen Hausbaufällen gibt es auch andere Fälle, zum Beispiel ein gemeinsames Wirtschaften der Ehegatten bereits vor der Ehe. Denkbar ist zum Beispiel, dass die Frau auf eigene Vermögensansammlung durch Erwerbstätigkeit verzichtet und sich dafür um die Kinder und den Haushalt gekümmert hat. Durch diese laufenden Leistungen der Frau wird der allein erwerbstätige Mann entlastet und kann vollumfänglich eigenes Vermögen ansammeln.

In beiden Fällen erscheint es gerecht, die bereits vorehelichen Vermögensmehrungen des leistungsempfangenden und/oder allein berufstätigen Ehegatten nach dem Muster des Zugewinnausgleichs hälftig zu teilen.

---

560 Zur Häufigkeit gerade bei Lebenspartnern, die erst seit dem 1.8.2001 überhaupt eine rechtliche Form ihrer Partnerschaft wählen können, vgl. Brambring/Jerschke/*Grziwotz* B. II. 2.

561 Vgl. z. B. *Grziwotz*, MDR 1998, S. 129; siehe zu Hausbaufällen insgesamt grundlegend BGH, NJW 1980, S. 1520; 1983, S. 349 = NJW 1983, S. 1055.

A. Grundzüge des Zugewinnausgleichs

Anders als Ansprüche aus nachehelichem Unterhalt oder aus Versorgungsausgleich kommt ein Zugewinnausgleichsanspruch nur dann in Betracht, wenn die Ehegatten im gesetzlichen Güterstand leben, in der Zugewinngemeinschaft (§§ 1363 ff. BGB). Das gesetzliche Güterrecht tritt ein, wenn die Ehegatten bei Eheschließung nichts Abweichendes vereinbaren (vgl. § 1363 I BGB).

Während einer Ehe im Güterstand der Zugewinngemeinschaft bleibt das Vermögen von Mann und Frau getrennt, § 1363 II 1 BGB. Das Gesetz schützt die Ehepartner gegenseitig aber vor allzu freizügigen Vermögensdispositionen, vgl. §§ 1365-1369 BGB. Am Ende der Zugewinngemeinschaft wird der in der Ehe erzielte Zugewinn ausgeglichen, § 1363 II 2 BGB. Dabei hat der Ehegatten mit dem geringeren Zugewinn einen Ausgleichsanspruch gegen den anderen Ehegatten. Die Anspruchshöhe bestimmt sich nach der Hälfte des Zugewinns, um den der Zugewinn des ausgleichspflichtigen Partners den Zugewinn des ausgleichsberechtigten Ehegatten übersteigt (§ 1378 I BGB). Im Einzelnen berechnet sich der Ausgleichsanspruch also mittels Gegenüberstellung der Zugewinne beider Ehegatten. Der Zugewinn ist gemäß § 1373 BGB der Betrag, um den das Endvermögen eines Ehegatten dessen Anfangsvermögen übersteigt. Das Anfangsvermögen ist das Vermögen zu Beginn des Güterstandes, § 1374 I BGB. Das Endvermögen ist das Vermögen bei Beendigung des Güterstandes, § 1375 I BGB. Im Scheidungsfall tritt an die Stelle der Beendigung des Güterstandes der Zeitpunkt der Rechtshängigkeit des Scheidungsantrags, § 1384 BGB. Unter Umständen sind dem Endvermögen Beträge über § 1375 II, III BGB hinzuzurechnen. In Härtefällen besteht ein Leistungsverweigerungsrecht des Schuldners hinsichtlich der Ausgleichsforderung, § 1381 BGB.

B. Legitimation des Zugewinnausgleichs

Die Aufteilung des gemeinsamen Vermögens nach Scheidung – also der Zugewinnausgleich i. S. d. §§ 1372 ff. BGB – wird auch als Folgewirkung der Ehe über die Institutsgarantie des Art. 6 I GG geschützt.[562] Dem Zugewinnausgleich liegt die „Hausfrauenehe“ als Musterfall zugrunde.[563] Grundgedanke des durch

562 Maunz/Dürig/*Badura* Art. 6 Abs. 1 Rn. 72. Daneben zählen als Folgewirkungen der nacheheliche Unterhalt sowie der Versorgungsausgleich. Den Vertrauensschutz als wesentliche Komponente des Zugewinnausgleichs nennt *Diederichsen,* FS Larenz, S. 127, 156.

563 Siehe Staudinger/*Thiele* Vorbem zu § 1371 Rn. 4. Kritisch zur Legitimation des Zugewinnausgleichs *Muscheler,* Rn. 336.

das Gleichberechtigungsgesetz 1957[564] eingeführten Zugewinnausgleichs ist, dass bei einer arbeitsteiligen Ehe auch der haushaltsführende Ehegatte an der Vermögensmehrung des anderen beteiligt werden muss.[565] Denn die Arbeitsteilung hat einem Partner dessen umfangreiche Berufstätigkeit oft erst ermöglicht. Maßstab der Teilhabe ist der sog. Halbteilungsgrundsatz[566] (vgl. § 1378 I BGB). Die hälftige Teilung wird mit der grundsätzlichen Gleichwertigkeit von Berufs- und Haushaltstätigkeit begründet.[567] Dieser pauschale Teilungsschlüssel ist hilfreich, weil das genaue Ausmaß des eigenen Erwerbsverzichts und der Mitverursachung am ökonomischen Erfolg des anderen praktisch schwer zu ermitteln ist.[568] Außerdem gebietet Art. 3 II GG eine gleichwertige Vermögensbeteiligung im ehelichen Güterrecht.[569] Der BGH geht ferner davon aus, dass dem gesetzlichen System der Scheidungsfolgen insgesamt der Gedanke zugrunde liegt, dass ehebedingte Nachteile für den Aufbau des eigenen Vermögens nach der Scheidung grundsätzlich hälftig ausgeglichen werden sollen.[570]

C. Berücksichtigung des vorehelichen Zusammenlebens im aktuellen Recht des Zugewinnausgleichs

I. Analyse einschlägiger Rechtsprechung

Zunächst ist zu beleuchten, inwieweit die bisherige Rechtsprechung voreheliche Beziehungszeiten der Ehegatten beim Zugewinnausgleich berücksichtigt.

---

564 BT-Drucks. 2/224.

565 So z. B. MünchKomm/*Koch* Vor § 1363 Rn. 8; *Rauscher,* Rn. 372; und zwar halbteilig, vgl. *Diederichsen,* FamRZ 1992, S. 1, 9. Der erzielte Gewinn beruht auf der Mitarbeit des anderen Ehegatten, vgl. BT-Drucks. 2/224, S. 42.

566 Der selbst aus Art. 6 I und Art. 3 I oder II GG hergeleitet wird, vgl. BVerfG, NJW 1989, S. 3211; BGH, FamRZ 1982, S. 999, 1003; zudem *Diederichsen,* FamRZ 1992, S. 1, 9.

567 MünchKomm/*Koch* Vor § 1363 Rn. 8; *Rauscher,* Rn. 374. Zudem liegt eine Halbierung wegen der Ähnlichkeit zur Gesellschaft bzw. Gemeinschaft nahe (§§ 426, 742 BGB), vgl. so *Gernhuber/Coester-Waltjen,* § 34 I 2.

568 MünchKomm/*Koch* Vor § 1363 Rn. 8.

569 Hierzu Staudinger/*Thiele* Vorbem zu § 1371 Rn. 3; *Stern,* Staatsrecht Band IV/1, S. 381.

570 Vgl. hierzu BGH, FamRZ 2005, S. 1444, 1447 = NJW 2005, S. 2386, 2389. Der Zugewinnausgleich geht hierüber in typisierender Weise hinaus. Er untersteht daher der Disposition der Ehegatten nach § 1408 I BGB, vgl. BGH, FPR 2004, S. 209, 212.

1. Berücksichtigung beim Anfangsvermögen, § 1374 BGB

a) Zeitliche Vorverlegung des Anfangsstichtags

Für die Untersuchungen beim Zugewinnausgleich ist primär auf das Anfangsvermögen i. S. d. § 1374 BGB abzustellen.[571] Denn soweit es um die Einbeziehung vorehelicher Dispositionen geht, fragt sich, ob der Stichtag des Anfangsvermögens zeitlich vorverlegt werden könnte. Es ist an den Wortlaut des § 1374 I BGB anzuknüpfen:

„Anfangsvermögen ist das Vermögen, das einem Ehegatten nach Abzug der Verbindlichkeiten beim Eintritt des Güterstandes gehört."

Die Zugewinngemeinschaft gilt als gesetzlicher Güterstand regelmäßig erst ab dem Zeitpunkt der Eheschließung.[572] Bei ehevertraglicher Wahl der Zugewinngemeinschaft muss zuvor ein anderer Güterstand während der Ehe bestanden haben.[573] Das voreheliche Zusammenleben wird durch die Rechtsprechung allerdings in beiden Fällen nicht berücksichtigt.

Nach neuer Rechtslage sind auch voreheliche Schulden zu berücksichtigen (§ 1374 III BGB). Insofern gilt aber nichts anderes als für das Aktivvermögen. Die vorehelichen Schulden sind ein bloßer Rechnungsposten und das voreheliche Zusammenleben der Ehegatten ist dabei irrelevant.

b) Ausgleichsansprüche als Bestandteil des Anfangsvermögens

Es sei zur Veranschaulichung dieses Komplexes wieder an einen Hausbaufall angeknüpft. Die Frau hat zum Beispiel während der nichtehelichen Lebensgemeinschaft durch Bezahlen mehrerer Handwerkerrechnungen den Wert des auf dem Grundstück des Mannes stehenden Hauses um 100.000 Euro erhöht. Es sei unterstellt, dass die Kriterien der BGH-Rechtsprechung zum Vermögensausgleich nach Beendigung nichtehelicher Lebensgemeinschaften erfüllt sind.[574] Als Anspruchsgrundlage dient beim Bau eines Familienheims insbesondere § 313 BGB (Wegfall der Geschäftsgrundlage). Damit könnte die Frau – das Vorliegen der Anspruchsvoraussetzungen unterstellt – nach Beendigung einer

---

571 § 1376 BGB betrifft nur die die Art und Weise der Berechnung des Anfangsvermögens, wobei voreheliche Zeiten nicht relevant werden.

572 Zur Regelmäßigkeit etwa Staudinger/*Thiele* § 1374 Rn. 19; Erman/*Gamillscheg* § 1374 Rn. 1; Bamberger/Roth/*Mayer* § 1374 Rn. 2; Johannsen/Henrich/*Jaeger* § 1374 Rn. 3; Soergel/*Lange* § 1374 Rn. 5.

573 Vgl. hierzu z. B. MünchKomm/*Koch* § 1374 Rn. 3; Staudinger/*Thiele* § 1374 Rn. 19.

574 Etwa gegenstandsbezogene Investitionen, Rechtsbindungswillen, Unbilligkeit etc.; auf die Einzelheiten der Rechtsprechung wird unter III. noch umfassend eingegangen.

nichtehelichen Lebensgemeinschaft einen Vermögensausgleich für ihre Geldzuwendungen geltend machen.

Die Partner trennen sich beim vorehelichen Zusammenleben aber nicht nach der nichtehelichen Beziehungszeit, sondern sie heiraten. Die soeben erwähnten Ausgleichsansprüche aufgrund der vorehelich erbrachten Leistungen – im Fall das Bezahlen der Handwerkerrechnungen – könnten jedoch möglicherweise als Berechnungsposten im Anfangsvermögen (§ 1374 BGB) berücksichtigt werden. Die Rechtsprechung erkennt an, dass vor der Ehe *entstandene* Forderungen zwischen den Ehegatten im Anfangsvermögen zu berücksichtigen sind.[575] Keine Berücksichtigung finden dagegen sämtliche Ansprüche, die erst mit der Eheschließung *entstehen.*[576] Weil die soeben dargestellten Ausgleichsansprüche nach Beendigung nichtehelicher Lebensgemeinschaften aber erst mit der Trennung der Partner entstehen, fließen nicht ins Anfangsvermögen.[577] Denn nach dem vorehelichen Zusammenleben heiraten die Partner und trennen sich gerade nicht; es fehlt an einem Ausgleichsbedürfnis zum Zeitpunkt der Eheschließung. Selbst wenn man die Heirat als Übergang in die nächste Beziehungsform mit dem Ende der nichtehelichen Lebensgemeinschaft gleichsetzt, würden die Ausgleichsansprüche ebenfalls erst mit der Eheschließung entstehen.

Vereinzelt wird trotzdem im Schrifttum vorgeschlagen, derartige Ausgleichsansprüche entgegen der herrschenden Rechtsprechung automatisch als Rechnungsposten im Anfangsvermögen zu berücksichtigen.[578] Diesem Ansatz soll hier zwar nicht gefolgt werden. Aber die Vermögensverschiebungen sind trotzdem auszugleichen. Denn es ist widersprüchlich, im Fall des Beziehungsendes Ausgleichsansprüche ausnahmsweise zu gewähren und im Falle einer sich an die nichteheliche Lebensgemeinschaft anschließenden Ehe durchweg zu ignorieren. Die Rechtsprechung gewährt daher in Ausnahmefällen einen Vermögensausgleich der vorehelichen Leistungen *neben* dem Zugewinnausgleich. Hierauf wird im Folgenden eingegangen.

---

575 S. nur BGH, NJW 1981, S. 1038, 1039; NJW 1982, S. 279; BGH, FamRZ 2007, S. 877, 878.

576 Hierzu BGHZ 82, 149 = NJW 1982, S. 279; hierzu auch OLG Karlsruhe, FamRZ 1993, S. 1447 und Staudinger/*Thiele* § 1374 Rn. 3. Z. B. Ein Anwartschaftsrecht reicht nach BGH, FamRZ 1983, S. 882, 885. Johannsen/Henrich/*Jaeger* § 1374 Rn. 8 f. sowie Rn. 9 a.E. zum Streitstand, ob Vererblichkeit als Kriterium zu fordern ist.

577 So missverständlich ausgedrückt wohl auch Palandt/*Brudermüller* § 1374 Rn. 4. Deshalb gleicht der BGH die vorehelichen Leistungen *neben* dem Zugewinnausgleich aus, vgl. etwa BGH, NJW 1992, S. 427, 428. Siehe hierzu sogleich unter 2.

578 So anscheinend *Rauscher,* Rn. 417a; auch *Haußleiter,* NJW 2006, S. 2741, 2742 ff.

2. Ausgleichsansprüche neben dem Zugewinnausgleich

Der BGH billigt in seiner Entscheidung vom 2.10.1991 bei „schlechthin untragbaren Ergebnissen“ einen Ausgleichsanspruch wegen vorehelicher Leistungen neben dem Zugewinnausgleich über § 242 BGB zu:[579]

„Haben Verlobte im Hinblick auf ihre spätere eheliche Lebensgemeinschaft erhebliche Sach- und Arbeitsleistungen erbracht, um auf einem Grundstück, das einem von ihnen allein gehört, ein Familienheim zu errichten, so kann dem anderen ein den Anspruch auf Zugewinnausgleich ergänzender Ausgleichsanspruch zustehen, wenn die alsdann geschlossene, im gesetzlichen Güterstand geführte Ehe scheitert.“[580]

Dieser Entscheidung lag folgender Sachverhalt zugrunde: Der Mann und Verlobte war Alleineigentümer eines 840m² großen, unbebauten Grundstücks. Auf diesem Grundstück errichteten die Verlobten gemeinsam ein großzügiges Einfamilienhaus – jeweils mit ihren bisherigen Ersparnissen und mit Arbeitsleistungen. Nach der Eheschließung bezogen die Ehegatten das Haus. Die Frau verlangte nach dem Scheitern der Ehe unter anderem ca. 54.000 DM, die sie vor der Ehe für Handwerkerrechnungen und Baumaterialen aufgewendet hat.

Die vorehelichen Leistungen beziehen sich auf einen konkreten Gegenstand (das Haus bzw. das Grundstück eines Partners). Grundlage dieses Anspruchs bilden die Grundsätze des Wegfalls der Geschäftsgrundlage, die nunmehr in § 313 BGB gesetzlich geregelt sind.[581] Der BGH vergleicht dabei die Leistungen der Ehegatten während des Verlöbnisses mit denen in einer Gütertrennungsehe. Zwischen den Verlobten bestehe ebenfalls ein (stillschweigend zustande gekommener) Kooperationsvertrag hinsichtlich der gegenseitigen Unterstützungsbeiträge finanzieller und anderer Art zum Hausbau – anders als bei nichtehelichen Lebensgemeinschaften ohne Verlöbnis. Der BGH verweist insoweit auf eine Entscheidung des OLG Hamm,[582] welches bei ähnlicher Konstellation die Grundsätze des Wegfalls der Geschäftsgrundlage herangezogen hatte:

„Indem die Parteien sich dahin verständigt haben, im Hinblick auf die von ihnen ins Auge gefasste Eheschließung durch gemeinsame Leistungen ein Fami-

579 BGH, NJW 1992, S. 427 = FamRZ 1992, S. 160. Bereits zuvor hat der BGH in einem Fall vorehelicher Zuwendungen die Grundsätze des Wegfalls der Geschäftsgrundlage, die Zweckverfehlungskondiktion (§ 812 I 2 Alt. 2 BGB) sowie das Schenkungsrecht (Widerruf, §§ 530 ff. BGB) erörtert, vgl. BGH, NJW 1983, S. 2933. Der zugrunde liegende Sachverhalt war dort jedoch etwas atypisch und ein Rückübertragungsanspruch kam unter keinem Gesichtspunkt in Betracht.

580 BGH, NJW 1992, S. 427 = FamRZ 1992, S. 160.

581 BGH, NJW 1992, S. 427, 428.

582 OLG Hamm, FamRZ 1983, S. 494.

lienwohnheim zu schaffen, um darin später nach der Eheschließung die eheliche Lebensgemeinschaft zu verwirklichen, haben sie stillschweigend einen Vertrag geschlossen."[583]

Geschäftsgrundlage im Sinne des § 313 BGB ist jeweils der Bestand der künftigen Ehe.[584]

Ein Ausgleichsbedürfnis besteht, weil die voreheliche Wertsteigerung durch den Hausbau bei einem Grundstück, das allein einem Ehegatten gehört, nur das Anfangsvermögen dieses Ehegatten erhöht (vgl. § 1376 I BGB). Der mitleistende andere Ehegatte kann deshalb über die §§ 1372 ff. BGB keinen hälftigen Ausgleich des Zugewinns bezüglich des Hauses verlangen.[585] Gerade deshalb gesteht der BGH einen den Zugewinnausgleich ergänzenden Ausgleichsanspruch über § 242 BGB zu.[586] Dieser ist grundsätzlich so zu berechnen, als besäße das Grundstück für das Anfangsvermögen allein den Wert vor Beginn der Arbeitsleistungen.[587] Der Ausgleichsberechtigte erhält dadurch das Mehr an Zugewinnausgleich, was sich ergeben würde, wenn das Hausgrundstück bei Eheschließung nur den geringeren Wert ohne die eigenen vorehelichen Leistungen hätte. Der vorehelich zuwendende Ehegatte darf nicht besser gestellt werden als der nach der Eheschließung zuwendende.[588]

Das OLG Köln[589] schloss sich in einem ähnlichen Fall diesen Grundsätzen an. Ausgleichsberechtigter war hier der Ehemann, der einen Tag vor der Eheschließung seiner Verlobten 175.000 DM für den Erwerb des Familienhauses zuwendete. Wie der BGH lehnt das OLG den pauschalen Ausgleich der vorehelichen Zuwendung ab. Aber das Gericht gesteht ausnahmsweise einen Ausgleich über die Grundsätze des Wegfalls der Geschäftsgrundlage zu.

Auch das OLG Karlsruhe zieht die BGH-Rechtsprechung zum Ausgleich von Zuwendungen unter Verlobten heran und betont dabei die Begrenzung eines Vermögensausgleichs auf Gegenstände erheblichen Umfangs.[590] Nicht hierunter fällt nach Meinung des OLG der Fall, dass vor der Ehe ein Geldbetrag i. H. v.

---

583 OLG Hamm, FamRZ 1983, S. 494, 495.

584 Siehe hierzu ferner *Grziwotz,* S. 47.

585 Vgl. hierzu BGH, NJW 1992, S. 427, 429.

586 Hier verweist der BGH auf die BGH-Rechtsprechung kurz zuvor (vgl. BGH, NJW 1991, S. 2553, 2555) zum zulässigen Ausgleich von Leistungen neben dem Zugewinnausgleich.

587 BGH, NJW 1992, S. 427, 429. Exemplarische Berechnung anhand der Methode des BGH bei *Haußleiter/Schulz,* Kapitel 6 Rn. 153 ff.

588 BGH, FamRZ 1992, S. 427, 429; sich anschließend ferner *Kogel,* FamRB 2007, S. 273, 274.

589 OLG Köln, NJW 2002, S. 3784 = FamRZ 2002, S. 1404 m. Anm. *Wever* und Anm. *Quack,* FamRZ 2003, S. 606.

590 Vgl. OLG Karlsruhe, FamRZ 2004, S. 1028, 1029.

21.000 DM zur Finanzierung eines Pkws zugewendet wird. Dabei sei fraglich, ob das Anschaffen von Verbrauchsartikeln oder Haushaltsgegenständen ebenfalls wie die Schaffung von gemeinsamem Wohnraum der Verwirklichung der Lebensgemeinschaft dienen könne.[591]

Das OLG Celle[592] entschied unter Heranziehung der Entscheidung des OLG Köln,[593] das kurz vor der Ehe für ein Baufinanzierungsdarlehen aufgewendete Geld könne ausnahmsweise bei Scheidung zum Teil zurück beansprucht werden:

„Ein möglicher Ausgleichsanspruch wegen der Eingehung von Verbindlichkeiten, die ein geschiedener Ehegatte in Erwartung der Ehe zur Aufbringung von Eigenkapital für das gemeinsame Familienheim kurz vor der Eheschließung eingeht, kann grundsätzlich nur danach bemessen werden, was dieser Ehegatte an Mehr als Zugewinn erhalten würde, wenn die durch die Einbringung dieser Mittel bewirkte Zuwendung erst nach der Eheschließung erfolgt wäre und der entsprechende Betrag deshalb aus dem Anfangsvermögen des anderen Ehegatten herausgerechnet würde."[594]

Schließlich sei noch eine aktuellere Entscheidung des KG genannt.[595] Es ging um den Fall einer vorehelichen Zuwendung der Eltern der späteren Ehefrau zugunsten des Familienheims der Eheleute. Das Haus befand sich auf dem Grundstück des Mannes. Die Ehegatten schlossen einen Vergleich nach der Scheidung, womit auch der Vermögensausgleich geregelt wurde. Deshalb konnten in diesem Fall keine weiteren Ansprüche neben dem Vergleich geltend gemacht werden.[596] Gleichwohl macht das KG Ausführungen zu einem möglichen Ausgleich wegen der vorehelichen Zuwendung der (Schwieger-) Eltern aus § 313 BGB. Mit Blick auf die maßgebliche BGH-Entscheidung vom 2.10.1991[597] stellt das KG fest, der BGH fordere zwar ein Verlöbnis der Ehegatten für einen Ausgleich neben dem Zugewinn.

„Jedoch ist zwischen den Parteien jedenfalls unstreitig, dass damals die dann tatsächlich auch erfolgte Eheschließung bereits beabsichtigt war, was für die

---

591 OLG Karlsruhe, FamRZ 2004, S. 1028, 1029. Ein Darlehensvertrag hinsichtlich der 20.000 DM konnte durch die Ausgleichsbegehrende nicht dargelegt werden.

592 OLG Celle, FamRZ 2006, S. 206, vor allem S. 208.

593 OLG Köln, NJW 2002, S. 3784 = FamRZ 2002, S. 1404.

594 OLG Celle, FamRZ 2006, S. 206, 208.

595 KG, NJW-RR 2007, S. 365.

596 Kläger waren die Eltern der Frau, die eigene Ansprüche sowie solche der Tochter gegen den Mann (welche die Tochter an ihre Eltern abgetreten hatte) geltend machten. Der Vergleich sprach im Ergebnis gegen jegliche Ansprüche – seien es solche aus eigenem oder fremden Recht, vgl. KG, NJW-RR 2007, S. 365 ff.

597 BGH, NJW 1992, S. 427, hierzu soeben.

Anwendung der Grundsätze über ehebedingte Zuwendungen ausreichend ist, ohne dass es der Darlegung eines förmlichen Verlöbnisses bedarf."[598]

Mithin scheint die Rechtsprechung mittlerweile auf das Vorhandensein eines Verlöbnisses weniger Wert zu legen als auf das Bestehen von Heiratsabsichten schlechthin.[599] Dem entspricht auch die neueste Rechtsprechung des BGH zum Vermögensausgleich nichtehelicher Lebensgemeinschaften. Dabei zieht der BGH als Ausgleichsmechanismus nicht mehr allein das Recht der Gesellschaft bürgerlichen Rechts heran, sondern er erwägt ebenso einen Ausgleich nach § 313 BGB oder § 812 I 2 Hs. 2 BGB.[600]

Neben den Grundsätzen des Wegfalls der Geschäftsgrundlage hat der BGH aber in seiner Entscheidung vom 28.9.2005 (ebenfalls ausnahmsweise) einen Ausgleich vorehelicher Beiträge über das Gesellschaftsrecht (§§ 705 ff. BGB) neben dem Zugewinnausgleich anerkannt.[601] Im zugrunde liegenden Fall arbeitete der Ehemann bereits vor (sowie während) der Ehe in einem Betrieb, der auf den Namen der Ehefrau lief. Hierbei verlangte der BGH nicht das Vorliegen eines wirksamen Verlöbnisses – anders als bei seiner Entscheidung zu § 313 BGB bzw. § 242 BGB.[602] An den schlüssigen Abschluss eines Gesellschaftsvertrags werden freilich strenge Voraussetzungen geknüpft. Es bedarf eines über die Lebensgemeinschaft hinausgehenden Gesellschaftszwecks und gleichberechtigter Mitarbeit der Lebensgefährten. Für voreheliche Zeiten hält der BGH fest:[603]

„Aber auch der Zeitraum, in dem vor der Eheschließung bereits eine gemeinsam erarbeitete Vermögensmehrung im Vermögen der [Ehefrau] stattgefunden hat, kann für die Bemessung des Ausgleichs ebenso maßgebend sein wie derjenige, der nach dem erfolgten Güterstandswechsel liegt (…). Denn eine gesellschaftsrechtliche Bindung kommt nicht nur von der Heirat an (als Ehegatteninnengesellschaft) in Betracht, sondern kann auch schon zuvor, also insbesondere während des Bestehens einer nichtehelichen Lebensgemeinschaft, vorgelegen haben."

Ähnlich hat das OLG Celle bereits zuvor einen Ausgleich vorehelicher Leistungen über das Gesellschaftsrecht beleuchtet.[604] Es hat die vom BGH anerkannten gesellschaftsrechtlichen Analogien zum Vermögensausgleich nichtehelicher

598 KG, NJW-RR 2007, S. 365, 366.

599 Wobei Darlegung und Beweis der Heiratsabsichten sicherlich oft problematisch ist, vgl. hierzu etwa Kapitel 7 A. II. 3. b) cc) (1).

600 Siehe hierzu erstmals BGH, FamRZ 2008, S. 1822; aktuell etwa BGH, NJW 2010, S. 998.

601 BGH, NJW 2006, S. 1268.

602 BGH, NJW 1992, S. 427, 428.

603 BGH, NJW 2006, S. 1268, 1270.

604 OLG Celle, NJW-RR 2000, S. 1675.

Lebensgemeinschaften herangezogen, um dem Grunde nach einen Ausgleichsanspruch wegen vorehelicher Leistungen entsprechend §§ 730 f. BGB zu gewähren.[605] Im zu entscheidenden Fall ging es ebenfalls um Investitionen, die vor der Ehe auf das Grundstück eines Ehegatten getätigt wurden – ohne Verlöbnis der Parteien.

3. Ergebnis

Die Rechtsprechung berücksichtigt voreheliche Leistungen nicht mittels Auslegung des § 1374 BGB (Anfangsvermögen). Vielmehr werden bei vorehelichen Leistungen zugunsten des Familienheims ausnahmsweise neben dem Zugewinnausgleich ergänzende Ansprüche über § 313 BGB gewährt. Haben die späteren Ehegatten bereits vorehelich zusammen ein Unternehmen geführt, gewährt der BGH (freilich restriktiv) einen vom Zugewinnausgleich unabhängigen Ausgleich der vorehelichen Beiträge über das Gesellschaftsrecht (§§ 705 ff. BGB).[606] Laufende Leistungen wie Kinderbetreuung oder Haushaltsführung gleicht die Rechtsprechung bislang nicht aus.

II. Möglichkeiten und Grenzen einer Auslegung der §§ 1372 ff. BGB

Möglicherweise kann eine Berücksichtigung vorehelicher Beziehungszeiten entgegen der bisherigen Rechtsprechung durch Auslegung der §§ 1372 ff. BGB erreicht werden. Teleologische Gründe könnten eine derartige Auslegung gebieten, wobei der Wortlaut der §§ 1372 ff. BGB die Auslegungsgrenze markiert.

1. Gebotene Auslegung nach Sinn und Zweck des Zugewinnausgleichs

a) Notwendigkeit des Nachteilsausgleichs bei Vermögensbildung

Der Zugewinnausgleich basiert auf dem Modell der „Hausfrauenehe".[607] Da ein Zusammenhang zwischen der Vermögensmehrung aufseiten des Berufstätigen und der Einschränkung der Erwerbstätigkeit aufseiten des Haushaltsführenden besteht, gleicht der Zugewinnausgleich im Grunde ähnlich wie das Unterhalts-

---

605 Das OLG Celle, NJW-RR 2000, S. 1675, 1676 verweist insoweit u. a. auf BGH, NJW 1997, S. 3371.

606 BGH, NJW 2006, S. 1268.

607 Hierzu kritisch *Muscheler,* Rn. 336.

recht die ehebedingten Nachteile aus.[608] Der Vermögensnachteil des haushaltsführenden Partners besteht darin, dass er mangels umfassender Erwerbstätigkeit kein oder weniger eigenes Vermögen ansammeln konnte. Solche Nachteile bei der Vermögensbildung werden nicht durch das Unterhaltsrecht als Scheidungsfolge kompensiert.[609] Deshalb reicht die in Kapitel 2 diskutierte Berücksichtigung vorehelich eingetretener Fortkommensnachteile im Unterhaltsrecht nicht aus, um alle vorehelich entstandenen Nachteile eines Partners im Scheidungsfolgenrecht und damit auch im Zugewinnausgleich zu egalisieren.

Wie in Kapitel 1 gezeigt,[610] gestalten die Ehegatten oft bereits vor der Eheschließung die Haushaltsführung und Erwerbstätigkeit im traditionellen Sinne. Vor allem in den ersten Monaten oder Jahren nach der Geburt eines gemeinschaftlichen Kindes übernimmt die Mutter die Kinderbetreuung und gibt ihre Erwerbstätigkeit hierfür (zeitweise) auf. Für diese Phase ohne eigene Erwerbstätigkeit kann der kinderbetreuende Lebensgefährte kein eigenes Vermögen ansammeln. Gleichzeitig erfährt der allein berufstätige Partner eine Entlastung von den auch ihm obliegenden häuslichen Pflichten. Mithin gebietet es der Gedanke der Nachteilskompensation, beim Zugewinnausgleich ebenfalls Vermögensmehrungen des berufstätigen Partners während der vorehelichen Beziehungszeit zu berücksichtigen.[611]

Der Zugewinnausgleich geht in seiner Wirkung sogar über den bloßen Ausgleich ehebedingter Nachteile in typisierender Weise hinaus.[612] Was den Ausgleich vorehelicher Vermögensmehrungen angeht, sollte sich eine Berücksichtigung daher grundsätzlich an den tatsächlich entstandenen Nachteilen für die Vermögensbildung orientieren. Es darf nicht an die voreheliche Beziehungsdauer als Kriterium angeknüpft werden. Die Rollenverteilung schleicht sich meist langsam im Laufe des Zusammenlebens der Partner ein. Oder die vorehelichen Lebensgefährten lebten ganz oder zeitweise nach dem Modell der Zuverdienerehe und die Frau konnte nur anteilig weniger Vermögen ansammeln. Ein pauschaler, hälftiger Vermögensausgleich ab dem ersten Tag des vorehelichen Zusammenlebens und damit ohne Rücksicht auf ein tatsächlich gelebtes Hausfrauenmodell ist nur für ehezeitlichen Vermögenserwerb möglich. Denn nur bei einer Ehe kann auf den schematischen Teilungsschlüssel (Halbteilung) abgestellt und eine Mitverursachung der Vermögensnachteile durch den berufstätigen E-

---

608 Ähnlich auch BGH, FamRZ 2005, S. 1444, 1447 = NJW 2005, S. 2386, 2389.

609 Vgl. hierzu *Wellenhofer,* AnwBl 2008, S. 559, 563.

610 Siehe Kapitel 1 B. II. und B. III.

611 So auch *Dethloff,* Gutachten, A 103. Eine stärkere Berücksichtigung vorehelicher Zeiten wegen geänderter sozialer Strukturen fordert *Grziwotz,* FamRZ 2003, S. 1417, 1424. Vgl. hierzu auch *Wellenhofer,* AnwBl 2008, S. 559, 563.

612 BGH, FPR 2004, S. 209, 212.

hegatten vermutet werden.[613] Aus diesem Grunde muss der Halbteilungsgrundsatz auch die maximale Obergrenze bilden, wenn die Partner ohne Ehe zusammenleben.[614]

b) Verfassungsrechtliche Gründe

Ebenso ermöglicht Art. 6 I GG, der den Zugewinnausgleich verfassungsrechtlich legitimiert, keine pauschale Berücksichtigung der vorehelichen Vermögensmehrungen, weil dem vorehelichen Zusammenleben als Paarbeziehung nicht der ehegleiche Verfassungsschutz zuteil wird.[615]

Allerdings greifen Gleichberechtigungsgedanken (Art. 3 II GG) beim Zugewinnausgleich zugunsten der Frau unabhängig von der Formalisierung der Partnerschaft. Denn die Frau führt auch ohne Ehe regelmäßig den Haushalt oder betreut die Kinder.[616] In diese Richtung geht auch der Schutz des Schwächeren aus dem Sozialstaatsprinzip (Art. 20 I GG), der zugunsten der Frau ausnahmsweise eine Teilhabe am vorehelich Erwirtschafteten gebietet.[617] Als Maßstab der Teilhabe ist auch Art. 3 II GG der Halbteilungsgrundsatz (hier als Obergrenze) zu entnehmen.

c) Wertung des § 1374 II BGB

Schließlich kann die Wertung des § 1374 II BGB (Hinzurechnung des privilegierten Erwerbs zum Anfangsvermögen) herangezogen werden. Nach § 1374 II BGB sind Vermögensmehrungen ausdrücklich vom Zugewinnausgleich ausgeschlossen, soweit diese in keinem Zusammenhang mit der ehelichen Lebensgemeinschaft stehen.[618] Ein klassisches Beispiel hierfür ist die Erbschaft eines Ehegatten während der Ehezeit. Es fehlt insoweit die gemeinsame Anstrengung für den Vermögenserwerb.[619]

Im Umkehrschluss erfasst der Zugewinnausgleich alle Vermögensleistungen, die gerade im Zusammenhang mit der ehelichen Lebensgemeinschaft stehen und unter gemeinsamer Anstrengung erworben wurden. Haben die Ehegatten bereits vor der Ehe und im Hinblick auf die Ehe gemeinsam gewirtschaftet,

613 Vgl. hierzu *Gernhuber/Coester-Waltjen,* § 34 I 5.

614 Hierzu *Wellenhofer,* AnwBl 2008, S. 559, 563.

615 Siehe Kapitel 6 B. I. 4. und II.

616 Die objektiv-rechtliche Dimension des Art. 3 II GG gebiete sogar unabhängig von der Art der Paarbeziehung Schutz, vgl. *Isensee,* Handbuch des Staatsrechts, § 111 Rn. 129.

617 Ähnlich hierzu *Wellenhofer,* AnwBl 2008, S. 559 f.

618 Hierzu etwa MünchKomm/*Koch* § 1374 Rn. 13.

619 Staudinger/*Thiele* § 1374 Rn. 22.

so müsste sich der Zugewinnausgleich aus Wertungsgründen auch auf diese Vermögensmehrungen erstrecken.[620]

d) Vertrauen in dauerhafte Teilhabe am Vermögen des anderen

Im Grunde ist es das Vertrauen in den dauerhaften Bestand der Beziehung und damit eine entsprechende gleichmäßige Teilhabe an den Früchten des gemeinsamen Wirtschaftens, das den Zugewinnausgleich oder einen sonstigen Vermögensausgleich rechtfertigt.[621] Solches Vertrauen bildet sich regelmäßig stärker bei einer bestehenden Ehe. Aber bereits vor der Ehe kann ein berechtigtes Vertrauen seitens des Ausgleichsberechtigten auf eine dauerhafte Teilhabe am Vermögen seines späteren Ehegatten entstehen. Insoweit kann im Grunde auf die Ausführungen in Kapitel 2 zum vorehelich entstehenden Vertrauen in die dauerhafte Versorgung durch den anderen Partner verwiesen werden.[622]

Denkbar ist der Fall, dass sich die Lebensgefährten für gemeinsame Kinder vor der Ehe entschieden haben. Die Frau, die grundsätzlich aussichtsreiche Erwerbsmöglichkeiten hat, verzichtet bereits vor der Ehe auf die Berufsausübung zugunsten der Kindererziehung. Der noch besser verdienende Mann sichert ihr zu, dass sie ebenso an seinem erworbenen Vermögen teilhaben werde. Kommt es zur Eheschließung und nach einigen Jahren wiederum zur Scheidung, so sollte das voreheliche und berechtigte Vertrauen der Frau eine Modifizierung des Zugewinnausgleichs bewirken. Das Ausbleiben der Vermögensbildung vor der Ehe aufseiten der Frau sollte beim Zugewinnausgleich aus Wertungsgründen dann ausnahmsweise rechnerisch mit berücksichtigt werden.

e) Berücksichtigung gegenstandsbezogener Leistungen

Die Rechtsprechung gewährt Ausgleichsansprüche hinsichtlich gegenstandsbezogener vorehelicher Leistungen wie gezeigt insbesondere über §§ 313, 730 ff. BGB.[623] Es handelt sich meist um Vermögensbeiträge für den gemeinsamen Hausbau oder das gemeinsam geführte Unternehmen. Daneben sind entsprechende Arbeitsleistungen vorstellbar. Die Rechtsprechung berücksichtigt solche Ausgleichsansprüche bislang nur nicht im Rahmen der §§ 1372 ff. BGB, sondern gewährt sie neben dem Zugewinnausgleich als isolierte Ansprüche. Eine Berücksichtigung im Rahmen des Zugewinnausgleichs wäre aber eigentlich die

---

620 In diese Richtung geht auch der in Kapitel 7 gemachte Regelungsvorschlag.

621 Vgl. ähnlich *Röthel,* Jura 2006, S. 641, 650 für Zuwendungen schlechthin.

622 Vgl. Kapitel 2 C. I. 2. b) bb).

623 Siehe hierzu oben unter C. I. 2.

praktischere Lösung. Gäbe es eine entsprechende Härteklausel bei den §§ 1372 ff. BGB, so könnte der Rechtsanwender für das Problem bereits vorehelicher Vermögensverschiebungen zudem sensibilisiert werden.

2. Grenzen der Auslegung beim Anfangsvermögen – § 1374 BGB

Im Folgenden fragt sich, ob diese ausnahmsweise gebotene Berücksichtigung der vorehelichen Vermögensmehrungen über eine Auslegung des Anfangsvermögens realisiert werden kann.

a) Einzelne Auslegungsoptionen bei § 1374 BGB

Gesetzesdogmatisch könnte die Einbeziehung der Vermögensnachteile durch die Vorverlegung des Anfangsstichtags (§ 1374 I BGB) geschehen. Der Anfangsstichtag ist nämlich in der der Regel der Tag der Eheschließung.[624] Wie bereits oben gezeigt,[625] kann nicht auf den Beziehungsbeginn oder den Zeitpunkt des Zusammenziehens als Stichtag für das Anfangsvermögen verwiesen werden. Der pauschale Vermögensausgleich aufgrund der Beziehungsdauer bleibt ein Eheprivileg. Allerdings könnte der Berechnungszeitpunkt auf den Tag vorverlegt werden, ab dem der vermögensrechtlich benachteiligte Partner seine Erwerbstätigkeit eingestellt oder beschränkt hat – vorausgesetzt er hat bis zur Eheschließung nicht mehr zwischenzeitlich voll gearbeitet. Hierbei könnte entweder auf das genaue Datum abgestellt werden, zu dem der Partner sein Arbeitsverhältnis beendet oder unterbrochen hat. Oder es könnte auf den Zeitpunkt der Kindesgeburt abgestellt werden, der ebenso eindeutig feststellbar ist. Bei gegenstandsbezogenen Investitionen zugunsten des Hausbaus oder eines Unternehmens könnte der Anfangsstichtag auf den Bau- bzw. Investitionsbeginn vorverlagert werden.

Eine andere Herangehensweise ist, dass man vor allem bei gegenstandsbezogenen Leistungen den Wert der Investition über § 242 BGB bei der Berechnung des Anfangsvermögens des Ausgleichspflichtigen ausnahmsweise nicht berücksichtigt oder „herausrechnet".[626] Insofern würden die vorehelichen Wertsteigerungen ausgleichsfähig. Denn sie würden als Zugewinn die Differenz zwischen Anfangs- und Endvermögen erhöhen, vgl. § 1373 BGB. Ein tatsächlicher Ausgleich findet dagegen nur statt, wenn sich die Wertsteigerung auch noch im Endvermögen (§ 1375 I BGB) des Ausgleichspflichtigen niederschlägt. Hierauf

---

624 Hierzu etwa *Dethloff*, Gutachten, A 104 sowie unter D. II. 2. zur Ehevertragsgestaltung.

625 Siehe C. II. 2. b).

626 Vgl. so *Grziwotz*, S. 47 oder *Haußleiter/Schulz*, Kapitel 6 Rn. 155 f.

basierend wären dann jeweils der Zugewinn sowie die Ausgleichsforderung zu berechnen.[627]

Zuletzt ist denkbar, dass man die nach der BGH-Rechtsprechung zum Vermögensausgleich nichtehelicher Lebensgemeinschaften eigentlich gebotene Ausgleichsforderung als Rechnungsposten zum Anfangsvermögen des Ausgleichsberechtigten zählt. Ein veranschaulichendes Beispiel wurde bereits oben geschildert.[628]

b) Wortlautgrenze des § 1374 BGB

Im nächsten Schritt fragt sich aber, inwieweit der Wortlaut des § 1374 BGB einer Einbeziehung vorehelicher Zeiten durch Auslegung entgegensteht.[629] Der Wortlaut des § 1374 I BGB ist eindeutig: „Anfangsvermögen ist das Vermögen, das einem Ehegatten [...] beim Eintritt des Güterstands gehört.“ Es gibt dabei keine Öffnungs- oder Härteklausel, über welche auch Dispositionen vor Eintritt des Güterstands, der sich regelmäßig mit dem Zeitpunkt der Eheschließung deckt, berücksichtigt werden könnten. Außerdem ist eine Vorverlegung des *End*stichtags ausdrücklich geregelt in § 1384 BGB, während es für das Anfangsvermögen keine entsprechende Regelung gibt. Als gesetzliche Modifikationen des Anfangsvermögens gibt es nur den privilegierten Erwerb nach § 1374 II BGB.

Darüber hinaus gilt für die Berechnung des Zugewinnausgleichs und damit auch für die Berechnung des Anfangsvermögens nach § 1374 I BGB das *Stichtagsprinzip,* welches nicht zuletzt der Rechtssicherheit dient.[630] Bisher gibt es nur einzelne Stellen, an denen der Gesetzgeber hiervon abgewichen ist, z. B. bei §§ 1383 f., 1374 II, 1375 II BGB. Es verbietet sich daher eine nicht normierte, erweiternde Auslegung des § 1374 I BGB wegen vorehelicher Vermögensdispositionen. Daneben ist es meist schwer, einen festen Stichtag wie den Tag der Eheschließung für den Beginn der vorehelichen Arbeitsteilung zu finden. Zwar lassen sich das Datum der Aufgabe der Erwerbstätigkeit oder der Kindesgeburt meist festmachen. Aber der Stichtag des § 1374 I BGB muss zur klaren Bere-

627 *Haußleiter/Schulz,* Kapitel 6 Rn. 155 f.

628 Siehe unter C. I. 1. b).

629 Teils wird strikt davon ausgegangen, eine faktische Minimierung des Anfangsvermögens des Empfängers sprenge die Grenzen des § 1374 BGB, vgl. *Kogel,* FamRB 2007, S. 273, 274.

630 So zum Stichtagsprinzip beim Endvermögen etwa OLG Bremen, FamRZ 1998, S. 1516, 1517. Zum Stichtagsprinzip siehe ferner Bamberger/Roth/*Mayer* § 1376 Rn. 2; „strenges Stichtagsprinzip“ nach Schwab/*Schwab,* Handbuch, VII Rn. 24. Daher Zugewinnausgleich als starres Ausgleichssystem nach *Brudermüller,* FamRZ 2009, S. 1185.

chenbarkeit des Zugewinns bzw. der Ausgleichssumme grundsätzlich streng eingehalten werden.[631] Der Stichtag der Eheschließung steht insofern von vornherein fest und ist bei jedem Ehepaar gleich zu ermitteln. Andere Stichtage – wie die Kindesgeburt oder die Aufgabe der Erwerbstätigkeit – sind sehr einzelfallabhängig zu bestimmen. Vorstellbar ist zwar grundsätzlich, die Aufgabe der Erwerbstätigkeit etwa durch Kontoauszüge oder Schriftsätze zwischen Arbeitgeber und Arbeitnehmer darzulegen. Solchen Unterlagen kommt indes weitaus weniger Beweiskraft zu als einer Eheurkunde (früher: Heiratsurkunde)[632]. Mithin kann der Anfangsstichtag nach bisheriger Rechtslage nicht auf alternative Zeitpunkte vorverlegt werden.

Bei gegenstandsbezogenen, vorehelichen Leistungen ist das Stichtagsprinzip zwar durchaus weniger betroffen.[633] In der Regel wurden die maßgeblichen Investitionszeitpunkte nämlich schriftlich fixiert (z. B. Eintragung des Familienbetriebs in das Handelsregister oder des Hausgrundstücks in das Grundbuch). Allerdings stimmt dieser Zeitpunkt nicht zwingend mit dem Zeitpunkt der tatsächlichen Investition überein. Fraglich bleibt außerdem der konkrete Wert der Zuwendung bzw. der genaue Anteil der Teilhabe an der Zuwendung, um den das Anfangsvermögen des Begünstigten tatsächlich zu verringern wäre.[634] Schließlich berücksichtigt die Rechtsprechung wie oben gezeigt solche Ausgleichsansprüche gerade nicht beim Anfangsvermögen, weil hierunter nur zum Eheschließungszeitpunkt *entstandene* Forderungen fallen.[635] Beim bisherigen Gesetzeswortlaut ist dieser Rechtsprechung insoweit zuzustimmen.

Des Weiteren sei kurz auf die Auslegungsmöglichkeiten bei § 1374 II BGB und damit beim sog. privilegierten Erwerb eingegangen.[636] Die Regelung des § 1374 II BGB enthält eine Ausnahme von der strikten Regel des § 1374 I BGB und modifiziert das Anfangsvermögen eines Partners für den Fall von „Vermögen, das ein Ehegatte nach Eintritt des Güterstandes von Todes wegen oder mit Rücksicht auf ein künftiges Erbrecht, durch Schenkung oder als Ausstattung er-

631 Kritisch zu dieser Starrheit wohl *Brudermüller,* NJW 2010, S. 401, 403; zu den Grenzen der Auslegung der zugewinnrechtlichen Stichtagsnormen siehe vertiefend *Koch,* in *Schwab/Hahne,* S. 139 ff.

632 Seit der Reform des PStG mit Wirkung zum 1.1.2009 gibt es „Eheurkunden" (§ 57 PStG) als Personenstandsurkunden, die meist in Form eines Ausdrucks aus dem Eheregister erstellt werden, vgl. § 57 I Nr. 2 PStG.

633 So *Grziwotz,* S. 48.

634 Hier wäre der hypothetische Parteiwille zugrunde zu legen. Vielleicht sind der Zuwendung nämlich Schenkungskomponenten immanent oder die Parteien behalten sich eine vertragliche Regelung bewusst vor.

635 Siehe hierzu C. I. 1. b).

636 Zum Begriff des „privilegierten Erwerbs" s. etwa MünchKomm/*Koch* § 1374 Rn. 13.

wirbt“. Mithilfe des § 1374 II BGB kann also Vermögen zum Anfangsvermögen hinzugerechnet werden. Denkbar wäre mithin, das bereits vorehelich erworbene Vermögen der Ehegatten über § 1374 II BGB ebenfalls zum Anfangsvermögen zu rechnen. Der privilegierte Erwerb steht aber gerade nicht im Zusammenhang mit der ehelichen Lebensgemeinschaft und mit entsprechender Arbeitsteilung. Außerdem fallen voreheliche Vermögensmehrungen ohnehin nicht unter § 1374 II BGB, da ein Erwerb „nach Eintritt des Güterstandes“ vorliegen muss. Darüber hinaus steht einer solchen extensiven Auslegung jedenfalls entgegen, dass § 1374 II BGB als Ausnahmevorschrift eng auszulegen ist.[637]

c) Ergebnis

Damit scheitert eine im Grunde gebotene Berücksichtigung der vorehelichen Vermögensnachteile am starren Wortlaut des § 1374 BGB.

3. Veränderung des Ausgleichsanspruchs – § 1378 BGB

Ferner ist denkbar, die vorehelichen Nachteile bei der Vermögensbildung durch Veränderung der Ausgleichsquote zu erfassen. Für die Ehezeit gilt eine Teilung der Vermögensmehrung nach dem Halbteilungsgrundsatz, vgl. nach § 1378 I BGB „die Hälfte“. Behält man formal die Ehezeit als Zeitspanne bei und erhöht man nur die reguläre Ausgleichsquote von 50 % auf etwa 60 % oder 80 %, so könnten auf diese Weise wertmäßig die vorehelichen Vermögensnachteile des Ausgleichsberechtigten berücksichtigt werden. Der Halbteilungsgrundsatz des § 1378 I BGB bliebe dabei inhaltlich gewahrt. Nur rechnerisch würde die Quote modifiziert, während es tatsächlich für die Ehezeit bei einer hälftigen Teilhabe geblieben. Die durch voreheliche Aufgabenteilung verursachten Vermögensnachteile sollten grundsätzlich ebenfalls zur hälftigen Teilung des Vermögens führen.[638] Ein Berechnungsbeispiel findet sich in Kapitel 4 für den ähnlich ausgestalteten Versorgungsausgleich.[639]

Dennoch erscheint eine solche Vorgehensweise zu kompliziert und es besteht die Gefahr von Rechtsunsicherheit.[640] Es ist in vielen Fällen unklar, welche genaue Quote im Einzelfall geboten ist – etwa bei nicht ununterbrochener Auf-

637 BGH, NJW 1981, S. 1038, 1039; MünchKomm/*Koch* § 1374 BGB Rn. 14 m. w. Nw.

638 Wie oben unter C. II. 1. a) gezeigt. Nach *Wellenhofer,* AnwBl 2008, S. 559, 563 höchstens eine Halbteilung bei nichtehelichen Lebensgemeinschaften. Zur aktuellen Diskussion des Halbteilungsgrundsatzes, der etwa bei Doppelverdienerehen kritisiert wird, siehe *Dethloff,* FS Frank, S. 81, 96.

639 Kapitel 4 C. II. 3.

640 Zur Rechtsunsicherheit auch *Gernhuber/Coester-Waltjen,* § 34 I 5.

gabe der Berufstätigkeit. Außerdem steht dieser notwendigen Flexibilität bei der Quotenberechnung der bislang starre Wortlaut des § 1378 I BGB („die Hälfte") entgegen.[641]

4. Bedeutung des § 1377 III BGB (kein Verzeichnis des Anfangsvermögens)

Möglicherweise werden voreheliche Vermögensmehrungen beim Zugewinnausgleich ausreichend wegen § 1377 III BGB berücksichtigt. § 1377 I, II BGB regelt den Fall, dass die Ehegatten ein Vermögensverzeichnis des Anfangsvermögens erstellt haben. Ein solches Verzeichnis wird allerdings sehr selten angefertigt.[642] Mithin bleibt es überwiegend bei der Regelung des § 1377 III BGB, nach welcher ein fehlendes Anfangsvermögen des Ehegatten (widerlegbar)[643] vermutet wird.[644] Folglich wird überwiegend nach § 1377 III BGB vermutet, dass das Endvermögen eines Ehegatten dessen Zugewinn darstellt – also dass der Ehegatte kein Anfangsvermögen besaß.[645] Ist das vorehelich erworbene Vermögen später im Endvermögen enthalten, jedoch nicht als Anfangsvermögen nachweisbar, so ist es aufgrund der Vermutung des § 1377 III BGB wie ehelich erworbenes Vermögen als Zugewinn auszugleichen.

Die Vermutung des § 1377 III BGB kann der Ausgleichspflichtige widerlegen, indem er sein damaliges Anfangsvermögen nachweist.[646] Unternehmenswerte oder Immobilienwerte sind insofern recht gut darzulegen, selbst bei länger zurückliegender Eheschließung. Zum Beweis dient dabei etwa das Grundbuch oder das Handelsregister. Aber die sonstigen vorehelichen Vermögensmehrungen, die in ihrem Umfang allein durch funktionale Arbeitsteilung ermöglicht wurden, sind rückblickend für den Eheschließungszeitpunkt schwieriger zu be-

641 Hierzu Staudinger/*Thiele* § 1378 Rn. 5, der anführt, dass eine flexible Quote auch gesetzgeberisch nicht gewollt sei.

642 MünchKomm/*Koch* § 1377 Rn. 23 als „absoluter Regelfall"; *Gernhuber/Coester-Waltjen,* § 36 V 3 sprechen etwa von einem Absehen von einem Verzeichnis „wie üblich"; nach *Rauscher,* Rn. 420 wird „selten" ein Verzeichnis erstellt.

643 So etwa BGH, NJW-RR 2002, S. 865; *Haußleiter/Schulz,* Kapitel 1 Rn. 52; Palandt/*Brudermüller* § 1377 Rn. 4; *Rauscher,* Rn. 420; *Gernhuber/Coester-Waltjen,* § 36 V 3.

644 Kritisch gegen die Vermutung des § 1377 III BGB, da diese Lösung lebensfremd sei, *Gernhuber/Coester-Waltjen,* § 36 V 3.

645 Also auch keinen privilegierten Erwerb (§ 1374 II BGB), s. Staudinger/*Thiele* § 1377 Rn. 24. Zu den Problemen der Beweislast bei negativem Anfangsvermögen siehe *Rakete-Dombek,* FPR 2009, S. 270, 272.

646 BGH, FamRZ 1991, S. 1166, 1169.

ziffern.[647] Denkbar wäre allenfalls bei kürzeren Ehen,[648] dass der verdienende Ehegatte über Kontoauszüge oder Steuerbescheide sein Vermögen zum Zeitpunkt der Eheschließung konkret nachweist. Über einen kurzen Zeitraum dürften die meisten Belege noch archiviert sein. Im Übrigen bleibt es beim vermuteten Anfangsvermögen von null und die gesamte voreheliche Vermögensmehrung – soweit im Endvermögen noch vorhanden – wird als Zugewinn ausgeglichen.[649] Einer entsprechenden Billigkeitskorrektur bedarf es insoweit also nicht mehr.[650]

Anders verhält es sich bei einer vorehelichen Vermögensmehrung in Form von Schuldenabbau. Hier greift der neue § 1374 III BGB. Gemäß § 1374 III BGB kann es seit dem 1.9.2009[651] auch negatives Anfangsvermögen geben und ein Zugewinn kann gleichermaßen durch Schuldenabbau erwirtschaftet werden. Somit ist denkbar, dass ein Zugewinn während der Ehe erwirtschaftet wurde, obwohl das tatsächliche Vermögen des Partners zur Scheidung nur null Euro beträgt. Gerechtfertigt wird dieser Ausgleich nach denselben Gedanken wie der bisherige Ausgleich einer (positiven) Ansammlung von Vermögen. Denn es liegt ebenso eine wirtschaftliche Vermögensmehrung vor, nur in Form von Schuldenabbau.[652]

Deshalb kann auch vorehelicher Vermögenszuwachs in Form von Schuldenabbau durch klassische Rollenverteilung ermöglicht werden.[653] Bedeutsam ist für die vorliegende Arbeit nur der Schuldenabbau zugunsten des ausgleichspflichtigen Partners. Der wesentliche Unterschied zur positiven vorehelichen Vermögensmehrung ist aber, dass beim vorehelichen Schuldenabbau die Vermutung des § 1377 III BGB nicht kompensierend greifen kann. Denn nach

647 Ein Problem der Widerlegbarkeit der Vermutung des § 1377 III BGB aus beweisrechtlicher Sicht mangels Belegen sieht auch *Rakete-Dombek,* FPR 2009, S. 270, 272.

648 Zum Beispiel geht *Rakete-Dombek,* FPR 2009, S. 270, 272 davon aus, dass Belege nicht länger als zehn Jahre (so das Ende der meisten Aufbewahrungsfristen) behalten werden.

649 Haben die Parteien dagegen das Anfangsvermögen festgelegt – durch Verzeichnis oder Vertrag – so geht dieser Parteiwille grundsätzlich vor.

650 Kann das Anfangsvermögen zum konkreten Eheschließungszeitpunkt dagegen genau bestimmt werden, ergeben sich hieraus Anhaltspunkte zur Bezifferung der vorehelichen Vermögensmehrung. Diese Zahlen dienen dann als Grundlage zur Bestimmung eines billigen Ausgleichs wegen der vorehelichen Beziehungszeit mit klassischer Arbeitsteilung.

651 Bedingt durch das Gesetz zur Änderung des Zugewinnausgleichs- und Vormundschaftsrechts.

652 Vgl. hierzu BT-Drucks. 16/10798, S. 11.

653 Das heißt auch wenn der Partner zu Beginn der Ehe ein Anfangsvermögen von null Euro hat, aber zu Beziehungsbeginn eines von –20.000 Euro, beträgt sein Zugewinn allein während der vorehelichen Lebensgemeinschaft 20.000 Euro.

§ 1377 III BGB wird vermutet, dass das Endvermögen eines Ehegatten dessen Zugewinn darstellt. Im späteren Endvermögen des vor der Ehe Schuldenbefreiten spiegelt sich dieser Vermögenszuwachs aber nicht mehr wieder. Das heißt der voreheliche Schuldenabbau – egal ob durch gegenstandsbezogene oder laufende Leistungen herbeigeführt – wird nicht indirekt über die Vermutung des § 1377 III BGB ausgeglichen.

5. Ergebnis

Über die §§ 1372 ff. BGB sollten nach Sinn und Zweck des Zugewinnausgleichs auch vorehelich entstandene Vermögensnachteile in Härtefällen berücksichtigt werden. Geboten ist dies vor allem, wenn die voreheliche Beziehung nach dem Muster der „Hausfrauenehe" gelebt wird und der haushaltsführende Partner gemeinsame Kinder betreut. Anders als bei der Ehe darf diese Rollenverteilung vor der Ehe aber nicht unterstellt werden, sondern ist vom Berechtigten darzulegen.

Eine Berücksichtigung der vorehelichen Vermögensmehrungen für den Zugewinnausgleich gelingt allerdings nicht durch Auslegung der §§ 1374 und 1378 BGB. Der Normwortlaut steht einer extensiven Auslegung jeweils entgegen. Will man trotzdem voreheliche Zeiten bei der Berechnung des Zugewinnausgleichs berücksichtigen, bedarf es einer Änderung des Gesetzeswortlauts. Es bietet sich insbesondere die Einführung einer einzelfallerfassenden Billigkeitsklausel an, wie sie z. B. im nachehelichen Unterhaltsrecht existiert.[654]

Die entstehenden Ungerechtigkeiten werden teils durch die Vermutung des § 1377 III BGB rechtsreflektorisch gemildert. Dies gilt zumindest für den Fall, dass kein Verzeichnis des Anfangsvermögens erstellt wurde und der Ausgleichspflichtige auch kein Anfangsvermögen auf andere Weise belegen kann. Die Vermutung des § 1377 III BGB greift außerdem nicht mildernd, wenn der voreheliche Vermögenszuwachs im Abbau von Schulden lag.

III. Gewährung von Ausgleichsansprüchen neben dem Zugewinnausgleich

1. Einführung

Weil eine gebotene Berücksichtigung vorehelicher Vermögensmehrungen am Wortlaut der §§ 1372 ff. BGB scheitert, sind nachfolgend separate Ausgleichsansprüche neben dem Zugewinnausgleich zu untersuchen. Es ist an die oben

654 Siehe hierzu die entsprechenden Normen in Kapitel 2.

dargestellte Rechtsprechung anzuknüpfen.[655] Der BGH gewährt zum Beispiel ausnahmsweise einen Vermögensausgleich neben dem Zugewinnausgleich für Leistungen eines Verlobten zum gemeinsamen Hausbau.[656] Als Anspruchsgrundlage dient hierbei § 313 BGB, in welchem nunmehr die Grundsätze zum Wegfall der Geschäftsgrundlage kodifiziert sind. Ihm vorausgegangen bzw. gefolgt sind weitere Gerichtsentscheidungen, die § 313 BGB (sinngemäß) heranziehen.[657] In einer anderen Entscheidung hat der BGH eine der Ehegatteninnengesellschaft vorgelagerte Gesellschaft zwischen den vorehelichen Partnern bejaht und einem Ausgleich über das Gesellschaftsrecht zugeführt, vgl. §§ 730 ff. BGB.[658]

Es bietet sich außerdem an, die Rechtsprechung zum finanziellen Ausgleich bei Beendigung nichtehelicher Lebensgemeinschaften zugrunde zu legen.[659] Der BGH geht insoweit von der Möglichkeit aus, einem nichtehelichen Partner ausnahmsweise Ausgleichsansprüche mithilfe des Gesellschaftsrechts, Bereicherungsrechts sowie des Wegfalls der Geschäftsgrundlage zu gewähren. Bedingung dieses Ausgleichs ist meist, dass Vermögensbeiträge von wesentlichem Umfang geleistet wurden und hiermit ein Vermögenswert von erheblicher wirtschaftlicher Bedeutung geschaffen wurde. Hauptbeispiel ist wieder der Fall eines gemeinsam errichteten Wohnhauses, dessen Alleineigentümer nur einer der Lebensgefährten ist.[660] Dieser Rechtsprechung folgend scheidet ein Vermögensausgleich wegen Nachteilen bei der Vermögensbildung aus, die ein Partner allein wegen der funktionalen Arbeitsteilung vor der Ehe unter Verzicht auf seine Berufsfähigkeit erlitt und daher durch alltägliche Leistungen – wie Betreuung eines gemeinsamen Kindes oder Haushaltsführung. Der BGH lehnt grundsätzlich und in ständiger Rechtsprechung einen Vermögensausgleich wegen alltäglicher Leistungen ab. Er geht insoweit vom *Grundsatz der Nichtausgleichung* nichtehelicher Lebensgemeinschaften aus:[661]

---

655 Siehe unter C. I. 2.

656 BGH, NJW 1992, S. 427.

657 Vorausgegangen ist eine Entscheidung des OLG Hamm, FamRZ 1983, S. 494. Gefolgt sind das OLG Köln, FamRZ 2002, S. 1404; das OLG Celle, FamRZ 2006, S. 206, 207 f. sowie das KG, NJW-RR 2007, S. 365.

658 BGH, NJW 2006, S. 1268.

659 Ähnlich z. B. auch *Haußleiter,* NJW 2006, S. 2741, 2742. Kritisch aber OLG Nürnberg, FuR 2000, S. 47.

660 Siehe aktuell BGH, FamRZ 2008, S. 1822; FamRZ 2009, S. 849, 850; NJW 2010, S. 998.

661 So ständige Rechtsprechung des BGH, z. B. BGH, NJW 2008, S. 443, 444; NJW 1992, S. 906, 907; NJW 1980, S. 1520, 1521; aktuell siehe BGH NJW 2008, S. 3277, 3278.

„Bei nichtehelichen Lebensgemeinschaften stehen die persönlichen Beziehungen derart im Vordergrund, dass sie auch das die Gemeinschaft betreffende vermögensmehrende Handeln der Partner bestimmen und daher nicht nur in persönlicher, sondern auch in wirtschaftlicher Hinsicht grundsätzlich keine Rechtsgemeinschaft besteht."

Ein Ausgleich solcher nicht gegenstandsbezogener Vermögensnachteile über das Gesellschaftsrecht scheitert am vertraglichen Rechtsbindungswillen der nichtehelichen Lebensgefährten sowie an einem entsprechenden Gesellschaftszweck im Sinne des § 705 BGB.[662] Grundlage der Rückabwicklung über das Gesellschaftsrecht ist nach dem BGH vielmehr die Begrenzung auf einen ganz konkreten Vermögensgegenstand (meist Haus oder Unternehmen).[663] Nach der BGH-Rechtsprechung scheidet ein Ausgleich wegen laufender Leistungen über die sog. Zweckverfehlungskondiktion ebenfalls aus, weil diese alltäglichen Beiträge ausschließlich das Zusammenleben jeden Tag ermöglichen sollen.[664] Auch ein Ausgleich über § 313 BGB (Wegfall der Geschäftsgrundlage) kommt nicht in Betracht, weil der durch den BGH in diesem Zusammenhang entwickelte sog. „familienrechtliche Kooperationsvertrag" per Definition den Bezug zu einem konkreten Vermögensgegenstand voraussetzt.[665]

Im Folgenden sind somit ausschließlich Ausgleichsansprüche aufgrund gegenstandsbezogener Leistungen zu untersuchen. Gegenstandsbezogene Leistungen beziehen sich auf einen konkreten Vermögensgegenstand. Solche Leistungen sind nach dem BGH „wesentliche Beiträge" auf einen „Vermögenswert von erheblicher wirtschaftlicher Bedeutung"; es sind „Zuwendungen oder Arbeitsleistungen [...], die deutlich über das hinaus gehen, was die Gemeinschaft Tag für Tag benötigt".[666] Bei solchen Investitionsbeiträgen liegt ein Rechtsbindungswille der nichtehelichen Partner hinsichtlich des Beitrags näher. Größere Investitionen – wie etwa das Bezahlen von umfangreichen Handwerkerrechnungen oder das Aufnehmen von Darlehen – werden nämlich selten ohne jegliche

662 Mit der h. M., siehe nur *Hausmann/Hohloch,* S. 266 ff. m. vielen w. Nw. Aktuell so auch BGH, FamRZ 2008, S. 1822, 1825. Andere Ansicht etwa bei *Meier-Scherling,* DRiZ 1979, S. 296 f.; wohl AG Hamburg, NJW-RR 1989, S. 271; AG Potsdam, WuW 1994, S. 528. Bei nichtehelichen Lebensgemeinschaften stehen nämlich vielmehr die persönlichen Beziehungen im Vordergrund und es besteht keine Rechtsgemeinschaft in wirtschaftlicher Hinsicht, st. Rspr., siehe etwa BGH, NJW 2004, S. 58, 59; NJW 1992, S. 906, 907; NJW 1980, S. 1520, 1521.

663 Vgl. etwa für den Hausbau oder das Unternehmen eines Partners: BGH, NJW 1983, S. 2375; NJW 1992, S. 906, 907; NJW 1997, S. 3371 f.

664 Siehe hierzu ebenfalls nur BGH, FamRZ 2008, S. 1822, 1826.

665 Hierzu etwa BGH, NJW 1982, S. 2236, 2237; 1999, S. 2962, 2965 f.; 1994, S. 2545; neuerdings auch BGH, FamRZ 2008, S. 1822, 1827.

666 Etwa BGH, FamRZ 2008, S. 1822, 1826; 2009, S. 849, 850; NJW 2010, S. 998, 1000.

Gedanken zum eigenen Nutzen hieran getätigt und gehen über bloße Gefälligkeiten hinaus.[667] Für die Frage, ob die Leistungen gegenstandsbezogen sind, entscheidet der Einzelfall und dabei insbesondere Umfang und Zuordnung der Leistungen zur ehelichen Lebensgemeinschaft.[668] Typische Fallgruppen sind wie bereits mehrfach benannt das Investieren in den Bau des gemeinsamen Familienheims auf dem Grundstück allein eines Partners (nachfolgend „Hausbaufälle") oder in das Unternehmen eines Lebensgefährten.[669] Gemeinsam ist beiden Fällen, dass nur ein Lebensgefährte langfristig an seinen Investitionsbeiträgen teilhat, der andere hingegen nicht. Hieraus resultiert ein Ausgleichsbedürfnis, soweit dem Investitionsbeitrag nicht ausreichende Gegenleistungen – wie mietfreies Wohnen etc. – gegenüberstehen.

Ergänzt sei insoweit für Haushaltsgegenstände, dass wertvolle Objekte wie ein teurer Pkw[670] oder edles Silberbesteck[671] unter die vorrangige Regelung des § 1568b BGB fallen können.[672] Soweit diese Gegenstände zu Miteigentum werden, kann bzw. muss der ausgleichsberechtigte Ehegatte zunächst den Anspruch aus § 1568b I BGB auf Übereignung des Haushaltsgegenstands geltend machen.[673] Dabei kann Miteigentum ebenso bei vorehelichen Anschaffungen und Haushaltsgegenständen der Ehegatten entstehen.[674] Hierauf wird in Kapitel 5

667 So auch BGH, NJW 1992, S. 427, 428.

668 Zu Abgrenzungsfragen z. B. OLG Karlsruhe, FamRZ 2004, S. 1028, 1029; zudem etwa BGH, NJW 1997, S. 3371, 3372; NJW-RR 2003, S. 1658.

669 BGH, NJW 1992, S. 906; BGHZ 84, 388; auch bei BGH, FamRZ 2008, S. 1822; NJW 2010, S. 998 oder FamRZ 2009, S. 849.

670 Soweit primär für eheliche und familiäre Zwecke genutzt, vgl. hierzu etwa BGH, FamRZ 1991, S. 43, 49 und MünchKomm/*Wellenhofer* § 1568b Rn. 5 Fn. 6 m. vielen Rspr.-Nw.

671 Welches nicht allein als Vermögensanlage dient, siehe nur BGH, NJW 1984, S. 1758 f.

672 Zum Verhältnis von § 1568b BGB zum Zugewinnausgleich siehe *Gernhuber/Coester-Waltjen,* § 34 I 6. Für § 1568b BGB als abschließende Sonderregelung bei Miteigentum Palandt/*Brudermüller* § 1374 Rn. 4. Siehe hierzu vertiefend Kapitel 5.

673 S. zum Verhältnis von Zugewinnausgleich zum § 1568b BGB etwa *Gernhuber/Coester-Waltjen,* § 34 I 6; für § 1568b BGB als abschließende Sonderregelung bei Miteigentum der Ehegatten Palandt/*Brudermüller* § 1374 Rn. 4; grundsätzlich auch MünchKomm/*Wellenhofer* § 1568b Rn. 31; Schwab/*Schwab,* Handbuch, VII Rn. 29; vertiefend *Brudermüller,* NJW 2010, S. 401, 405.

674 Der Wortlaut nennt zwar nur „während der Ehe" angeschaffte Gegenstände, aber in Rechtsprechung und Literatur ist weitgehend anerkannt, dass auch vorehelich für die Ehe angeschaffte Gegenstände hierunter fallen können, vgl. Palandt/*Brudermüller* § 1568b BGB Rn. 7; OLG Brandenburg, FamRZ 2003, S. 532 noch zur alten Rechtslage.

noch umfassend eingegangen.[675] Haushaltsgegenstände, die im Alleineigentum eines Ehegatten stehen, sind dagegen im Zugewinnausgleich anzusetzen.[676]

2. Hausbaufälle

Die Investitionsbeiträge bei den Hausbaufällen sind vielseitig. Denkbar ist vor allem die Zurverfügungstellung finanzieller Mittel, etwa für Bau- oder Sanierungsleistungen beim Eigenheim. Häufig werden auch Handwerkerrechnungen bezahlt.[677] Außerdem sind handwerkliche oder sonstige Arbeitsleistungen denkbar – zum Beispiel die Mithilfe beim überwiegend selbst organisierten Hausbau, die feststellbar das Vermögen des anderen mehrt.

Als Fallbeispiel sei wieder der zugrunde liegende Sachverhalt der BGH-Entscheidung vom 2.10.1991 geschildert:[678] Die späteren Ehegatten investieren bereits vor der Eheschließung in den Bau eines gemeinsamen Familienheims. Das Grundstück gehört allein dem Mann. Die späteren Ehegatten bezahlen mit ihren Ersparnissen die Handwerkerrechnungen und Baumaterialen und arbeiten selbst handwerklich mit. Vorstellbar ist auch, dass die Frau zugunsten des Hausbaus zeitweise ihre berufliche Tätigkeit aufgibt. Für den Fall, dass die Leistungen der Frau z. B. einen Wert von 50.000 Euro hatten und beide Ehegatten über kein sonstiges Vermögen verfügten, stellt sich die Lage beim regulären Zugewinnausgleich wie folgt dar: Das Anfangsvermögen des Mannes ist bereits gemehrt durch die Investitionen der Frau i. H. v. 50.000 Euro und bei gleich bleibendem Hauswert fände sich diese Vermögensmehrung ebenfalls wieder in seinem Endvermögen. Der Mann hat also während der Ehezeit rechnerisch keinen Zugewinn erlangt. Die Frau hat insoweit keinen Anspruch auf Zugewinnausgleich gegen ihn. Hätte die Ehefrau dagegen ihre Investitionsleistungen kurz nach der Eheschließung getätigt, so wäre diese Wertsteigerung als Zugewinn des Mannes messbar und damit auszugleichen, § 1378 I BGB. Der Frau stünde dann ein Zugewinnausgleichsanspruch i. H. v. 25.000 Euro zu. Aus Gerechtigkeitsgründen empfiehlt es sich, in solchen Fällen eine entsprechende fiktive Vergleichsrechnung anzustellen und so einen ergänzenden Anspruch neben dem Zugewinnausgleich zu gewähren.[679]

675 Vgl. hierzu Kapitel 5 A. II. sowie C. II. 2. b).

676 Siehe nur Schwab/*Schwab*, Handbuch, VII Rn. 30. Anders noch nach dem bis zum 31.8.2009 geltenden § 9 HausratsVO.

677 Zu den vorehelich geleisteten Beiträgen siehe etwa OLG Köln, FamRZ 1991, S. 816.

678 BGH, NJW 1992, S. 427.

679 Ähnliche Berechnungen bei *Wever*, Rn. 537 ff.

Für einen Vermögensausgleich von vorehelichen Investitionsleistungen in das Familienheim kommen vor allem § 812 I 2 Alt. 2 BGB (Zweckverfehlungskondiktion) und § 313 BGB (Wegfall der Geschäftsgrundlage) in Betracht. Das Gesellschaftsrecht (§§ 705 ff. BGB) passt weniger. Denn bei der Errichtung eines Familienheims als zukünftiger Wohnstätte der Paarbeziehung geht ein denkbarer Gesellschaftszweck meist nicht über die Verwirklichung der nichtehelichen Lebensgemeinschaft hinaus.[680] Es fehlt insoweit am Rechtsbindungswillen der Beziehungspartner für eine Gesellschaft bürgerlichen Rechts.[681] Trotzdem hält das OLG Celle bei vorehelichem Hausbau ausnahmsweise einen Vermögensausgleich über §§ 730 f. BGB (analog) für möglich – ohne jedoch auf die zu fordernden Kriterien einzugehen.[682] Das OLG Schleswig hat eine Ehegatteninnengesellschaft für den Fall angenommen, dass das errichtete Haus als Vermögensanlage zur späteren Alterssicherung diente.[683]

a) Ausgleich über § 812 I 2 Alt. 2 BGB – Zweckverfehlungskondiktion

aa) Kurzer Rechtsprechungsüberblick

Das OLG Köln hat in einem Fall den Ausgleich wegen vorehelicher Leistungen[684] der Frau auf ein Hausgrundstück im Alleineigentum des Mannes über § 812 I 2 Alt. 2 BGB zugestanden.[685] Die Leistungen bestanden aus Arbeitsleistungen und dem Einsatz von Ersparnissen zur Finanzierung. Die Erwartung der Frau war dabei, hälftiges Miteigentum am Grundstück eingeräumt zu bekommen.[686] Einem Anspruch aus Zweckverfehlungskondiktion widersprach allerdings der BGH als Revisionsinstanz, da er keine entsprechende Willensübereinstimmung zwischen den Verlobten annahm.[687]

---

680 Meist schaffen diesbezügliche Leistungen nur die Grundlagen für eine Lebensgemeinschaft im typischen Umfang, vgl. BGH, NJW 1999, S. 2962, 2964; so auch MünchKomm/*Schwab* § 812 Rn. 405.

681 Vgl. hierzu etwa BGH, FamRZ 2008, S. 1822, 1825.

682 OLG Celle, NJW-RR 2000, S. 1675, 1676.

683 Dann gehe der Zweck über die eheliche Lebensgemeinschaft hinaus, vgl. OLG Schleswig, NJW-RR 2004, S. 972.

684 Allgemein definiert als „bewusste und zweckgerichtete Mehrung fremden Vermögens", so ständige Rechtsprechung, siehe nur BGH, NJW 2005, S. 60.

685 OLG Köln, FamRZ 1991, S. 816. Nach Beendigung einer nichtehelichen Lebensgemeinschaft hierzu der Fall bei OLG Karlsruhe, NJW 1994, S. 948.

686 OLG Köln, FamRZ 1991, S. 816, 817. Ein ähnlicher Fall war bereits bei BGH, NJW 1983, S. 2933, wobei die Ehe aber nicht der entscheidende Zweck für die Einräumung des Miteigentums war, siehe dort S. 2934.

687 BGH, NJW 1992, S. 427, 428.

Andererseits bejahte der BGH einen Anspruch aus Zweckverfehlungskondiktion in einem anderen Fall. Dort hatte ein betagter Partner dem anderen vor der Ehe Schmuckstücke zur Altersvorsorge zukommen lassen. Die Ehe scheiterte aber nach wenigen Monaten.[688]

Es bietet sich an, die entsprechenden Kriterien für einen Ausgleich über § 812 I 2 Alt. 2 BGB – neben dem ohnehin erforderlichen Gegenstandsbezug – der aktuellen BGH-Rechtsprechung für nichteheliche Lebensgemeinschaften zu entnehmen:[689]

> „Die danach erforderliche finale Ausrichtung der Leistung auf einen nicht erzwingbaren Erfolg (…) kann auch nicht allgemein in dem gegenwärtigen Zusammenleben mit dem Partner erblickt werden. Zu fordern ist vielmehr eine konkrete Zweckabrede, wie sie etwa dann vorliegen kann, wenn die Partner zwar keine gemeinsamen Vermögenswerte schaffen wollten, der eine aber das Vermögen des anderen in der Erwartung vermehrt hat, an dem erworbenen Gegenstand langfristig partizipieren zu können.“

Voraussetzung ist stets eine tatsächliche (auch schlüssige)[690] Einigung über den Zweck der Leistungen, eine sog. Zweckbestimmung.[691] Für eine stillschweigende Einigung kann es dabei reichen, wenn der andere die Leistung entgegennimmt, ohne zu widersprechen. Dies hat der BGH explizit für voreheliche Leistungen mit dem bezweckten Erfolg der Einräumung hälftigen Miteigentums festgehalten.[692] Bloße Beweggründe oder einseitige Erwartungen des Leistenden reichen für die Zweckbestimmung nicht.[693]

---

688 Siehe hierzu BGH, FamRZ 1994, S. 503 f.

689 Hierzu erstmals für nichteheliche Lebensgemeinschaften BGH, NJW 2008, S. 3277, 3280 = FamRZ 2008, S. 1822, 1826; aber auch BGH, FamRZ 2009, S. 849, 850; NJW 2010, S. 998.

690 Vgl. etwa BGH, NJW 1966, S. 540, 541; NJW 1984, S. 233.

691 BGH, NJW 1992, S. 2690 oder thematisch passend z. B. BGH, NJW 2008, S. 3277, 3280, wonach die Willensübereinstimmung mit dem Leistungsempfänger genügt.

692 BGH, NJW 1992, S. 427, 428 = FamRZ 1992, S. 160, 161 m. w. Nw., wobei der BGH einen Ausgleich über § 812 I 2 Alt. 2 BGB aber ausschloss, da für eine entsprechende Willensübereinstimmung nicht ausreichend Anhaltspunkte vorlagen. Auf diese Entscheidung verweist aktuell BGH, NJW 2008, S. 3277, 3280. Ferner hierzu allgemein BGH, NJW 2004, S. 512, 513.

693 Palandt/*Sprau* § 812 Rn. 30. Zur ständigen Rechtsprechung hinsichtlich dieser Problematik vgl. aktuell etwa BGH, FamRZ 2008, S. 1822, 1826; FamRZ 2009, S. 849, 850; NJW 2010, S. 998, 1000; konkret für Leistungen unter Verlobten so BGH, NJW 1992, S. 427, 428.

bb) Langfristige Teilhabe als bezweckter Erfolg

Als bezweckter Erfolg kommt auch bei gegenstandsbezogenen Leistungen *nicht* die zukünftige Eheschließung an sich in Betracht, weil nach dem vorehelichen Zusammenleben ja gerade geheiratet wird. Es liegt mithin kein Zweckfortfall i. S. d. § 812 I 2 Alt. 2 BGB vor.[694] Selbiges gilt für die Benutzung des Hauses als Familienheim oder die Schaffung eines gemeinsamen Hauses als bezwecktem Erfolg.[695] Denn mit dem Zusammenziehen in das Familienheim oder der Fertigstellung des Wohnhauses tritt der Erfolg ein und fällt nicht weg i. S. d. § 812 I 2 Alt. 2 BGB. Ebenso wenig kann der Bestand der zukünftigen Ehe ein bezweckter Erfolg i. S. d. § 812 I 2 Alt. 2 BGB sein. Einerseits fehlt es hierfür oft an einer erkennbaren Zweckbestimmung.[696] Außerdem begünstigen die Leistungen zum Hausbau selten den Bestand der Ehe. Die Paarbeziehung kann meist ebenso gut in einem gemieteten Familienheim weiter bestehen, wenn das gemeinsam errichtete Haus beispielsweise verkauft werden muss. Nur sehr selten gibt es Fälle in der Rechtsprechung, bei denen das Familienheim ausdrücklich dazu dienen sollte, die gemeinsame Lebensführung auf Dauer zu verwirklichen.[697] Im Übrigen wird der Bestand der Ehe (stillschweigend) vorausgesetzt und „schwingt" als Motiv der Leistungen mit. Der Bestand der Ehe ist also vielmehr eine Geschäftsgrundlage i. S. d. § 313 BGB.[698] Dafür spricht auch, dass die Regelungen über den Wegfall der Geschäftsgrundlage oft als vorrangig gegenüber § 812 I 2 Alt. 2 BGB angesehen werden.[699]

Die Rechtsprechung kennt allerdings Fälle, in denen ein Partner konkret geltend macht, dass er in der Vorstellung geleistet habe, mit seinem Lebensgefährten lebenslang und gemeinsam in dem Haus zu wohnen.[700] Den einleitenden

694 Der BGH erwähnt dies ähnlich in BGH, FamRZ 1992, S. 427, 428. Vgl. als Beispiel eines gescheiterten Verlöbnisses und damit einer Anwendung des § 812 I 2 Alt. 2 BGB z. B. BGH, NJW-RR 2005, S. 1089.

695 Hierzu wieder BGH, FamRZ 1992, S. 427, 428 und für die Errichtung des Hauses an sich z. B. der zugrunde liegende Fall bei OLG Hamm, FamRZ 1983, S. 494, 495. Vgl. zudem etwa Palandt/*Sprau* § 812 Rn. 89; MünchKomm/*Schwab* § 812 Rn. 410. Anders aber *Joost,* JZ 1985, S. 10, 17 und ihm zustimmend *Hausmann,* S. 303 f.

696 BGH, FamRZ 1982, S. 778, so zitiert bei MünchKomm/*Schwab* § 812 Rn. 410.

697 So für eine nichteheliche Lebensgemeinschaft bei OLG Karlsruhe, NJW 1994, S. 948 f.

698 So auch im weitaus überwiegenden Teil der Rechtsprechung, siehe nur BGH, FamRZ 1992, S. 427, 428 hinsichtlich vorehelicher Leistungen.

699 Vgl. BGH, NJW 1992, S. 2690. Fernerhin wird bei unbenannten Zuwendungen im Vertrauen auf den Bestand der Ehe kein Ausgleich aus Zweckverfehlungskondiktion, sondern über § 313 BGB bevorzugt, vgl. hierzu Palandt/*Grüneberg* § 313 Rn. 15, 50 ff. m. w. Rspr.-Nw.

700 So OLG Hamm, FamRZ 1983, S. 494.

Rechtsprechungsbeispielen ist zu entnehmen, dass § 812 I 2 Alt. 2 BGB dann in Betracht kommt, wenn die Zweckbestimmung das langfristige Partizipieren an dem Gegenstand (Haus) betrifft.[701] Denkbar ist, dass das Haus explizit zur *Altersvorsorge* beider Partner errichtet wurde. Die eigenen Beiträge bezwecken dann als Anlage in Form der Immobilie, dass der Leistende im Alter finanziell abgesichert ist. Dieser Erfolg tritt auch noch nicht mit der Errichtung des Familienheims oder mit der Eheschließung ein.[702] Ein Augleichsbedürfnis besteht freilich nur, wenn dem leistenden Ehegatten nicht bereits Miteigentum am Haus eingeräumt wurde – dann hat der leistende Ehegatte zukünftig automatisch teil an seinen Beiträgen. Häufig aber wird der ursprüngliche Plan, nach Fertigstellung des Hauses auf dem Grundstück eines Partners „sofort" Miteigentum des anderen hieran einzuräumen, im Vertrauen auf das langfristige Bestehen der Beziehung nicht mehr konsequent verfolgt. Erst im Scheidungsfall bereut der in das Grundstück des anderen investierende Lebensgefährte seine Nachlässigkeit und fordert einen Vermögensausgleich.

Der leistungsempfangende Lebensgefährte dürfte die Erwartungen des anderen – also das Einräumen von Miteigentum an dem Haus bzw. eine Anlagemöglichkeit zur Altersvorsorge – meist auch erkennen,[703] soweit sich die Partner nicht ohnehin ausdrücklich hierüber verständigt haben. Dann liegt eine Einigung und somit eine Zweckbestimmung im Sinne des § 812 I 2 Alt. 2 BGB vor. Für einen entsprechenden Rechtsbindungswillen bleiben weiterhin die Umstände des Einzelfalls entscheidend. Dabei können die finanziellen Verhältnisse der Partner als Indizien herangezogen werden oder das Schutzbedürfnis der Beteiligten. Zum Beispiel begehrt man verstärkt Sicherheit, wenn Kinder in der Beziehung sind und man ein gemeinsames Familienhaus bauen will. Zudem ist stets ein schutzwürdiges Vertrauen des Leistenden zu beachten.[704] Hat etwa ein finanziell schwacher Partner fast sein gesamtes Vermögen in den Bau eines gemeinsamen Hauses gesteckt oder seine eigene Berufstätigkeit zugunsten von Arbeitsleistungen in das Wohnhaus aufgegeben,[705] so ist davon auszugehen, dass der Leistungsempfänger die gewünschte dauerhafte Teilhabe an der Investition erkennen musste. Umgekehrt ist die Leistung durch einen betuchteren Partner seltener

701 Siehe insoweit nur BGH, NJW 2008, S. 3277, 3280.

702 So ähnlich auch *Joost*, JZ 1985, S. 10, 16 f.; ihm zustimmend MünchKomm/*Schwab* § 812 Rn. 410 Fn. 912.

703 MünchKomm/*Schwab* § 812 Rn. 410.

704 Ähnlich für Ehegattenzuwendungen MünchKomm/*Schwab* § 812 Rn. 410.

705 Ohne Ehe gilt § 1365 BGB nicht, aber eine Zustimmung würde ohnehin meist vorliegen.

ausgleichspflichtig.[706] In letzterem Fall greift ohnehin kaum das zugewinnrechtliche Schutzbedürfnis und der Leistende hat schon dem Grunde nach keinen Anspruch aus § 1378 I BGB.

cc) Ergebnis

Ein Vermögensausgleich über § 812 I 2 Alt. 2 BGB kommt nur selten in Betracht, und zwar für die Fälle, in denen das Familienheim und entsprechende voreheliche Leistungen der Lebensgefährten primär der Altersvorsorge dienen sollten. Für die Feststellung des Zeitpunkts, in dem der Anspruch entsteht, entscheidet wiederum der Einzelfall. Es muss der Zeitpunkt gefunden werden, ab dem der Ausgleichsberechtigte nicht mehr an seiner Leistung zur Altersvorsorge teilhaben kann. Das ist regelmäßig der Fall, wenn die Beziehung auseinander geht und der Leistende bis dahin noch kein Miteigentum am Haus eingeräumt bekommen hat. Denn für die Zukunft greift er sicherlich vorzugsweise auf andere Altersvorsorgemöglichkeiten als auf die Immobilie des Ex-Partners zurück.

b) Ausgleich über § 313 BGB – Wegfall der Geschäftsgrundlage

Für die überwiegende Zahl der Hausbaufälle ist allerdings ein (restriktiver) Vermögensausgleich der vorehelichen Leistungen über § 313 BGB vorzuziehen, weil die Grundsätze des Wegfalls der Geschäftsgrundlage flexiblere Lösungen ermöglichen.

aa) Kurzer Rechtsprechungsüberblick

Der BGH hält es in seiner Entscheidung vom 2.10.1991 explizit für möglich, die Grundsätze vom Wegfall der Geschäftsgrundlage im Falle von Leistungen unter Verlobten bei späterer Scheidung anzuwenden.[707] Der damals zugrunde liegende Sachverhalt wurde bereits oben geschildert.[708] Der BGH vergleicht in dieser Entscheidung das Verhältnis der Verlobten mit dem von Ehegatten während einer Gütertrennungsehe. Jeweils bestehe ein enges personenrechtliches Gemein-

---

706 Insoweit scheidet ebenfalls ein Anspruch wegen Zweckschenkung (§ 527 BGB) aus, vgl. MünchKomm/*Schwab* § 812 Rn. 401. Als Beispielsfall mit Abgrenzung von Zweckverfehlungskondiktion und Zweckschenkung s. die Entscheidung des KG, NJW-RR 2007, S. 365, 368.

707 BGH, NJW 1992, S. 427, 428; anders die Vorinstanz OLG Köln. Dort hat der BGH dies noch in Abgrenzung zur „bloßen" nichtehelichen Lebensgemeinschaft nur für ein Verlöbnis und nachfolgender Ehe bejaht. Mittlerweile hat er seine Rechtsprechung insoweit gelockert. Ebenfalls bereits bejahend OLG Hamm, FamRZ 1983, S. 494, 495.

708 Siehe hierzu oben unter C. I. 2. und III. 2.

schaftsverhältnis und jeweils liege ein Rechtsbindungswille hinsichtlich eines familienrechtlichen Kooperationsvertrags vor.[709] Er schließt sich im Grundsatz einer Entscheidung des OLG Hamm an.[710] Das OLG Hamm hat z. B. einen familienrechtlichen Kooperationsvertrag der Verlobten angenommen, durch welchen sich beide Partner verpflichtet haben, finanzielle und andere Beiträge in das Bauvorhaben zu investieren. Der Bestand der zukünftigen Ehe fungiere dabei als Geschäftsgrundlage.[711] Diese Vorstellung der Parteien stelle sich beim Scheitern der Ehe als falsch heraus.

bb) Verlöbnis zwischen den Partnern keine Voraussetzung

Es fragt sich, ob die Beschränkung des Ausgleichs auf Leistungen zwischen Verlobten aktuell noch geboten ist. Denn die Entscheidungen des BGH sowie des OLG Hamm basieren auf der älteren „Ausgleichsrechtsprechung" des BGH zu Gütertrennungsehen und nichtehelichen Lebensgemeinschaften. Bereits 2005 hat der BGH den Ausgleich vorehelicher Beiträge über das Gesellschaftsrecht neben dem Zugewinnausgleich trotz fehlenden Verlöbnisses anerkannt.[712] Seit seiner Entscheidung vom 9.7.2008 gewährt der BGH für den Fall eines gemeinsam während nichtehelicher Lebensgemeinschaft errichteten Wohnhauses endlich auch einen Ausgleich über § 313 BGB (Wegfall der Geschäftsgrundlage).[713] In dem dieser Entscheidung zugrunde liegenden Fall gehörte das Grundstück der Frau, aber beide Partner trugen zum Hausbau mit finanziellen sowie Arbeitsleistungen bei. Der Mann machte insofern über 80.000 Euro als Ausgleichsanspruch geltend.

Gegen das Verlöbniserfordernis spricht außerdem, dass das Verlöbnis heutzutage selten mit einer offiziellen Feier einhergeht, sondern meist nur zwischen

709 Vgl. BGH, NJW 1992, S. 427, 428. Zum familienrechtlichen Kooperationsvertrag insgesamt instruktiv BGH, NJW 1994, S. 2545, 2546; NJW 1982, S. 2236, 2237.

710 OLG Hamm, FamRZ 1983, S. 494.

711 Vgl. OLG Hamm, FamRZ 1983, S. 494, 495.

712 BGH, NJW 2006, S. 1268. Dies steht auch im Einklang mit seiner Rechtsprechung zum damals bevorzugten gesellschaftsrechtlichen Vermögensausgleich nichtehelicher Lebensgemeinschaften, vgl. etwa die Rechtsprechungsnachweise unter III. 1. und 2., z. B. auch BGH, NJW 1997, S. 3371.

713 Siehe hierzu BGH, NJW 2008, S. 3277, 3280 = FamRZ 2008, S. 1822, 1826; bisher wurden derartige Ausgleichansprüche nur unter Umständen bei in Gütertrennung lebenden Ehegatten angenommen. Gerade wenn es um Verbindungen von familialer und sich aus der Erwerbstätigkeit ergebenden Forderungen geht, liegt die Heranziehung der Grundsätze vom Wegfall der Geschäftsgrundlage nahe, vgl. *Diederichsen,* NJW 1993, S. 2265, 2271 m. w. Nw. Für einen Ausgleich über § 313 BGB ebenfalls *Coester,* JZ 2008, S. 315; ebenso MünchKomm/*Schwab* § 812 Rn. 417.

den Partnern stattfindet.[714] Wie mehrfach gezeigt, können Heiratsabsichten freilich auch ohne Verlöbnis vorliegen oder es kann ebenfalls schutzwürdiges Vertrauen in die dauerhafte Teilhabe an eigenen Hausbaubeiträgen entstehen.[715] Das KG hat insoweit entschieden, dass eine beabsichtigte Eheschließung ohne Verlöbnis für den Vermögensausgleich ausreiche.[716] Dem lag der Fall einer vorehelichen Zuwendung der Frau zum Hausbau auf dem Grundstück des Mannes zugrunde, wobei die Eltern der Frau das Geld (60.000 DM) zur Verfügung stellten.

Demzufolge ist ein familienrechtlicher Kooperationsvertrag grundsätzlich ebenso bei vorehelichen Beziehungen ohne Verlöbnis anzunehmen.[717] Dies gilt zumindest beim hier in Frage stehenden vorehelichen Hausbau und damit einem konkreten und größeren Vermögenswert als Investitionsgegenstand.[718]

cc) Geschäftsgrundlage des Kooperationsvertrags und deren Wegfall

Die Geschäftsgrundlage eines familienrechtlichen Kooperationsvertrags ist in Anlehnung an die Rechtsprechung bei vorehelichen Leistungen zugunsten des Familienheims meist der *Bestand der zukünftigen Ehe.*[719] Inbegriffen sind dabei Fälle, in denen die Geschäftsgrundlage in der dauerhaften Teilhabe an der eigenen Investition liegt.[720] Denn die eigene Teilhabe endet in aller Regel ebenfalls spätestens mit der Scheidung der Ehe bzw. dem Auszug des Berechtigten aus der Ehewohnung.[721]

Nach Ansicht des BGH entfällt die Geschäftsgrundlage ehebedingter Zuwendungen bereits mit der endgültigen Trennung der Ehegatten.[722] Es macht vorliegend aber keinen Unterschied, wann genau die Geschäftsgrundlage im Einzelfall wegfällt, weil die Ansprüche aus § 1378 I BGB und § 313 BGB oh-

---

714 Und damit keines eindeutigen Beweises zugänglich ist, vgl. ähnlich auch *Kogel,* FamRB 2007, S. 273, 275; in diesem Kontext auch *Wever,* Rn. 541.

715 Ähnlich hierzu auch *Wever,* FamRZ 2002, S. 1405.

716 KG, NJW-RR 2007, S. 365, 366; siehe zum Sachverhalt bereits oben unter C. I. 2.

717 So mittlerweile auch *Wever,* Rn. 543; *ders.,* FamRZ 2010, S. 237, 244.

718 Denn nur insoweit geht der BGH von dem notwendigen Rechtsbindungswillen für einen konkludent zustande gekommenen familienrechtlichen Kooperationsvertrag aus, vgl. etwa BGH, NJW 2008, S. 3277, 3281.

719 BGH, NJW 1992, S. 427, 428, aber auch BGH, NJW 2008, S. 3277, 3281 = FamRZ 2008, S. 1822, 1827.

720 Zur Altersvorsorge als speziell vereinbartem Zwecke siehe oben unter III. 2. a).

721 Siehe zum Zeitpunkt bereits oben III. 2. a) cc) zu § 812 I 2 Alt. 2 BGB.

722 Vgl. BGH, FamRZ 2007, S. 877.

nehin unabhängig voneinander bestehen. Hierauf wird sogleich noch eingegangen.[723]

dd) Unbilligkeit als Anspruchskriterium

Für die Gewährung eines Ausgleichsanspruchs wegen Hausbauleistungen nach § 313 BGB bedarf es einer einzelfallbezogenen Abwägung. Darüber hinaus muss ein Vermögensausgleich stets die Ausnahme bleiben (vgl. den Maßstab des § 313 I BGB: „nicht zugemutet werden kann“). Der BGH nennt insofern das Merkmal der „Unbilligkeit“ als Maßstab.[724] Zum Beispiel fehlt das Ausgleichsbedürfnis, wenn sich die jeweiligen Leistungen der Ehegatten vor der Ehe bereits ausgeglichen haben, etwa durch kostengünstiges mietfreies Wohnen, Übernahme der täglichen Ausgaben durch den Leistungsempfänger, Luxusrenovierungen etc.[725] Denkbar ist außerdem, dass als Ausgleich für den geleisteten Geldbetrag zum Hausbau ein Wohnrecht eingeräumt wird.[726] Für den Fall, dass dem investierenden Lebensgefährten Miteigentum eingeräumt wurde, besteht freilich auch kein Ausgleichsbedürfnis mehr.

ee) Inhalt des Ausgleichsanspruchs

Der Ausgleichsanspruch nach § 313 BGB ist so zu bestimmen, als würde die Leistung rückwirkend im Zugewinnausgleich Beachtung finden. Der BGH formuliert insoweit, dass der Ausgleichsanspruch grundsätzlich danach zu bemessen ist,

> „was sich für den [Leistenden] als Mehr an Zugewinnausgleich ergeben würde, wenn im Anfangsvermögen des [Empfängers] das Hausgrundstück nur mit dem geringeren Wert angesetzt würde, den es im Zeitpunkt der Eheschließung ohne die vorehelichen Leistungen [des Leistenden (...)] gehabt hätte.“[727]

Hier kann auf die eingangs unter a) beschriebene (fiktive) Vergleichsrechnung verwiesen werden, wie der Zugewinnausgleich aussähe, wenn die Zuwendung kurz nach der Eheschließung getätigt worden wäre. Mithin bleibt es grundsätz-

723 Hierzu sogleich unter c).

724 Vgl. hierzu z. B. BGH, NJW 2008, S. 3277, 3281.

725 Ähnlich hierzu auch *Wellenhofer,* AnwBl 2008, S. 559, 564.

726 Ähnlich bei BGH, FamRZ 1990, S. 972.

727 BGH, FamRZ 1992, S. 427, 429; zu dieser Entscheidung auch oben, etwa unter C. I. 2.

lich bei einer hälftigen Beteiligung auch hinsichtlich der vorehelichen Zuwendungen.[728]

c) Anspruchsgewährung neben dem Zugewinnausgleich

aa) Probleme bei Berücksichtigung des Anspruchs im Endvermögen

Die Ansprüche aus § 313 BGB (ebenso wie aus § 812 BGB) entstehen erst, wenn die Teilhabe am eigenen Investitionsbeitrag endet bzw. der Bestand der Ehe als Geschäftsgrundlage später wegfällt. Insoweit sind sie nach der gesetzlichen Regelung des § 1374 BGB weder positiv beim Anfangsvermögen des Ausgleichsberechtigten noch negativ beim Anfangsvermögen des Ausgleichsverpflichteten zu berücksichtigen. Vorsicht ist allerdings geboten, wenn die Ausgleichsansprüche so gewährt werden, dass sie ins Endvermögen (§ 1375 I BGB) des Ausgleichsberechtigten fallen.[729] Denn im Scheidungsfall wird für die Berechnung des Endvermögens auf den Zeitpunkt der Rechtshängigkeit des Scheidungsantrags abgestellt (§ 1384 BGB).[730] Zu diesem Zeitpunkt leben die Ehegatten oft schon getrennt und der Bestand der Ehe ist bereits zu verneinen – zumindest dann, wenn es nach der Trennung der Ehegatten später ohne eine zwischenzeitliche Wiederaufnahme der Lebensgemeinschaft zur Scheidung kommt. Das heißt zu diesem Zeitpunkt vor der Rechtshängigkeit des Scheidungsantrag würden die denkbaren Ausgleichsansprüche aus §§ 313, 812 BGB bereits entstanden sein. Zwar zählt der BGH Ausgleichsansprüche aus § 313 BGB vereinzelt als Posten zum Endvermögen (§ 1375 BGB) des Ausgleichsberechtigten.[731] Berücksichtigt man aber den isolierten Anspruch in einem solchen Fall positiv im Endvermögen des Leistenden (= Ausgleichberechtigten hinsichtlich des Anspruchs aus § 313 BGB) und zugleich negativ im Endvermögenden des Leistungsempfängers (= Ausgleichsverpflichteten hinsichtlich des Anspruchs aus § 313 BGB), so führt dies zu einem höheren Zugewinn des ursprünglich zuwendenden Ehegatten und einem niedrigeren Zugewinn des anderen Ehegatten (vgl.

728 BGH, NJW 1992, S. 427, 429; zur Veranschaulichung der Berechnungsweise auch *Haußleiter/Schulz,* Kapitel 6 Rn. 153 f. Für den Fall des fehlenden Zugewinns in der sich anschließenden Ehe wird dem Leistenden regelmäßig kein Ausgleich über § 313 BGB gewährt, *Tiedtke,* DNotZ 1983, S. 161, 164. In einem solchen Fall dürfte es teilweise bereits an der „Unbilligkeit" als Anspruchskriterium fehlen.

729 So aber für ehebezogene Zuwendungen BGH, FamRZ 2007, S. 877 m. Anm. *Schröder.*

730 Allerdings ist Zweck des § 1384 BGB, den ausgleichsberechtigten Partner vor vermögensmindernden Verfügungen des Verpflichteten zu schützen, vgl. etwa MünchKomm/*Koch* § 1384 Rn. 1. Dieser Zweck ist vorliegend nicht erfüllt.

731 Vgl. BGH, FamRZ 2007, S. 877.

§ 1373 BGB). Dies bedeutet für den Anspruchsinhaber zugleich einen geringeren Zugewinnausgleichsanspruch. Dargestellt sei dies an einem Rechenbeispiel:

Der Ehemann besitzt vor der Ehe ein Grundstück im Wert von 200.000 Euro und hat daneben kein weiteres Vermögen. Die Frau hat vor der Ehe 50.000 Euro und investiert diese komplett in das Grundstück des Mannes mit dem gemeinsamen Familienheim, wodurch dessen Wert um 50.000 Euro steigt. Für den Fall der nachfolgenden Eheschließung hat der Mann ein Anfangsvermögen von insgesamt 250.000 Euro und die Frau eines von 0 Euro. Erwirtschaftet der Mann während der Ehe einen Zugewinn von 100.000 Euro und die Frau – aufgrund fehlender Berufsausübung zugunsten der Kinderbetreuung – keinen Zugewinn, so beträgt der Zugewinn des Mannes während der Ehezeit ausschließlich 100.000 Euro und damit der Zugewinnausgleichsanspruch nach § 1378 I BGB zugunsten der Frau nur 50.000 Euro. Ein denkbarer Ausgleichsanspruch der Frau wegen ihrer vorehelichen Investition nach § 313 BGB beliefe sich hier auf 25.000 Euro.[732] Für den Fall, dass sich dieser Ausgleichsanspruch aus § 313 BGB negativ im Endvermögen des Mannes und positiv in dem der Frau widerspiegeln würde, bliebe der Frau insgesamt nur ein Zugewinnausgleichsanspruch in Höhe von 25.000 Euro[733] (neben den 25.000 Euro aus § 313 BGB) anstatt von 50.000 Euro. Dadurch konterkariert man die Zielsetzung eines Ausgleichs über § 313 BGB neben dem Zugewinnausgleich.

Will man die voreheliche Leistung also so berücksichtigen, als würde der Zugewinnausgleich rechnerisch diesbezüglich vorverlagert, so müsste ein Ausgleichsanspruch aus § 313 BGB (oder § 812 I 2 Alt. 2 BGB) in das Anfangsvermögen des Berechtigten fallen. Dies lässt sich dogmatisch jedoch nach bisheriger Rechtslage wegen des entgegenstehenden Stichtagsprinzips des § 1374 BGB nicht bzw. nur schwerlich einrichten.[734] Zweckmäßig und billig wäre es, die ergänzenden Ansprüche einfach unabhängig neben dem Zugewinnausgleich

---

732 Dann würde diese Summe nämlich nicht das Anfangsvermögen des Mannes mit dem Grundstück erhöhen und dessen Anfangsvermögen beliefe sich allein auf den Grundstückswert ohne Zuwendung (= 200.000 Euro). Die Frau hätte ein Anfangsvermögen von 50.000 Euro bei Investition erst nach der Eheschließung und keinen Zugewinn. In diesem Fall wäre das Endvermögen des Mannes mit 350.000 Euro zu veranschlagen (200.000 Euro Grundstück ohne Zuwendung + Zuwendung i. H. v. 50.000 Euro während der Ehezeit + 100.000 Euro sonstiger Zugewinn). Der Anspruch der Frau aus § 1378 I BGB beliefe sich insoweit auf 75.000 Euro. Die 25.000 Euro Differenz sollten hier mittels § 313 BGB ausgeglichen werden, vgl. dazu oben unter 2. und 2. b) ee).

733 Das Endvermögen des Mannes beliefe sich dann auf 325.000 Euro (statt 350.000 Euro) und das der Frau auf 25.000 Euro (statt 0 Euro). Der Zugewinn des Mannes wäre nur noch 75.000 Euro und der der Frau würde sich auf 25.000 Euro erhöhen, sodass allein die Differenz von 50.000 Euro auszugleichen wäre.

734 Siehe hierzu C. II. 2. b). Zudem ähnlich OLG Karlsruhe, FamRZ 2004, S. 1028, 1029.

zu gewähren. Dies steht grundsätzlich auch im Einklang mit der BGH-Entscheidung zum vorehelichen Hausbau.[735]

bb) BGH-Rechtsprechung zu schwiegerelterlichen Zuwendungen

Für die Frage, inwieweit sich dies mit dem parallelen Zugewinnausgleich verträgt, bietet es sich an, die neue Rechtsprechung des BGH zu Ansprüchen von Schwiegereltern wegen Zuwendungen[736] zum gemeinsamen Hausbau im Falle der späteren Ehescheidung zu beleuchten.[737] In solchen Fällen stellt sich ebenfalls das Problem der Konkurrenz zwischen Ansprüchen aus §§ 1372 ff. BGB und dem Anspruch der Schwiegereltern gegen das Schwiegerkind nach § 313 BGB. Die schwiegerelterliche Schenkung erfährt mittlerweile die Privilegierung des § 1374 II BGB.[738] Oftmals entsteht dieser Rückforderungsanspruch der Schwiegereltern ebenso vor der Rechtshängigkeit des Scheidungsantrags und ist demgemäß im Endvermögen des Schwiegerkindes zu berücksichtigen (vgl. §§ 1375, 1384 BGB), was eine Überprivilegierung des Schwiegerkindes gegenüber dem eigenen Kind der Schwiegereltern nach sich zieht. Denn der Zugewinn des Schwiegerkindes wird so gleich zweimal verringert: Wegen des höheren Anfangsvermögens über § 1374 II BGB und des zugleich geringeren Endvermögens abzüglich der Forderung aus § 313 BGB.

Der BGH behilft sich insoweit, dass er die volle Ausgleichsforderung der Schwiegereltern zugleich dem Anfangsvermögen des beschenkten Schwiegerkindes zurechnet. Dem stehe nicht entgegen, dass künftige Verbindlichkeiten grundsätzlich nicht bei der Zugewinnbilanz berücksichtigt werden dürfen. Im vorliegenden Fall mindere die Verbindlichkeit nämlich zugleich das Endvermögen und hänge eng mit dem Anfangsvermögen und der Ehe der Parteien zusammen, sodass ein Spekulieren über den Bestand der Ehe zum Zuwendungszeitpunkt nicht möglich sei.[739] Außerdem sei die Forderung nicht ungewiss, denn es bestehe nur Veranlassung, das Anfangsvermögen zu ermitteln, wenn die Ehe gescheitert ist. Dann steht aber auch fest, dass und zu welcher Höhe die Forderung entstanden ist.[740] Dieser Rechtsprechung folgend ist sowohl die Schenkung als auch die Rückforderung jeweils im Anfangs- und Endvermögen

735 Dort noch als den Zugewinnausgleich ergänzenden Anspruch über § 242 BGB, siehe BGH, NJW 1992, S. 427.

736 Nunmehr als Schenkungen betrachtet, § 516 BGB.

737 BGH, NJW 2010, S. 2202; 2010, S. 2884.

738 BGH, NJW 2010, S. 2202, 2205; 2010, S. 2884, 2885. Denkbar sei auch ein Ausgleich nach § 812 I 2 Alt. 2 BGB.

739 BGH, NJW 2010, S. 2202, 2205 f.; 2010, S. 2884, 2886.

740 BGH, NJW 2010, S. 2884, 2886.

des Schwiegerkindes zu berücksichtigen und bleibt daher im Zugewinnausgleichsverfahren in der Regel vollständig unberücksichtigt.[741]

cc) Übertragbarkeit der BGH-Rechtsprechung zu schwiegerelterlichen Zuwendungen auf den hiesigen Fall

Die Konstellation von Rückgewährung der Schenkungen durch Schwiegereltern ist durchaus vergleichbar mit der hiesigen Konstellation vorehelicher Zuwendungen zwischen den Ehegatten. Zumindest decken sich die Konstellationen insoweit, dass ein Ehegatte ein zu hohes Anfangsvermögen aufgrund einer potentiell zurückzuzahlenden Ausgleichsforderung hat und sich der spätere Rückforderungsanspruch des anderen Partners nochmals zugunsten des Ausgleichspflichtigen als ein das Endvermögen mindernder Posten auswirkt. Bei den vorehelichen Investitionen ist es etwa das Hausgrundstück als Position des Anfangsvermögens eines Ehegatten, welches um die Investition des anderen automatisch erhöht wird – analog dazu erhöht die Schenkung der Schwiegereltern das Anfangsvermögen des Schwiegerkindes als privilegierter Erwerb. Entsteht der Rückforderungsanspruch aus § 313 BGB (oder § 812 I 2 Alt. 2 BGB) vor Rechtshängigkeit des Scheidungsantrags, so sind diese Forderungen jeweils negativ im Endvermögen des Zuwendungsempfängers anzurechnen. Das Problem bei den vorehelichen Zuwendungen ist zusätzlich, dass die Ausgleichsforderung nicht nur das Endvermögen des Empfängers mindert, sondern zugleich das Endvermögen des damals Zuwendenden erhöht. Das heißt durch eine strikte Übertragung der Rechtsprechung des BGH zu den Schwiegerelternzuwendungen müsste die voreheliche Zuwendung nicht nur – wie automatisch – im Anfangsvermögen des Empfängers positiv erscheinen, wobei sie bereits mit dem Rückforderungsanspruch behaftet ist. Zugleich müsste auch das Anfangsvermögen des anderen (zuwendenden) Ehegatten um diesen zukünftigen Rückforderungsanspruch erhöht sein, damit sich der Ausgleichsanspruch nicht mit dessen Entstehungszeitpunkt ausschließlich erhöhend auf dessen Endvermögen auswirkt – und damit zugleich den Zugewinnausgleich des Zuwendenden unbillig schmälert. Im vorliegenden Fall ist der zuwendende Ehegatte mit den zuwendenden Schwiegereltern gleich zu setzen, denen der BGH den oben geschilderten Rückforderungsanspruch zeitgleich mit der Zuwendung einräumt. Nur taucht dieser Rückzahlungsanspruch der Schwiegereltern nicht in den sonstigen Berechnungen des Zugewinnausgleichs auf, weil die Schwiegereltern insoweit nicht invol-

741 BGH, NJW 2010, S. 2884, 2886; vgl. BGH, NJW 2010, S. 2202, 2206 zur Ausnahme bei negativem Anfangsvermögen des Schwiegerkindes und Rechtshängigkeit des Verfahrens vor dem 1.1.2009.

viert sind. Der potentielle Rückforderungsanspruch bei vorehelichen Zuwendungen taucht dagegen zum Zeitpunkt der Eheschließung zwei Mal im Berechnungssystem auf: einmal als „vermögensminderndes" Gegenstück zur Zuwendung im Anfangsvermögen des Empfängers und zugleich als „vermögenserhöhendes" Gegenstück zur Zuwendung im Anfangsvermögen des Zuwendenden. Kommt es dann zur Scheidung und entsteht der Ausgleichsanspruch vor der Rechtshängigkeit des Scheidungsantrags, so schadet die Erhöhung des Endvermögens beim Ausgleichsempfänger nicht mehr. Denn dieser Rückforderungsanspruch war bereits ein fingierter Teil dessen Anfangsvermögens und lässt damit den regulären Zugewinnausgleichsanspruch des zuwendenden Ehegatten unberührt. Das Stichtagsprinzip wäre dabei nach den oben unter bb) dargestellten Argumenten der BGH-Rechtsprechung ebenso wenig verletzt.

Auf diese Weise kann man unter erweiternder Anwendung der BGH-Rechtsprechung zu den schwiegerelterlichen Zuwendungen den Ausgleichsanspruch wie geboten neben dem Zugewinnausgleich gewähren und diesen Ausgleich auch systematisch sauber in das Berechnungssystem des Zugewinnausgleichs integrieren. Die Berechnung des Zugewinnausgleichs bleibt davon im Ergebnis unberührt, weil man der Ausgleichsforderung aus § 313 BGB (oder § 812 BGB) bereits im jeweiligen Anfangsvermögen der Ehegatten einen fiktiven Rückforderungsanspruch gegenüberstellt, der sich zugleich im Endvermögen jedes Ehegatten niederschlägt.

d) Ergebnis

Hat ein Ehegatte bereits vor der Ehe in das Familienheim auf dem Grundstück des anderen investiert, so können solche Investitionsbeiträge ausnahmsweise ausgeglichen werden. Diente das Familienheim vor allem der Altersvorsorge, so ist ein Anspruch aus § 812 I 2 Alt. 2 BGB denkbar. Im Übrigen sind entsprechende Unbilligkeiten über § 313 BGB auszugleichen, wobei ein erforderlicher Rechtsbindungswille für den familienrechtlichen Kooperationsvertrag unabhängig von einem Verlöbnis der Ehegatten bestehen kann. Spätestens mit der Scheidung der Ehe entfällt die Geschäftsgrundlage des Kooperationsvertrags. Die Ansprüche aus § 812 I 2 Alt. 2 BGB sowie § 313 BGB sind jeweils isoliert neben dem Zugewinnausgleich zu gewähren, was unter Zuhilfenahme der BGH-Rechtsprechung zum Ausgleich schwiegerelterlicher Zuwendungen auch dogmatisch sauber mit der Berechnung des Zugewinnausgleichs zu vereinbaren ist.

3. Voreheliche Investitionen in ein Unternehmen

Nachfolgend sind Ausgleichsansprüche wegen vorehelicher Investitionen in ein Unternehmen zu beleuchten. Dabei besteht ein Ausgleichsbedürfnis vor allem, wenn das Unternehmen allein einem Partner gehört. Die jeweiligen Beiträge können Arbeitsleistungen sein,[742] wie etwa die Tätigkeit im Geschäft des Partners als Buchhalter/in oder Verkaufsassistent/in. Bei Arbeitsleistungen beschränkt sich die Untersuchung nur auf die Fälle, in denen ein Partner nicht vertraglich im Betrieb angestellt ist. Bei vertraglichen Ansprüchen werden die Arbeitsleistungen nämlich größtenteils ausreichend vergütet. Nur ausnahmsweise wäre eine darüber hinausgehende (ausgleichsweise) Gewinnbeteiligung je nach Art und Umfang der Tätigkeiten denkbar. Demnach sind vorliegend insbesondere Ausgleichsansprüche wegen vorehelicher Leistungen in kleineren Familienbetrieben relevant, mit denen die Partner überwiegend ihren Lebensunterhalt bestreiten.[743] Denn hier fehlt es meist an (arbeits-) vertraglichen Regelungen. Die Investition kann daneben in Sachbeiträgen bestehen. In der Rechtsprechung ging es unter anderem um den Fall, dass ein Partner zugunsten des Bauernhofs der Schwiegereltern seinen Pkw überließ.[744]

Die Rechtsnatur eines gemeinsam geführten Unternehmens legt einen Ausgleich über das Gesellschaftsrecht nahe (§§ 705 ff. BGB). Dem entspricht die Entscheidung des BGH vom 28.9.2005. Hier gewährte der BGH einen Vermögensausgleich wegen vorehelicher Beiträge über das Gesellschaftsrecht und neben dem Zugewinnausgleich.[745]

a) Ausgleich über Gesellschaftsrecht – §§ 730 ff. BGB

aa) Rechtsbindungswille und Gesellschaftszweck

Wesentliche Hürde beim Ausgleich solcher vorehelichen Leistungen über das Gesellschaftsrecht ist der Rechtsbindungswille der Partner hinsichtlich eines Gesellschaftsvertrags i. S. d. § 705 BGB.[746] Beim Bau des Familienhauses ist dies in aller Regel nicht der Fall, weil der erforderliche Gesellschaftszweck (§ 705 BGB) nicht über die Verwirklichung der nichtehelichen Lebensgemeinschaft

742 Hierzu etwa BGH, NJW 1995, S. 3383.

743 Zu vorehelichen Verflechtungen bei Hilfe zum Aufbau des Geschäfts vgl. Göppinger/Wax/*Bäumel* Rn. 1153 mit weiteren Beispielen.

744 So bei OLG Hamm, FamRZ 1983, S. 494.

745 BGH, NJW 2006, S. 1268 = FamRZ 2006, S. 607.

746 So BGH, NJW 2006, S. 1268, 1270; aktuell zudem BGH, NJW 2008, S. 3277, 3278 = FamRZ 2008, S. 1822, 1825 für nichteheliche Lebensgemeinschaften.

hinausgeht.[747] Bei einem gemeinsam geführten Unternehmen besteht dagegen meist ein gewisser Abstand zur vorehelichen Lebensgemeinschaft, denn die Beziehung besteht unabhängig davon, auf welche Weise die Partner den gemeinsamen Unterhalt bestreiten. Das gemeinsame Führen eines (Familien-) Betriebs ist deshalb grundsätzlich ein zulässiger Gesellschaftszweck. Indizien für die Annahme des entsprechenden Rechtsbindungswillens sind nach ständiger Rechtsprechung Planung, Umfang und Dauer der Zusammenarbeit.[748] Bedeutsam für die Annahme des Rechtsbindungswillens hinsichtlich eines Gesellschaftsvertrags kann ebenfalls die finanzielle Situation des beitragenden Lebensgefährten sein.[749] Gibt beispielsweise ein weniger vermögender Partner sein gesamtes Vermögen zum gemeinsamen Hausbau, ist tendenziell ein Rechtsbindungswille anzunehmen. Anders liegt es dagegen, wenn der zahlenmäßig identische Betrag von einem wohlhabenden Partner geleistet wurde und ihm die Summe verhältnismäßig gering erschien.

bb) Gemeinsame Wertschöpfung und gleichberechtigte Beiträge

Der BGH fordert außerdem, dass der geschaffene Vermögenswert durch die Partner nicht nur gemeinsam genutzt wird, sondern ihnen nach deren Vorstellung auch gemeinsam gehören soll.[750] Entscheidend ist insoweit die Zweckbeimessung durch die Partner.[751] Es kommt für den Vermögensausgleich also weniger darauf an, wem der Betrieb rechtlich gehört, sondern vielmehr auf die Absicht der gemeinsamen Wertschöpfung.

Es müssen weiterhin gleichberechtigte Beiträge der Partner vorliegen.[752] Ist die Frau etwa nur die Geldgeberin für die Existenzgründung des Unternehmens, welches der Mann daraufhin ganz alleine führt, sind die Beiträge nicht gleichgewichtig. Möglicherweise ergibt sich dann ein Ausgleich für die Frau aus Darlehensrückzahlung (§ 488 I 2 BGB, als zinsloses Darlehen), wobei es meist am

---

747 Siehe hierzu oben eingangs unter 2.; zudem BGH, FamRZ 1982, S. 910, 911 f.; so für Verlobte OLG Köln, FamRZ 1991, S. 816, 817. Zu den Kriterien etwa BGH, NJW 1995, S. 3383.

748 Zur vorehelichen Lebensgemeinschaft BGH, NJW 2006, S. 1268, 1270; ansonsten neuerdings BGH, FamRZ 2008, S. 1822, 1825.

749 Wie bereits zu § 812 BGB oben unter 2. a) bb) ausgeführt.

750 Vgl. etwa BGH, NJW-RR 1993, S. 774, 775; NJW 1997, S. 3371 f.; NJW 1999, S. 2962, 2964; NJW 2008, S. 443, 444; FamRZ 2008, S. 1822, 1825; NJW 2010, S. 998, 999.

751 Etwa bezogen auf das geschaffene Objekt, vgl. Palandt/*Sprau* § 705 Rn. 46.

752 Vgl. hierzu nur BGHZ 84, 388.

diesbezüglichen Rechtsbindungswillen der Lebensgefährten fehlt.[753] Zudem scheidet regelmäßig ein Aufwendungsersatz nach § 670 BGB aus (bei berechtigter Geschäftsführung ohne Auftrag, §§ 681 S. 1, 677 BGB).[754] Als Beispielsfall für gleichberechtigte Beiträge zum Unternehmen ist denkbar, dass die Partner vor der Ehe über längere Zeit einen Familienbetrieb führten, wobei der Mann die Kundenaufträge erledigte und die Frau die ebenso zeitaufwendige Buchhaltung handhabte. Ferner ist die Höhe der jeweiligen Beiträge im Vergleich zum Gesamtvolumen des Projektes maßgebend. Der BGH hat beispielsweise einen Ausgleich nach Gesellschaftsrecht bei einem Investitionsbeitrag von 90.000 Euro im Vergleich zum Gesamtvolumen von 300.000 Euro für möglich gehalten.[755]

cc) Inhalt des Ausgleichsanspruchs

Bejaht man die Tatbestandsvoraussetzungen eines Gesellschaftsvertrages zwischen den Partnern vor der Ehe, so geschieht ein Vermögensausgleich hinsichtlich des Investitionsgegenstandes nach den §§ 730 ff. BGB.[756] Bei der Gesellschaft bürgerlichen Rechts gibt es ein Gesellschaftsvermögen, welches bei Auseinandersetzung zunächst berichtigt werden muss – wie z. B. durch Erstattung von Einlagen oder Rückgewähr von Gegenständen (vgl. §§ 732, 733 BGB). Je nach Einzelfall (z. B. ein Partner führt den Betrieb allein weiter) ist ein Abfindungsanspruch in Geld zuzubilligen, vgl. entsprechend § 738 I 2 BGB.[757] Ein verbleibender Gewinn ist anteilig zu verteilen, § 734 BGB. Dabei wird der gleiche Anteil jedes Gesellschafters vermutet, § 722 I BGB. Gegebenenfalls zählen sogar Zahlungen für Arbeitsleistungen zur Einlage. Eine Vergütung könnte inso-

753 Da das Geld meist für Gemeinschaftszwecke zur Verfügung gestellt wurde, vgl. hierzu vertiefend *Hausmann/Hohloch,* S. 249 f.

754 Für die Bezahlung von Kreditraten des Partners vor der Ehe siehe OLG Nürnberg, FuR 2000, S. 47, 48, da ein Ausgleich nach § 670 BGB regelmäßig durch die Parteien abbedungen sei, wenn sich die Partner gegenseitig vorehelich unterstützten. Aber häufig fehlt es bereits daran, dass nicht allein im fremden Interesse („fremdes Geschäft") gehandelt wird. Denn der Leistende profitiert in einer Lebensgemeinschaft zumindest teilweise selbst von seiner Leistung.

755 So bei BGH, NJW-RR 1996, S. 1473; hierzu auch BGH, NJW-RR 2003, S. 1658.

756 BGH, NJW 1999, S. 2962, 2967; NJW 2006, 1268, 1269. Ausführlich zur Auseinandersetzung über die §§ 730 ff. BGB siehe *Hausmann,* S. 608 ff.

757 Z. B. BGH, NJW 1999, S. 2962, 2967 für den Fall, dass Verwertung des Eigentums nicht verlangt werden kann. § 738 I 2 BGB passt hier vor allem deshalb, weil sich die Ehegatten eher wie Schuldner und Gläubiger gegenüberstehen, vgl. hierzu auch OLG Schleswig, NJW-RR 2004, S. 972, 973.

fern in Form der teleologischen Reduktion des § 733 II 3 BGB gewährt werden.[758]

dd) Anspruchsentstehung und Verhältnis zum Zugewinnausgleich

Vermögensmehrungen während der Ehe fallen meist regulär unter den gesetzlichen Zugewinnausgleich (§§ 1372 ff. BGB), obgleich der BGH auch einen vollständig isolierten Ausgleich sämtlicher Gesellschaftsbeiträge bevorzugt.[759] Auf nur teils vorehelich erbrachte Leistungen wird später noch eingegangen.[760] Selten gibt es Fälle, in denen die unternehmensbezogenen Investitionen abschließend vor der Ehe stattfinden. Als Beispiel für rein voreheliche Investitionen ist der Fall denkbar, dass die späteren Ehegatten mehrere Jahre gemeinsam am Aufbau eines Betriebs gearbeitet und diesen geführt hatten, dann jedoch das Geschäft bereits vor der Eheschließung wieder einstellten – und damit die Gesellschaft beendeten. Dann entstehen die Ausgleichsansprüche im Zeitpunkt der Auflösung und die Auseinandersetzung nach den §§ 730 ff. BGB findet statt.

Wurde die Gesellschaft nicht vor der Ehe beendet, aber waren die Investitionsbeiträge eines Partners auf voreheliche Zeiten beschränkt, so entsteht ein Ausgleichsanspruch mit dem Ende der Investitionsleistungen. Vorstellbar wäre der Fall, dass die Frau die Zeit vor der Ehe den Betrieb des Partners umfangreich mit ihren Arbeitsleistungen unterstützte, sich während der Ehe jedoch ausschließlich der Familie widmete. Hier dürften sich Ausgleichsansprüche entsprechend § 738 BGB ergeben (Auseinandersetzung beim Ausscheiden), weil mit dem vollständigen Einstellen ihrer Arbeitsleistungen von einem konkludenten Ausscheiden der Frau aus der Gesellschaft auszugehen ist.

Für den sicherlich seltenen Fall, dass gesellschaftsrechtliche Ansprüche eindeutig vor der Eheschließung entstanden sind, zählen sie grundsätzlich noch zum Anfangsvermögen des Berechtigten und mindern das Anfangsvermögen des Verpflichteten (vgl. § 1374 I BGB). Während der Ehezeit wird die Verjährung des Anspruchs nach § 207 I 1 BGB gehemmt. Hier zeigt sich ein Unterschied zu den Ansprüchen bei Hausbaufällen. Denn die oben diskutierten Ansprüche aus §§ 313 oder 812 I 2 Alt. 2 BGB entstehen erst mit dem Scheitern der Ehe, selbst wenn die Investitionsleistungen in das Familienheim vor der Ehe abgeschlossen waren.[761]

Um Komplikationen bei der Berechnung des Zugewinnausgleichs zu vermeiden, ist ebenfalls – wie oben zu den Ansprüchen aus §§ 313, 812 I 2 Alt. 2

758 Vgl. hierzu BGH, NJW 1986, S. 51; a. A. *Hoppenz,* FamRZ 2006, S. 610.

759 BGH, NJW 2006, S. 1268 = FamRZ 2006, S. 607.

760 Hierzu sogleich unter 4.

761 Siehe oben unter 2 a) cc) und b) cc).

BGB diskutiert[762] – die Gewährung des Ausgleichsanspruchs *neben* dem Zugewinnausgleich zu empfehlen. So ist zudem eine flexiblere Handhabung der Einzelfälle möglich, was insbesondere bei unklaren Investitionszeiträumen oder -beiträgen vorteilhaft ist – etwa bei einer zeitlich nicht klar eingrenzbaren Beendigung der Investitionsbeiträge. Es hängt oft nur von Zufälligkeiten ab, ob der Zuwendungszeitpunkt noch vorehelich ist oder gerade schon in die Ehezeit fällt.[763] Ferner steht diese Methode auch im Einklang mit der BGH-Entscheidung vom 28.9.2005 für den Vermögensausgleich einer vorehelichen Gesellschaftsführung.[764]

b) Ausgleich über § 313 BGB oder § 812 I 2 Alt. 2 BGB

Kommt ein Vermögensausgleich der vorehelichen Beiträge zum Unternehmen über das Gesellschaftsrecht nicht in Betracht, ist subsidiär ein Ausgleich über § 313 BGB zu erwägen. Dies kann zum Beispiel der Fall sein, wenn die Leistungen in den Betrieb nicht gleichwertig sind. Denkbar wäre insoweit, dass die Frau nur vereinzelt Handwerkerrechnungen bezahlt hat. Oder ein Ausgleich der vorehelichen Beiträge über das Gesellschaftsrecht scheitert daran, dass der Gesellschaftszweck (§ 705 BGB) nicht deutlich genug über die Verwirklichung der Lebensgemeinschaft hinausgeht. Exemplarisch benannt sei ein Familienbetrieb, der in unmittelbarem Zusammenhang zur Lebensgemeinschaft steht, also nicht bloß das Einkommen sichern soll. Vorstellbar ist insofern ein Bauernhof des Mannes, in dem das Paar zusammenlebt und mit dem ausschließlich der Unterhalt gesichert wird. Ist das Unternehmen nämlich ein Familienbetrieb, ist tendenziell eher ein Rechtsbindungswille für einen familienrechtlichen Kooperationsvertrag anzunehmen. Dann könnte ausnahmsweise § 313 BGB als flexible Ausgleichsnorm der vorehelichen Leistungen in Betracht kommen. Es ist jedoch stets darauf zu achten, dass die potenziell ausgleichspflichtigen Investitionen nicht durch Wohnvorteile o. Ä. ausgeglichen wurden. Dies ist im Rahmen der Gesamtabwägung zu beachten (vgl. das Zumutbarkeitskriterium des § 313 I BGB).

Schließlich erkennt die Rechtsprechung vereinzelt einen Anspruch nach § 812 I 2 Alt. 2 BGB bei unentgeltlicher Mitarbeit im Gewerbebetrieb des anderen und in Erwartung der Eheschließung an. Doch war der bezweckte Erfolg in einem Fall des OLG Stuttgart die in Aussicht gestellte Ehe, welche ausblieb und

762 Hierzu oben unter 2. c).

763 Siehe hierzu *Grziwotz,* MDR 1998, S. 129, 130.

764 Hierzu BGH, NJW 2006, S. 1268, 1270; ähnlich aber auch BGH, NJW 1992, S. 427.

damit der Zweck i. S. d. § 812 I 2 Alt. 2 BGB verfehlt wurde.[765] Nach dem voreheliche Zusammenleben wird aber geheiratet. Man könnte sich allenfalls einen Anspruch aus Zweckverfehlung in Analogie zu den Ausführungen bei Hausbaufällen vorstellen, wenn der Betrieb eines Partners ausdrücklich der gemeinsamen Altersvorsorge dienen sollte.[766] Für die allermeisten Fälle ist das Gesellschaftsrecht dagegen passender.

c) Ergebnis

Haben die Ehegatten bereits vor der Eheschließung gemeinsam ein Unternehmen geführt, kommt ausnahmsweise ein Ausgleich der vorehelichen Vermögensmehrungen über §§ 730 ff. BGB in Betracht. Die Kriterien hierfür sind sehr streng. Die Lebensgefährten müssen einen vertraglichen Rechtsbindungswillen i. S. d. § 705 BGB haben, der Betrieb muss deutlich über die Lebensgemeinschaft hinausgehen und die Beiträge der Ehegatten müssen ungefähr gleichwertig sein. Greifen diese strengen Voraussetzungen nicht, ist unter Umständen die Annahme eines familienrechtlichen Kooperationsvertrags zwischen den Partnern und damit ein Ausgleich über § 313 BGB denkbar.

4. Ausgleich nur teilweise vor der Ehe erbrachter Leistungen

Nunmehr sind die in der Praxis häufig vorkommenden Fälle zu beleuchten, in denen die Investitionen und Leistungen nicht ausschließlich vor der Ehe, sondern zum Teil noch während der Ehe fortgesetzt wurden. Wichtig ist es zu beachten, dass die Normen des Zugewinnausgleichs (§§ 1372 ff. BGB) die Vermögensmehrungen während der Ehezeit vorrangig erfassen.[767] Daneben bedarf es meist gar keines gesonderten Ausgleichs. Ein zusätzlicher Vermögensausgleich durch Ansprüche des Gesellschafts-, Bereicherungsrechts oder § 313 BGB ist also in aller Regel ausgeschlossen.[768]

765 OLG Stuttgart, NJW 1977, S. 1779.

766 Siehe dazu oben unter 2. a).

767 Deshalb sehr restriktive Handhabung nötig, vgl. etwa MünchKomm/*Roth* § 313 Rn. 234.

768 Z. B. BGH, NJW 1982, S. 1093 für § 313 BGB oder betreffend Leistungen vor einer Ehe im gesetzlichen Güterstand auch BGH, NJW 1992, S. 427; BGHZ 65, 320 oder MünchKomm/*Schwab* § 812 Rn. 410 für § 812 I 2 Alt. 2 BGB; BGH, FamRZ 1999, S. 1580 oder aktuell BGH, NJW 2009, S. 2750, 2752 f. für die Ehegatteninnengesellschaft.

a) Hausbaufälle

Grziwotz zeigt die praktische Relevanz von Investitionen in das Familienheim über eine längere Zeit hinweg anhand eines anschaulichen Fallbeispiels:[769]

Eine sich noch im Studium befindende, angehende Steuerberaterin und ihr voll berufstätiger Mann leben bereits vorehelich zusammen. Nach dem Motto „erst bauen, dann heiraten" errichten sie auf dem Grundstück der Frau ein Eigenheim mit jeweils anteiligen Mitteln der Frau, des Mannes sowie dessen Vater. Ein gesamtschuldnerischer Kredit der Lebensgefährten macht dabei den wesentlichen Teil aus. Die Partner verloben sich während der lang anhaltenden Errichtungsphase. Dann kündigt sich ein Kind an und es wird geheiratet. Während der Ehezeit wird das Haus fertig gestellt, wobei ein Anbau für die Steuerberaterkanzlei der Frau integriert wird. An diesem Beispiel zeigt sich praxisnah, wie verworren die einzelnen Investitionszeitpunkte sein können und dass es eines flexiblen Ausgleichsmechanismus bedarf.[770] Dem entspricht der in dieser Arbeit für Hausbaufälle favorisierte § 313 BGB.

Ausnahmsweise könnte es sich in solchen Fällen rechnerisch anbieten, die vorehelichen sowie ehelichen hausbaubezogenen Investitionen zusammenhängend und losgelöst vom Zugewinnausgleich auszugleichen. Dabei müsste man jedoch die grundsätzlich starren gesetzlichen Regelungen des Zugewinnausgleichs teilweise übergehen. Eine entsprechende Vorgehensweise muss daher auf solche Fälle beschränkt werden, in denen eine isolierte Berechnung hinsichtlich der vorehelichen Investitionen nach dem obigen[771] Muster und dem ehezeitlichen Zugewinn praktisch unmöglich ist. In Betracht käme eine solche Lösung zum Beispiel, wenn die Vermögenslage und der Umfang der jeweiligen Investitionsleistungen beider Ehegatten zum Zeitpunkt der Eheschließung (und damit meist dem Stichtag für das Anfangsvermögen, § 1374 I BGB) nicht eindeutig feststellbar sind. Können aber die jeweiligen Leistungen in Bezug auf das Familienheim als Vermögensobjekt eindeutig den Partnern zugeordnet werden und fehlen allein konkrete Investitionsdaten, so ist unter Umständen rein rechnerisch ein isolierter Ausgleich der Hausbauleistungen (voreheliche *und* eheliche) über § 313 BGB neben dem Zugewinnausgleich möglich. Fernerhin wäre denkbar, dass die Ehegatten sich untereinander auf eine solche Lösung einigen, wenn die

769 Siehe hierzu *Grziwotz,* DNotZ 2000, S. 486, 488 f. und die Übersicht auf S. 493. Ein weiteres Beispiel nennt etwa *Haußleiter,* NJW 2006, S. 2741, 2742, aber zum Gesellschaftsrecht.

770 Einen Überblick hierzu bietet *Grziwotz,* DNotZ 2000, S. 486, 488 ff., allerdings ohne die neue BGH-Rechtsprechung zum finanziellen Ausgleich nichtehelicher Lebensgemeinschaften, also etwa BGH, FamRZ 2008, S. 1822.

771 Siehe hierzu oben unter 2.

Investitionen während der Ehezeit im Vergleich zu den vorehelichen vom Umfang her nur sehr gering sind. Die Gerichte und Berater sollten in entsprechenden Fällen grundsätzlich eine vergleichsweise Einigung der Parteien versuchen, um systemwidrige Berechnungen zu vermeiden.

b) Gemeinsam geführtes Unternehmen

Für andauernde Investitionen in ein Unternehmen vor sowie nach der Eheschließung bietet sich ein vom Zugewinnausgleich isolierter Ausgleich grundsätzlich an. Denn das Gesellschaftsrecht passt von seinen Rechtsfolgen her besser zum Wertausgleich bei einem Unternehmen. Der unternehmensbezogene Vermögensausgleich ist insofern rechnerisch leichter isoliert vom übrigen Zugewinnausgleich durchzuführen. Dem steht wiederum das vorrangige System der §§ 1372 ff. BGB bei einer Ehe im gesetzlichen Güterstand entgegen. Der BGH gewährte in einer Entscheidung für den Fall eines gemeinsam geführten Unternehmens mit vorehelicher, ehelicher und sogar nachehelicher Zusammenarbeit im Betrieb den gesellschaftsrechtlichen Ausgleichsanspruch trotzdem ausdrücklich *neben* dem Zugewinnausgleich.[772] Er stellt hierbei für den Entstehungszeitpunkt des Anspruchs nicht auf den Tag der Trennung der Eheleute ab, sondern auf den Zeitpunkt, an dem die Zusammenarbeit im Betrieb beendet wurde.[773] In dieser Entscheidung war sich der BGH durchaus bewusst, dass eine Ehe im gesetzlichen Güterstand ein gewichtiges Indiz gegen die Annahme eines konkludent geschlossenen Gesellschaftsvertrags darstellt.[774] Aber beim konkludent geschlossenen Gesellschaftsvertrag geht der Gesellschaftszweck über die eheliche Lebensgemeinschaft hinaus, weshalb grundsätzlich keine Überschneidungen mit § 1353 I 2 BGB (Pflicht zur ehelichen Lebensgemeinschaft) auftreten.

Haußleiter will anders als der BGH die entsprechenden Ansprüche aus der Auflösung der Gesellschaft direkt im Zugewinnausgleich berücksichtigen.[775] Er berechnet hierbei die Ausgleichsansprüche wegen der vorehelichen und während der Ehe getätigten Investitionen getrennt voneinander. Diese Ansprüche sind seiner Meinung nach beim Anfangsvermögen oder Endvermögen des Anspruchsinhabers zu berücksichtigen. Obwohl die Ansprüche erst mit der Auflösung der Gesellschaft entstehen, sei dies nicht schädlich, da auch aufschiebend bedingte Rechte zum Anfangsvermögen zählen könnten.[776]

772 BGH, NJW 2006, S. 1268, 1270 = FamRZ 2006, S. 607 m. Anm. *Hoppenz*.

773 BGH, NJW 2006, S. 1268, 1270.

774 BGH, NJW 2006, S. 1268, 1269.

775 Ein umfassendes Berechnungsbeispiel hierzu findet sich bei *Haußleiter,* NJW 2006, S. 2741, 2742 ff.

776 *Haußleiter,* NJW 2006, S. 2741, 2743, vor allem hinsichtlich BGH, NJW 2006, S. 1268.

Hier soll zwar grundsätzlich dem Ansatz des BGH gefolgt werden. Jedoch muss stets auf das Verhältnis zum Zugewinnausgleich geachtet werden. Daher ist zunächst wie von *Haußleiter* vorgeschlagen zu versuchen, bei entsprechenden Fällen von teils vorehelichen und teils ehezeitlichen Investitionen in das gemeinsam geführte Unternehmen einen Ausgleich der vorehelichen Beiträge nach dem obigen Muster sowie daneben den regulären (Zugewinn-) Ausgleich der ehelichen Vermögenssteigerungen zu erreichen. Denn das spezielle System der §§ 1372 ff. BGB geht auch hier vor. Allerdings sind gerade bei Unternehmensführungen komplexe Berechnungen denkbar, die es praktisch unmöglich machen, voreheliche sowie ehezeitliche Vermögensmehrungen in Form von Firmengewinnen zu trennen. In solchen Fällen erübrigt sich das Problem meist, wenn die Wertsteigerung des Unternehmens den nahezu vollständigen Zugewinn während der Ehe ausmacht. Dann kann man den zugewinnrechtlichen Ausgleichsanspruch rechnerisch leicht um die vorehelichen Wertsteigerungen ergänzen, soweit dies geboten ist.[777] Nur in den verbleibenden Fällen, in denen eine isolierte Berechnung der ehezeitlichen Unternehmenswertsteigerung unmöglich ist, kommt gezwungener Maßen nur ein unternehmensbezogener Ausgleich der vor- und ehezeitlichen Investitionen nach Gesellschaftsrecht und damit neben dem Zugewinnausgleich in Betracht. Sofern die Gesellschaft noch vor Rechtshängigkeit des Scheidungsantrags beendet wurde, sind bei der Anspruchsgewährung ungewollte Effekte in Wechselwirkung mit der Berechnung des Zugewinns zu vermeiden. Der dann in die Berechnung des Zugewinnausgleichs einzustellende Ausgleichsanspruch mindert nämlich als Forderung das Endvermögen des Ausgleichspflichtigen und erhöht das Endvermögen des Ausgleichsberechtigten. Zur dogmatisch sauberen Lösung insoweit ist auf die obigen Ausführungen zu verweisen.[778]

c) Ergebnis

Für die überwiegende Zahl der Fälle sind die Vermögensmehrungen während der Ehe speziell über §§ 1372 ff. BGB auszugleichen. Nur ausnahmsweise bedarf es eines rein gegenstandsbezogenen und isolierten Ausgleichsanspruchs, nämlich wenn die genauen Daten der Leistungen nicht mehr feststellbar sind oder wenn während der Ehe ein bloß sehr geringer Teil geleistet wurde. Letzteres wird häufiger bei Unternehmen der Fall sein, weil die Zahlen und Daten hier oft schwerer aufzuschlüsseln sind.

---

777 Nach dem obigen Schema, vgl. hierzu oben unter 3.

778 Vgl. hierzu oben unter 2. c).

5. Ausgleich bei anschließender Gütertrennungsehe

Abschließend sind Ausgleichsansprüche wegen vorehelicher Leistungen im Falle einer sich anschließenden Gütertrennungsehe (§ 1414 BGB) zu untersuchen. Diese liegt vor, wenn die Ehegatten vertraglich den gesetzlichen Güterstand der Zugewinngemeinschaft ausgeschlossen bzw. aufgehoben haben, siehe § 1414 S. 1 BGB.[779] Bei Gütertrennungsehen gibt es zwar keinen spezielleren Zugewinnausgleich. Allerdings haben die Ehegatten das Vermögensproblem zumindest thematisiert und sich bewusst gegen einen Ausgleich entschieden.[780] Der Parteiwille und die ehevertragliche Vereinbarung sind daher sorgfältig zu beachten, was einen gewollten Nichtausgleich angeht.[781] Für die oben diskutierten Ausgleichsansprüche wegen vorehelicher Vermögensdispositionen ist deshalb Zurückhaltung geboten.[782] Alltägliche Leistungen vor der Gütertrennungsehe sind keinesfalls auszugleichen. Außerdem ist zu beachten, dass im ehevertraglichen Ausschluss der Zugewinngemeinschaft zugleich ein Ausschluss weiterer Ausgleichsansprüche enthalten sein kann.[783] Zur Veranschaulichung sei der Fall genannt, dass der konkrete Investitionsgegenstand das überwiegende Vermögen der Parteien darstellt und in Kenntnis dessen der Zugewinnausgleich ausgeschlossen wird.[784] Dies ist wie beim Fall des KG vor allem beim Verzicht auf Zugewinnausgleichsansprüche zeitlich kurz vor der Trennung der Ehegatten denkbar.[785] In solchen Fällen ist den Rechtspraktikern zu empfehlen, die ehevertragliche Vereinbarung umfassend unter Berücksichtigung der Gesamtumstände auszulegen.

Andererseits existiert ständige Rechtsprechung für einen Vermögensausgleich in Härtefällen trotz gewählter Gütertrennung. Herangezogen wird insofern auch das Gesellschaftsrecht (§§ 705 ff. BGB) oder die Regeln des Wegfalls

779 Dasselbe gilt, wenn die Ehegatten nur den Zugewinnausgleich ausgeschlossen haben oder die Gütergemeinschaft aufgehoben wird, vgl. § 1414 S. 2 BGB.

780 Der BGH betont z. B. in seiner maßgeblichen Entscheidung vom 2.10.1991, dass die sich den vorehelichen Leistungen anschließende Ehe dort im gesetzlichen Güterstand geführt wird, vgl. BGH, NJW 1992, S. 427 = FamRZ 1992, S. 160.

781 Vgl. z. B. Palandt/*Grüneberg* § 313 Rn. 52 m. w. Nw. für den hier wesentlichen § 313 BGB.

782 Ähnlich auch *Venger,* S. 181.

783 In diese Richtung OLG Nürnberg, FuR 2000, S. 47, 48. Ein (ausdrücklicher, gerichtlicher) Vergleich, durch den Ehegatten weitergehende Ansprüche abbedungen haben, findet sich bei KG, NJW-RR 2007, S. 365.

784 Hierzu anschaulich den Fall bei BGH, NJW 2006, S. 1268.

785 Vgl. KG, NJW-RR 2007, S. 365.

der Geschäftsgrundlage (§ 313 BGB).[786] Nur selten bietet sich das Bereicherungsrecht an.[787] Die Rechtsprechungsgrundsätze zum Vermögensausgleich trotz Gütertrennung sind auf konkrete und wesentliche Vermögensgegenstände begrenzt – wie beim oben diskutierten Hausbau oder gemeinsam geführten Unternehmen.

Für den Fall, dass die gegenstandsbezogenen Leistungen *teils vor der Ehe* und teils während der Ehe ohne gesetzlichen Güterstand getätigt wurden, dürfte es weniger Probleme bei der Berechnung von Ausgleichsansprüchen geben, denn hier konkurrieren nicht die §§ 1372 ff. BGB. Da für nichteheliche und eheliche Investitionen zumindest seit der BGH-Entscheidung vom 9.7.2008[788] grundsätzlich die gleichen Voraussetzungen zum Vermögensausgleich gelten, ist es möglich, einen einheitlichen Ausgleichsanspruch nur bezogen auf den Vermögensgegenstand – Haus oder Unternehmen – anzunehmen.[789]

6. Geltendmachung der Ansprüche vor dem Familiengericht

Bis zur Einführung des FamFG war für den Fall eines neben dem Zugewinnausgleich zu gewährenden, nicht familienrechtlichen Ausgleichsanspruchs eine doppelte Verfahrensführung nötig: vor dem Familiengericht (für § 1378 BGB) und vor dem Zivilgericht (für §§ 705 ff., 313 BGB).[790] Seit Geltung des FamFG sind auch „Ansprüche zwischen miteinander verheirateten oder ehemals miteinander verheirateten Personen" sonstige Familiensachen gemäß § 266 I Nr. 3 FamFG und das Familiengericht ist einheitlich zuständig.[791]

7. Ergebnis

Ein Ausgleich der vorehelichen Vermögensmehrung durch alltägliche Leistungen eines Partners wie Kinderbetreuung oder Haushaltsführung ist über die Ausgleichsmechanismen der Rechtsprechung nicht zu erreichen. Für Hausbaufälle

786 Etwa BGH, NJW 1953, 418; NJW 1960, S. 428; NJW 1974, 2278 für die Ehegatteninnengesellschaft; BGH, NJW 1982, 2236; NJW 1989, S. 1986; 1994, S. 2545 für den Wegfall der Geschäftsgrundlage.

787 Zur Zurückhaltung dieses Ausgleichs siehe etwa BGH, NJW 1992, S. 427 f.

788 BGH, FamRZ 2008, S. 1822 = NJW 2008, S. 3277.

789 Zu teils vorehelichen Leistungen soeben unter 4.

790 Deshalb wurde der BGH öfters kritisiert, z. B. *Haußleiter/Schulz,* Kapitel 6 Rn. 154; dieses Problem ferner ansprechend *Wever,* FamRZ 2002, S. 1405; *Kogel,* FamRB 2007, S. 273, 274.

791 Siehe Schulte-Bunert/Weinreich/*Rehme* § 266 FamFG Rn. 14; *Wever,* Rn. 24 ff., 981.

bietet sich ausnahmsweise ein Ausgleich der vorehelichen Beiträge über § 812 I 2 Alt. 2 BGB oder § 313 BGB an. Die Ansprüche sind jeweils neben dem Zugewinnausgleich zu gewähren. Investitionen in ein Unternehmen können ausnahmsweise über das Gesellschaftsrecht ausgeglichen werden. Erstreckt sich der Investitionszeitraum von der vorehelichen Beziehungsphase bis hinein in die Ehe, so kommt ein objektbezogener Ausgleichsanspruch neben dem Zugewinnausgleich nur in Betracht, wenn ein isolierter Ausgleich der vorehelichen und ehezeitlichen Vermögensmehrungen praktisch unmöglich ist. Der Parteiwille ist vor allem bei einer anschließenden Gütertrennungsehe besonders zu würdigen, zumal mögliche Ausgleichsansprüche je nach Auslegung des Ehevertrags mit abbedungen sein könnten.

D. Regelungsdefizite und Vertragsempfehlungen

I. Regelungsdefizite

Voreheliches Zusammenleben der späteren Ehegatten kann nicht durch Auslegung der Normen des Zugewinnausgleichs berücksichtigt werden. Eine entsprechende Auslegung scheitert am Wortlaut des § 1374 BGB (Anfangsvermögen) sowie des § 1378 BGB (Ausgleichsforderung). Bei gegenstandsbezogenen Investitionen in ein Haus oder Unternehmen vor der Ehe bietet das allgemeine Zivilrecht insbesondere mit dem Wegfall der Geschäftsgrundlage (§ 313 BGB) und dem Recht der Gesellschaft bürgerlichen Rechts (§§ 705 ff. BGB) handhabbare Ausgleichsmechanismen. Die vorehelichen Beiträge eines Partners können insoweit ausnahmsweise einzelfallgerecht neben den §§ 1372 ff. BGB ausgeglichen werden.

Es wäre praktischer und systematisch passender, wenn es eine Härteklausel im Wortlaut der §§ 1372 ff. BGB gäbe.[792] Ein entsprechender Vorschlag wird in Kapitel 7 erörtert.[793] Dann würde sich eine weiterhin nötige Rechtsfortbildung für Ansprüche über das allgemeine Zivilrecht erübrigen. Teile des Schrifttums kritisieren ebenfalls den erforderlichen Umfang an Rechtsfortbildung sowie die hiermit einhergehende Rechtsunsicherheit im Güterrecht.[794] Ein entsprechender

792 Ähnlich *Wever,* Rn. 539; *Haußleiter/Schulz,* Kapitel 6 Rn. 155 f. mit Beispielsberechnung, wobei die voreheliche Zuwendung aus dem Anfangsvermögen des Empfängers herausgerechnet wird.

793 Siehe hierzu Kapitel 7 unter B.

794 Zum Problem mangelnder Rechtssicherheit bei richterrechtlichen Ausgleichsansprüchen im Güterrecht siehe etwa *Wever,* Rn. 978; *Tiedtke,* JZ 1984, S. 1078, 1085. Nach

Regelungsvorschlag wäre nach der bisherigen Rechtslage nicht zwingend auf den Ausgleich vorehelicher Vermögensmehrungen allein durch klassische Rollenverteilung der Partner zu erstrecken, weil in den meisten Fällen entsprechende Ungleichheiten indirekt über die Vermutung des § 1377 III BGB egalisiert werden.

Die Einführung einer Billigkeitsabwägung nach dem Muster der „Ausgleichsrechtsprechung" des BGH kann ferner nicht durch den Hinweis an die Ehepartner verneint werden, sie könnten entsprechende vertragliche Regelungen abschließen.[795] Bei Investitionen während einer (glücklichen) Beziehung denken die Partner nämlich seltener an das potenzielle Beziehungsscheitern.[796] Dies spiegelt sich in den zahlenmäßig geringen Vertragsabschlüssen von Ehe- und Partnerschaftsverträgen wider. Gleichwohl sollen nachfolgend einige Vertragsempfehlungen dargestellt werden. Denn im Fall einer vertraglichen Regelung ist die Wahrscheinlichkeit höher, dass ein Gerichtsverfahren von vornherein ausbleibt.

II. Vertragsempfehlungen zur Berücksichtigung vorehelicher Dispositionen

Zwar gibt es Rechtsprechung,[797] die voreheliche Investitionen für den gemeinsamen Hausbau oder das gemeinsam geführte Unternehmen neben dem Zugewinnausgleich berücksichtigt.[798] Doch fehlt es an deren Stetigkeit, da die Kriterien der Rechtsprechung meist an schwer nachweisbare Voraussetzungen anknüpfen.[799] Freilich ist es ein grundsätzliches Problem, ausreichende und eindeutige Informationen über länger zurückliegende Investitionen zu erhalten. Gerade deshalb ist den Ehegatten anzuraten, zwecks Beweiserleichterung ihre vor-

---

Dethloff, Gutachten, A 142 bedarf es eines nicht unbeträchtlichen Maßes an Rechtsfortbildung für Ansprüche bei Beendigung nichtehelicher Lebensgemeinschaften.

795 Gesetzliche Normierungen wegen nicht ausreichender Vertragsregelungen bei nichtehelichen Lebensgemeinschaft fordern etwa *Lieb,* Gutachten, A 107; *Dethloff,* in *Scherpe/Yassari,* S. 137, 153; ähnlich wohl auch *Busche,* JZ 1998, S. 387, 396; insgesamt hierzu *Coester-Waltjen,* NJW 1988, S. 2085; *Schwenzer,* S. 170 m. w. Nw.

796 Vgl. *Grziwotz,* MDR 1998, S. 129.

797 Voran für voreheliches Zusammenleben BGH, NJW 1992, S. 427.

798 Siehe hierzu etwa unter C. I. 2.

799 So Bergschneider/*Münch* G. II. 1, der BGH, BB 2003, S. 2139 f. für das Kriterium „Absicht gemeinsamer Wertschöpfung" zitiert. Vor allem setzt der BGH teilweise das schwer nachzuweisende Verlöbnis voraus, vgl. BGH, NJW 1992, S. 427, 428.

ehelichen Dispositionen vertraglich zu erfassen und in gewollter Weise zu regeln.[800]

Die Ehegatten können ihre güterrechtlichen Verhältnisse durch *Ehevertrag* regeln, § 1408 I BGB. Der Vertrag muss zur Niederschrift eines Notars geschlossen werden, § 1410 BGB.[801] Dabei wird häufig der gesetzliche Güterstand aufgehoben und Gütertrennung vereinbart.[802] Der gesetzliche Güterstand kann durch Ehevertrag auch nur abgeändert werden. Solche vertraglichen Modifikationen sind indes sehr selten, nämlich maximal bei 2 % aller im Güterrechtsregister eingetragenen Eheverträge.[803]

Weiterhin können die Parteien losgelöst vom ehelichen Güterrecht *Partnerschaftsverträge* für die Zeit vor der Ehe erstellen. Dabei können sie sich zum Beispiel Ausgleichsansprüche privatautonom einräumen. Konkret für längere voreheliche Lebensgemeinschaften wird oftmals ein vertraglicher Regelungsbedarf gesehen. Den nichtehelichen Partnern wird insoweit geraten, die voreheliche Vermögensbildung mit in den späteren Zugewinnausgleich einzubeziehen[804] – der typische Fall ist wieder ein vorehelicher gemeinschaftlicher Hausbau auf dem Grundstück eines Partners.[805] Es empfiehlt sich insoweit, eine spätere Eheschließung und Scheidung bereits im Partnerschaftsvertrag mit zu berücksichtigen.[806] Alternativ können Lebensgefährten eventuelle Ausgleichsansprüche erst für den Fall der späteren Scheidung fällig werden lassen.[807] Die Verjährung solcher Ansprüche ist während der Ehezeit auch gehemmt nach § 207 I 1 BGB.

---

800 So auch Bergschneider/*Münch* G. II. 1. mit Muster; *Grziwotz,* S. 248.

801 Ausdrücklich so für die Vorverlegung des Anfangsstichtags oder das Herausrechnen der einzelnen Vermögensgegenstände aus dem Anfangsvermögen Schnitzler/*Grziwotz* § 29 Rn. 98.

802 Bei 87 % der in Güterrechtsregistern eingetragenen Eheverträge, vgl. *Walther-Reining,* S. 243; andere Zahlen bei *Stach,* S. 57: bei knapp 40 % aller untersuchten Eheverträge wurde der Zugewinnausgleich ausgeschlossen.

803 Allerdings nur für im Güterrechtsregister eingetragene Eheverträge, was allein bei 5 % aller Verträge der Fall ist, vgl. *Walther-Reining,* S. 247, 268. Keine Modifikationen des Güterstands in Eheverträgen gab es bei *Stach,* S. 77.

804 Siehe hierzu mit Vorschlägen *Langenfeld,* Rn. 1303 ff.; Meyer-Götz/*Lotter* § 14 Rn. 113; *Waldner,* S. 57, 60; so zudem Johannsen/Henrich/*Jaeger* § 1374 Rn. 4.

805 So auch *Mayer,* ZEV 1999, S. 384, der bloß von geringfügigen Änderungen für den Fall des Miteigentums ausgeht.

806 So Brambring/Jerschke/*Grziwotz* B. IV. 5.; Schnitzler/*Grziwotz* § 29 Rn. 100; detailliertes Muster bei *Grziwotz,* Partnerschaftsvertrag, S. 99 ff.

807 So schlägt es etwa Schnitzler/*Grziwotz* § 29 Rn. 98 vor bzw. *Grziwotz,* S. 250 f. Vgl. zu den Ausgleichsansprüchen z. B. unter C. III.

1. Festlegung von Höhe und Umfang des Anfangsvermögens

Einfacher ist es oft, eine Lösung unter vertraglicher Abänderung der §§ 1372 ff. BGB zu suchen.[808] § 1374 BGB, also das Anfangsvermögen, steht als nachgiebiges Recht zur Disposition der Ehegatten.[809] Anerkannt ist zunächst, dass die Ehegatten durch notariell beurkundeten Ehevertrag den Betrag des Anfangsvermögens festlegen können.[810] Selbiges gilt für die Aufnahme von Gegenständen in das Anfangsvermögen oder deren Herausnehmen.[811] Dabei ist es unerheblich, ob die Sachen aus Zeiten vor oder nach der Eheschließung stammen,[812] oder ob sie ursprünglich als privilegierter Erwerb galten, vgl. § 1374 II BGB.[813] Es ist nicht zuletzt beweistechnisch sinnvoll, den Wert des Anfangsvermögens vertraglich wie gewünscht zu fixieren.[814] So umgeht man weitere Streitigkeiten – etwa hinsichtlich des Investitions- oder Beziehungsbeginns, der Höhe der jeweiligen Beiträge oder des Gegenstandswerts. Empfohlen wird unter anderem, von vornherein Miteigentumsanteile am Investitionsgegenstand wie dem Haus entsprechend der gewünschten Beteiligungsquote festzulegen.[815] Für den Fall eines angelegten Verzeichnisses des Anfangsvermögens wird dessen Richtigkeit vermutet, § 1377 I BGB.

---

808 So wohl auch *Grziwotz,* S. 251.

809 MünchKomm/*Koch* § 1374 Rn. 30; Anwaltkommentar-BGB/*Limbach* § 1374 Rn. 47; Soergel/*Lange* § 1374 Rn. 4; vgl. Staudinger/*Thiele* § 1374 Rn. 49; Bamberger/Roth/*Mayer* § 1374 Rn. 28; Prütting/Wegen/Weinreich/*Weinreich* § 1374 Rn. 2.

810 Palandt/*Brudermüller* § 1374 Rn. 3; nach Bamberger/Roth/*Mayer* § 1374 Rn. 28 den Umfang erweiternd oder beschränkend; Anwaltkommentar-BGB/*Limbach* § 1374 Rn. 47; Erman/*Gamillscheg* § 1374 Rn. 20 mit Verweis auf § 1377 BGB. Empfohlen wird die Festlegung des positiven sowie negativen Anfangsvermögens von *Rakete-Dombek,* FPR 2009, S. 270, 272; *Reetz,* DNotZ 2009, S. 826, 831. Dem Zugewinnausgleich zugänglich machen kann man die Vermögenswerte schließlich auch dadurch, dass man sie nicht dem Anfangsvermögen, sondern dem Endvermögen hinzurechnet, vgl. *Grziwotz,* MDR 1998, S. 129, 130 f.

811 Muster z. B. bei *Grziwotz,* Partnerschaftsvertrag, S. 104.

812 Palandt/*Brudermüller* § 1374 Rn. 3; Staudinger/*Thiele* § 1374 Rn. 49; zum wirksamen Herausnehmen des Betriebsvermögens durch Ehevertrag siehe BGH, FamRZ 1997, S. 800. Ein Muster eines Verzeichnisses des Anfangsvermögens findet sich bei *Büte,* S. 21.

813 Palandt/*Brudermüller* § 1374 Rn. 3; Soergel/*Lange* § 1374 Rn. 4; Erman/*Gamillscheg* § 1374 Rn. 20. Umgekehrt kann der privilegierte Erwerb selbst vereinbart, eingeschränkt oder abbedungen werden, vgl. MünchKomm/*Koch* § 1374 Rn. 30.

814 Vgl. so auch *Bergschneider,* Verträge in Familiensachen, Rn. 645 f.; *Grötsch,* S. 356.

815 Hierzu etwa *Grziwotz,* S. 105.

Eine Vertragsvariante ist es, die voreheliche Zuwendung aus dem späteren Anfangsvermögen heraus als Darlehen zu geben.[816] Insoweit erhöht sich das Anfangsvermögen des Geldgebers und es reduziert sich das Anfangsvermögen des Geldnehmers. Der Geldgeber erhält nur den ursprünglichen Geldbetrag zurück, keine Wertsteigerungen.[817] Dagegen wird hervorgebracht, dass im Erbfall wegen der regelmäßig nicht vereinbarten Verzinsung die Annahme einer Schenkung befürchtet werden müsse.[818] In jedem Fall ist entscheidend, ob der Vertrag vor Baubeginn oder danach abgeschlossen wird, da gerade vor Baubeginn die Darlehenssumme oft noch nicht konkret bestimmt werden kann. Fernerhin ist stets eine Entscheidung für oder gegen eine Verzinslichkeit zu treffen.[819] Vorteilhaft bei einer Darlehenslösung ist, dass bei vorehelichem Abschluss des Darlehensvertrags der aufwendende Lebensgefährte seine Forderung im Trennungsfall auch ohne anschließende Ehe geltend machen kann.[820]

Schließlich wird für die Festlegung des Anfangsvermögens eine (selten praktizierte)[821] gesellschaftsrechtliche Lösung in Alternative zum Darlehen vorgeschlagen. Diese hat den Vorteil, dass auch Wertsteigerungen durch Arbeitsleistungen oder allgemeiner Art erfasst werden.[822]

2. Vorverlegung des Anfangsstichtags

Will man voreheliche Zeiten des Zusammenlebens im Zugewinnausgleich berücksichtigen, so liegt es nahe, den Berechnungszeitpunkt für das Anfangsvermögen ehevertraglich vorzuverlegen. Eine solche Gestaltungsoption ist überwiegender Ansicht nach zulässig.[823] Oftmals sind die Investitionszeitpunkte rein

816 Bergschneider/*Münch* G. II. 2.; mit oder ohne Verzinsung nach *Mayer,* ZEV 1999, S. 384, 385; hierzu ebenfalls *Grötsch,* S. 410 f.

817 *Mayer,* ZEV 1999, S. 384, 385; *Grötsch,* S. 352, der deshalb bei nicht exakt feststehender Höhe des Darlehens die Vorverlegung des Stichtags nahe legt.

818 Auf der anderen Seite wird eine Vereinbarung gerade wegen dieser Verwechselungsgefahr gefordert, *Mayer,* ZEV 1999, S. 384, 385. Vertiefend zur schenkungssteuerrechtlichen Problematik siehe *Münch,* Die Scheidungsimmobilie, Rn. 1031 ff.

819 *Mayer,* ZEV 1999, S. 384, 385. Hohe Verzinsung dürfte in einer Ehe selten gewünscht sein.

820 *Grötsch,* S. 411.

821 Bergschneider/*Münch* G. II. 2. von den Parteien regelmäßig gerade im Vergleich zur weniger weitgehenden Darlehenslösung gewünscht, vgl. *Mayer,* ZEV 1999, S. 384, 385.

822 Bergschneider/*Münch* G. II. 2.; *Mayer,* ZEV 1999, S. 384, 385.

823 So wohl grundlegend OLG Hamburg, NJW 1964, S. 1076, 1078; vgl. zudem MünchKomm/*Koch* § 1374 Rn. 31, der es als von der allgemeinen Vertragsfreiheit umfasst ansieht; Palandt/*Brudermüller* § 1374 Rn. 3; Staudinger/*Thiele* § 1374 Rn. 39; Soergel/*Lange* § 1374 Rn. 4; RGRK/*Finke* § 1374 Rn. 26; Erman/*Gamillscheg* § 1374 Rn. 1,

zufällig vor oder nach der Eheschließung, weshalb eine vertragliche Zuordnung empfohlen wird.[824] Im Schrifttum finden sich entsprechende Musterverträge für voreheliche Investitionen in ein Familienheim oder Unternehmen.[825] Es bietet sich an, den neuen Stichtag an einem bestimmten Datum festzumachen,[826] zum Beispiel dem Zeitpunkt des Hausbaubeginns.[827] Oder man stellt auf den Zeitpunkt der Kindesgeburt ab, welche regelmäßig den Beginn der funktionalen Arbeitsverteilung markiert.[828] Andererseits könnte pauschal der Berechnungszeitpunkt auf den Beginn des vorehelichen Zusammenlebens vorverlegt werden – also meist auf den Zeitpunkt des Zusammenziehens.[829]

Die Vorverlegung des Anfangsstichtags ist insbesondere zu raten, wenn die gegenstandsbezogenen Beiträge überwiegend zeitnah vor der Eheschließung geleistet wurden.[830] Zudem bietet sich eine solche Lösung bei annähernd gleichen Beiträgen der Partner an.[831] Ist der Investitionszeitraum recht lange, so wird befürchtet, dass auch andere Entwicklungen durch Vorverlegung des Anfangsstichtags ungewollt mit umfasst werden.[832] Letzterer Gefahr lässt sich indes durch eine Definition der Anfangsvermögensgegenstände begegnen – beispielsweise durch Festlegung des finanziellen Werts des Hauses.[833] Zum gleichen Er-

---

20; Johannsen/Henrich/*Jaeger* § 1374 Rn. 4; Bamberger/Roth/*Mayer* § 1374 Rn. 28; Prütting/Wegen/Weinreich/*Weinreich* § 1374 Rn. 2; *Büte,* S. 20; *Grziwotz,* MDR 1998, S. 129, 130; *Mayer,* ZEV 1999, S. 384, 386 mit Diskussion der Probleme hierbei. Andere Ansicht indes MünchKomm/*Gernhuber,* 3. Auflage, § 1374 Rn. 3; *Gernhuber/Coester-Waltjen,* § 36 Fn. 35.

824 *Grziwotz,* MDR 1998, S. 129, 130; zur Zufälligkeit *ders.,* S. 46 f.; auch *Kogel,* FamRB 2007, S. 273, 274.

825 Z. B. Muster bei Bergschneider/*Münch* G. II.

826 Meyer-Götz/*Lotter* § 14 Rn. 114; *Waldner,* S. 57, 60. Sogar einen Gesetzesvorschlag hierzu bietet *Venger,* S. 182.

827 Z. B. Bergschneider/*Münch* G. II. 2.

828 Vorgeschlagen mit Muster bei *Waldner,* S. 55 f.

829 So *Grziwotz,* MDR 1998, S. 129, 130.

830 Bergschneider/*Münch* G. II. 2.

831 *Mayer,* ZEV 1999, S. 384, 385.

832 Bergschneider/*Münch* G. II. 2.

833 So mit Muster *Langenfeld,* Rn. 1305. Für den Fall der Investition in ein geschenktes, privilegiertes Vermögen siehe OLG München, FamRZ 2003, S. 312 m. Anm. *Schröder,* wobei das OLG nur den Grundstückswert ohne die Investition veranschlagen will, wenn sich nicht klären lässt, ob die Investition vor oder nach der Schenkung geschah. Der BGH als Revisionsinstanz hat die Schenkung insoweit nicht als unentgeltlich angesehen, da sie die bisherigen Aufwendungen ausgleiche, BGH, FamRZ 2005, S. 1974, 1976.

gebnis führt die Vereinbarung der Ehegatten, dass das Haus (bzw. der Rohbau) so zu behandeln ist, als wäre es während der Ehezeit geschaffen worden.[834]

Die Kritik an einer vertraglichen Vorverlegung des Anfangsstichtags, dies widerspreche der Funktion des ehelichen Güterrechts,[835] greift nicht durch. Denn das Anfangsvermögen ist ein bloßer Rechnungsposten für den Zugewinnausgleichsanspruch. Können die Ehepartner anerkannter Weise das Anfangsvermögen sowie dessen Umfang und Gegenstände vertraglich fixieren, so sollte ihnen auch die Vorverlegung des Berechnungstags möglich sein.[836] Eine derartige Regelung liegt wegen des schuldrechtlichen Charakters der Zugewinnbeteiligung nicht außerhalb der institutionellen Möglichkeiten des Bürgerlichen Gesetzbuchs.[837]

Bei einer vertraglichen Vorverlegung des Anfangsstichtags wirken die übrigen Elemente der Zugewinngemeinschaft – wie die Verfügungsverbote der §§ 1365 ff. BGB – weiterhin erst ab dem Eheschließungszeitpunkt.[838]

3. Vertragliche Festlegung der vorehelich getilgten Schulden

Empfehlenswert ist außerdem eine (ehe-) vertragliche Festlegung der durch klassische Rollenverteilung vor der Ehe getilgten Schulden des ausgleichspflichtigen Partners.[839] Denn für vorehelichen Schuldenabbau mildert die Vermutung des § 1377 III BGB keine Unbilligkeiten.[840] Der ausgleichsberechtigte Ehegatte wird schwerlich durch Belege o. Ä. darlegen können, dass sein Partner zunächst Schulden hatte und diese durch gemeinsames Wirtschaften abgebaut wurden. Da hilft ihm auch das durch die Reform ausgeweitete Auskunftsrecht aus § 1379 BGB in tatsächlicher Hinsicht selten weiter – zumindest nicht nach Ablauf der regelmäßig zehnjährigen Aufbewahrungsfrist von Belegen.[841]

---

834 Vgl. *Grziwotz,* S. 48.

835 MünchKomm/*Gernhuber,* 3. Auflage, § 1374 Rn. 3; *Gernhuber/Coester-Waltjen,* § 36 Fn. 45.

836 So Johannsen/Henrich/*Jaeger* § 1374 Rn. 4; *Mayer,* ZEV 1999, S. 384, 386.

837 Soergel/*Lange* § 1374 Rn. 4.

838 Vgl. so auch Bergschneider/*Münch* G. II. 4.; zudem *Grziwotz,* MDR 1998, S. 129, 131.

839 So gerade nach neuer Rechtslage vor allem bei negativem Anfangsvermögen *Rakete-Dombek,* FPR 2009, S. 270, 272; *Reetz,* DNotZ 2009, S. 826, 831.

840 Siehe hierzu unter C. II. 4.

841 *Rakete-Dombek,* FPR 2009, S. 270, 271 f.

4. Bedeutung des Zugewinnausgleichs für Inhaltskontrolle von Eheverträgen

Interessant ist die Frage, welche Konsequenzen das restriktive Unterhaltsrecht seit dem 1.1.2008 für die Inhaltskontrolle von Eheverträgen hat und ob sich hieraus Rückschlüsse für die Bedeutung des Zugewinnausgleichs bei der Inhaltskontrolle ergeben. Der BGH hat zur Inhaltskontrolle von Eheverträgen eine ständige Rechtsprechung entwickelt. Privatautonome Vereinbarungen werden zunächst auf ihre Wirksamkeit im Zeitpunkt des Vertragsschlusses geprüft (§ 138 BGB). Beruft sich der vertraglich Begünstige später auf die Vereinbarung, so ist zu fragen, ob dies trotz möglicherweise geänderter Umstände weiterhin Treu und Glauben entspricht (§ 242 BGB).[842] Der BGH befindet Vereinbarungen eher für sittenwidrig, durch welche Ansprüche aus dem sog. Kernbereich[843] des Scheidungsfolgenrechts (wie vorangestellt der Betreuungsunterhalt)[844] abbedungen werden. Weniger Problemen begegnet es nach der BGH-Rechtsprechung, wenn nur der Zugewinnausgleich vertraglich ausgeschlossen wird. Die Ehegatten können also grundsätzlich frei über den Zugewinnausgleich disponieren.[845] Bedenkt man nunmehr den reformbedingt geringeren Anspruchsumfang im Unterhaltsrecht als Kernbereich, so sollte ein Ausschluss des Zugewinnausgleichs entsprechend restriktiver zugelassen werden. Ist der Zugewinnausgleich durch die Parteien ganz ausgeschlossen und leben sie in Gütertrennung, so ist also denkbar, dass das Gericht in Härtefällen etwa einen Ausgleich vorehelicher Vermögensmehrung über § 313 BGB in Betracht zieht. Hierbei hat es selbstverständlich den Parteiwillen zu beachten.

Vereinbarungen *zugunsten* der schutzwürdigeren Partei sind meistens zulässig. Dies gilt auch für die Vereinbarung eines umfangreicheren Zugewinnausgleichs durch Miteinbeziehung vorehelicher Vermögensmehrungen. Vielmehr sollte in der ehevertraglichen Praxis auf den Problembereich der vorehelichen Vermögensverschiebungen hingewiesen werden. Dem steht auch nicht die BGH-Entscheidung zur Sittenwidrigkeit eines Ehevertrags wegen übermäßiger Ausdehnung der Ansprüche zulasten Dritter entgegen.[846] Dritte sind in dieser Entscheidung die bei einer Existenzgefährdung des Verpflichten zahlenden Sozialleistungsträger. Bei einem Ehevertrag, der den Zugewinnausgleich und nicht laufende Unterhaltspflichten erweitert, dürfte sich dieses Problem kaum stellen. Dem pflichtet bei, dass die mit u. U. weitergehenden Zahlungsverpflichtungen

---

842 Vgl. hierzu etwa BGH, NJW 2004, S. 930; NJW 2008, S. 1076, 1077.

843 Hierzu bereits BGH, NJW 1985, S. 1833.

844 Siehe nur BGH, NJW 2005, S. 2386, 2388.

845 Z. B. BGH, FamRZ 2008, S. 386, 388.

846 BGH, MittBayNot 2009, S. 152.

verbundene Gütergemeinschaft (§§ 1415 ff. BGB) sogar ein gesetzlich vorgesehener Güterstand ist. Gegebenenfalls bietet es sich trotzdem an, die vertragliche Erweiterung des Ausgleichsanspruchs ausdrücklich auf den Fall zu begrenzen, dass der Ausgleichspflichtige tatsächlich einen Zugewinn erwirtschaftet.

5. Ergebnis

Die dargestellten Optionen sind für den Fall eines vorehelichen Zusammenlebens der Ehegatten zu empfehlen. Dies gilt vor allem für den gemeinsamen Hausbau bereits vor der Eheschließung.[847] Leider werden Eheverträge bislang nur in circa 10 % aller Ehen geschlossen.[848] Noch seltener entscheiden sich nichteheliche Lebensgefährten für Partnerschaftsverträge.[849] Grund hierfür ist meist die Angst, der Vertragsschluss könnte vom Partner als Vertrauensanzweiflung gesehen werden.[850] Daneben bleiben Regelungen für den Trennungsfall im Vertrauen auf eine dauerhafte Beziehung aus. Auch für den Zugewinnausgleich richtet sich wie für das Unterhaltsrecht ein Appell an die Rechtsberatungspraxis, die Ehegatten verstärkt auf die Folgen und Probleme vorehelicher Investitionen und Arbeitsteilung aufmerksam zu machen und entsprechende Regelungen vorzuschlagen.

E. Ergebnis zu Kapitel 3

Im Ergebnis lässt sich für das dritte Kapitel festhalten, dass voreheliche Dispositionen in das spätere Familienheim oder auch in ein Unternehmen bereits nach der bisherigen Rechtslage ausreichend erfasst und ausgeglichen werden oder im Wege der Rechtsfortbildung erfassbar wären. Dies geschieht indes nicht über die Normen des Zugewinnausgleichs, sondern *neben* dem Zugewinnausgleich über das allgemeine Zivilrecht (§§ 313, 812, 705 ff. BGB). Voreheliche einseitige Vermögensmehrungen aufgrund klassischer Rollenverteilungen können bislang weder durch Normen des Zugewinnausgleichs noch durch das allgemeine Zivilrecht egalisiert werden. Unbilligkeiten werden zum Teil allein rechtsreflektorisch durch die Vermutung des § 1377 III BGB gemildert.

---

847 Anders wohl *Waldner,* S. 57 für die Vorverlegung des Anfangsvermögenszeitpunkts beim Zugewinnausgleich aus praktischen sowie aus psychologischen Gründen.

848 Siehe bereits oben in Kapitel 2 unter D. II.

849 Hierzu ebenfalls in Kapitel 2 unter D. II.

850 Beispielsweise kann der Wunsch nach Trennungsvereinbarungen während einer nichtehelichen Lebensgemeinschaft als Akt des Misstrauens gesehen werden, vgl. *Dethloff,* in *Scherpe/Yassari,* S. 137, 153.

Auch für den Zugewinnausgleich bieten sich vertragliche Regelungen an. Hier gibt es bereits im Schrifttum zahlreiche Muster für die Beratungspraxis. Gleichwohl wird immer noch zu selten der Weg zum Notar gesucht oder überhaupt an Regelungen gedacht. Dem sollte in der Rechtsberatung entgegengewirkt werden.

In Kapitel 7 wird die Einführung einer Billigkeitsabwägung für den Zugewinnausgleich als Regelungsvorschlag diskutiert. Denn über eine Billigkeitsklausel könnten voreheliche Vermögensmehrungen systematisch passend und einfacher im Rahmen des Zugewinnausgleichsanspruchs berücksichtigt werden.

Kapitel 4

Bedeutung des vorehelichen Zusammenlebens im Versorgungsausgleich

Das vierte Kapitel behandelt die Bedeutung des vorehelichen Zusammenlebens im Rahmen des Versorgungsausgleichs. Oft überragt der Versorgungsausgleich in seiner Bedeutung den technisch ähnlichen Zugewinnausgleich, da der Erwerb von Versorgungsanrechten in vielen Familien der einzig relevante Vermögenszuwachs ist.[851] Anders als beim Unterhalt geht es bei Zugewinn- und Versorgungsausgleich jeweils um die Teilhabe an Vermögenswerten, die in der Vergangenheit erwirtschaftet wurden.[852] Eine besondere Bedeutung erlangt der Versorgungsausgleich im Vergleich zum nachehelichen Unterhalt dadurch, dass die Ansprüche unabhängig von der Leistungsfähigkeit des Verpflichteten gewährt werden.[853]

Die Versorgungsanrechte werden auch durch Art. 14 GG geschützt. Ihnen kommt als eigentumsgleiche Positionen „freiheitssichernde" Funktion zu.[854] Zudem bietet der Versorgungsausgleich häufig eine umfassende finanzielle Absicherung im Alter in Form von dauerhaften Zahlungen und entlastet insoweit den ersatzweise unterstützenden Staat.[855] Die gewährten Beiträge während der

---

851 Vgl. ähnlich BT-Drucks. 7/4361, S. 19; MünchKomm/*Dörr*, 4. Auflage, Vor §§ 1587 ff. (a.F.) Rn. 1; eine überaus wichtige Säule des Scheidungsfolgenrechts nach *Dethloff*, Gutachten, A 115; zum Versorgungsausgleich als Element der Verhinderung von Altersarmut bei geschiedenen Frauen vgl. Stellungnahme Familiengerichtstag/Wissenschaftliche Vereinigung für Familienrecht, FamRZ 2005, S. 852. Zur Bedeutung „jedes Euros" für die Frauen beim Versorgungsausgleich vgl. *Ruland*, Rn. 84.

852 BGH, NJW 1984, S. 2358, 2361.

853 Vgl. Erman/*Wellenhofer* Vor § 1587 Rn. 2; ähnlich BVerfG, FamRZ 1986, S. 543, 547. Zum Verhältnis von Versorgungsausgleich und nachehelichem Unterhalt siehe vertiefend *Franz*, FamRZ 2010, S. 418. Für die Zeit direkt nach der Scheidung dürfte dagegen der nacheheliche Unterhalt mehr Bedeutung für den berechtigten Ehegatten haben als der später erst relevant werdende Versorgungsausgleich, vgl. hierzu BGH, NJW 2005, S. 2386, 2388.

854 Vgl. BVerfG, NJW 1986, S. 39; FamRZ 1980, S. 326, 332.

855 Hat der Leistungsberechtigte z. B. keine eigenen Rentenanwartschaften erworben, so erhält er Sozialhilfe zur Grundsicherung im Alter, vgl. § 41 SGB XII. Diese ist jedoch grundsätzlich subsidiär gegenüber Leistungen Dritter, vgl. § 2 SGB XII, wobei auch § 2 SGB II insoweit interpretationsleitende Funktion zukommt, vgl. Rolfs/Giesen/Kreikebohm/Udsching/*Burkiczak* § 2 SGB XII Rn. 2. Durch den Versorgungsausgleich soll

1980er Jahre beliefen sich im Durchschnitt auf monatlich zwischen 100 und 200 DM.[856] Im Jahre 2002 erhöhten sich die zugesprochenen Beiträge auf durchschnittlich 268 Euro.[857]

Vom Umfang her wird der Versorgungsausgleich in dieser Arbeit gleichwohl nur knapp untersucht. Dies ergibt sich einerseits daraus, dass in Kapitel 3 der dogmatisch ähnlich ausgestaltete Zugewinnausgleich behandelt wird und insoweit Wiederholungen vermieden werden sollen. Darüber hinaus baut der Versorgungsausgleich auf einem starren (weitgehend öffentlich-rechtlichen) System auf, in dem nur wenig Raum für eine Abweichung zugunsten der Einzelfallgerechtigkeit bleibt.

A. Grundzüge des Versorgungsausgleichs

Den Versorgungsausgleich regelt primär das am 1.9.2009 in Kraft getretene Versorgungsausgleichsgesetz (VersAusglG), auf das § 1587 BGB verweist.[858] Für eingetragene Lebenspartner wird durch § 20 LPartG größtenteils auf das VersAusglG verwiesen. § 1 I VersAusglG nennt den wesentlichen Inhalt des Versorgungsausgleichs: „Im Versorgungsausgleich sind die in der Ehezeit erworbenen Anteile von Anrechten (Ehezeitanteile) jeweils zur Hälfte zwischen den geschiedenen Ehegatten zu teilen." Anders als der Zugewinnausgleich betrifft der Versorgungsausgleich nicht die Güter bzw. das allgemeine Vermögen der Partner.[859] Er ist unabhängig vom ehelichen Güterstand. Es geht vielmehr um die Grundlagen der finanziellen Versorgung im Alter.

---

dem Berechtigten dementsprechend eine soziale Sicherung verschafft werden, BT-Drucks. 7/650, S. 154 f.

856 Siehe hierzu für das Splitting Staudinger/*Rehme* Vorbem zu §§ 1587-1587p Rn. 38.

857 Diese Zahl gilt nur für Frauen als Ausgleichsberechtigte, die jedoch 80 % der Empfänger darstellen. Die 268 Euro stellen ein Drittel der Gesamtrente der Frauen dar – bei den Männern, also 20 % der Ausgleichsberechtigten, sind es bloß 10 % der Gesamtrente, vgl. hierzu den Abschlussbericht der Kommission „Strukturreform des Versorgungsausgleichs", S. 20 und BT-Drucks. 16/10144, S. 44. Im Jahr 2007 waren es durchschnittlich 242,43 Euro bei Frauen in den alten Bundesländern und damit 31,28 % ihrer Gesamtrente, vgl. zur Übersicht *Ruland,* Rn. 81 ff.

858 Der bisherige Versorgungsausgleich war insbesondere in den §§ 1587 ff. BGB a.F. geregelt. Das Versorgungsausgleichs-Härtegesetz (VAHRG) und das Versorgungsausgleichs-Überleitungsgesetz (VAÜG) sind ebenfalls mit Wirkung zum 1.9.2009 aufgehoben worden.

859 § 2 IV VersAusglG hält die Ausschließlichkeit von Zugewinnausgleich und Versorgungsausgleich fest.

§ 2 VersAusglG benennt als auszugleichende Anrechte die bestehenden „Anwartschaften auf Versorgungen und Ansprüche auf laufende Versorgungen, insbesondere aus der gesetzlichen Rentenversicherung (...)“.[860] Auszugleichen ist das Anrecht, wenn es durch Arbeit oder Vermögen geschaffen oder aufrechterhalten wurde, der Absicherung im Alter oder Invalidität dient und auf eine Rente gerichtet ist.

Nach § 3 II VersAusglG sind in den Versorgungsausgleich alle Anrechte einzubeziehen, die in der Ehezeit erworben wurden (sog. In-Prinzip).[861] Für den Ausgleich muss der Ehezeitanteil der Anrechte berechnet werden (§ 5 VersAusglG), wobei §§ 39 ff. VersAusglG die Wertermittlung näher beschreiben.

Es findet kein Versorgungsausgleich statt, wenn die Differenz der Ausgleichswerte zu gering ist (§ 18 I VersAusglG) oder einzelne Anrechte einen zu geringen Ausgleichswert haben (§ 18 II VersAusglG). Ferner findet ein Ausgleich ausnahmsweise nicht statt, soweit er grob unbillig wäre, vgl. § 27 VersAusglG.

Es besteht ein Vorrang der sog. internen Teilung, § 9 II VersAusglG. Dabei zahlt der Versorgungsträger des Ausgleichspflichtigen an den Ausgleichsberechtigten, §§ 10-13 VersAusglG.[862] Die Versorgungsausgleichsentscheidung kann auch noch nach ihrer Rechtskraft angepasst werden (hierzu §§ 32 ff. VersAusglG), weil der Versorgungsausgleich auf zukünftige Leistungen gerichtet ist und sich bis dahin die Gegebenheiten ändern können. Schließlich können ausnahmsweise schuldrechtliche Ausgleichszahlungen zwischen den Ehegatten festgelegt werden (§§ 20 ff. VersAusglG).[863]

B. Legitimation des Versorgungsausgleichs

Die Legitimation des Versorgungsausgleichs entspricht im Grunde der Rechtfertigung des Zugewinnausgleichs.[864] Doch ist der Versorgungsausgleich keine gü-

860 Eine umfassende Auflistung von auszugleichenden Anrechten findet sich bei *Ruland,* Rn. 184.

861 Nicht entscheidend ist also, welchen Zeiten die Leistungen versorgungstechnisch zugeordnet werden, vgl. hierzu BGH, NJW 1982, S. 102.

862 Bei der externen Teilung wird durch den Versorgungsträger des Verpflichteten an den Versorgungsträger des Berechtigten gezahlt, vgl. § 14 I, IV VersAusglG.

863 Zur neuen Rechtslage vertiefend *Eichenhofer,* FPR 2009, S. 211.

864 Siehe BT-Drucks. 7/4361, S. 18 f.; BVerfG, FamRZ 1986, S. 875, 876; Staudinger/*Rehme* Vorbem zu §§ 1587-1587p Rn. 7, 17 je m. w. Nw. Dem Vertrauensschutz hinsichtlich einer Beteiligung der erwirtschafteten Versorgungswerte misst *Diederichsen,* FS Larenz, S. 127, 156 eine besondere Bedeutung bei.

terrechtliche Regelung.[865] Der Versorgungsausgleich basiert auf dem Gedanken, dass die jeweiligen Leistungen der Ehegatte bei innerfamiliärer Arbeitsteilung als grundsätzlich gleichwertig anzusehen sind.[866] Demzufolge dürfen im Scheidungsfall die erworbenen Versorgungsanrechte gleichmäßig auf beide Partner verteilt werden.[867] Auch Art. 6 I i.V.m. Art. 3 II GG gebietet verfassungsrechtlich, dass beiden Ehegatten gleichberechtigt das in der Ehe erworbene Vermögen zusteht.[868] Daher gilt auch beim Versorgungsausgleich der Halbteilungsgrundsatz, vgl. § 1 VersAusglG.[869] Er ist damit primär auf die „Hausfrauenehe" und die dortige Arbeitsteilung zugeschnitten.[870] Dies wird dadurch belegt, dass zu 80 % Frauen versorgungsausgleichsberechtigt sind.[871] Art. 6 I i.V.m. Art. 3 II GG rechtfertigen dabei den Eingriff in die allein über Art. 14 GG geschützten Rechtspositionen des Anspruchsgegners.[872]

Es sind ähnlich wie beim Unterhaltsrecht und Zugewinnausgleich „ehebedingte" Ursachen, die Einbußen hinsichtlich der finanziellen Absicherung im Alter aufseiten eines Ehegatten bewirken.[873] Dem Versorgungsausgleich liegt insoweit auch der Gedanke zugrunde, dass ehebedingte Nachteile nach der

865 So BGH, NJW 1979, S. 1289, 1291 f.; aber seine Rechtsprechung, dass der Versorgungsausgleich ein „Unterhaltssurrogat" sei, hat der BGH mittlerweile aufgegeben, vgl. BGH, FamRZ 2002, S. 88; hierzu vertiefend *Franz,* FamRZ 2010, S. 418.

866 Vgl. BT-Drucks. 7/4361, S. 19, dort als gleichwertige Lebensleistungen beider Eheleute; zudem etwa BVerfG, FamRZ 2003, S. 1173; FamRZ 1984, S. 653, 654; FamRZ 1980, S. 326, 333.

867 BT-Drucks. 7/650, S. 155; BT-Drucks. 7/4361, S. 18 f.; BVerfG, FamRZ 2003, S. 1173; FamRZ 1984, S. 653, 654; FamRZ 1980, S. 326, 333; ähnlich auch BGH, NJW 1979, S. 1289, 1293.

868 Z. B. BVerfGE 53, 257, 295 f.; 87, 348, 356; 66, 324, 330.

869 Vgl. zum Begriff etwa Palandt/*Brudermüller* § 1 VersAusglG Rn. 6; hierzu aktueller BGH, FamRZ 2009, S. 1309, 1310.

870 BT-Drucks. 7/650, S. 154; BT-Drucks. 7/4361, S. 18; ähnlich BGH, NJW 2005, S. 2386, 2389; teilweise wird diese Aufteilung als ungerecht bei Doppelverdienerehen betrachtet, siehe hierzu vertiefend *Rauscher,* Rn. 647; *Müller,* NJW 1977, S. 1745, 1747; kritisch auch Erman/*Wellenhofer* Vor § 1587 Rn. 4.

871 Siehe Abschlussbericht der Kommission „Strukturreform des Versorgungsausgleichs", S. 20; hierzu auch Zahlen beim Alterssicherungsbericht 2008, BT-Drucks. 16/11061, S. 46 ff.; vgl. zudem *Dethloff,* Gutachten, A 117.

872 BVerfG, FamRZ 2002, S. 527, 529; FamRZ 1980, S. 326, 333 f.

873 So Staudinger/*Rehme* Vorbem zu §§ 1587-1587p Rn. 3, der auch von „scheidungsbedingten" Nachteilen spricht, Rn. 9; ähnlich *Gernhuber/Coester-Waltjen,* § 28 I 3. Gegen den Ausgleich ehebedingter Nachteile in Abgrenzung zum Unterhaltsrecht ist *Rauscher,* Rn. 645; zum Verhältnis von Versorgungsausgleich und nachehelichem Unterhalt siehe *Franz,* FamRZ 2010, S. 418.

Scheidung ausgeglichen werden sollen.[874] Solche Nachteile beim Aufbau einer entsprechenden Altersversorgung oder eines entsprechenden Vermögens hat ein Ehegatte nämlich auf sich genommen, um der Kindererziehung oder Haushaltsführung in der Ehe nachzukommen. Als Rechtfertigungsansatz des Versorgungsausgleichs dient dabei auch der gemeinsame Lebensplan der Ehegatten:[875] Die Ehepartner wollen im Alter gemeinsam abgesichert sein. Deshalb sollen die während der Ehe einseitig erworbenen Versorgungsanrechte auch dem anderen, nicht erwerbstätigen Ehegatten zugutekommen. Die Scheidung verhindert aber, dass der finanziell schwächere Ehegatte wie geplant an den während der Ehe und für die gemeinsame Zukunft angesammelten Versorgungsanrechten teilhat.[876]

Der Versorgungsausgleich wird weiterhin durch die nacheheliche Solidarität legitimiert.[877] So kann auch erklärt werden, warum bei (kinderlosen) Doppelverdienerehen ohne ehebedingte Nachteile ein Versorgungsausgleich stattfindet.[878] Ferner gilt es aus Gründen prospektiver, also die Zukunft betreffender Gerechtigkeit die Stellung des benachteiligten Ehegatten hinsichtlich der Altersvorsorge zu stärken.[879] Außerdem wird das Sozialstaatsprinzip (Art. 20 I GG) angeführt, welches gebietet, ehebedingte Lasten auf beide Gatten gleichmäßig zu verteilen und dem sozial Schwächeren im Alter wenigstens eine Grundsicherung zu verschaffen.[880]

---

874 So BGH, NJW 2005, S. 2386, 2389; hierzu insgesamt auch BGH, FamRZ 2008, S. 1325, 1329 = NJW 2008, S. 2581; hierzu vertiefend sowie zum Verhältnis von Versorgungsausgleich und nachehelichem Unterhaltsrecht insgesamt *Franz,* FamRZ 2010, S. 418, 420 f.

875 Vgl. hierzu BGH, NJW 1979, S. 1289, 1291 = FamRZ 1979, S. 477, 479; bestätigend ebenso BGH, FamRZ 1984, S. 467, 469.

876 Vgl. hierzu BGH, NJW 1979, S. 1289, 1291 = FamRZ 1979, S. 477, 479.

877 Ähnlich BGH, NJW 1979, S. 1289, 1292; Bamberger/Roth/*Bergmann* § 1587 Rn. 3 zu § 1587 BGB a.F.; *Ruland,* in *Zacher,* S. 167, 179 f. und *Beitzke,* in *Zacher,* S. 223, 237 ff.; Staudinger/*Rehme* Vorbem zu §§ 1587-1587p Rn. 20.

878 Ähnlich hierzu auch *Gernhuber/Coester-Waltjen,* § 28 I 3; Staudinger/*Rehme* Vorbem zu §§ 1587-1587p Rn. 7. Zur diesbezüglichen Kritik siehe bereits Fn. 909.

879 Im Gegensatz zum retrospektiven Ausgleich von Unterschieden in den Versorgungsanrechten, vgl. Staudinger/*Rehme* Vorbem zu §§ 1587-1587p Rn. 5; ähnlich BT-Drucks. 7/4361, S. 36 f.

880 BT-Drucks. 7/4361, S. 19; BGH, NJW 1979, S. 1289, 1292.

C. Berücksichtigung des vorehelichen Zusammenlebens im aktuellen Recht des Versorgungsausgleichs

I. Analyse einschlägiger Rechtsprechung

Das voreheliche Zusammenleben bzw. der darauf entfallende Erwerb von Versorgungsanrechten wird nach dem Gesetzeswortlaut des VersAusglG nicht berücksichtigt. § 3 VersAusglG nennt als Beginn der Ehezeit den „ersten Tag des Monats, in dem die Ehe geschlossen worden ist". Zwar werden für den Fall, dass die Ehe in der Mitte oder am Ende des Monats geschlossen wurde, einige Tage vor der Eheschließung mit berücksichtigt. Rechnerisch wird nämlich auf den Beginn des Monats der Eheschließung abgestellt. Allerdings dient diese Vorverlegung des Anfangszeitpunkts schlichtweg der Vereinfachung einer exakten Berechnung.[881]

Der Berechnungszeitpunkt darf nach (wohl noch) überwiegender Ansicht auch vertraglich nicht vorverlegt werden und ist insoweit nicht disponibel.[882] Grund hierfür ist vor allem die Gefahr, dass eine solche Vorverlegung zulasten des Versicherungsträgers gehen kann.[883] Selbst die Zeiten einer früheren Ehe derselben Partner bleiben bei der Berechnung des Versorgungsausgleichs der zweiten Ehe außer Betracht.[884]

---

881 Z. B. BT-Drucks. 7/4361, S. 36; Johannsen/Henrich/*Hahne* § 3 VersAusglG Rn. 1; Staudinger/*Rehme* § 1587 Rn. 64 zu § 1587 BGB a.F. Allein bei der Zahlung von erheblichen Beträgen zwischen Monatsbeginn und Eheschließung ist das genaue Eheschließungsdatum relevant, vgl. BGH, FamRZ 1993, S. 292, 293 f.; Bamberger/Roth/*Bergmann* § 1587 Rn. 45.

882 Vgl. zum Übertragen von zu hohen Anrechten insgesamt etwa BGH, NJW 1988, S. 153; ausdrücklich so für das neue Recht *Schramm*, NJW-Spezial 2009, S. 292; im Übrigen OLG Hamburg, FamRZ 1979, S. 518, 519; Soergel/*Lipp* § 1587 Rn. 20 f. zu § 1587 BGB a.F.; ähnlich für eine vertragliche Modifizierung der Berechnungszeitpunkte beim Versorgungsausgleich generell BGH, FamRZ 1990, S. 273. Für eine Zulässigkeit aber wohl Palandt/*Brudermüller* § 8 VersAusglG Rn. 2. Zum Meinungsstand nach der neuen Rechtslage (mit § 8 II VersAusglG) s. unter D. II. 1.

883 Siehe hierzu ebenfalls unten ausführlich unter D. II. 1.

884 BGH, FamRZ 1982, S. 1193; 1983, S. 461, 462; OLG Bremen, FamRZ 1979, S. 826; einschränkend OLG Karlsruhe, FamRZ 1982, S. 176 f.; Staudinger/*Rehme* § 1587 Rn. 10 zu § 1587 BGB a.F. Hintergrund dabei ist, dass dem Ausgleichsberechtigten die möglicherweise dringend benötigten Ansprüche aus erster Ehe gesichert werden müssen, vgl. etwa *Borth*, Versorgungsausgleich, S. 14.

Denkbar wäre, dass nach der Rechtsprechung voreheliche Zeiten für § 3 III des VersAusglG (Ausschluss bei kurzer Ehezeit) relevant sind. Lebten die Partner zum Beispiel vor der Ehe mehrere Jahre zusammen und hielt die Ehe dann bloß zweieinhalb Jahre, so wird ein Versorgungsausgleich nur auf Antrag eines Ehegatten durchgeführt. Es gibt bislang keine einschlägige Rechtsprechung, die voreheliche Zeiten bei § 3 III VersAusglG beachtet.[885] Dies schadet jedoch nicht, da der schwächere Ehegatte bei einer solchen Fallkonstellation mit langem vorehelichem Zusammenleben und anschließender kurzer Ehe nicht nachhaltig belastet wird.[886] Denn der ausgleichsberechtigte Ehegatte kann jederzeit einen Antrag zur Durchführung des Versorgungsausgleichs stellen. Eine formal kurze Ehedauer verwehrt nur das Privileg eines von Amts wegen durchzuführenden Versorgungsausgleichs (§ 137 II 2 FamFG).

Ferner könnte die Rechtsprechung voreheliches Zusammenleben bei § 18 VersAusglG (Geringfügigkeit) beachten. Kommt z. B. im Falle eines sehr langen vorehelichen Zusammenlebens gefolgt von einer kurzen Ehe bloß ein geringer Ausgleichsbetrag in Betracht, so fragt sich, ob es bei der Regelung des § 18 I VersAusglG bleibt und das Familiengericht keinen Versorgungsausgleich vornehmen soll. Es fehlt aber auch hierzu einschlägige Rechtsprechung.[887] Eine entsprechende Berücksichtigung vorehelicher Zeiten durch die Rechtsprechung wäre zumindest möglich, weil § 18 I VersAusglG dem Gericht Ermessen einräumt.[888] Mithin kann der Richter den Versorgungsausgleich trotz geringer Ausgleichsbeträge gewähren, wenn es ein langes voreheliches Zusammenleben der Ehegatten gab. Konkrete Rechtsprechung hierzu fehlt indes.

Es bleibt folglich mangels bisheriger Rechtsprechung als offene Frage, inwieweit das voreheliche Zusammenleben für die Bestimmung der Ehezeit i. S. d. § 3 VersAusglG bzw. den Versorgungsausgleichsanspruch Bedeutung erlangen könnte oder müsste.

---

885 Siehe bisher nur Palandt/*Brudermüller* § 3 VersAusglG Rn. 22, der ein solches Problem überhaupt nicht erwähnt.

886 BT-Drucks. 16/10144, S. 48 erwähnt zumindest hinsichtlich § 3 III VersAusglG, dass es nicht unbillig sei, wenn Kinder während der kurzen Ehe erzogen wurden. Kritisch zu einem Ausschluss bei kurzer Ehe insgesamt, da hierdurch die Motivation einer zeitnahe gewollten Scheidung aus Kostengründen gesteigert werden könnte, etwa *Born,* NJW 2008, S. 2289, 2292.

887 Zudem enthalten weder BT-Drucks. 16/10144, S. 61 f. noch Palandt/*Brudermüller* § 18 VersAusglG Rn. 5 einen solchen Beispielsfall.

888 Vgl. zur Qualität als Ermessensnorm und dem möglichen Gewähren eines Versorgungsausgleichs in Ausnahmefällen Palandt/*Brudermüller* § 18 VersAusglG Rn. 5.

II. Möglichkeiten und Grenzen der Auslegung des VersAusglG

1. Gebotene Auslegung nach Sinn und Zweck des Versorgungsausgleichs

a) Übertragbarkeit bei traditioneller Rollenverteilung vor der Ehe

Der Versorgungsausgleich basiert wie auch der Zugewinnausgleich im Wesentlichen auf dem gelebten Modell der „Hausfrauenehe". Beim Zugewinnausgleich ist eine Berücksichtigung der vorehelichen Vermögensnachteile im Falle entsprechender Rollenverteilung nach Sinn und Zweck des Ausgleichs möglich.[889] Auf diese Ausführungen kann grundsätzlich für den ähnlich legitimierten und ausgestalteten Versorgungsausgleich verwiesen werden. Denn bei einer vorehelichen Arbeitsteilung wie in einer „Hausfrauenehe" kann der kinderbetreuende und haushaltsführende Lebensgefährte entsprechend weniger oder keine Versorgungsanrechte erwerben. Der berufstätige Lebensgefährte wird jeweils um die häuslichen Aufgaben erleichtert und kann vollumfänglich durch seine Erwerbstätigkeit eigene Versorgungsanrechte sammeln. Deshalb sollten zumindest Kindererziehungszeiten vor der Ehe dazu führen, dass vorehelich erworbene Anwartschaften des berufstätigen Partners in den Versorgungsausgleich mit einbezogen werden.[890] Dies gebietet nicht zuletzt der Gleichberechtigungsgedanke des Art. 3 II GG, da in aller Regel die Frau faktisch benachteiligt ist.[891] Dem pflichtet auch die Legitimation des Versorgungsausgleichs aufgrund prospektiver Gerechtigkeit bei,[892] da es nach der Beziehung mit Blick auf die Zukunft unerheblich ist, ob die Bedürftigkeit eines Partners auf ehelichen oder vorehelichen Nachteilen basiert. Fraglich ist dagegen, ob dies de lege lata überhaupt zu verwirklichen wäre, was später noch zu diskutieren bleibt.[893]

b) Alterssicherung aus Vertrauensschutz ohne Ehe

Für nichteheliche Lebensgemeinschaften bestehen bislang zwar keine Rechtspflichten zur gegenseitigen Altersvorsorge.[894] Vereinzelt wird in der Literatur

889 Siehe hierzu Kapitel 3 C. II. 1.

890 So auch *Dethloff,* Gutachten, A 122; ähnlich wohl für eine Übertragbarkeit des Gedankens beim Versorgungsausgleich auf nichteheliche Beziehungen, soweit gemeinschaftsbedingte Nachteile vorliegen, Brambring/Jerschke/*Grziwotz* B. I. Rn. 140.

891 Hierzu *Dethloff,* Gutachten, A 117.

892 Siehe oben unter B.

893 Vgl. hierzu die diskutierten Möglichkeiten und Probleme unter 2. ff.

894 Hierzu Soergel/*Lange* Nehel LG Rn. 33; zudem instruktiv *Grziwotz,* S. 286.

hingegen ein Regelungsbedarf für den Versorgungsausgleich gefordert, wenn in nichtehelichen Lebensgemeinschaften auch gemeinschaftsbedingt auf die eigene Erwerbstätigkeit verzichtet wurde.[895] Vor allem bei länger andauernden Lebensgemeinschaften nehmen Rechtsprechung und Literatur teilweise eine moralische Pflicht zur gegenseitigen Existenzsicherung im Falle des Todes eines Partners an.[896] Diese Sicherung kann auch in Form einer Rentenzahlung geschehen.[897] Bei vorehelichen Lebensgemeinschaften fehlt zwar eine unmittelbare Bedürftigkeit zum Ende der Beziehung, weil sich eine Ehe anschließt. Aber für die Altersvorsorge macht es kaum einen Unterschied, ob z. B. eine zehnjährige nichteheliche Beziehung getrennt wird oder eine Ehe von kurzer Dauer zwischen der endgültigen Trennung liegt. Die Notwendigkeit einer Altersvorsorge in einigen oder sogar vielen Jahren später – meist im Rentenalter – besteht gleichermaßen.[898]

Außerdem kann bereits vor der Ehe schützenswertes Vertrauen in eine Versorgung durch den Partner im Alter entstehen.[899] Der BGH hat in einer Entscheidung zwar den Versorgungsausgleich für nichteheliche Lebensgemeinschaften unter anderem verwehrt, weil die Partner nicht auf den Fortbestand der Unterhaltsgewährung vertrauen könnten.[900] Anders verhält es sich dagegen, wenn der ausgleichspflichtige Ehegatte einige Zeit vor der Ehe den anderen zur Einschränkung der Erwerbstätigkeit zugunsten von Kinderbetreuung und Haushaltsführung ermutigt hat. Dies kann ebenfalls unausgesprochen im Falle einer angekündigten Eheschließung geschehen. Denn die angekündigte Ehe oder auch sonstige Versprechungen des Berufstätigen können dazu führen, dass sich der haushaltsführende Partner bereits vor der Ehe in Sicherheit wiegt, auch im Alter finanziell abgesichert zu sein.

---

895 So *Dethloff,* Gutachten, A 122; *Dagdelen,* BT-StenBer. 16/19286; zwar nicht ausdrücklich, aber in die Richtung gehend Brambring/Jerschke/*Grziwotz* B. I. Rn. 140; dem widersprechend jedoch *Ruland,* Rn. 75.

896 Vgl. etwa BGH, NJW 1983, S. 674, 676 = FamRZ 1983, S. 53, 55 für den Fall eines „Geliebten-Testaments“; Soergel/*Lange* Nehel LG Rn. 33; vor allem bei gemeinschaftsbedingten Nachteilen und selbst bei kürzeren Beziehungen so *Grziwotz,* S. 286. Vgl. hierzu auch aktuell BGH, NJW 2010, S. 998.

897 *Grziwotz,* S. 286.

898 Etwas anderes gilt natürlich, wenn der Versorgungsausgleich durch Ehevertrag wirksam ausgeschlossen wurde.

899 Siehe etwa Kapitel 2 C. I. 2. b) bb).

900 BGH, NJW 2005, S. 1709.

c) Keine Übertragbarkeit des Gedankens der nachehelichen Solidarität

Eine weitere Legitimation des Versorgungsausgleichs ist wie oben gezeigt die nacheheliche Solidarität.[901] Wie vor allem für das Unterhaltsrecht dargestellt, kann die nacheheliche Solidarität als Gedanke nicht auf voreheliche Zeiten übertragen werden.[902] Zwar ist durchaus der Fall denkbar, dass die Ehegatten bereits längere Zeit vor der Eheschließung fest von einer lebenslangen Beziehung ausgehen. Aber die nacheheliche Solidarität muss ein „Ehespezifikum" bleiben. Immerhin haben die Partner ihre eheliche Solidarität aus welchen Gründen auch immer noch nicht im Wege der Eheschließung bekundet.

d) Keine Übertragbarkeit über das Sozialstaatsprinzip – Art. 20 I GG

Über das Sozialstaatsprinzip (Art. 20 I GG) als Rechtsfertigungsansatz des Versorgungsausgleichs soll dem sozial schwächeren Ehegatten im Alter wenigstens eine Grundsicherung verschafft werden. Ist der Ehepartner bereits wegen vorehelicher Arbeitsteilung im Alter von Armut bedroht und lebt er am Existenzminimum, ist er genauso hilfsbedürftig, als würde seine Notlage nur auf *ehe*bedingten Nachteilen beruhen. Doch ist eine Berücksichtigung vorehelicher Beziehungszeiten nur sehr selten ausschließlich durch das Sozialstaatsprinzip begründet. Denn für die reine Existenzsicherung reicht meist der Ausgleich von während der Ehe angesammelten Versorgungsanrechten aus.[903]

e) Ergebnis

Sinn und Zweck des Versorgungsausgleichs gebieten eine Berücksichtigung bereits vorehelich nur einseitig angesammelter Anrechte zumindest für den Fall, dass die Partner Haushaltsführung und Erwerbstätigkeit nach dem „Hausfrauenmodell" verteilt haben. Insoweit entstehen dem ausgleichsberechtigten Ehegatten bereits vor der Ehe beziehungsbedingte Nachteile beim Ansammeln von Versorgungsanrechten.

---

901 Siehe hierzu oben unter B.

902 Siehe Kapitel 2 C. IV. 2. a).

903 Denkbar ist insoweit folgender Fall: Der berufstätige Partner hat über sehr lange Zeit des vorehelichen Zusammenlebens allein Versorgungsanrechte erworben. In der darauf folgenden Ehe hat er dagegen kaum noch Anrechte sammeln können, z. B. weil die Ehe sehr kurz war oder weil seine Versorgungsanrechte berufsbedingt deutlich geringer ausfielen als vor der Ehe.

2. Auslegungsspielraum beim Anfangsstichtag – § 3 VersAusglG

Bislang bezieht die Rechtsprechung voreheliche Beziehungszeiten bei § 3 VersAusglG (Ehezeit) nicht mit ein, obwohl dies wie gezeigt bei entsprechender Aufgabenteilung aus dem Zweck des Versorgungsausgleichs heraus geboten wäre. Zu untersuchen ist also, ob in bestimmten Fällen § 3 VersAusglG so ausgelegt werden kann, dass ein Erwerb von Versorgungsanrechten während des vorehelichen Zusammenlebens berücksichtigt wird.

Es bietet sich insoweit an, nicht auf den ersten Tag des Monats der Eheschließung abzustellen (s. § 3 I VersAusglG), sondern auf den ersten Tag des Monats, in welchem dem ausgleichsbedürftigen Partner beziehungsbedingte Vorsorgenachteile entstanden sind. Dies ist regelmäßig ab dem Zeitpunkt der Fall, ab dem der Ausgleichsbegehrende keine Erwerbstätigkeit mehr aufgrund von Kinderbetreuung oder Haushaltsführung ausübt.

Gegen eine solche Vorverlegung des Anfangsstichtags durch Gesetzesauslegung sind aber zahlreiche Gesichtspunkte anzuführen und zu diskutieren.

Hiergegen spricht zunächst, dass eine ehevertragliche Vorverlegung nicht zulässig ist.[904] Grund hierfür ist, dass die privatautonome Vorverlegung nicht zulasten des Versorgungsträgers oder der Allgemeinheit gehen darf.[905] Dies etwa der Fall, wenn die Ehegatten in das komplexe System des Versorgungsausgleichs eingreifen und individuell Versorgungsrisiken verlagern.[906] Zum Beispiel kann es von Nachteil für den Versicherungsträger sein, wenn vertraglich mehr als 50 % der Anrechte auf die deutlich jüngere Ehefrau übertragen werden.[907]

Anders verhält es sich theoretisch bei der Einbeziehung vorehelicher Zeiten durch richterliche Entscheidung. Denn gerichtliche Entscheidungen bzw. gesetzliche Regelungen müssen so ausgestaltet sein, dass möglichst wenig Nachteile für Dritte entstehen (vgl. Art. 20 III GG). Der Gesetzgeber hat den Familiengerichten zumindest die Disposition über Anrechte bei öffentlich-rechtlichen Sicherungssystemen vorbehalten.[908] Die §§ 32, 46 II SGB I gelten nämlich nur für vertraglich disponierende Ehegatten.[909] Denkbar wäre beispielsweise, dass man die Gewährung eines entsprechenden Billigkeitsanspruchs von der Zustimmung

---

904 Ähnlich hierzu BGH, NJW 1988, S. 153. Ausführlich wird dies später bei den vertraglichen Empfehlungen unter D. II. 1. behandelt.

905 Vgl. ähnlich BGH, FamRZ 1990, S. 273.

906 Hierzu noch unter D. II. 1.

907 Zum umgekehrten Fall, dass es zugunsten des Versorgungsträgers geht, wenn ein wesentlich älterer Mann Anrechte übertragen bekommt, siehe *Ruland,* Rn. 817.

908 BT-Drucks. 16/10144, S. 53.

909 Ausführlich hierzu bei vertraglichen Regelungsoptionen unter D. II. 1.

des jeweiligen Versorgungsträgers abhängig macht. Vorliegend nicht abschließend beantwortet werden soll die Frage, inwiefern eine stets erforderliche Zustimmung gerade für öffentliche Versorgungsträger eine verwaltungstechnisch schwer zu bewältigende Hürde darstellt.

Gegen eine Vorverlegung des Stichtags wird weiterhin angeführt, dass für die Berechnung des Versorgungsausgleichs nicht die gemeinsame Lebensleistung der Partner maßgeblich sei.[910] Das OLG Hamburg hielt insoweit fest:

„Obwohl tragender Grund für den Versorgungsausgleich die gemeinsame Lebensleistung der Ehegatten ist, ist nach der gesetzlichen Regelung die Ehezeit für die Berechnung des Versorgungsausgleichs maßgeblich; sie ist unabhängig davon, ob die Parteien tatsächlich eine gemeinsame Lebensleistung erbracht haben, oder ob es daran mangelt (...). Die für den Versorgungsausgleich maßgebende Zeit kann deshalb weder vor den Zeitpunkt der Eheschließung vorverlegt werden, wenn die zukünftigen Ehegatten schon vor der Ehe zusammengelebt haben."

Der in dieser Arbeit vertretene Ansatz widerspricht der Auffassung des OLG Hamburg. Es wird vielmehr gerade auf die tatsächlich und gemeinsam erreichten Lebensleistungen abgestellt, nämlich bei einer traditionellen Aufgabenteilung bereits vor der Ehe.[911] Daher greift diese Kritik nicht durch.

Obwohl soeben einige Kritikpunkte im Ansatz widerlegt wurden, spricht schließlich der Wortlaut des § 3 I VersAusglG sowie das starre System des Versorgungsausgleichs eindeutig gegen eine Berücksichtigung vorehelicher Vorsorgenachteile.

Auch das Schrifttum bezieht während des Zusammenlebens vor der Ehe erworbene Anwartschaften entsprechend dem klaren Wortlaut des Gesetzes nicht mit ein.[912] Der Gesetzgeber hat bei § 3 I VersAusglG wohl bewusst auf eine Billigkeitsabwägung wie im nachehelichen Unterhaltsrechts verzichtet.[913] Denn der Versorgungsausgleich als Scheidungsfolge ist auf klare Daten und Berechnungsmethoden angewiesen. Anders als beim ebenfalls auf Stichtage abstellenden Zugewinnausgleich sind beim Versorgungsausgleich stets die Versorgungsträger als Dritte mit eingebunden. Verändert man etwas an dem gesetzlichen System – z. B. durch die Einführung einer Billigkeitsabwägung, so hat dies verwaltungstechnisch weitreichende Folgen. Dies gründet nicht zuletzt darin, dass der Versorgungsausgleich häufig das öffentliche Recht tangiert. Es erscheint

910 OLG Hamburg, FamRZ 1979, S. 518, 519.

911 Siehe hierzu mehrfach, etwa Kapitel 2 C. I. 2. b) aa) oder Kapitel 3 C. II. 1. a).

912 Vgl. Palandt/*Brudermüller* § 3 VersAusglG Rn. 1; Soergel/*Lipp* § 1587 Rn. 21 zu § 1587 BGB a.F.; Staudinger/*Rehme* § 1587 Rn. 63, 69 zu § 1587 BGB a.F.; *Ruland,* Rn. 175.

913 Die letzte Reform nutzte er auch nicht zur Einführung einer Billigkeitsklausel.

wenig praktikabel, richterliche Billigkeitsentscheidungen auf private Versorgungen zu begrenzen, weil die gesetzliche Rente (§ 33 SGB VI) als öffentlich-rechtliches Versorgungssystem den wesentlichen Anteil der Versorgungsanrechte betrifft.[914] Gerade die eingangs erwähnten Fälle, in denen der Versorgungsausgleich in seiner Bedeutung den Zugewinnausgleich überragt – nämlich wenn Versorgungsanrechte das einzige „Vermögen“ ausmachen,[915] werden dabei wohl nicht erfasst. Denn die erworbenen Versorgungsanrechte der gesetzlichen Rentenversicherung sind meist dann der einzig relevante Vermögenszuwachs während der Beziehungszeit, wenn die Mittel für eine ergänzende private Vorsorge fehlten. Gibt es nämlich ohnehin weniger Vermögen einer Beziehung, dann wird regelmäßig seltener auf private Zusatzversicherungen zurückgegriffen.

Beim sehr formalisierten Versorgungsausgleich können außerdem Probleme entstehen, wenn man voreheliche Lebensgemeinschaften betrachtet, bei denen sich ein Partner noch parallel in einer wirksamen Ehe befindet. Denn für diesen Zeitraum müssten die Versorgungsanrechte vom Versorgungsträger als Drittem für zwei Partnerschaften gleichzeitig geteilt werden: einmal als Ehezeitanteil (§ 1 I VersAusglG) der noch formal bestehenden Ehe und andererseits für die voreheliche Beziehung, die bereits unter Arbeitsteilung gelebt wird. Die Probleme des Versorgungsausgleichs in den Fällen der Doppelehe dürfen nicht um diese weitere Fallgruppe vermehrt werden.[916] Will man in Anbetracht dieses Problems nur dann eine zeitliche Ausdehnung auf die voreheliche Beziehungsphase erlauben, wenn keine Ehe eines Partner mehr parallel besteht, bleiben wesentliche Einzelfälle wieder unbeachtet.[917]

Außerdem ist vorstellbar, dass die funktionale Rollenverteilung bis zur Eheschließung unterbrochen wird, weil Beziehungsphasen dazwischen liegen, in denen beide Partner arbeiten und Anrechte ansammeln. Selbiges gilt, wenn nach dem Modell der Zuverdienerehe gelebt wird und die Frau beispielsweise halbtags erwerbstätig ist. Insoweit stellen sich detailbedingte Berechnungsprobleme, worauf die bisherigen Berechnungssysteme kaum ausgelegt sein dürften. Denn anders als während der Ehezeit dürfen voreheliche Beziehungszeiten nur bei tatsächlicher Arbeitsteilung berücksichtigt werden. Insoweit wäre zwar denkbar, dass man etwa die halbtägige Erwerbstätigkeit über zwei Jahre einer vollzeitigen über ein Jahr gleichstellt und dabei der Ehezeit rechnerisch voranstellt. Solche

914 Vgl. *Ruland,* Rn. 139, 186 ff., aber auch den Gesetzeswortlaut § 2 I VersAusglG.

915 Siehe hierzu oben Fn. 853.

916 So *Ruland,* Rn. 75. Zum Versorgungsausgleich bei Doppelehe siehe *Borth,* VersAusgl, Rn. 87.

917 Siehe oben zur Häufigkeit und Bedeutung des vorehelichen Zusammenlebens, bei denen noch ein Partner parallel verheiratet ist. Von nicht unwesentlichen Fällen geht auch *Ruland,* Rn. 75 aus.

Schätzungen der Zeitlänge sind indes kaum handhabbar. Darüber hinaus streitet hiergegen die gewichtige Rechtsunsicherheit, die mit derartigen Rechnungen und Schätzungen einhergehen würde.

Außerdem hat der Gesetzgeber trotz der jüngsten Reform mit Wirkung zum 1.9.2009 nur eine negative Härteklausel in das Gesetz aufgenommen, § 27 VersAusglG. Er hat das Gesetz nicht um eine positive Härteklausel – etwa nach dem Muster des unterhaltsrechtlichen § 1576 BGB – ergänzt. Daher liegt es eher fern, dass eine positive Härteklausel im VersAusglG eine planwidrige Regelungslücke ist. Vielmehr sind dem Recht des Versorgungsausgleichs Ansprüche oder Modifikationen, die über das gesetzliche Maß hinausgehen, weitestgehend fremd. Die restriktive Ausnahme des § 8 II VersAusglG, wonach Anrechte durch Vereinbarung nur mit Zustimmung des Versorgungsträger übertragen werden können, widerspricht Letzterem nicht.

Eine Berücksichtigung vorehelicher Ungerechtigkeiten beim Ansammeln von Versorgungsrechten kann also nicht durch entsprechende Auslegung des § 3 I VersAusglG geschehen. Dies gilt unabhängig davon, ob die Ehegatten schon vor der Ehe zusammengelebt haben oder einer allein die Kinder erzogen hat.[918]

3. Veränderung der Ausgleichsquote auf über 50 % – § 1 VersAusglG

Weil aus teleologischen Gründen die Berücksichtigung vorehelicher Zeiten für den Fall funktionaler Arbeitsteilung geboten ist, könnte alternativ die Ausgleichsquote zugunsten des Berechtigten abgeändert werden. Grundsätzlich gilt der Halbteilungsgrundsatz, vgl. § 1 VersAusglG. Dieser sollte für den Fall vorehelicher Arbeitsteilung ebenfalls zugrunde gelegt werden.[919] Erhöht man nun rein rechnerisch die Ausgleichsquote hinsichtlich der Ehezeit auf über 50 %, so könnte der voreheliche hälftige Ausgleich mit berücksichtigt werden. Ein veranschaulichendes Beispiel sei angeführt:

Die Frau widmet sich für fünf Jahre vor der Eheschließung in Absprache mit ihrem Mann der Kinderbetreuung und ist nicht erwerbstätig. Er hingegen ist erfolgreich im Job und sorgt mit Rentenbeiträgen für sein Alter vor. Die anschließende Ehe wird wiederum nach fünf Jahren geschieden. Wegen der fünfjährigen Ehezeit steht der Frau – beim Vorliegen der übrigen Anspruchsvoraussetzungen

918 *Ruland,* Rn. 171.

919 Auch die Rechtsprechung geht davon aus, dass ein gerechter Versorgungsausgleich generell keine Halbteilung erfordere, sondern dass er sich vielmehr auf den Ausgleich „ehebedingter“ Nachteile beschränken könne, hierzu BGH, FamRB 2005, S. 38; OLG Zweibrücken, FamRZ 2008, S. 1189 jeweils für ehevertragliche Vereinbarungen.

– die Hälfte der Ehezeitanteile zu (§ 1 I VersAusglG). Bezieht man die fünf Jahre Zusammenleben davor mit ein, so stünde ihr ein doppelt so hoher Ausgleichswert zu – unterstellt, die Einzahlungen des Mannes bleiben konstant.[920] Das hieße, dass sie die gesamten Ehezeitanteile des Mannes als Ausgleichswert erhielte. Er hätte trotzdem noch eine eigene Altersversorgung, da nur die während der Ehezeit erworbenen Anrechte der Frau zugestanden würden. Unumgänglich bliebe es zu beachten, ob der Mann sich zukünftig derart beruflich verschlechtert, dass dieses Ergebnis unbillig würde.

Allerdings ist eine solche Praxis recht umständlich. Etwa liegt es häufig so, dass sich die Arbeitsteilung langsam einschleicht oder die Frau einige Zeit wieder teilweise oder vollzeitig arbeitet. Die Schätzung der exakten Quote wäre insoweit schwer. Darüber hinaus dürfte es bei sämtlichen Berechnungssystemen zu Schwierigkeiten führen, die grundsätzlich auf eine Halbteilung für die Ehezeit angelegt sind. Es greifen insgesamt dieselben Gründe, die gegen eine Vorverlegung des Berechnungszeitpunkts unter 2. angeführt wurden.

4. Auslegungsspielraum über Billigkeitsnormen

Denkbar ist schließlich, dass Billigkeitsnormen die Einbeziehung vorehelich angesammelter Anrechte in den Versorgungsausgleich ermöglichen.

§ 27 VersAusglG ist eine negative Härteklausel und damit nicht geeignet, dem Anspruchsberechtigten weitergehende Ansprüche im Sinne einer positiven Härteklausel zu gewähren.[921] Eine positive Härteklausel nach dem Muster des unterhaltsrechtlichen § 1576 BGB gibt es im Recht des Versorgungsausgleichs nicht. Einige Stimmen fordern die Einführung einer positiven Härteklausel für den Versorgungsausgleich, allerdings insbesondere um illoyale Vermögensverschiebungen ausgleichen zu können.[922]

---

920 Zum Beispiel: F steht gegen M wegen der fünfjährigen Ehe ein monatlicher Versorgungsausgleichsanspruch von 100 Euro zu. F hat keine Anrechte sammeln können, M dagegen in der Ehezeit solche i. H. v. 200 Euro. Hätte M in gleicher Höhe bereits die fünf Jahre vor der Ehe – unterstellt höhenmäßig gleich bleibende – Anwartschaften sammeln können, so stünde F tatsächlich ein Versorgungsausgleichsanspruch i. H. v. 200 Euro zu. Für die Ehezeitanteile müssten die erworbenen Anwartschaften rechnerisch nicht zu 50 % der F zugestanden werden, sondern zu 100 %. Die 100 % beziehen sich selbstverständlich nur auf den Ehezeitanteil von fünf Jahren, weder auf die Zeiten vor noch auf die Zeiten nach der Ehe.

921 Vgl. *Musielak/Borth* § 226 FamFG Rn. 6.

922 So die Beschlüsse des 67. Deutschen Juristentags, D. I. 3. b) (angenommen 24:7:4), vgl. FamRZ 2008, S. 2004, 2006.

Für den Zugewinnausgleich zieht der BGH zum Beispiel § 242 BGB heran, um vorehelichen Leistungen unter Verlobten beim späteren Zugewinnausgleich Rechnung zu tragen.[923] Es wäre denkbar, über § 242 BGB den bisherigen Anspruch auf Versorgungsausgleich zu modifizieren. Wie gezeigt sprechen Sinn und Zweck des Versorgungsausgleichs bei vorehelicher Arbeitsteilung für einen hälftigen Ausgleich währenddessen erworbener Anrechte. Entsprechendes könnte das verfassungsrechtliche Sozialstaatsprinzip bzw. dessen Ausstrahlungswirkung im Privatrecht mittelbar über § 242 BGB[924] gebieten, um die Verarmung des schwächeren Partners zu verhindern.[925] Aber es fehlt jegliche Rechtsprechung hierzu und § 242 BGB darf kein Mittel zur allgemeinen Billigkeitsjustiz darstellen.[926]

Demzufolge können voreheliche Beziehungszeiten der Ehegatten auch über Billigkeitsnormen keinen Eingang in den Versorgungsausgleich finden.

5. Ausgleichsansprüche neben dem Versorgungsausgleich

Vorstellbar wären Ausgleichsansprüche neben dem Versorgungsausgleich, wie sie die Rechtsprechung bei vorehelichen Zuwendungen neben dem Zugewinnausgleich gewährt.[927] Als Rechtsinstitute könnten insoweit das Gesellschaftsrecht (§§ 705 ff. BGB), das Bereicherungsrecht (§ 812 I 2 Alt. 2 BGB) und das Recht des Wegfalls der Geschäftsgrundlage (§ 313 BGB) dienen. Allerdings greifen diese Ausgleichsansprüche nur bei vorehelichen Leistungen, die einen konkreten Vermögensgegenstand wie ein Haus oder Unternehmen betreffen. Beim Versorgungsausgleich fehlt es an solchen Vermögensgegenständen. Er basiert vielmehr auf dem Ausgleich der Versorgungsnachteile, die durch alltägliche[928] Leistungen wie voreheliche Kinderbetreuung oder Haushaltsführung entstehen. Es bleibt für diese laufenden Leistungen beim Grundsatz der Nichtausgleichung im Wege isolierter Ausgleichsansprüche.[929]

---

923 BGH, NJW 1992, S. 427, siehe hierzu ausführlich in Kapitel 3. Über § 242 BGB werden dagegen Ansprüche *neben* dem Zugewinnausgleich gewährt und dieser nicht unmittelbar modifiziert.

924 Zur Bedeutung des Sozialstaatsprinzips bei § 242 BGB siehe etwa MünchKomm/*Roth* § 242 Rn. 54; Palandt/*Grüneberg* § 242 Rn. 10.

925 Wie oben unter C. II. 1. d) dargestellt wurde, kommt selten das Sozialstaatsprinzip allein für vorehelich entstandene Vorsorgenachteile zum Tragen.

926 Palandt/*Grüneberg* § 242 Rn. 2; Soergel/*Teichmann* § 242 Rn. 9; hierzu auch z. B. BGH, NJW 1985, S. 2579, 2580; differenzierend MünchKomm/*Roth* § 242 Rn. 27.

927 Siehe hierzu Kapitel 3 C. I. 2.

928 Siehe zum Begriff alltäglicher Leistungen Kapitel 3 C. III. 1.

929 Vgl. hierzu Kapitel 3 C. III. 1.

6. Gesamtbetrachtung von Versorgungsausgleich und Zugewinnausgleich

Zuletzt ist denkbar, die durch voreheliche Arbeitsteilung entstandenen Versorgungsnachteile im Wege einer Gesamtbetrachtung von Zugewinnausgleich und Versorgungsausgleich zu mildern. Dieser Gedanke findet sich auch in Rechtsordnungen anderer Länder.

Dem deutschen Scheidungsfolgenrecht liegt bisher ein Mehrsäulensystem zugrunde – die Säulen sind vor allem der nacheheliche Unterhalt, Zugewinnausgleich und Versorgungsausgleich. In anglo-amerikanischen Ländern ist das Scheidungsfolgenrecht anders aufgebaut. Dort findet häufig eine Gesamtbetrachtung sämtlicher Scheidungsfolgen statt, sog. Einsäulensystem.[930] Zum Beispiel werden Versorgungsanrechte als eine Vermögenspositionen ausgeglichen.[931] Nach neuseeländischem Recht werden auch voreheliche Beziehungszeiten beim Ausgleich der Eigentumspositionen berücksichtigt.[932] Die Definition des „Relationship property" umfasst ebenfalls den Wert jeglicher Versorgungsansprüche, die der Partnerschaft zurechenbar sind.[933] Nach australischem Recht erstreckt sich die Gleichstellung von nichtehelichen und ehelichen Lebensgemeinschaften ebenfalls auf das Teilen der Versorgungsanrechte.[934] Dort hat das Gericht bei seiner Entscheidung jegliche voreheliche Beiträge im Hinblick auf die Ehe zu berücksichtigen – also finanzielle Beiträge und nichtfinanzielle wie Kinderbetreuung.[935]

In der Schweiz können vorehelich eingetretene Nachteile für die Versorgung im Alter in die Berechnung einer „angemessenen Entschädigung" i. S. d.

930 Hierzu ausführlich unter D. II. 4.

931 Als „superannuation scheme", „superannuation plan", „superannuation interest" oder „superannuation entitlement"; z. B. in Manitoba, Kanada (Sec. 1 (2) (d), 9 (2) (d), 13, 14 The Family Property Act C.C.S.M., c. F 25; in Australien z. B. Sec. 90 MC Family Law Act 1975.

932 Siehe hierzu die Ausführungen in Kapitel 7 B. I. 1.

933 „Relationship property shall consist of [...] (i) the proportion of the value of any superannuation scheme entitlements that is attributable to the marriage, civil union, or de facto relationship", siehe Sec. 8 (1) (i) Property (Relationship) Act 1976.

934 Sec. 90 MA, 90 ME Family Law Act 1975 bzw. Sec. 3 – Definitions De Facto Relationships Act 1996 (South Australia) „property of a person includes a prospective entitlement or benefit under a superannuation or retirement benefit scheme" oder Sec. 3 – Definitions De Facto Relationships Act 2003 (Queensland) „financial matters, in relation to de facto partners, means [...] (c) the distribution of any other financial resources of de facto partners, including prospective superannuation entitlements or other valuable benefits of or relating to de facto partners".

935 Siehe hierzu noch in Kapitel 7 B. I. 1.

Art. 124 I ZGB einfließen:[936] „[D]as voreheliche Zusammenleben [muss] in die Berechnung einfließen, wenn während dieser Zeit für einen Ehegatten bereits gemeinschaftsbedingte Nachteile, insbesondere durch Haushalts- und Kinderbetreuung entstanden sind. Maßgeblich ist also die Dauer des tatsächlichen Zusammenlebens und die dadurch bewirkte Abhängigkeit der Ehepartner.“ Hier zeigt sich eine dem Unterhaltsrecht angenäherte Berechnungsweise.

Aus rechtsvergleichender Sicht empfiehlt sich daher auch für den deutschen Versorgungsausgleich eine gesamtbetrachtende Auslegung von Zugewinnausgleich und Versorgungsausgleich. Hierbei könnten ebenfalls voreheliche Versorgungsnachteile berücksichtigt werden.

Allerdings hält der Gesetzgeber bewusst an dem Mehrsäulensystem des Scheidungsfolgenrechts fest.[937] Auf dem deutschen Juristentag wurde zwar befürwortet, dass die Ausgleichssysteme durchlässiger gestaltet werden sollten, sodass Defizite in einem Ausgleichssystem in einem anderen kompensiert werden können.[938] Dem pflichtet der gesetzlich vorgesehene Scheidungsverbund des § 137 FamFG bei. Durch diesen Verbund können im Verfahren die gegenseitigen Abhängigkeiten der Scheidungsfolgen erfasst werden.[939]

Jedoch sind beim deutschen Versorgungsausgleich stets die Versorgungsträger involviert. Es bliebe nur die Möglichkeit, anderweitige Lösungen außerhalb des starren und schematischen gesetzlichen Versorgungsausgleichs zu finden. Zum Beispiel könnte der schuldrechtliche Versorgungsausgleich (§§ 20 ff. VersAusglG) herangezogen werden. Allerdings sollen schuldrechtliche Ausgleichszahlungen nach dem Willen des Gesetzgebers zukünftig nur ein Notbehelf sein, z. B. bei fehlender Ausgleichsreife eines Anrechts zum Scheidungszeitpunkt (§ 19 IV VersAusglG).[940] Auf die Nachteile schuldrechtlicher Ausgleichszahlungen sowie entsprechende vertragliche Gestaltungsoptionen (§ 6 I 2 Nr. 3 VersAusglG) wird später noch eingegangen.[941]

III. Ergebnis

Sinn und Zweck des Versorgungsausgleichs gebieten grundsätzlich eine Berücksichtigung vorehelich entstandener Versorgungsnachteile eines Ehegatten, so-

936 Vgl. KGE ZS vom 17.8.2004 i.S. R.H. gegen R.S.S. (100 03 901/SCN).

937 So eindeutig auf dem deutschen Juristentag festgestellt, vgl. die Beschlüsse des 67. Deutschen Juristentags, A. I. in FamRZ 2008, S. 2004.

938 Beschlüsse des 67. Deutschen Juristentags, A. I. in FamRZ 2008, S. 2004.

939 *Musielak/Borth* § 137 FamFG Rn. 1.

940 Zur Subsidiarität siehe etwa Schwab/*Hahne/Holzwarth,* Handbuch, VI Rn. 381.

941 Siehe hierzu unter D. II. 2.

weit sie auf traditioneller Arbeitsteilung beruhen und daher vom anderen Ehegatten mit veranlasst sind. Die bisherige Gesetzeslage – vor allem der Wortlaut des § 3 I VersAusglG – steht einer solchen Auslegung aber entgegen. Außerdem gibt es im VersAusglG keine positive Billigkeitsklausel. Einer entsprechenden, den Umfang der Ausgleichsansprüche erweiternden Auslegung widerspricht darüber hinaus das komplexe Berechnungssystem beim Versorgungsausgleich sowie die regelmäßige Beteiligung von öffentlichen Versorgungsträgern.

D. Regelungsdefizite und Vertragsempfehlungen

I. Regelungsdefizite

Die Normen des VersAusglG sind einer Auslegung, die vorehelich entstandene Versorgungsnachteile berücksichtigt, nicht zugänglich. Trotzdem gebieten Sinn und Zweck eine solche Berücksichtigung theoretisch, soweit die Ehegatten die täglichen Aufgaben bereits vor der Ehe nach dem Muster der „Hausfrauenehe" geteilt haben. Vorstellbar wäre daher, den Gesetzeswortlaut um eine Billigkeitsabwägung für entsprechende Ausnahmefälle zu ergänzen. Dabei könnte die Zustimmung des Versorgungsträgers eine Bedingung für die Anspruchsgewährung sein, um so die Interessen des jeweils beteiligten Versorgungsträgers zu wahren. Der Deutsche Juristentag hat sogar die Einführung einer positiven Härtklausel befürwortet, um dem Berechtigten mehr als die Hälfte des Ausgleichswerts zusprechen zu können.[942] Aber der Einführung einer Billigkeitsklausel steht ein Großteil der bisherigen Erwägungen gegen eine entsprechende Gesetzesauslegung entgegen.[943] Denn der Versorgungsausgleich ist anders als die übrigen Scheidungsfolgen sehr stark formalisiert. Zudem sind als Dritte meist die öffentlichen Versorgungsträger involviert. Billigkeitsbedingte Modifikationen des Anspruchsumfangs könnten somit zu nicht voraussehbaren Problemen für den Versorgungsträger und die klassischen Berechnungssysteme führen. Darüber hinaus sieht der Gesetzgeber bislang wohl bewusst von einer positiven Härteklausel ab.[944] Dieser gesetzgeberische Wille darf nicht durch hier erwogene Reformideen missachtet werden.

---

942 So die Beschlüsse des 67. Deutschen Juristentags, D. I. 3. b) insbesondere für den Fall illoyaler Vermögensverschiebungen (angenommen 24:7:4), vgl. FamRZ 2008, S. 2004, 2006.

943 Siehe hierzu unter C. II. 2., 3.

944 Trotz der Reform gibt es weiterhin nur die negative Billigkeitsklausel des § 27 VersAusglG. Daher dürfte kaum eine planwidrige Regelungslücke bestehen.

Den Ehegatten bleibt daher nur die Möglichkeit, im Wege vertraglicher Vereinbarungen die vorehelich entstandenen Nachteile für die Versorgung im Alter zu berücksichtigen. Auf entsprechende Vertragsempfehlungen wird im Folgenden ausführlich eingegangen.

II. Vertragsempfehlungen

Die vertraglichen Gestaltungsoptionen zur erweiterten Einräumung von Versorgungsanrechten sind beschränkt.[945] Der Gesetzgeber wollte aber im Wege der Strukturreform des Versorgungsausgleichs unter anderem vertragliche Vereinbarungen zwischen den Ehegatten fördern.[946] Die §§ 6-8 VersAusglG regeln nun Vereinbarungen über den Versorgungsausgleich. Zum Beispiel erlaubt § 6 I 2 Nr. 2 VersAusglG, den Versorgungsausgleich ganz oder teilweise auszuschließen. Bis zu jeder zweite Ehevertrag enthält einen solchen Verzicht auf den Versorgungsausgleich.[947] § 7 VersAusglG schreibt die notarielle Beurkundung einer vertraglichen Regelung des Versorgungsausgleichs in fast allen Fällen vor, vor allem im Rahmen eines Ehevertrages (§ 7 III VersAusglG). Die Vereinbarungen müssen einer Inhalts- und Ausübungskontrolle standhalten (s. § 8 I VersAusglG).[948] Zu beachten ist dabei, dass der Versorgungsausgleich zum weiteren Kernbereich der Scheidungsfolgen gehört.[949]

1. Vertragliche Modifikation der Normen des VersAusglG

a) Vertragliche Vorverlegung des Anfangsstichtags – § 3 I VersAusglG

Für diese Arbeit ist insbesondere relevant, dass die vertragliche Vorverlegung des Berechnungszeitpunkts beim Versorgungsausgleich (§ 3 I VersAusglG) unter Einbeziehung des vorehelichen Zusammenlebens überwiegend als *unzulässig*

945 Gegen eine Erhöhung der Ausgleichspflicht, unmittelbar oder mittelbar z. B. Erman/*Wellenhofer* § 1587o Rn. 4 zu § 1587o BGB a.F. m. w. Nw.; für das sogenannte „Super-Splitting" bzw. „erweiterte Splitting" vgl. Brambring/Jerschke/*Grziwotz* B. I. Rn. 139; BGH, FamRZ 2007, S. 536, 538.

946 Vgl. BT-Drucks. 16/10144, S. 2, 51; dies begrüßend *Bredthauer,* FPR 2009, S. 500, 506; *Brüggen,* MittBayNot 2009, S. 337, 345.

947 Hierzu die Zahlen aus dem Jahr 1988 von *Stach,* S. 88.

948 Zur Rechtsprechung der Ehevertragskontrolle mittels §§ 138, 242 BGB s. Kapitel 3 D. II. 4.

949 Vgl. BGH, FamRZ 2004, S. 601, 603; 2005, S. 1444, 1448; zur Kernbereichslehre siehe bereits oben Kapitel 3 D. II. 4.

erachtet wird.[950] Insoweit liege ein unzulässiger Vertrag zulasten Dritter – insbesondere der Versorgungsträger – vor.[951] Der Versorgungsträger müsse nämlich bei einem vertragsmäßig versicherten Risikos von größerem Umfang höhere Leistungen zahlen.[952] Diese Bedenken sind nicht unbegründet, weil die Renten- und Pensionsanwartschaften die Grundlage der sozialen Sicherheit bilden. Hier dürfen die Ehegatten nicht gestaltend eingreifen und Versorgungsrisiken verlagern.[953]

Seit dem 1.9.2009[954] gibt es insoweit eine Regelung in § 8 II VersAusglG:

> „Durch die Vereinbarung können Anrechte nur übertragen oder begründet werden, wenn die maßgeblichen Regelungen dies zulassen und die betroffenen Versorgungsträger zustimmen."

Zur neuen Rechtslage wird vereinzelt vertreten, dass nunmehr grundsätzlich alle Regelungen über den Ausgleich eines Anrechts möglich seien.[955] Theoretisch müsste dies auch für eine vertragliche Vorverlegung des Stichtags gelten, solange der Versorgungsträger zustimmt. Nach der weit überwiegenden Meinung bleibt eine vertragliche Vorverlegung des Berechnungszeitpunkts dagegen nach wie vor unzulässig.[956] Richtungsweisend kann insofern die ablehnende Entscheidung des Deutschen Juristentags 2008 zur vertraglichen Vorverlegung des Anfangsstichtags angeführt werden.[957]

---

950 Siehe OLG Koblenz, FamRZ 1986, S. 273, 274; Soergel/*Gaul* § 1408 Rn. 35 und Soergel/*Lipp* § 1587o Rn. 17 zu § 1587o BGB a.F.; Brambring/Jerschke/*Grziwotz* B. I. Rn. 139; vgl. ferner *Eichenhofer,* DNotZ 1994, S. 213, 219 f.; anders aber wohl Palandt/*Brudermüller* § 8 VersAusglG Rn. 2; bei Reduzierung der Ausgleichsquote so Staudinger/*Rehme* § 1587o Rn. 18 ff. zu § 1587o BGB a.F.

951 OLG Koblenz, FamRZ 1986, S. 273, 274; ähnlicher Fall bei OLG Düsseldorf, NJW-RR 1987, S. 775, 776; vgl. zudem Soergel/*Lipp* § 1587o Rn. 15 zu § 1587o BGB a.F.; *Eichenhofer,* DNotZ 1994, S. 213, 219; *Bergner,* FamRZ 1979, S. 993, 997.

952 Vgl. etwa Soergel/*Lipp* § 1587o Rn. 15 zu § 1587o BGB a.F.; *Eichenhofer,* DNotZ 1994, S. 213, 219 f.; *Schmeiduch,* FamRZ 1979, S. 762, 763, der aber davon ausgeht, dass eine solche Vereinbarung dennoch möglich sein könnte, S. 764.

953 So Göppinger/Börger/*Brüggen,* S. 100.

954 Durch das Gesetz zur Strukturreform des Versorgungsausgleichs v. 3.4.2009, BGBl. I S. 700.

955 So wohl Palandt/*Brudermüller* § 8 VersAusglG Rn. 2; ähnlich *Gernhuber/Coester-Waltjen,* § 28 II 5. Dagegen aber nach wie vor *Bredthauer,* FPR 2009, S. 500, 501; Brambring/Jerschke/*Grziwotz* B. I. 2.; *Schramm,* NJW-Spezial 2009, S. 292.

956 Siehe aktuelle Nachweise etwa in Fn. 884.

957 Abgelehnt mit 16:18:3 (D. IV. 2.), FamRZ 2008, S. 2004, 2006.

b) Vertragliche Abänderung der Ausgleichsquote – § 1 VersAusglG

Nach bisheriger Rechtslage waren insgesamt solche vertraglichen Vereinbarungen unzulässig, durch welche einem Ehegatten *mehr* als der gesetzliche Umfang von Versorgungsanrechten zugestanden würde.[958] Gesetzlich begründet wurde dies mit § 1587o I 2 BGB a.F.[959] Nicht möglich war daher eine Erhöhung der Ausgleichsquote auf über 50 % (also etwa von 50 % auf 70 %),[960] um auf diese Weise voreheliche Nachteile einfließen zu lassen. Zur Rechenmethode in einem solchen Fall kann auf das obige Beispiel verwiesen werden.[961]

Zur neuen Rechtslage mit § 8 II VersAusglG wird teilweise eine höhere Ausgleichsquote selbst bis hin zur Vollübertragung für möglich gehalten.[962] Folglich dürften auf diese Weise auch vorehelich erworbene Anrechte vertraglich einbezogen werden. Die wohl herrschende Ansicht hält zumindest die Übertragung von mehr als der Hälfte eines Anrechts unter den Voraussetzungen des § 8 II VersAusglG grundsätzlich für zulässig.[963] Dafür spricht auch, dass der Gesetzgeber den Ehegatten im Wege der anrechtsbezogenen Teilung mehr Gestaltungsoptionen verschaffen wollte.[964]

Allerdings gilt diese Vertragsfreiheit nicht uneingeschränkt. Differenzierend muss auf die *Art der Versorgungsanrechte* abgestellt werden: *Gesetzliche* Rentenanwartschaften unterliegen auch künftig nicht der Disposition der Ehegatten. Sie können nicht über die Grenze der Halbteilung hinaus übertragen werden. Damit bleibt ein elementarer Teil der Altersvorsorge unberücksichtigt. Gegen eine vertragliche Einbeziehung über die Halbteilung hinaus spricht der Gedanke der §§ 32, 46 II SGB I.[965] Zudem hält der Gesetzgeber insoweit nur eine Über-

---

958 Zur Unzulässigkeit der Übertragung zu hoher Anrechte etwa BGH, FamRZ 1988, S. 153. Im Übrigen Soergel/*Gaul* § 1408 Rn. 35 und Soergel/*Lipp* § 1587o Rn. 14 f. zu § 1587o BGB a.F.; zur Nichtigkeit von jeglichen Vereinbarungen hinsichtlich des Versorgungsausgleichs, die zulasten des Versorgungsträgers gehen wegen § 134 BGB i.V.m. § 1587o BGB a.F. in entsprechender Anwendung *Eichenhofer,* DNotZ 1994, S. 213, 219.

959 „Durch Vereinbarung können Anwartschaftsrechte in einer gesetzlichen Rentenversicherung nach § 1587b Abs. 1 oder 2 nicht begründet oder übertragen werden."

960 Siehe etwa Staudinger/*Rehme* § 1587o Rn. 18 ff. zu § 1587o BGB a.F.

961 Siehe hierzu unter C. II. 3.

962 So anscheinend Palandt/*Brudermüller* § 8 VersAusglG Rn. 2. Keine Gefahr eines Vertrags zulasten Dritter sieht nunmehr auch *Gernhuber/Coester-Waltjen,* § 28 II 5.

963 So etwa *Bredthauer,* FPR 2009, S. 500, 501; *Brüggen,* MittBayNot 2009, S. 337, 342; *Bergschneider,* RNotZ 2009, S. 457, 467; *Bergner,* NJW 2009, S. 1169, 1173; Brambring/Jerschke/*Grziwotz* B. I. 2.

964 Vgl. BT-Drucks. 16/10144, S. 51.

965 Johannsen/Henrich/*Hahne* § 8 VersAusglG Rn. 12; Schwab/*Hahne/Holzwarth,* Handbuch, VI Rn. 554; *Bredthauer,* FPR 2009, S. 500, 501, 506; *Bergschneider,* RNotZ

tragung durch das Familiengericht für möglich.[966] Grundsätzlich zulässig sind solche Vereinbarung hingegen im Bereich der *privaten* Rentenversicherungen und ggf. der berufsständischen Versorgungswerke, soweit der betroffene Versorgungsträger zustimmt.[967] Die privaten Versorgungsträger können frei entscheiden, ob sie sich auf eine solche Gestaltung und Modifikation einlassen wollen. Es dürfte indes praktisch die Ausnahme bleiben, dass sich ein an wirtschaftlichen Interessen orientierter Versorgungsträger ohne Weiteres auf teils unvorhersehbare Berechnungsmethoden und evtl. auch Kostenrisiken einlässt. Vielmehr ist vorstellbar, dass ein privater Versicherungsträger, der auch andere Versicherungsoptionen anbietet, den Abschluss einer neuen und wunschgerechten Versicherung zugunsten des vertraglich Berechtigten bevorzugt. Auf entsprechende Vertragsoptionen wird später noch unter 3. eingegangen.

c) Vertragliche Verpflichtung zur Antragstellung i. S. d. § 3 III VersAusglG

Vorgeschlagen wird ferner, dass die Ehegatten vertraglich vereinbaren können, einen Versorgungsausgleich trotz einer Ehe von bis zu drei Jahren (vgl. § 3 III VersAusglG) durchzuführen.[968] Diese Option bietet sich zum Beispiel an, wenn die Partner längere Zeit vorehelich zusammen gelebt haben und daher auf einen Versorgungsausgleich trotz potenziell kurzer Ehedauer bestehen.

d) Ergebnis

Die Einbeziehung vorehelicher Beziehungszeiten durch vertragliche Modifikation des VersAusglG ist nur eingeschränkt möglich. In Betracht käme allein eine Modifikation der Ausgleichsquote. Zumindest wird seit der Reform mit Wirkung zum 1.9.2009 eine Erhöhung der Ausgleichsquote auf über 50 % wohl überwiegend für zulässig erachtet. Trotzdem ist hiervon abzuraten. Einerseits kann nur über Anrechte bei privaten Anbietern disponiert werden. Andererseits erscheinen Probleme beim Einholen der Zustimmung des Versorgungsträgers (§ 8 II VersAusglG) vorhersehbar. Weniger kompliziert sind dagegen Vereinba-

---

2009, S. 457, 467; *Hahne,* FamRZ 2009, S. 2041, 2046. Überschrift des § 32 SGB I: „Verbot nachteiliger Vereinbarungen"; Inhalt des § 46 II SGB I: Unwirksamkeit des Verzichts auf Sozialleistungsansprüche, soweit andere Personen oder der Sozialleistungsträger belastet werden.

966 BT-Drucks. 16/10144, S. 53.

967 Johannsen/Henrich/*Hahne* § 8 VersAusglG Rn. 12; *Hahne,* FamRZ 2009, S. 2041, 2046.

968 Muster hierzu bei *Bergschneider,* RNotZ 2009, S. 457, 469.

rungen der Ehegatten ohne Einbeziehung der Versorgungsträger, wie sie im Folgenden dargestellt werden.

2. Schuldrechtliche Ausgleichszahlungen – §§ 20 ff. VersAusglG

Denkbar ist eine vertragliche Vereinbarung schuldrechtlicher Ausgleichszahlungen (vgl. hierzu §§ 20 ff. VersAusglG),[969] um vorehelich erworbene Anrechte auszugleichen. Der Unterschied schuldrechtlicher Ausgleichszahlungen zum regulären Versorgungsausgleich ist, dass kein Anspruch gegenüber dem Versorgungsträger zugestanden wird, sondern ein Anspruch gegenüber dem ausgleichspflichtigen Partner.[970] Der Versorgungsträger als Dritter wird somit nicht belastet. Schuldrechtliche Ausgleichszahlungen werden meist fällig, wenn die ausgleichsberechtigte Person eine eigene Rente erhält bzw. erhalten würde (vgl. § 20 II VersAusglG). Ehegatten können sich zum Beispiel für solche schuldrechtlichen Ausgleichszahlungen anstelle eines regulären Versorgungsausgleichs durch entsprechende Vereinbarung entscheiden, § 6 I 2 Nr. 3 VersAusglG. Auch nichtehelichen Lebensgefährten wird vorgeschlagen, eine am schuldrechtlichen Versorgungsausgleich orientierte Vereinbarung hinsichtlich der Zeit der nichtehelichen Lebensgemeinschaft zu treffen.[971]

Der Nachteil bei schuldrechtlichen Ausgleichszahlungen ist die Abhängigkeit des Ausgleichsanspruchs vom Rentenanspruch des Verpflichteten. Verstirbt dieser beispielsweise, so steht auch dem überlebenden Partner kein Rentenanspruch mehr zu.[972] Selbst wenn schuldrechtliche Ausgleichszahlungen durch die Ehegatten vereinbart werden, erlöschen die Ausgleichsrechte im Falle des Todes des Verpflichteten. Dies ist dem Gedanken des § 25 II VersAusglG zu entnehmen.[973] Der Versorgungsträger des Ausgleichspflichtigen ist nämlich vor zusätz-

---

969 Bisher geregelt in §§ 1587f ff. BGB a.F.

970 Vgl. § 20 I 1 VersAusglG.

971 Siehe z. B. MünchKomm/*Wellenhofer* Nach § 1302 Rn. 54; *Grziwotz*, S. 290 f. mit Muster (Rn. 72), wobei die Vorschriften des schuldrechtlichen Versorgungsausgleichs entsprechend angewendet werden sollen.

972 Siehe hierzu *Grziwotz*, S. 290.

973 Denn der Fall, dass ein per Gesetz nicht existierender Versorgungsausgleich vertraglich über §§ 20 ff. VersAusglG begründet wird, ist in seiner Rechtsfolge dem Fall gleichzustellen, dass die Ehegatten auf den (per Gesetz vorgesehenen) Wertausgleich bei Ehescheidung verzichtet haben und sich einen schuldrechtlichen Ausgleich vorbehielten. Zu § 25 II VersAusglG siehe Palandt/*Brudermüller* § 25 VersAusglG Rn. 2; *Eichenhofer*, FPR 2009, S. 211, 212.

lichen wirtschaftlichen Belastungen zu schützen.[974] Hierauf sollte auf jeden Fall durch den beratenden Anwalt oder Notar hingewiesen werden.[975]

Außerdem ist beim Vorbehalten des Ausgleichs im Wege schuldrechtlicher Anrechte nach § 6 I 2 Nr. 3 VersAusglG nachteilig, dass die „Scheidungsangelegenheiten" nicht abschließend mit der Scheidung geregelt sind – anders als beim regulären Versorgungsausgleich.[976] Ziel der Reform war vielmehr, den schuldrechtlichen Versorgungsausgleich soweit wie möglich entbehrlich zu machen.[977]

3. Abschluss einer (Kapital-) Lebensversicherung

Vorzugswürdig ist für voreheliche Lebensgefährten die Option, zusätzlich eine private (Kapital-) Lebensversicherung zugunsten des Ausgleichsberechtigten abzuschließen.[978] Der Abschluss einer Lebensversicherung wird ebenfalls Ehegatten empfohlen, um die Nachteile eines (teilweisen) Verzichts auf den Versorgungsausgleich zu kompensieren.[979] Die vorehelichen Versorgungsnachteile könnten auf diese Weise unabhängig vom Versorgungsausgleich kompensiert werden.

Die Beitragszahlung sollte an die jeweilige Bedarfslage anknüpfen, also z. B. eine fortwährende Kinderbetreuung berücksichtigen.[980] Es empfiehlt sich insoweit, mit der Lebensversicherung alle Details so zu vereinbaren, dass die Beiträge ähnlich wie bei einer gesetzlichen Rentenversicherung geleistet werden. Es ist ebenfalls das genaue Ablaufjahr vertraglich zu fixieren sowie die Zahlungsmodalitäten im Scheidungsfall.[981]

Außerdem sollte im Rahmen eines Ehe- oder Partnerschaftsvertrags klargestellt werden, dass die (Kapital-) Lebensversicherung losgelöst von den übrigen Scheidungsfolgen bestehen soll. Dies gilt vor allem für den Fall, dass die Partner diese Versicherung nicht zum Scheidungszeitpunkt, sondern vor der Ehe oder kurz nach der Eheschließung abschließen. Denn nicht gewollt ist, dass die Ver-

---

974 Dies ist Zweck des § 25 II VersAusglG, siehe BT-Drucks. 16/10144, S. 66.

975 Für einen Belehrungshinweis auch *Bredthauer,* FPR 2009, S. 500, 506.

976 BT-Drucks. 16/10144, S. 51.

977 Vgl. BT-Drucks. 16/10144, S. 31, 35; hierzu auch *Bergschneider,* RNotZ 2009, S. 457, 460, 468; nur als Notbehelf nach Eichenhofer, FPR 2009, S. 211, 214. Vor allem die Teilbarkeit jedes Anrechts für sich dürfte zur verringerten Bedeutung des schuldrechtlichen Versorgungsausgleichs führen, so *Bergner,* NJW 2009, S. 1169, 1174.

978 Brambring/Jerschke/*Grziwotz* B. IV. 6.

979 *Bredthauer,* FPR 2009, S. 500, 504.

980 Für nichteheliche Lebensgemeinschaften so Brambring/Jerschke/*Grziwotz* B. IV. 6.

981 Zu den Modalitäten siehe *Bredthauer,* FPR 2009, S. 500, 504 f.

sicherungssumme als Wert in den Zugewinnausgleich einfließt. Diese Gefahr besteht allerdings kaum bei Renten, also wiederkehrenden Versorgungsleistungen. Denn dem güterrechtlichen Ausgleich unterfallen grundsätzlich keine zukünftig wiederkehrenden Zahlungsleistungen oder speziell für das Alter bestimmte Lebensversicherungen.[982] Die Versicherung sollte dementsprechend zweckgebunden allein der Altersvorsorge eines Partners dienen.

4. Altersvorsorge unter Einbeziehung anderer Scheidungsfolgen

Ferner ist an eine vertragliche Regelung zu denken, die dem Einsäulensystem des in vielen englischsprachigen Ländern zu findenden „Common Law" angenähert ist.[983] Wie oben bei den rechtsvergleichenden Betrachtungen gezeigt,[984] unterscheidet das australische und neuseeländische Recht in seinen Rechtsfolgen kaum nach Rechtspositionen, die der Altersvorsorge dienen, und anderen güterrechtlichen Vermögenspositionen. Die Reform des Versorgungsausgleichs führte insoweit zumindest für vertragliche Vereinbarungen zu einer Annäherung der deutschen Rechtslage an die internationalen Tendenzen. Gemäß § 6 I 2 Nr. 1 VersAusglG kann der Versorgungsausgleich nämlich in die „Regelung der ehelichen Vermögensverhältnisse" einbezogen werden. Es sind verschiedene sogenannte „Paketlösungen"[985] denkbar:

Haben die Ehegatten sehr lange vor der Ehe bereits zusammen gelebt und liegen wirtschaftliche Verflechtungen in besonderem Umfang vor, so dürfte eine vertragliche Vereinbarung nahe liegen, die alle Scheidungsfolgen mit Blick auf das voreheliche Zusammenleben zugleich betrifft. Insoweit kann z. B. der vollständige Verzicht auf den Versorgungsausgleich durch entsprechende Gegenleistungen im Rahmen anderer Scheidungsfolgen kompensiert werden. Denn hat die Ehe nach einem z. B. 10- oder 15-jährigen Zusammenleben bloß drei Jahre gehalten, gibt es ohnehin kaum ehezeitliche und damit auszugleichende Anrechte nach dem VersAusglG. Als Gegenleistung für den Verzicht sowie zum Ausgleich der vorehelichen Vorsorgenachteile wäre nicht nur wie soeben unter 3. gezeigt der Abschluss einer Lebensversicherung denkbar. Es könnte nämlich ebenfalls eine Immobilie überlassen werden, um auf diese Weise dem Ausgleichsberechtigten eine Altersvorsorge zu bieten. Oder es könnte im Gegenzug

---

982 Hierzu Palandt/*Brudermüller* § 2 VersAusglG Rn. 9 f. sowie ausführlich in § 1375 Rn. 9.

983 Zum „Common Law" und der Bedeutung für den Versorgungsausgleich siehe etwa *Dethloff*, Gutachten, A 33 f.

984 Siehe oben unter C. II. 6.

985 Zum Begriff und mit Beispielen siehe *Bergschneider*, RNotZ 2009, S. 457, 467.

zum Verzicht auf den Versorgungsausgleich ein Wohnrecht an einer Immobilie des Ausgleichspflichtigen gewährt werden und hiermit mietfreies Wohnen.[986]

5. Sonstige vertragliche Gestaltungsoptionen

Alternativ kann der Zahlungsverpflichtete freiwillig in die gesetzliche Rentenversicherung des Partners einzahlen.[987] Hierbei wäre eine entsprechende vertragliche Vereinbarung zwischen den Ehegatten denkbar, soweit der Versorgungsträger hierdurch nicht belastet wird und zustimmt. Schließlich kann sich ein Ehegatte verpflichten, dem anderen und bedürftigeren Ehegatten eine Leibrente zu zahlen (§§ 759 ff. BGB).[988] Solche Unterhaltsleistungen können auf Lebensdauer und auch über den Tod des Verpflichteten hinaus eingeräumt werden.[989]

E. Ergebnis zu Kapitel 4

Das voreheliche Zusammenleben wird durch die Rechtsprechung zum Versorgungsausgleich bislang nicht berücksichtigt. Obwohl bei traditioneller Rollenverteilung die vorehelich angesammelten Anrechte aus teleologischen Gründen ausgeglichen werden müssten, scheitert eine solche Gesetzesauslegung am eindeutigen Wortlaut des VersAusglG. Es besteht auch kein Regelungsdefizit, da eine entsprechende positive Billigkeitsklausel nicht in das starre und komplexe System des Versorgungsausgleichs passt.

Die Ehegatten müssen daher auf vertragliche Regelungsoptionen zurückgreifen. Die Kautelarpraxis sollte sich daher dem Bestreben des Gesetzgebers annehmen und auf Regelungen zugunsten des wirtschaftlich schwächeren Partners hinwirken. Denn mangels akuter Betroffenheit fehlt es häufig am Problem-

---

986 Zu den Gestaltungsoptionen siehe etwa *Brüggen,* MittBayNot 2009, S. 337, 344; Beispiele auch bei *Bergschneider,* RNotZ 2009, S. 457, 467; Brambring/Jerschke/*Grziwotz* B. I. 2.

987 Zu den Optionen ausführlich *Grziwotz,* S. 290 f.

988 Dieser Vorschlag bei MünchKomm/*Maurer* § 1585c Rn. 19 .

989 Vgl. OLG Karlsruhe, NJW 1962, S. 1774; hierzu bereits RGZ 150, 385.

bewusstsein der Partner, wenn es um ihr Vorsorgevermögen geht.[990] Es empfehlen sich weniger vertragliche Modifikationen des VersAusglG, zumal diese nur eingeschränkt möglich sind. Vorzugswürdig ist es, die bereits vorehelich entstandenen Versorgungsnachteile durch den Abschluss eigenen (Kapital-) Lebensversicherung zugunsten des Benachteiligten auszugleichen.

990 So auch Göppinger/Börger/*Brüggen*, S. 100.

Kapitel 5

Bedeutung des vorehelichen Zusammenlebens für Ehewohnung und Haushaltsgegenstände

In diesem Kapitel soll die Bedeutung des vorehelichen Zusammenlebens bei der Behandlung von Ehewohnung und Haushaltsgegenständen anlässlich der Scheidung untersucht werden.[991] Auch bei Haushaltsgegenständen und der Ehewohnung werden elementare Bereiche des täglichen Zusammenlebens tangiert. Im Laufe des Zusammenlebens finden regelmäßig intensive Vermögensvermischungen statt.[992] Bei den §§ 1568a, 1568b BGB kommt es aber weniger als beim Unterhaltsrecht oder Vermögensausgleich auf den Ausgleich partnerschaftsbedingter Fortkommensnachteile an.[993] Der Blick geht primär dahin, wer *zukünftig* mehr auf die Ehewohnung oder den Haushaltsgegenstand angewiesen ist.

Mit dem Gesetz zur Änderung des Zugewinnausgleichs- und Vormundschaftsrechts[994] sind die §§ 1568a, 1568b BGB neu ins Bürgerliche Gesetzbuch aufgenommen worden.[995] Zugleich trat die bisher geltende Hausratsverordnung[996] außer Kraft. Der § 1568a BGB[997] betrifft die Behandlung der Ehewohnung und § 1568b BGB[998] die Behandlung der Haushaltsgegenstände anlässlich der Scheidung.

991 Nicht zum Scheidungsfolgenrecht zählen die §§ 1361a, 1361b BGB, welche die Verteilung der Haushaltsgegenstände und Nutzung der Ehewohnung bei Getrenntleben der Ehegatten regeln.

991 Gesetz vom 6.7.2009, BGBl. I S. 1696.

992 So *Schröder/Bergschneider,* S. 54.

993 *Wellenhofer,* AnwBl 2008, S. 559, 562.

994 Gesetz vom 6.7.2009, BGBl. I S. 1696.

995 Für Eingetragene Lebenspartner verweist § 17 LPartG auf die entsprechende Anwendung der §§ 1568a, 1568b BGB.

996 Vom 21.10.1944, RGBl. I S. 256.

997 Nach alter Rechtslage begrifflich als „Wohnungszuweisung" bezeichnet.

998 Nach alter Rechtslage als „Hausratsverteilung" bezeichnet.

A. Grundzüge der §§ 1568a, 1568b BGB

Die §§ 1568a, 1568b BGB sind im Scheidungsfall spezieller als der allgemeine Herausgabeanspruch aus § 985 BGB.[999] Obwohl auch Vermögensaspekte bei Haushaltsgegenständen und Ehewohnung berührt werden, kommt es für die Anwendbarkeit der §§ 1568a, 1568b BGB nicht auf den Güterstand der Ehe an.[1000]

I. § 1568a BGB – Ehewohnung

§ 1568a I BGB enthält eine Anspruchsgrundlage für die (endgültige)[1001] Nutzung der bisherigen Ehewohnung nach Rechtskraft der Scheidung.[1002] Der Begriff der Ehewohnung ist weit auszulegen, sodass alle zum gemeinsamen Wohnen genutzten oder bestimmten Räume hierunter fallen.[1003] § 1568a I BGB betrifft uneingeschränkt den Fall, dass die Ehegatten Miteigentümer der Wohnung sind.[1004] Bei (Allein-) Eigentum[1005] eines Ehegatten oder einer Mietwohnung gelten die § 1568a II-VI BGB. Voraussetzung der Ehewohnungsüberlassung ist, dass der die Überlassung verlangende Ehegatte auf die Nutzung der Ehewohnung „unter Berücksichtigung des Wohls der im Haushalts lebenden Kinder und der Lebensverhältnisse der Ehegatten in stärkerem Maße angewiesen ist als der andere Ehegatte oder die Überlassung aus anderen Gründen der Billigkeit ent-

---

999 Vgl. BGHZ 67, 217. Bei § 1568b BGB gilt das nur für Miteigentum, ansonsten ist er nicht einschlägig. Zum Verhältnis zum Zugewinnausgleich bereits Kapitel 3 C. III. 1.

1000 Z. B. Erman/*Maier* Vor § 1 HausratsVO Rn. 8 sowie *Haußleiter/Schulz,* Kapitel 4 Rn. 134, jeweils noch zur Hausratsverordnung. Für Haushaltsgegenstände im Miteigentum der Ehegatten ist § 1568b BGB ohnehin spezieller, siehe etwa Palandt/*Brudermüller* § 1374 Rn. 4.

1001 Zu beachten ist jedoch die Möglichkeit der angemessenen Befristung des Mietverhältnisses (§ 1568a V 2 BGB) zur Wahrung der Interessen des Vermieters.

1002 Vgl. etwa Palandt/*Brudermüller* § 1568a Rn. 3; MünchKomm/*Wellenhofer* § 1568a Rn. 9. Keine Anspruchsgrundlage nach alter Rechtslage.

1003 BGH, FamRZ 1990, S. 987, 988; Palandt/*Brudermüller* § 1568a Rn. 4. Zum Beispiel können auch Ferienwohnungen oder Wochenendehäuser hierunter fallen, vgl. MünchKomm/*Wellenhofer* § 1568a Rn. 11.

1004 Für die Heranziehung des § 1568 I BGB bei Miteigentum der Ehegatten, wobei der Fall trotz seiner praktischen Relevanz nicht speziell geregelt ist, siehe Palandt/*Brudermüller* § 1568a Rn. 9, der das OLG Celle, FamRZ 1992, S. 465 zitiert; im Übrigen etwa *Wellenhofer,* FamR, S. 184.

1005 Oder Miteigentum eines Ehegatten zusammen mit einem Dritten. Dies gilt auch bei anderen dinglichen Rechten eines Partners allein oder zusammen mit einem Dritten.

spricht" (§ 1568a I BGB).[1006] Alle Umstände des Einzelfalls sind dabei zu berücksichtigen.[1007]

Strengere Anforderungen gelten für das Vermeiden einer unbilligen Härte i. S. d. § 1568a II BGB, also bei Eigentum nur eines Ehegatten.[1008] Wurde die Eigentumswohnung allein eines Ehegatten dem anderen überlassen, so können die Ehegatten jeweils die Begründung eines Mietverhältnisses verlangen (§ 1568a V BGB).[1009]

Bei Mietwohnungen als bisheriger Ehewohnung ist entscheidend, ob das Mietverhältnis an der Ehewohnung ursprünglich von beiden oder bloß einem Ehegatten eingegangen wurde. Entweder setzt ein Ehegatte das Mietverhältnis nach der Scheidung allein fort oder er tritt anstelle des anderen Ehegatten in das Mietverhältnis ein (§ 1568a III BGB).[1010]

II. § 1568b BGB – Haushaltsgegenstände

§ 1568b I BGB enthält einen Anspruch auf Überlassung und Übereignung der im gemeinsamen Eigentum stehenden Haushaltsgegenstände, wenn der Antragsteller „auf deren Nutzung unter Berücksichtigung des Wohls der im Haushalt lebenden Kinder und der Lebensverhältnisse der Ehegatten in stärkerem Maße angewiesen ist als der andere Ehegatte oder dies aus anderen Gründen der Billigkeit entspricht".[1011] Haushaltsgegenstände sind dabei bewegliche Gegens-

---

1006 Die sonstigen Billigkeitsgründe erhalten dementsprechend dann Bedeutung, wenn keine Kinder vorhanden sind oder sich aufgrund der Lebensverhältnisse nicht feststellen lässt, ob ein Ehegatte stärker auf die Nutzung angewiesen ist, vgl. BT-Drucks. 16/10798, S. 21 f.

1007 Palandt/*Brudermüller* § 1568a Rn. 5.

1008 Palandt/*Brudermüller* § 1568a Rn. 8; bloße Unbequemlichkeiten oder umzugsbedingte Belastungen genügen insofern nicht, vgl. OLG Hamm, FamRZ 2004, S. 888, 889 oder OLG München, FamRZ 1995, S. 1205, 1206 zu § 3 HausratsVO.

1009 Auch bei Miteigentum der Ehegatten an der Ehewohnung oder sogar im Falle der wirksamen Kündigung durch den bisher allein mietenden Ehegatten kommt ein Anspruch auf Begründung eines Mietverhältnisses in Betracht, vgl. Palandt/*Brudermüller* § 1568a Rn. 20; *Wellenhofer*, FamR, S. 185.

1010 Dem Vermieter steht dabei ein Sonderkündigungsrecht nach § 563 IV BGB analog zu, vgl. Palandt/*Brudermüller* § 1568a Rn. 15. Ist die Mietwohnung jedoch eine Dienstwohnung, so ist gemäß § 1568a IV BGB die Begründung eines Mietverhältnisses mit dem anderen Ehegatten nur mit Zustimmung des Dienstherrn bzw. Arbeitsgebers als Vermieter zulässig oder zur Vermeidung einer schweren Härte.

1011 Wie bei § 1568a I BGB findet auch bei § 1568b I BGB keine Übertragung durch Hoheitsakt mehr statt, sondern eine rechtsgeschäftliche Übereignung, vgl. *Gernhuber/Coester-Waltjen*, § 34 I 6.

tände, die nach den Vermögens- und Lebensverhältnissen der Ehegatten für die Wohnung, die Hauswirtschaft und das Zusammenleben der Familie bestimmt sind.[1012] Hierzu zählen beispielsweise Möbel, Bücher oder Sportgeräte.[1013] Praktisch am häufigsten wird über die Nutzung des bisherigen Familien-Pkws gestritten,[1014] obgleich dessen Einordnung als Haushaltsgegenstand nicht unproblematisch ist.[1015] Keine Eigenschaft als Haushaltsgegenstand liegt vor, wenn die Sache allein der Kapitalanlage dient.[1016]

Es können nur im Miteigentum der Ehegatten stehende Haushaltsgegenstände verlangt werden, wozu Miteigentum nach Bruchteilen (§ 1008 BGB) oder Gesamthandseigentum zählt.[1017] Insoweit enthält § 1568b II BGB eine Vermutung für Miteigentum bei während der Ehezeit angeschafften Haushaltsgegenständen. Im Alleineigentum des Antragsgegners stehende Gegenstände unterfallen dementsprechend ausschließlich dem güterrechtlichen Ausgleich.[1018] Der Ehegatte, der sein (Mit-) Eigentum nach § 1568b I BGB überträgt, kann gemäß § 1568b III BGB eine angemessene Ausgleichszahlung verlangen.[1019]

B. Legitimation der Ansprüche auf Ehewohnung und Haushaltsgegenstände

Im Grunde sind es die Nachwirkungen der ehelichen Lebensgemeinschaft, die eine gesonderte Behandlung von Ehewohnung und Haushaltsgegenständen legi-

---

1012 Vgl. BGH, NJW 1984, S. 484, 486.

1013 Zahlreiche Beispiele derart bei Schwab/*Motzer*, Handbuch, VIII Rn. 104; Büchting/Heussen/*B. Heiß/H. Heiß,* Rechtsanwaltshandbuch, Rn. 290 oder MünchKomm/*Wellenhofer* § 1568b Rn. 4 ff.

1014 *Haußleiter/Schulz,* Kapitel 4 Rn. 137.

1015 In der Regel wird die Zweckbestimmung des Pkws entscheidend sein, also ob der Pkw allein beruflichen Zwecken eines Partners dient oder auch familiären Zwecken (z. B. Familieneinkäufen), hierzu OLG Düsseldorf, NJW 2007, S. 1001; Schwab/*Motzer,* Handbuch, VIII Rn. 104; viele Abgrenzungskriterien bei *Haußleiter/Schulz,* Kapitel 9 Rn. 45 ff.

1016 Vgl. hierzu OLG Brandenburg, FamRZ 2003, S. 532 (LS) = OLGR Brandenburg 2002, S. 487; ähnlich bei OLG Köln, NJW-RR 1996, S. 904.

1017 Vgl. MünchKomm/*Wellenhofer* § 1568b Rn. 8.

1018 Palandt/*Brudermüller* § 1568b Rn. 2. Anders noch nach § 9 HausratsVO.

1019 Letztere kommt aber nur als spezielle Norm in Betracht, wenn von § 1568b BGB Gebrauch gemacht wird; ansonsten verbleibt es bei der Anwendung des Ehegüterrechts für „vor und während der Ehe“ erworbenes gemeinsames Eigentum der Ehegatten, vgl. BT-Drucks. 16/10798, S. 24.

timieren.[1020] Die §§ 1568a, 1568b BGB sollen Regelungen für die Zukunft und nicht Nutzungsentschädigungen für die Vergangenheit ermöglichen.[1021]

I. § 1568a BGB – Ehewohnung

Die dem § 1568a BGB vorhergehende Hausratsverordnung verfolgte ursprünglich den Zweck, dem bedürftigen Ehegatten im Scheidungsfall die bisher gemeinsam genutzte Wohnung zu erhalten, da kriegsbedingt der Wohnraum verknappt war.[1022] Nach billigem Ermessen sollte der Richter schnell und einzelfallgerecht die Ehewohnung zuweisen.[1023] Nach wie vor kann es aus aktuellen Gründen für einen Ehegatten schwer sein, eine geeignete Wohnung nach der Scheidung zu finden. Vor allem für eine nach der Scheidung alleinerziehende Ehefrau und Mutter kann es schwierig sein, mit mehreren Kindern angemessenen Wohnraum zu finden.[1024] Für viele Scheidungsfamilien ist dies bedingt durch ihre schwierige wirtschaftliche Situation.[1025] Der neu ins BGB eingeführte § 1568a BGB soll insgesamt sicherstellen, dass derjenige Ehegatte die Ehewohnung behalten darf, der stärker auf sie angewiesen ist.[1026]

Ausdrücklich nennt das Gesetz das Kindeswohl als zu berücksichtigenden Aspekt (vgl. § 1568a I BGB).[1027] Es kommt nicht darauf an, ob die Wohnungsüberlassung dem Wohl eines gemeinschaftlichen oder eines nicht gemeinschaftlichen Kindes dient.[1028] Verfassungsrechtlich dient § 1568a BGB ebenfalls dem Schutz der Familie (Art. 6 I GG).[1029] Daneben enthält der Wortlaut

1020 Soergel/*Heintzmann* Vor § 1 HausratsVO Rn. 2.

1021 Erman/*Maier* § 1 HausratsVO Rn. 13.

1022 So die amtliche Begründung, DJ 1944, S. 278; zur Entstehungsgeschichte der Hausratsverordnung siehe instruktiv *Schubert,* JZ 1983, S. 939.

1023 Vgl. MünchKomm/*Rebmann/Säcker/Rixecker* Vorbem zur HausratsV Rn. 2; Erman/*Maier* Vor § 1 HausratsVO Rn. 1.

1024 Hierzu etwa OLG Karlsruhe, FamRZ 1981, S. 1087, 1088.

1025 *Gernhuber/Coester-Waltjen,* § 29 II 1.

1026 BT-Drucks. 16/10798, S. 21 sowie ähnlich die amtliche Begründung, DJ 1944, S. 278.

1027 Zur alten Rechtslage etwa Staudinger/*Weinreich* § 2 HausratsVO Rn. 7 f.

1028 Aktuell AG Tempelhof, FPR 2008, S. 457, 458 m. w. Nw.; OLG Brandenburg, FamRZ 2001, S. 636, 637; KG, FamRZ 1991, S. 467 jeweils zur HausratsVO; zudem Staudinger/*Weinreich* § 2 HausratsVO Rn. 7; nur gemeinsame Kinder nach Erman/*Maier* § 2 HausratsVO Rn. 4.

1029 Vgl. hierzu BVerfG, FamRZ 2006, S. 1596 zur HausratsVO; Erman/*Maier* Vor § 1 HausratsVO Rn. 3.

(§ 1568a I BGB) die „Lebensverhältnisse der Ehegatten“ als Kriterium.[1030] Dabei sollen die Beziehungen der Ehegatten zu ihrer Umwelt – etwa die Nähe des Arbeitsplatzes, zu Verwandten oder zur Schule – bei der richterlichen Entscheidung Berücksichtigung finden.[1031] Entscheidend ist vor allem, inwieweit der Ehegatte oder die Kinder bei einem Umzug weiterhin am bisherigen sozialen Leben teilnehmen könnten.[1032]

II. § 1568b BGB – Haushaltsgegenstände

Auch § 1568b BGB basiert auf der alten Hausratsverordnung und sollte damit ursprünglich der schwierigen Beschaffung von Möbeln und sonstigem Hausrat in der Nachkriegszeit begegnen.[1033] Wie für die Ehewohnung gezeigt, führt die finanzielle Notlage vieler Scheidungsfamilien ebenfalls heute zu ähnlichen Bedarfsfällen. Nicht selten dürften in vielen Familien die Haushaltsgegenstände einen wesentlichen Anteil des gesamten verfügbaren Vermögens darstellen – z. B. ein hochwertiger Fernseher, eine Stereoanlage, ein Computer oder ein Pkw. Auch bei § 1568b I BGB steht das Kindeswohl im Vordergrund sowie die „Lebensverhältnisse der Ehegatten“.[1034]

Die Vermutung des § 1568b II BGB[1035] soll die Zuordnung der Haushaltsgegenstände vereinfachen und eine schnelle und einzelfallgerechte Lösung ermöglichen.[1036] Sie knüpft an das Wirtschaften in einer Durchschnittsehe an, in der eine Gemeinschaft hinsichtlich des Erwerbs und der Nutzung von Haushaltsgegenständen besteht.[1037]

1030 Hierin unterscheidet sich der Wortlaut von der Vorgängernorm (§ 2 HausratsVO), die neben dem Kindeswohlerfordernis von den „Erfordernisse[n] des Gemeinschaftslebens“ sprach.

1031 Etwa zu den übrigen Hausbewohnern oder dem Hauseigentümer, vgl. Staudinger/*Weinreich* § 2 HausratsVO Rn. 10; Erman/*Maier* § 1 HausratsVO Rn. 5 nennt als beachtenswertes Kriterium, dass sich ein Ehegatte besser als der andere in die Hausgemeinschaft einfügt. Hierzu selbst die amtliche Begründung, DJ 1944, S. 278 sowie insgesamt Palandt/*Brudermüller* § 1568a Rn. 5.

1032 Vgl. Erman/*Maier* § 2 HausratsVO Rn. 5.

1033 Amtliche Begründung, DJ 1944, S. 278.

1034 Zur Bedeutung soeben bei den Ausführungen zu § 1568a BGB unter I.

1035 Zuvor § 8 II HausratsVO.

1036 Vgl. ähnlich BGH, FamRZ 1984, S. 144, 146 noch zur Hausratsverordnung; zudem etwa MünchKomm/*Wellenhofer* § 1568b Rn. 20.

1037 Vgl. hierzu etwa BGH, NJW 1991, S. 2283, 2284 f.

C. Berücksichtigung des vorehelichen Zusammenlebens bei §§ 1568a, 1568b BGB

I. Analyse einschlägiger Rechtsprechung

1. Berücksichtigung vorehelicher Zeiten bei § 1568a BGB – Ehewohnung

Im Rahmen des § 1568a BGB ist vor allem Abs. 1 die maßgebliche Anspruchsgrundlage. Im Ergebnis hat der Richter trotz des geänderten Wortlauts auch künftig alle Umstände des Einzelfalls bei seiner Entscheidungsfindung einzubeziehen.[1038] Es fragt sich, inwieweit die Rechtsprechung bislang voreheliches Zusammenleben berücksichtigt.

Die Rechtsprechung gibt darauf Acht, dass dem Kind im Scheidungsfall zumindest das soziale Umfeld durch Beibehalten der bisherigen Wohnung erhalten bleibt.[1039] Entscheidend ist vor allem, ob der die Wohnung verlangende Ehegatte nach der Scheidung die Kinder betreut und zukünftig keine angemessene alternative Wohnung findet.[1040] Somit wird der Blick weniger auf die Vergangenheit und damit auf voreheliche Beziehungszeiten gerichtet. Auch die bisherige Rechtsprechung zu den „Lebensverhältnissen der Ehegatten" i. S. d. § 1568a I BGB bezieht sich hauptsächlich auf Aspekte, die die zukünftige Wohn-, Arbeits- und soziale Situation des Überlassung verlangenden Ehegatten betreffen. Zum Beispiel kann es darauf ankommen, ob die Wohnung in der Nähe von Verwandten eines Ehegatten oder in der Nähe seines Arbeitsplatzes liegt bzw. ob sogar eine räumliche Verbindungen der Wohnung zu den Geschäftsräumen eines Ehegatten besteht.[1041]

Die bisherige Rechtsprechung berücksichtigt voreheliche Zeiten allenfalls im Rahmen der sonstigen Billigkeitsgründe. Zum Beispiel kann relevant sein,

1038 So Johannsen/Henrich/*Götz* § 1568a Rn. 4.

1039 Vgl. etwa OLG Karlsruhe, FamRZ 1981, S. 1087; *Haußleiter/Schulz,* Kapitel 4 Rn. 64. Insoweit wird auch der Grundsatz der Kontinuität als Kindeswohlaspekt benannt, vgl. Schwab/*Motzer,* Handbuch, VIII Rn. 88.

1040 Vgl. OLG München, FamRZ 1978, S. 196, 197; differenzierend aber OLG München, FamRZ 1995, S. 1205, 1206; hierzu auch BayObLG, FamRZ 1974, S. 17, 18; OLG Stuttgart, OLGZ 1968, S. 126, 128. Deshalb wird diese Entscheidung häufig mit der Sorgerechtsentscheidung verknüpft, siehe Staudinger/*Weinreich* § 2 HausratsVO Rn. 8; ähnlich Schwab/*Motzer,* Handbuch, VIII Rn. 73. Aber auf Aspekte des vorehelichen Zusammenlebens beim Sorgerecht nach Scheidung soll in dieser Arbeit nicht eingegangen werden.

1041 Johannsen/Henrich/*Götz* § 1568a Rn. 6.

dass ein Ehegatte die Wohnung bereits vor der Ehe bewohnt hat oder in ihr aufgewachsen ist. Aus diesem Grunde kann ihm die Wohnung auch nach der Scheidung wieder zur Nutzung überlassen werden.[1042] Dies liegt insbesondere bei kurzen Ehen nahe.[1043] Dabei handelt es sich aber gerade nicht um den Fall, dass die späteren Ehegatten bereits vorehelich *zusammen* in der Ehewohnung gelebt und gewirtschaftet haben.

Weiterhin kann nach der Rechtsprechung berücksichtigt werden, wer die Wohnung finanziert, ausgebaut oder eingerichtet hat.[1044] Diesem Partner ist die Ehewohnung gegebenenfalls vorrangig zu belassen. Solchen finanziellen Leistungen stehen unter Umständen auch Kinderbetreuungsleistungen des anderen Ehegatten gegenüber.[1045] Es fehlt dagegen konkrete Rechtsprechung für den hiesigen Fall, dass diese Beiträge bereits vor der Eheschließung erbracht wurden.

Für die Absätze 2 bis 4 des § 1568a BGB fehlt bislang ebenso einschlägige Rechtsprechung, bei der das voreheliche Zusammenleben berücksichtigt wird.

2. Berücksichtigung im Rahmen des § 1568b BGB – Haushaltsgegenstände

Des Weiteren fragt sich, inwieweit die Rechtsprechung beim Anspruch auf Überlassung und Übereignung der Haushaltsgegenstände (§ 1568b I BGB) bislang das voreheliche Zusammenleben beachtet. Hinsichtlich der Kriterien des Kindeswohls und der Lebensverhältnisse der Ehegatten (vgl. § 1568b I BGB) fehlt hierfür einschlägige Rechtsprechung.[1046]

Gemäß § 1568b I BGB müssen die Haushaltsgegenstände „im gemeinsamen Eigentum“ der Ehegatten stehen. Insoweit hilft die *Vermutung* des

---

1042 Dies bereits benannt durch die amtliche Begründung, DJ 1944, S. 278, 279; zudem OLG Jena, FamRZ 1997, S. 559; KG, FamRZ 1988, S. 182, 184 jeweils zu § 2 HausratsVO; vgl. auch Schwab/*Motzer*, Handbuch, VIII Rn. 89 selbst für das Bewohnen der späteren Ehewohnung mit einem anderen Partner.

1043 Johannsen/Henrich/*Götz* § 1568a Rn. 7; Erman/*Maier* § 2 HausratsVO Rn. 6. Das gilt primär für den Fall, dass ein Ehegatte bereits in der Ehewohnung aufgewachsen ist, siehe BT-Drucks. 16/10798, S. 22.

1044 KG, FamRZ 1988, S. 182, 184; ähnlich OLG Hamburg, MDR 1948, S. 477. Gegen eine Bedeutung der finanziellen Mittel bei der späteren Wohnungsüberlassung ist wohl Staudinger/*Weinreich* § 2 HausratsVO Rn. 16.

1045 KG, FamRZ 1988, S. 182, 184; zur Gesamtabwägung in Anbetracht der jeweilig erbrachten Leistungen siehe instruktiv *Brudermüller*, FamRZ 1999, S. 129, 130 f.

1046 Die Entscheidungen, die zum bisherigen § 2 HausratsVO (und damit zu den Kriterien Kindeswohl und Erfordernisse des Gemeinschaftslebens) ergingen, betrafen nahezu alle die (alte) Wohnungszuweisung und nicht Haushaltsgegenstände.

§ 1568b II BGB für Miteigentum weiter. Nach dem Wortlaut des § 1568b II BGB gelten alle „während der Ehe für den gemeinsamen Haushalt" angeschafften Gegenstände als gemeinsames Eigentum der Ehegatten.[1047] Die Rechtsprechung betrachtet den Anschaffungszeitraum „während der Ehe" zwar grundsätzlich als zwingend.[1048] Nach wohl überwiegender Ansicht war es für die Anwendung der Vorgängernorm § 8 II HausratsVO (der inhaltsgleich mit § 1568b II BGB ist)[1049] aber ausnahmsweise unschädlich, wenn ein Haushaltsgegenständen unter Verlobten angeschafft und erst (teilweise) während der Ehe bezahlt wurde.[1050] Die Vermutung greift dagegen nicht, soweit die Eheleute für die voreheliche häusliche Gemeinschaft Haushaltsgegenstände erwarben.[1051]

Aber freilich kann nach der Rechtsprechung auch unabhängig von der Vermutung des § 1568b II BGB gemeinsames Eigentum der Ehegatten an Haushaltsgegenständen bestehen. Das Miteigentum i. S. d. § 1568b I BGB ist in diesen Fällen jeweils positiv festzustellen.[1052] Dies gilt z. B. für Hausrat, den sie während ihres vorehelichen Zusammenlebens erworben haben.[1053] Denkbar ist auch, dass die Ehegatten ihr jeweiliges Eigentum an den Haushaltsgegenständen mit der Eheschließung aufgaben, indem sie die Gegenstände dem ehelichen Haushalt widmeten.[1054] Das OLG Brandenburg fordert in seiner Entscheidung vom 25.7.2002 insoweit den *Willen der Partner,* dass die voreheliche Anschaffung gemeinschaftliches Eigentum werden sollte:[1055]

„[Es] können Anschaffungen vor der Ehe Hausrat sein, wenn sie im Hinblick auf die Eheschließung angeschafft, aber erst nach der Heirat ganz oder teilweise bezahlt worden sind, oder wenn im Zeitpunkt der vorehelichen Anschaffung nach übereinstimmendem Willen der Ehegatten diese Gegenstände gemeinschaftliches Eigentum werden sollten."

1047 Es sei denn, die Vermutung wird durch den Beweis von Alleineigentum eines Ehegatten widerlegt.

1048 Hierzu z. B. MünchKomm/*Wellenhofer* § 1568b Rn. 24 m. w. Nw.

1049 BT-Drucks. 16/10798, S. 24.

1050 Bereits OLG Freiburg, Der deutsche Rechtspfleger 1950, S. 568, 569; wohl auch OLG Brandenburg, FamRZ 2003, S. 532 (LS); Soergel/*Heintzmann* § 8 HausratsVO Rn. 5; *Haußleiter/Schulz,* Kap. 4 Rn. 142; anders dagegen z. B. OLG Zweibrücken, FamRZ 1987, S. 165; SchlHOLG, SchlHA 1957, S. 207, 208; MünchKomm/*Wellenhofer* § 1568b Rn. 24.

1051 Vgl. Staudinger/*Weinreich* § 8 HausratsVO Rn. 7.

1052 So bereits SchlHOLG, SchlHA 1957, S. 207, 208; MünchKomm/*Wellenhofer* § 1568b Rn. 24; Bamberger/Roth/*Neumann* § 8 HausratsVO Rn. 5.

1053 So auch MünchKomm/*Wellenhofer* § 1568b Rn. 24.

1054 Ähnlich MünchKomm/*Wellenhofer* § 1568b Rn. 24.

1055 OLG Brandenburg, FamRZ 2003, S. 532 (LS) = OLGR 2002, S. 487.

Neben den vorehelichen (entgeltlichen) Anschaffungen der Ehegatten für den Haushalt werden auch Hochzeitsgeschenke an beide Partner in aller Regel zu gemeinsamen Eigentum.[1056] Selbiges gilt für geschenkte Haushaltsgegenstände an einen oder beide Ehegatten.[1057] Geschenke, die ein Ehegatte dem anderen für den gemeinsamen Haushalt schenkt, sollen ebenfalls grundsätzlich gemeinsames Eigentum werden.[1058] Damit dürften ebenfalls Haushaltsgegenstände an einen oder beide Ehegatten vor der Ehe zu Miteigentum werden, soweit sie für den gemeinsamen Haushalt der Lebensgefährten bestimmt waren. Konkrete Rechtsprechung hierzu fehlt dagegen. Kein gemeinsames Eigentum liegt dagegen vor, wenn die Haushaltsgegenstände vor der Ehe seitens der Eltern nur einem Ehegatten geschenkt oder als Ausstattung (§§ 1624 f. BGB) gewährt wurden.[1059] Solche Gegenstände zählen zum Anfangsvermögen des empfangenden Ehegatten (vgl. § 1374 II BGB) und sind damit kein gemeinsames Eigentum i. S. d. § 1568b II bzw. I BGB. Klargestellt sei ferner, dass bei Schenkungen – vorehelich oder nicht – ohnehin nicht die Vermutung des § 1568b II BGB greift. Denn gemäß § 1568b II BGB müssen die Gegenstände „angeschafft“, also gegen Entgelt erworben sein.[1060]

Beim Absatz 3 des § 1568b BGB (angemessene Ausgleichszahlung)[1061] werden ebenfalls Billigkeitsaspekte relevant. Hierzu zählten bislang etwa die Dauer der Ehe,[1062] die Betreuung der gemeinsamen Kinder,[1063] die wirtschaftlichen Verhältnisse der Ehegatten oder die Kosten der anderweitigen Ersatzbeschaffung.[1064] Primärer Anknüpfungspunkt bei § 1568b III BGB bleibt aber eine *angemessene* Ausgleichszahlung und damit der Verkehrswert des Haushaltsge-

1056 Siehe etwa OLG Düsseldorf, FamRZ 1994, S. 1384 f.; MünchKomm/*Wellenhofer* § 1568b Rn. 22; *Haußleiter/Schulz,* Kapitel 4 Rn. 141.

1057 Z. B. *Haußleiter/Schulz,* Kap. 4 Rn. 141.

1058 OLG Celle, MDR 1960, S. 934 (LS); OLG Freiburg, Der deutsche Rechtspfleger 1950, S. 568, 569.

1059 OLG Brandenburg, Entscheidung vom 25.7.2002 – 9 WF 118/02 Rz. 10.

1060 Z. B. MünchKomm/*Wellenhofer* § 1568b Rn. 22; Staudinger/*Weinreich* § 8 HausratsVO Rn. 10; Soergel/*Heintzmann* § 8 HausratsVO Rn 7; Erman/*Maier* § 8 HausratsVO Rn. 4; *Haußleiter/Schulz,* Kapitel 4 Rn. 141. Die Vermutung gilt aber auch für selbst hergestellte Sachen, vgl. OLG Düsseldorf, NJW 1959, S. 1046 (LS).

1061 Der dem § 8 III 2 HausratsVO nachempfunden ist, BT-Drucks. 16/10798, S. 21, 24.

1062 Staudinger/*Weinreich* § 8 HausratsVO Rn. 20; OLG Hamm, FamRZ 1967, S. 105, 106.

1063 Hierzu auflistend etwa Bamberger/Roth/*Neumann* § 8 HausratsVO Rn. 6.

1064 Insgesamt hierzu auch OLG Hamm, FamRZ 1967, S. 105, 106.

genstands.[1065] Ferner sei angemerkt, dass § 1568b III BGB nur als Sonderregelung gilt, soweit tatsächlich von ihr Gebrauch gemacht wird. Ansonsten bleibt es laut Gesetzesbegründung für „vor und während der Ehe erworbene[s] gemeinsame[s] Eigentum" beim Ehegüterrecht.[1066] Mithin kommt dem vorehelichen Zusammenleben bei § 1568b III BGB nur wenig Bedeutung zu, was sich ebenfalls in der fehlenden Rechtsprechung widerspiegelt.

3. Ergebnis

Festzuhalten ist, dass die Rechtsprechung bei § 1568a BGB (Ehewohnung) vereinzelt Umstände während des vorehelichen Zusammenlebens mittelbar für die Entscheidung zur Wohnungsüberlassung berücksichtigt. Dies ist etwa der Fall, wenn ein Ehegatte vor der Ehe allein in der Ehewohnung wohnte. Es existiert hingegen keine spezifische Rechtsprechung zur Problematik des längeren vorehelichen Zusammenlebens der Ehegatten. Dies liegt vor allem darin begründet, dass die Rechtsprechung die Wohnungsnutzung mit Blick auf die Zukunft und nicht auf die Vergangenheit regelt.

Für § 1568b BGB (Haushaltsgegenstände) ist festzustellen, dass es gemeinsames Eigentum an Haushaltsgegenständen i. S. d. Absatz 1 bereits während des vorehelichen Zusammenlebens geben kann. Die Rechtsprechung stellt hierbei auf den Willen der Partner beim Erwerb der Gegenstände ab. Die Vermutung des § 1568b II BGB greift aber in aller Regeln nicht für vor der Ehe und für den gemeinsamen Haushalt angeschaffte Gegenstände.

II. Wortlaut- bzw. Auslegungsmöglichkeiten

Da die Rechtsprechung zu §§ 1568a, 1568b BGB mit Blick auf ein voreheliches Zusammenleben der Partner recht spärlich ist, werden nachfolgend weitergehende Auslegungsoptionen erörtert.

1065 Im Unterschied zu den reinen Billigkeitsaspekten bei der Vorgängernorm, vgl. Palandt/*Brudermüller* § 1568b Rn. 11. Etwas offener gegenüber weiteren Billigkeitsaspekten ist MünchKomm/*Wellenhofer* § 1568b Rn. 17.

1066 Siehe BT-Drucks. 16/10798, S. 24.

1. Auslegungsoptionen bei § 1568a BGB – Ehewohnung

a) Billigkeitsabwägung des § 1568a I BGB

§ 1568a I BGB besteht im Wesentlichen aus einer Billigkeitsabwägung. Dies wird deutlich, wenn man den Wortlaut dahingehend verkürzt:

> „Ein Ehegatte kann verlangen, dass ihm der andere Ehegatte anlässlich der Scheidung die Ehewohnung überlässt, wenn (...) die Überlassung (...) der Billigkeit entspricht."

Hiermit bietet der Wortlaut die Möglichkeit, alle Umstände des Einzelfalls zu berücksichtigen.[1067] Damit ist es auch nicht von besonderer Bedeutung, ob man Aspekte des vorehelichen Zusammenlebens noch unter die „Lebensverhältnisse der Ehegatten" i. S. d. § 1568a I BGB fasst oder als sonstige Gesichtspunkte der Billigkeitsabwägung betrachtet. Trotzdem werden auch Auslegungsoptionen bei den ausdrücklich im Gesetz benannten Abwägungskriterien untersucht. Dann wäre nämlich eine Berücksichtigung vorehelicher Billigkeitsaspekte per Gesetzeswortlaut indiziert.

Es ist für die Berücksichtigung des vorehelichen Zusammenlebens bei § 1568a BGB unschädlich, dass § 1568a BGB nicht analog auf nichteheliche Lebensgemeinschaften anzuwenden ist.[1068] Denn bei nichtehelichen Lebensgemeinschaften würde sich eine analoge Anwendung des § 1568a BGB im Fall der Trennung der Lebensgefährten realisieren. Das voreheliche Zusammenleben endet aber mit der Eheschließung und die Trennung findet erst beim Scheitern der Ehe statt. Bei der Ehescheidung greift § 1568a BGB ohnehin.

Wie soeben gezeigt,[1069] versucht die Rechtsprechung bei § 1568a I BGB, dem *Kind* das soziale Umfeld und damit auch die Ehewohnung nach der Scheidung zu erhalten. Denkbar ist etwa der Fall, dass das Kind mit seinen Eltern bereits vor deren Ehe für längere Zeit in der Ehewohnung lebt. In einem solchen Fall gewöhnt sich das Kind bereits die Zeit vor der Ehe an die Wohnung und das Umfeld. Ist die Ehe dann nur von kurzer Dauer und das Kind noch sehr jung, so kommt gegebenenfalls eine Überlassung der Ehewohnung an den kinderbetreuenden Elternteil zum Wohle des Kindes in Betracht. Anführen lässt sich in diesem Kontext, dass ebenso die voreheliche Familie durch Art. 6 I GG geschützt

---

1067 Vgl. Gesetzesentwurf der Bundesregierung, BR-Drucks. 635/08, S. 43 f.; ähnlich auch Palandt/*Brudermüller* § 1568a Rn. 5.

1068 Keine Anwendung des neuen § 1568a BGB nach Palandt/*Brudermüller* § 1568a Rn. 2; zur alten Rechtslage so bereits OLG Hamm, NJW-RR 2005, S. 1168 m. w. Nw. und *Hausmann/Hohloch*, S. 236 Fn. 44 f. m. vielen w. Nw.

1069 Siehe hierzu unter C. I. 1.

ist.[1070] Gleichwohl wird beim Kindeswohl der Blick in erster Linie in die Zukunft gerichtet. Denn es kommt auf das beeinflussbare, zukünftige Wohlbefinden des Kindes an. Das (vergangene) voreheliche Familienleben in der Ehewohnung ist dabei nur mittelbar bedeutsam. Über die umfassende Abwägung des Absatz 1 können zumindest alle insoweit maßgeblichen Aspekte ausreichend berücksichtigt werden.

Für die „*Lebensverhältnisse der Ehegatten*" i. S. d. § 1568a I BGB ist ebenfalls die gegenwärtige Lebenssituation der Partner entscheidend – zum Beispiel das Alter der Ehegatten, deren Gesundheitszustand oder deren Einkommens- und Vermögensverhältnisse.[1071] Voreheliches, in der Vergangenheit liegendes Zusammenleben der Ehegatten wird wiederum bloß mittelbar relevant. Vorstellbar ist etwa die Konstellation, dass der die Wohnung begehrende Partner seine Arbeitsstelle gerade wegen der langjährigen vorehelichen Beziehung in die Nähe der späteren Ehewohnung verlegt hat. Eine solche vertrauensbedingte Disposition dürfte unabhängig von einem Investitionszeitpunkt vor oder während der Ehe ausreichend als „gegenwärtiger" Grund bei § 1568a I BGB Berücksichtigung finden. Denn zum Beispiel lebt der bereits vor der Ehe zum Partner hingezogene Ehegatten häufig noch zum Scheidungszeitpunkt weit von seiner bisherigen Arbeitsstelle entfernt. Allein eine sehr lange und auch voreheliche Betreuung gemeinsamer Kinder sollte zumindest dann berücksichtigt werden, wenn der Ehegatte deshalb aus wirtschaftlichen Gründen keine angemessene, alternative Wohnung findet.[1072] Darüber hinaus können auch Wünsche und Vorstellungen der Parteien bedeutsame Kriterien sein.[1073] Insgesamt fordert die Rechtsprechung aber, den Maßstab der „Lebensverhältnisse der Ehegatten" restriktiv anzuwenden.[1074]

Ferner könnte im Rahmen der Billigkeitsprüfung des § 1568a I BGB „*aus anderen Gründen*" ein langjähriges voreheliches Zusammenleben der Partner in ein und derselben Ehewohnung beachtlich sein. Die Rechtsprechung berücksichtigt zumindest, wer die Wohnung finanziert, ausgebaut oder eingerichtet hat.[1075] Dem sind unter Umständen nicht finanzielle Beiträge des anderen wie Kinder-

---

1070 Hierzu Kapitel 6 B. I. 1.

1071 Vgl. Palandt/*Brudermüller* § 1568a Rn. 5; zur alten Rechtslage etwa OLG Hamm, FamRZ 1967, S. 105, 106.

1072 Siehe bereits unter B. I. zur aktuellen Bedeutung der Wohnungsüberlassung bei schwierigen Wirtschaftssituationen (*Gernhuber/Coester-Waltjen,* § 29 II 1) und zur Schwierigkeit der Wohnungssuche mit Kindern.

1073 Staudinger/*Weinreich* § 2 HausratsVO Rn. 17.

1074 Für die alte Rechtslage die „Erfordernisse des Gemeinschaftslebens" AG Mönchengladbach-Rheydt, WuM 1991, S. 505.

1075 Z. B. KG, FamRZ 1988, S. 182, 184 sowie hierzu unter C. I. 1.

betreuung gegenüberzustellen. Beide Arten von Beiträgen können bereits vor der Ehe geleistet werden.[1076] Mithin dürfte ein entsprechendes „Übergewicht“ an vorehelich geleisteten Beiträgen zugunsten der Wohnung oder der Familie als Billigkeitsaspekt für § 1568a I BGB zu berücksichtigen sein. Jedoch überwiegen auch bei den sonstigen Aspekten der Billigkeitsabwägung zukunftsorientierte Aspekte: Hat zum Beispiel der Ehemann vor der Ehe die Ehewohnung allein renoviert und ist nach der Scheidung die Ehefrau wegen der Kinderbetreuungsmöglichkeiten – etwa wegen eigener Verwandter im selben Haus – stärker auf die Wohnung angewiesen, so müssen die Interessen des Ehemannes hintanstehen.[1077] Auch § 1568b III BGB dürfte hierbei kein Ventil mehr zur Berücksichtigung von finanziellen und auszugleichenden Leistungen bieten.[1078]

Schließlich kann bei § 1568a I BGB die *Dauer der Ehe* berücksichtigenswert sein.[1079] Denn während des langen Zusammenlebens entwickelt sich regelmäßig ein Vertrauen in das dauerhafte und gemeinsame Bewohnen dieser Wohnung und entsprechende Dispositionen werden getroffen. Zum Beispiel werden die Ehegatten im Laufe des längeren Zusammenlebens in einer Wohnung zunehmend „wohnungspezifische“ Investitionen tätigen – etwa das Anbringen von Einbauschränken oder Erbringen von Renovierungsleistungen etc. Darüber hinaus wird sich während einer längeren Beziehungsdauer auch verstärkt das soziale Umfeld in Wohnungsnähe aufbauen. Es liegt dementsprechend nahe, dem gesamten Zeitraum des Zusammenlebens der Ehegatten Bedeutung beizumessen. Deshalb dürfte grundsätzlich auch ein langes voreheliches Zusammenleben für sich genommen ein relevantes Kriterium bei der Billigkeitsabwägung des § 1568a I BGB sein.

b) Bedeutung vorehelicher Zeiten bei § 1568a II bis IV BGB

Der bisher diskutierte Absatz 1 des § 1568a BGB bezieht sich vor allem auf Mietwohnungen der Ehegatten oder Wohnungen im Miteigentum der Partner. Strengere Voraussetzungen sind an eine Wohnungsüberlassung zu stellen, wenn sie nur im Allein- (bzw. Mit-) Eigentum des anderen Ehegatten steht, vgl.

1076 Siehe hierzu etwa Kapitel 3 C. II. 1.

1077 Auf vermögensrechtliche Aspekte bei vorehelichen Leistungen hinsichtlich eines Familienheims im Eigentum wurde bereits in Kapitel 3 umfassend eingegangen.

1078 Für eine analoge Anwendung des § 8 III HausratsVO bislang zwar Staudinger/*Weinreich* § 2 HausratsVO Rn. 16; aber es dürfte mittlerweile an der planwidrigen Gesetzeslücke fehlen, vgl. nur MünchKomm/*Wellenhofer* § 1568a Rn. 21.

1079 Vgl. hierzu Soergel/*Heintzmann* § 2 HausratsVO Rn. 4.

§ 1568a II BGB.[1080] Denn hier wird in die verfassungsrechtlich geschützte Eigentumsposition eines Ehegatten eingegriffen.[1081] Die Überlassung der Wohnung muss daher notwendig sein, um eine unbillige Härte zu vermeiden. Was die möglichen Ursachen für Härten aus vorehelichen Zeiten angeht, ergeben sich zunächst kaum Unterschiede zur Abwägung des Absatz 1. Nur der Maßstab ist restriktiver. Es kann daher grundsätzlich auf die unter a) dargestellten Beispiele zurückgegriffen werden. Selbiges gilt für den besonders strengen Maßstab einer „schweren Härte“ i. S. d. § 1568a IV Alt. 2 BGB, wobei die Belange des Dritten als Dienst- oder Werkwohnungsinhabers denen des neuen Mietvertragspartners und Ehegatten gegenüber stehen.[1082]

Im Rahmen des § 1568a III BGB könnte allenfalls beim Sonderkündigungsrecht des Vermieters nach § 563 IV BGB, auf welches der Satz 2 verweist, langes voreheliches Zusammenleben der Partner bedeutend werden. Maßstab bei § 1568a III 2 BGB ist, ob das (neue) Mietverhältnis dem Vermieter zugemutet werden kann.[1083] Steht dem Vermieter aber ein Kündigungsrecht aus einem „wichtigen Grund“ zu, z. B. wegen fehlender Zahlungsfähigkeit des neuen Vertragspartners,[1084] so dürfte selbst eine erhöhte Schutzwürdigkeit des Wohnungsbegehrenden das Vermieterinteresse nur selten überwiegen.[1085]

c) Auseinandersetzung außerhalb des § 1568a BGB

Für eine bereits vor der Ehe im Miteigentum stehende Wohnung wäre zwar grundsätzlich denkbar, die Normen des Gemeinschaftsrechts (§§ 741 ff. BGB) heranzuziehen. Denn bei Miteigentum liegt eine Unterart der Bruchteilsgemein-

1080 Bzw. wenn allein dem anderen Partner oder ihm mit einem Dritten zusammen ein anderes dingliches Recht an der Wohnung zusteht.

1081 Vgl. Palandt/*Brudermüller* § 1568a Rn. 8.

1082 Die Interessen des Ehegatten bedingt durch das voreheliche Bewohnen werden dabei wohl kaum schwerer wiegen als die des Vermieters, erst recht wenn Letzterer der Weitermietung nicht zustimmt (§ 1568a IV Alt. 1 BGB).

1083 Vgl. Palandt/*Brudermüller* § 1568a Rn. 15; Schmidt-Futterer/*Gather* § 563 Rn. 39. Höchstens bei der Feststellung einer Unzumutbarkeit könnte eine besonders schwere Härte durch langes voreheliches Leben in der Wohnung zugunsten des neuen Mietvertragspartners beachtet werden. Denkbar ist eine besonders enge Bindung an die Wohnung während der Beziehungszeit. Man könnte dabei grundsätzlich an den Maßstab der schweren Härte bei § 1568a IV BGB anknüpfen.

1084 MünchKomm/*Häublein* § 563 Rn. 26 für § 563 BGB; Palandt/*Brudermüller* § 1568a Rn. 15; *Lützenkirchen,* WuM 1990, S. 413.

1085 Immerhin liegt ja ein Schuldnerwechsel hinsichtlich der Mietzahlungen vor, bei dem das BGB an anderen Stellen die Zustimmung des Gläubigers fordert, vgl. § 415 BGB.

schaft vor.[1086] Für die Heranziehung des allgemeinen Gemeinschaftsrechts neben dem § 1568a BGB besteht aber in aller Regel keine Notwendigkeit.[1087] Denkbar wäre höchstens und in Ausnahmefällen die Gewährung einer Nutzungsentschädigung nach § 745 II BGB bei Miteigentum der Ehegatten.[1088] Dem benachteiligten Partner könnte insofern eine höhere Entschädigung aufgrund des vorehelichen Miteigentums und dessen anschließendem Verlust gewährt werden. Soweit es allerdings um Vermögensfragen wegen wohnungsbezogener Leistungen geht, ist der Zugewinnausgleich die einschlägige Scheidungsfolge.[1089] Ohnehin hat sich der Gesetzgeber mit der neuen Regelung des § 1568a BGB ausdrücklich gegen eine Nutzungsentschädigung entschieden.[1090] § 1568a BGB enthält insoweit Spezialregelungen, zumindest wenn die Partner ein Mietverhältnis geschlossen haben.[1091]

2. Auslegungsoptionen bei § 1568b BGB – Haushaltsgegenstände

Bisher können nach der Rechtsprechung bereits vor der Ehe angeschaffte Haushaltsgegenstände gemeinsames Eigentum der Ehegatten werden. Sie können deshalb über § 1568b I BGB einem Ehegatten nach der Scheidung überlassen werden. Nach Ansicht des OLG Brandenburg entscheidet dabei insbesondere der Wille der Partner zum gemeinsamen Eigentumserwerb.[1092]

Weil die Rechtsprechung zu § 1568b BGB mit Blick auf voreheliches Zusammenleben jedoch recht rar ist, sollen im Folgenden weitere Beurteilungskriterien für die Feststellung des gemeinsamen Eigentums i. S. d. § 1568b I BGB beleuchtet werden. Zunächst wird allerdings diskutiert, ob entgegen der bisheri-

1086 Palandt/*Brudermüller* § 1008 Rn. 1.

1087 In diesem Fall gilt § 1568a I BGB, vgl. nur Palandt/*Brudermüller* § 1568a Rn. 9. Bei Miteigentum gelten ferner die §§ 1008 ff. BGB.

1088 H. M. für alte Rechtslage bei Miteigentum der Ehegatten, vgl. z. B. OLG Brandenburg, FamRZ 2008, S. 1444. Zur neuen Rechtslage siehe Palandt/*Brudermüller* § 1568a Rn. 9.

1089 Es dürfen aber nicht die rein vermögensrechtlichen Aspekte des Zugewinnausgleichs und die Nutzungsüberlassung des § 1568a BGB verwechselt werden. Anders wird in Österreich etwa eine vor der Ehe im Alleineigentum stehende Ehewohnung im Scheidungsfall dem Partner zugesprochen, der auf ihre Weiterbenutzung angewiesen ist, vgl. dort § 82 II EheG. Dies widerspricht der Trennung von der Behandlung der Ehewohnung (§ 1568a BGB) und dem Zugewinnausgleich nach deutschem Recht.

1090 Vgl. BT-Drucks. 16/13027, S. 7 f.; so auch Palandt/*Brudermüller* § 1568a Rn. 9.

1091 Vgl. hierzu ausführlich *Wever,* Rn. 102 ff.; *ders.,* FamRZ 2010, S. 237, 238; zudem MünchKomm/*Wellenhofer* § 1568a Rn. 22.

1092 OLG Brandenburg, FamRZ 2003, S. 532 (LS) = OLGR 2002, S. 487; siehe hierzu bereits das Entscheidungszitat unter C. I. 2.

gen Rechtsprechung die Vermutung des Absatz 2 so ausgelegt werden kann, dass ausnahmsweise bereits vorehelich angeschaffte Haushaltsgegenstände hierunter fallen. Dann wäre für solche Fälle die Feststellung des Miteigentums nämlich erleichtert.

a) Miteigentumsvermutung des § 1568b II BGB

Möglicherweise kann die Vermutung des § 1568b II BGB ebenfalls bei Haushaltsgegenständen angewendet werden, die während des vorehelichen Zusammenlebens der späteren Ehegatten angeschafft wurden. Nach der Vermutung müssten die Haushaltsgegenstände dabei „für den gemeinsamen Haushalt angeschafft“ worden sein.

Inhaltlich liegt § 1568b II BGB der Fall des typischen Wirtschaftens in einer Durchschnittsehe zugrunde. In einer Ehe besteht nämlich regelmäßig eine Gemeinschaft hinsichtlich des Erwerbs und der Nutzung von Haushaltsgegenständen.[1093] Häufig führt allein die gegenseitige personale Bindung – also mit oder ohne Ehe dazu, dass nicht mehr zwischen „Mein“ und „Dein“ unterschieden wird.[1094] Vor der Ehe leben die Partner nicht selten genauso wie in einer Ehe.[1095] Sie haben einen gemeinsamen Haushalt und schaffen alltäglich benötigte Gegenstände des Öfteren gemeinsam an.

Dass § 1568b BGB nicht analog auf nichteheliche Lebensgemeinschaften anwendbar ist, schadet insofern nicht.[1096] § 1568b II BGB könnte zumindest dann greifen, wenn die Gegenstände bereits im Hinblick auf die angestrebte Ehe und den ehelichen Haushalt erworben wurden.[1097] Insoweit lassen sich Parallelen zum Zugewinnausgleich und den dortigen Ausführungen bzw. der Rechtsprechung ziehen.[1098] Oft haben die Partner bereits längere Zeit vor der Ehe Heiratsabsichten und gehen von einer dauerhaften gemeinsamen Haushaltsführung aus.[1099]

Der Zweck der Vermutung des § 1568b II BGB ist zudem, die Zuordnung der Haushaltsgegenstände zu vereinfachen sowie eine schnelle und einzelfallge-

1093 Vgl. hierzu etwa BGH, NJW 1991, S. 2283, 2284 f. und wie bereits unter B. II. ausgeführt.

1094 Siehe *Gernhuber/Coester-Waltjen*, § 44 III 1.

1095 Vgl. etwa Kapitel 6 B. I. 2. a).

1096 Siehe so zu § 1568a BGB bereits oben Fn. 1070; für die HausratsVO insgesamt OLG Hamm, NJW-RR 2005, S. 1168 = FamRZ 2005, S. 2085.

1097 So z. B. Anwaltkommentar-BGB/*Boden* § 8 HausratsVO Rn. 5 zu § 8 II HausratsVO; vgl. auch Schnitzler/*Müller* § 17 Rn. 28; Soergel/*Heintzmann* § 8 HausratsVO Rn. 5.

1098 Siehe hierzu oben Kapitel 3.

1099 Zur Häufigkeit der Heiratsabsichten vgl. etwa Kapitel 6 A. I. 1.b).

rechte Lösung zu ermöglichen.[1100] Sie erleichtert deshalb die Feststellung des „gemeinsamen Eigentum[s]“ der Ehegatten und Beweisprobleme werden vermieden.[1101] Dieser pragmatische Zweck greift grundsätzlich auch für vorehelich im Hinblick auf die Ehe angeschaffte Gegenstände. Es könnte insofern reichen, dass die vor der Ehe erworbenen Gegenstände im ehelichen Haushalt tatsächlich wie während der Ehe angeschaffte Haushaltsgegenstände genutzt wurden. Denn in diesem Fall dienten die Gegenstände nicht ausschließlich dem Haushalt während der vorehelichen Beziehung.

Gegen alle hier vorgebrachten Argumente spricht jedoch der eindeutige Wortlaut des § 1568b II BGB. Es muss eine Anschaffung von Haushaltsgegenständen „während der Ehe“ vorliegen. Eine einzige Ausnahme macht die Rechtsprechung nur für den Fall, dass ein Verlobter vor der Ehe einen Gegenstand (meist unter Eigentumsvorbehalt) gekauft hat, diesen aber erst während der Ehe ganz oder teilweise bezahlt und Eigentum erworben hat.[1102] Auch im Schrifttum wird überwiegend die Ansicht vertreten, dass die Vermutung des § 1568b II BGB tatsächlich nur für Anschaffungen während der Ehezeit gelten soll.[1103] Der Gesetzgeber hat im Rahmen der Reform mit Wirkung zum 1.9.2009 keinen offeneren Wortlaut gewählt.[1104] Dies spricht gegen eine analoge Anwendung des § 1568b II BGB mangels planwidriger Regelungslücke. Der das Gerichtsverfahren erleichternde § 1568b II BGB sollte darüber hinaus ein Eheprivileg bleiben. Nur eine eheliche Haus- und Wirtschaftsgemeinschaft indiziert, dass die Haushaltsgegenstände beiden Ehegatten gemeinsam gehören sollen. Auch wenn bei vorehelichen Anschaffungen die geplante Eheschließung bedacht wurde, kann dies nicht als gesetzlich vermuteter Regelfall angesehen werden. Es hilft ebenso wenig weiter, dass selbst bei Gütertrennungsehen und damit bei einer Entscheidung der Partner gegen einen Zugewinnausgleich (vgl. § 1414

1100 Vgl. ähnlich BGH, FamRZ 1984, S. 144, 146 noch zur Hausratsverordnung; zudem etwa MünchKomm/*Wellenhofer* § 1568b Rn. 20.

1101 Beweisprobleme stellen sich vor allem bei unterschiedlich genutzten und angeschafften Haushaltsgegenständen, vgl. hierzu insgesamt z. B. OLG Frankfurt, MDR 1960, S. 682 betreffend § 8 II HausratsVO; MünchKomm/*Wellenhofer* § 1568b Rn. 20.

1102 Vgl. vor allem OLG Brandenburg, FamRZ 2003, S. 532 (dort nur Leitsätze); zudem Erman/*Maier* § 8 HausratsVO Rn. 4; Staudinger/*Weinreich* § 8 HausratsVO Rn. 7; anders aber OLG Zweibrücken, FamRZ 1987, S. 165 zur alten Rechtslage sowie MünchKomm/*Wellenhofer* § 1568b Rn. 24.

1103 Johannsen/Henrich/*Götz* § 1568b Rn. 14; Erman/*Maier* § 8 HausratsVO Rn. 3; mittlerweile differenzierend Schwab/*Motzer*, Handbuch, VIII Rn. 124; streng insoweit MünchKomm/*Wellenhofer* § 1568b Rn. 24. Ausdrücklich gegen eine Geltung der Vermutung bei Anschaffungen während des gemeinsamen Lebens in einer häuslichen Gemeinschaft vor der Ehe siehe Staudinger/*Weinreich* § 8 HausratsVO Rn. 7.

1104 Vgl. BT-Drucks. 16/10798, S. 24.

BGB) von einer „Gemeinschaft des Erwerbs und Verbrauchs" ausgegangen wird.[1105] Denn § 1568b BGB gilt güterstandsunabhängig.[1106] Außerdem haben sich die Ehegatten trotz Gütertrennung für eine Formalisierung ihrer Beziehung entschieden, was beim vorehelichen Zusammenleben zumindest nicht unterstellt werden kann.

Allenfalls wäre eine Ausnahme beim Vorliegen eines Verlöbnisses denkbar. Aber hiergegen spricht, dass das Verlöbnis heutzutage meist nur zwischen den Partner und ohne Öffentlichkeit zelebriert wird.[1107] Somit reicht in aller Regel allein das Vorliegen eines Verlöbnisses bei Anschaffungen für den Haushalt nicht aus, um die Vermutung des § 1568b II BGB anzuwenden.

Folglich kann § 1568b II BGB nicht derart ausgelegt werden, dass bereits voreheliche Anschaffungen im Hinblick auf die Ehe erfasst werden. Es besteht ohnehin kein zwingendes Bedürfnis hierfür, da das gemeinsame Eigentum i. S. d. § 1568b I BGB an diesen Gegenständen positiv festgestellt werden kann.

b) Feststellung von Miteigentum i. S. d. § 1568b I BGB

Auch ohne das Eingreifen der Vermutung des § 1568b II BGB für vorehelich angeschaffte Gegenstände können diese Gegenstände im Miteigentum der Ehegatten i. S. d. Absatz 1 des § 1568b BGB stehen. Der Unterschied ist bloß, dass das Miteigentum positiv festgestellt werden muss und nicht nach § 1568b II BGB vermutet wird.[1108] Um gemeinsames Eigentum i. S. d. § 1568b I BGB bei vorehelich angeschafften Gegenständen festzustellen, kann auf die allgemeinen Grundsätze des Sachenrechts zurückgegriffen werden, also §§ 929 ff. BGB sowie § 1006 BGB.[1109]

aa) Anschaffungen während des vorehelichen Zusammenlebens

Zunächst soll die Eigentumslage nach dem Neuerwerb eines Haushaltsgegenstands während der vorehelichen Lebensgemeinschaft erläutert werden. Für

---

1105 Zumindest bei Zusammenleben der Eheleute BVerfG, FamRZ 1983, S. 129, 132; hierzu auch aktuell BFH, NJW 2009, S. 2159, 2160 oder etwa FG Köln, DB 1995, S. 659.

1106 Siehe hierzu eingangs unter A.

1107 Bereits in Kapitel 3 unter C. III. 2. b) bb).

1108 Vgl. SchlHOLG, SchlHA 1957, S. 207, 208; MünchKomm/*Wellenhofer* § 1568b Rn. 24; RGRK/*Kalthoener* § 8 HausratsVO Rn. 7.

1109 So ähnlich auch *Hausmann/Hohloch,* S. 290; *Haußleiter/Schulz,* Kapitel 9 Rn. 39; Schwab/*Motzer,* Handbuch, VIII Rn. 124; so auch der BGH für den Erwerb unter Ehegatten, siehe BGH, FamRZ 1991, S. 923, 924. Zur Eigentumslage bei Hausratsgegenständen in nichtehelichen Lebensgemeinschaften instruktiv *Schulz,* FamRZ 2007, S. 593, 601 f.

nichteheliche Lebensgemeinschaften kann dabei an die allgemeinen sachenrechtlichen Regelungen der §§ 929 ff. BGB angeknüpft werden.[1110] Denkbar ist der Fall, dass einer der Lebensgefährten vor der Ehe einen Fernseher, Computer, Toaster, Tennisschläger, eine Waschmaschine o. Ä. für den gemeinsamen Gebrauch im Haushalt kauft. Ursprünglich ist jeweils der Verkäufer des Haushaltsgegenstands Eigentümer – z. B. beim Fernseher oder Toaster der Inhaber des Elektrohandels. Es besteht Uneinigkeit darüber, wer bei der Anschaffung von Haushaltsgegenständen in einer nichtehelichen Lebensgemeinschaft der Eigentümer des Gegenstands werden soll oder ob der Gegenstand danach im Miteigentum beider Partner steht.[1111]

Bei nichtehelichen Lebensgemeinschaften wird teilweise allein auf die Finanzierung der Sache abgestellt, sodass stets nur der bezahlende Partner Eigentümer des Haushaltsgegenstands würde.[1112] Aber das OLG Brandenburg hat in seiner hier maßgebenden Entscheidung vom 25.7.2002 festgestellt, dass vorehelich angeschaffter Hausrat auch dann im gemeinsamen Eigentum der Ehegatten stehen kann, wenn er zum vorehelichen Anschaffungszeitpunkt *nach übereinstimmendem Willen der Partner gemeinsames Eigentum* werden sollte.[1113] Der Parteiwille ist insoweit das vorzugswürdige Kriterium, da gerade im Falle kleinerer Haushaltsgegenstände (Töpfe, Pfannen, Toaster, einzelnes Besteck etc.) häufig der Zufall darüber entscheidet, wer den Gegenstand bezahlt. Hat zum Beispiel die Frau eher die Zeit und Möglichkeit, derartige Haushaltsgegenstände zu kaufen, heißt das noch nicht, dass sie hieran stets das Alleineigentum erwerben soll. Um dem Parteiwillen ausreichend Rechnung zu tragen, sind vorliegend die Regeln des *„Geschäfts für den, den es angeht“* heranzuziehen.[1114] Dies gilt zumindest bei sofort bezahlten Sachen oder bei für den Verkäufer anderweitig abgesicherter Finanzierung des Haushaltsgegenstands.[1115]

Ist die nichteheliche Lebensgemeinschaft durch Arbeitsteilung wie in einer „Hausfrauenehe“ geprägt, so wird nach dem Parteiwillen regelmäßig von Miteigentum der Lebensgefährten am erworbenen Haushaltsgegenstand auszugehen

---

1110 Nachweise siehe in Fn. 1111.

1111 Überblick zum Meinungsstand etwa bei *Hausmann/Hohloch,* S. 290 ff.

1112 Z. B. OLG Hamm, NJW 1989, S. 909; als Indiz für den Erwerbswillen zudem *Wellenhofer,* FamR, S. 201; hierzu früher auch BGH, FamRZ 1970, S. 19, 21.

1113 OLG Brandenburg, FamRZ 2003, S. 532 (dort nur Leitsätze).

1114 Im Ergebnis so auch für den Eigentumserwerb in nichtehelichen Lebensgemeinschaften *Wellenhofer,* FamR, S. 200. Wenn es dem Verkäufer gleichgültig ist, an wen er leistet, vgl. LG Mühlhausen, Entscheidung vom 3.12.2007, 2 T 283/07; ähnlich OLG Düsseldorf, NJW 1992, S. 1706, 1707 f.

1115 Etwa bei Eigentumsvorbehalt am Gegenstand, vgl. hierzu etwa BGH, NJW 1991, S. 2283, 2285 für Hausratserwerb durch Ehegatten.

sein. Der Wille für Miteigentum kann sich nämlich auch aus dem gemeinsamen Wirtschaften bzw. der funktionalen Arbeitsteilung ergeben.[1116] Ansonsten würde der haushaltsführende Partner, der vielleicht nicht genug eigene finanzielle Mittel zur Verfügung hat, benachteiligt.[1117] Denn wenn der Gegenstand mit den finanziellen Mitteln des berufstätigen Partners gekauft wurde, hat der andere Partner z. B. durch Kinderbetreuung eine den finanziellen Mitteln äquivalente Gegenleistung erbracht.[1118] Bei einer intakten Ehe wird der Wille zu gemeinsamem Eigentum bei neu erworbenen Haushaltsgegenständen auch aus dem Willen zur ehelichen Lebensgemeinschaft heraus vermutet,[1119] vgl. hierzu § 1568b II BGB. Eine eheähnliche Lebensgemeinschaft ist aus ihrem sozialen Zweck heraus insofern ebenfalls auf Dauer angelegt und es besteht ein Wille zur gemeinsamen Lebensgemeinschaft.[1120]

Vereinzelt nimmt die Rechtsprechung bei besonders langen Partnerschaften an, dass ohne Ehe sogar im Zweifel Miteigentum an den Haushaltsgegenständen bestehe.[1121] Aber wie zur Auslegung der Vermutung des § 1568b II BGB gezeigt,[1122] kann beim vorehelichen Zusammenleben kein Miteigentum an den erworbenen Haushaltsgegenständen vermutet werden. Die erfolgende Eheschließung dürfte dagegen einen damaligen Erwerbswillen zugunsten des gemeinsamen und zukünftigen ehelichen Haushalts und dementsprechend Miteigentum am Haushaltsgegenstand nahe legen. Oder man betrachtet die voreheliche Anschaffung zumindest im Nachhinein (vgl. den Gedanken des § 184 I BGB) aufgrund der erfolgten Eheschließung als Anschaffung für den gemeinsamen ehelichen Haushalt.[1123] Insgesamt dürften daher Heiratsabsichten, seien sie ausgesprochen oder nicht, Anhaltspunkte für gewolltes Miteigentum bieten. Das Verlöbnis bleibt zumindest ein Indiz für das Vorliegen von „gemeinsamem Eigentum“ i. S. d. § 1568b I BGB. Schließlich ist dem OLG Brandenburg dahingehend zu folgen, dass Miteigentum an Haushaltsgegenständen dann anzunehmen

---

1116 Vgl. §§ 133, 157 BGB, ähnlich *Haußleiter/Schulz,* Kapitel 4 Rn. 143.

1117 Vgl. LG Aachen, FamRZ 1983, S. 61; *Schulz,* FamRZ 2007, S. 593, 601.

1118 Ähnlich hierzu etwa in Kapitel 3 unter C. II. 1.

1119 Vgl. *Bosch,* FamRZ 1954, S. 149, 154. Als eher fern liegend betrachten etwa *Haußleiter/Schulz,* Kapitel 4 Rn. 143, dass ein Ehegatte während der gesamten Ehezeit Alleineigentümer seiner vorehelich erworbenen Haushaltsgegenstände bleiben möchte.

1120 So auch LG Aachen, FamRZ 1983, S. 61. Siehe insoweit zur Definition der nichtehelichen Lebensgemeinschaft Kapitel 1 A. I.

1121 Bzw. eine Bruchteilsgemeinschaft vorliege, vgl. LG Aachen, FamRZ 1983, S. 61.

1122 Siehe hierzu unter C. II. 2. a).

1123 Selbst wenn der Haushaltsgegenstand zunächst dem finanzierenden Partner allein gehören sollte, könnte eine Einräumung von Miteigentum unter der Bedingung (§ 158 BGB) der sich anschließenden Eheschließung angenommen werden. Siehe zum Genehmigungsgedanken etwa Kapitel 6 A. I. 1. d).

ist, wenn der vorehelich angeschaffte Gegenstand im Hinblick auf die Eheschließung erworben und erst ganz oder teilweise nach der Heirat bezahlt wurde.[1124]

bb) Bedeutung der Vermutung des § 1006 I 1 BGB

Aber es sind Fälle denkbar, bei denen es an einem konkreten Eigentumserwerb durch Kauf oder ähnliche Geschäfte während des vorehelichen Zusammenlebens fehlt. Oder es ist nicht mehr feststellbar, ob und wann der Haushaltsgegenstand erworben wurde und wem er ursprünglich gehörte. Solche Beweisprobleme entstehen vor allem dann, wenn der Anschaffungszeitpunkt oder der Zeitpunkt des Zusammenziehens längere Zeit zurückliegt. Bei § 1568b BGB und damit nach der Scheidung gilt dies gerade für vor der Ehe in den gemeinsamen Haushalt eingebrachte Gegenstände. Denn regelmäßig liegen viele Jahre zwischen der Anschaffung vor der Ehe und der späteren Ehescheidung. Denkbar ist beispielsweise, dass ein Lebensgefährte mehrere Küchenutensilien – wie seinen Wasserkocher, einige Messer etc. – beim Zusammenziehen mit in den gemeinsamen Haushalt gebracht hat. Oder den Ehegatten ist aus anderen Gründen nicht mehr bewusst, wem die einzelnen Pfannen und Töpfe ursprünglich gehörten.

In solchen Zweifelsfällen kann die Vermutung des § 1006 I 1 BGB weiterhelfen,[1125] denn während des gemeinsamen, vorehelichen Zusammenlebens besteht regelmäßig Mitbesitz an den Haushaltsgegenständen. Dieser Mitbesitz führt über § 1006 BGB grundsätzlich zur Vermutung von Miteigentum der Lebensgefährten.[1126] Diese Vermutung erleichtert dem Überlassung verlangenden Ehegatten ähnlich wie § 1568b II BGB, das gemeinsame Eigentum i. S. d. § 1568b I BGB am Haushaltsgegenstand darzulegen. Nach der Eheschließung setzt sich diese Vermutungswirkung fort.

Die Vermutung des § 1006 BGB greift zumindest bei typischerweise von beiden Partnern genutzten Gegenständen, z. B. bei Besteck etc. Etwas anderes könnte z. B. bei einer überwiegend vom Mann genutzten und mit in die Beziehung gebrachten Heckenschere (oder einem Tennisschläger, Billardtisch o. Ä.) der Fall sein. Die Frau benutzt solche Gegenstände möglicherweise nur selten

1124 OLG Brandenburg, Entscheidung vom 25.7.2002 – 9 WF 118/02 Rz. 10.

1125 § 1006 BGB gilt für alle Ansprüche, die Eigentum voraussetzen, es sei denn, Spezialnormen gehen vor, vgl. hierzu etwa Staudinger/*Gursky* § 1006 Rn. 1, 3, 29 oder 37 f.

1126 Vgl. auch Staudinger/*Weinreich* § 8 HausratsVO Rn. 7 ausdrücklich für voreheliches Zusammenleben; OLG Düsseldorf, MDR 1999, S. 233 oder differenzierend NJW 1992, S. 1706, 1709; LG Mühlhausen, Entsch. vom 3.12.2007, 2 T 283/07; allgemein hierzu BGH, NJW 1993, S. 935. § 1006 BGB gilt auch für Miteigentum, vgl. etwa OLG Köln, FamRZ 2002, S. 322, 323; OLG Düsseldorf, NJW 1992, S. 1706, 1707.

und es fehlt am Mitbesitz der Partner. Insoweit kann auch auf die Fälle des § 1362 II BGB zurückgegriffen werden. Gemäß § 1362 II BGB wird bei ausschließlich zum persönlichen Gebrauch eines Ehegatten bestimmten Sachen vermutet, dass sie dem Ehegatten gehören, für dessen Gebrauch sie bestimmt sind. Dies ist zum Beispiel auch bei Kleidern, Schmucksachen oder Arbeitsgeräten eines Partners der Fall.[1127] Zudem können die Ehegatten regelmäßig bei Gegenständen von höherem finanziellem Wert (z. B. Fernseher oder Pkw)[1128] bzw. bei für den Ehegatten besonders wertvollen Einzelstücken ihr jeweiliges Alleineigentum nachweisen und somit die Vermutung des § 1006 BGB widerlegen.[1129] Vorsicht ist weiterhin bei Haushaltsgegenständen geboten, die zugleich Erbstücke sind – z. B. eine geerbte Silbergarnitur oder ein Gemälde im Wohnzimmer.[1130] Denn soweit der Gegenstand primär der Vermögensanlage dient, kann die Eigentumslage durch § 1374 II BGB bestimmt sein und der Zugewinnausgleich als einschlägige Rechtsfolge greifen.[1131]

Es fragt sich außerdem, inwieweit Gegenstände, die unstreitig einmal einem Lebensgefährten allein gehörten, durch das Einbringen in den gemeinsamen Haushalt zu Miteigentum beider Lebensgefährten bzw. der späteren Ehegatten werden können. Teilweise wird insofern ebenfalls § 1006 BGB angewendet, sodass trotzdem aus dem Mitbesitz der vorehelichen Partner Miteigentum vermutet wird.[1132] Teilweise ist zudem anerkannt, dass das Einbringen in den gemeinsamen Haushalt als stillschweigende Übertragung von Miteigentum an diesem Haushaltsgegenstand angesehen werden kann.[1133] Häufig wird bei einer Vereinigung der bisher getrennten Haushalte vor der vorehelichen Beziehung nur eine Auswahl der jeweiligen Haushaltsgegenstände für den gemeinsamen Haushalt übernommen. Im Endeffekt gleicht sich das jeweilige Geben und Nehmen der

1127 Palandt/*Brudermüller* § 1362 Rn. 8.

1128 Vgl. ähnlich *Haußleiter/Schulz*, Kapitel 4 Rn. 143 und Kapitel 9 Rn. 38 jeweils zur alten Rechtslage. Zur Einordnung des Pkws als Haushaltsgegenstand siehe bereits oben Fn. 1017.

1129 Vor allem bei in die Partnerschaft mitgebrachten Sachen, vgl. auch *Wellenhofer,* FamR, S. 200.

1130 Als Beispiele nennt *Kemper* etwa Sammlungsgegenstände, Antiquitäten, Teppiche, Silber oder Kunstgegenstände, vgl. *Kemper,* FPR 2007, S. 202, 204.

1131 Insofern kann auf die Ausführungen zum Zugewinnausgleich in Kapitel 3 verwiesen werden; vgl. hierzu auch BGH, NJW 1984, S. 484, 486. Bei Miteigentum an Gegenständen hat aber regelmäßig der § 1568b BGB Vorrang, vgl. MünchKomm/*Wellenhofer* § 1568b Rn. 31.

1132 So wohl Staudinger/*Weinreich* § 8 HausratsVO Rn. 7, der insoweit auch feststellt, dass wenn Haushaltsgegenstände unter Eigentumsvorbehalt angeschafft wurden, die Miteigentumsvermutung auch für die Anwartschaft gilt.

1133 Hierzu OLG Köln, NJW-RR 1996, S. 1411; so z. B. auch *Hausmann/Hohloch,* S. 295.

eingebrachten Haushaltsgegenstände meist aus. Die ausgewählten und fortan gemeinsamen genutzten Gegenstände dürften bei lebensnaher Auslegung auch zu gemeinsamem Eigentum der Partner geworden sein.[1134] Insofern ist auch vorstellbar, dass ein Partner seinen Haushaltsgegenstand dem gemeinsamen Haushalt widmet.[1135] Die Rechtsprechung ist teils noch großzügiger und lässt es für das Entstehen von Miteigentum ausreichen, wenn ein vorehelich allein von einem Ehegatten erworbener Gegenstand während der Ehe gemeinsam genutzt wird.[1136] Ergänzt sei, dass aufgrund der Abschaffung der dinglichen Surrogation des § 1370 BGB m. W. z. 1.9.2009 gemeinschaftliches Eigentum bei längeren Ehen zum Regelfall werden dürfte.[1137]

c) Relevanz vorehelicher Beziehungszeiten für Billigkeitsabwägung des § 1568b I BGB

Des Weiteren ist denkbar, dass die voreheliche Beziehungszeit im Rahmen der Billigkeitsabwägung des § 1568b I BGB für die konkrete Entscheidung zur Überlassung und Übereignung des Gegenstands relevant wird. Der Wortlaut des § 1568b I BGB enthält wie § 1568a I BGB[1138] gekürzt auf seinen wesentlichen Inhalt eine Billigkeitsabwägung:

> „Jeder Ehegatte kann verlangen, dass ihm der andere Ehegatte anlässlich der Scheidung die im gemeinsamen Eigentum stehenden Haushaltsgegenstände überlässt und übereignet, wenn (...) dies (...) der Billigkeit entspricht."

Dabei kann laut Gesetzesbegründung auch darauf abgestellt werden, „wer die Anschaffung des Gegenstands veranlasst oder ihn während der Ehe auf eigene Kosten gepflegt und erhalten hat".[1139] Somit könnte im Rahmen der umfassen-

---

1134 Das bloße gemeinsame Nutzen der Gegenstände hingegen dürfte nicht automatisch zu Miteigentum der Partner führen, vgl. etwa Johannsen/Henrich/*Götz* § 1568b Rn. 14.

1135 Wenn keine Umstände gegen einen solchen Willen sprechen, vgl. Staudinger/*Weinreich* § 8 HausratsVO Rn. 8. Dem gemeinsamen Eigentum bei Ersatzgegenständen kann der aufgehobene § 1370 BGB und dessen dingliche Surrogationswirkung nicht mehr entgegenstehen.

1136 So wohl OLG Bamberg, FamRZ 1996, S. 1293.

1137 Teils auch kritisch hierzu *Gernhuber/Coester-Waltjen,* § 29 II 4. Abschaffung des § 1370 BGB durch das Gesetz zur Änderung des Zugewinnausgleichs- und Vormundschaftsrechts, vgl. BT-Drucks. 16/10798, S. 5, 14; zu beachten ist aber Art. 229 § 20 I EGBGB, wonach § 1370 BGB weiterhin für vor dem 1.9.2009 angeschaffte Gegenstände gilt.

1138 Nach BT-Drucks. 16/10798, S. 23 erfolgt die Bedürftigkeitsprüfung nach den gleichen Maßstäben wie bei der Ehewohnung.

1139 BT-Drucks. 16/10798, S. 24.

den Billigkeitsabwägung auch Beachtung finden, dass ein Partner bereits vor der Ehe einen Haushaltsgegenstand anschaffte oder diesen vor der Ehe erhielt und pflegte. Als Beispiel sei ein Familien-Pkw genannt, den der Mann vor der Ehe anschaffte und durch Zahlen von Versicherung und Reparaturen etc. allein unterhielt.[1140]

Wie eingangs erwähnt, ergibt sich das Bedürfnis auf Nutzungsüberlassung und Übereignung eines Haushaltsgegenstands heutzutage nicht aus kriegsbedingter Knappheit, sondern meist aus finanziellen Engpässen eines Partners nach der Scheidung.[1141] Dabei ist es unerheblich, ob ein Ehegatte aufgrund von Umständen – etwa finanzielle Nachteile wegen traditioneller Arbeitsteilung – während der Ehe oder des vorehelichen Zusammenlebens auf den Haushaltsgegenstand angewiesen ist. Es entscheidet die aktuelle und zukünftige Bedürftigkeit. Mithin wird nicht weiter auf die Bedeutung vorehelicher Umstände für die Billigkeitsabwägung des § 1568b I BGB eingegangen. Es kann jedoch auf einige dargestellte Aspekte zur Billigkeitsabwägung bei § 1568a I BGB (Ehewohnung) sinngemäß verwiesen werden.[1142]

d) Ergebnis

Die Vermutung des § 1568b II BGB greift nicht für Haushaltsgegenstände, die während des vorehelichen Zusammenlebens angeschafft wurden. Allerdings kann gemeinsames Eigentum i. S. d. § 1568b I BGB positiv festgestellt werden. Bei Neuanschaffungen von Gegenständen entscheidet meist der Parteiwille über den Eigentumserwerb nach den Regeln des „Geschäfts für den, den es angeht“. Bei einer arbeitsteiligen vorehelichen Lebensgemeinschaft besteht regelmäßig ein Wille für den Erwerb von Miteigentum. Wurde der Gegenstand nicht neu angeschafft und bestehen Zweifel über die ursprüngliche Eigentümerstellung an einem Gegenstand, so hilft die Vermutung des § 1006 I 1 BGB. Hiernach wird bei Mitbesitz beider Ehegatten deren Miteigentum am Objekt vermutet.

Für die Überlassung und Übereignung von Haushaltsgegenständen können voreheliche Beziehungszeiten insgesamt ausreichend berücksichtigt werden.[1143]

1140 Zur Einordnung eines Pkws als Haushaltsgegenstand siehe bereits oben Fn. 1017.

1141 Siehe zur Legitimation des § 1568b BGB unter B. II.

1142 Vgl. hierzu C. II. 1. a).

1143 Es bedarf also keiner alternativen Ausgleichsmöglichkeit nach den Regeln der Bruchteilsgemeinschaft (§§ 741 ff. BGB), wie es bei Miteigentum nichtehelicher Lebensgefährten im Trennungsfall vorgeschlagen wird. Vgl. hierzu *Derleder,* NJW 1980, S. 545, 548 f.; *Finger,* JZ 1981, S. 497, 508; Soergel/*Hadding* § 741 Rn. 5. Der § 1568b BGB soll gerade eine Auseinandersetzung der Gemeinschaft mittels Verkauf

D. Regelungsdefizite und Vertragsempfehlungen

I. Regelungsdefizite

Bei den Billigkeitsabwägungen der §§ 1568a, 1568b BGB können sämtliche Umstände des Einzelfalls Berücksichtigung finden. Dazu gehört gegebenenfalls auch langes voreheliches Zusammenleben der Ehepartner, soweit dies Auswirkungen darauf hat, dass ein Ehegatte zukünftig mehr als der andere auf die Ehewohnung oder den Haushaltsgegenstand angewiesen ist. Insoweit bedarf es keiner Wortlautänderungen.

Zwar greift die Vermutung des § 1568b II BGB nicht bei vorehelich angeschafften Haushaltsgegenständen. Dies schadet jedoch nicht, da „gemeinsames Eigentum" i. S. d. § 1568b I BGB ebenfalls positiv festgestellt werden kann. Bei Neuanschaffungen während des vorehelichen Zusammenlebens kann nach dem Willen der Partner Miteigentum am erworbenen Gegenstand entstehen. Zudem hilft bei Zweifelsfragen über die Eigentumslage am Gegenstand die Vermutung des § 1006 I 1 BGB weiter (Mitbesitz → Miteigentum).

Dementsprechend besteht kein Regelungsdefizit, was die Bedeutung des vorehelichen Zusammenlebens im Rahmen der §§ 1568a, 1568b BGB angeht.

II. Vertragsempfehlungen

Obwohl die §§ 1568a, 1568b BGB keine entsprechende Regelung enthalten,[1144] entfällt das Rechtsschutzbedürfnis der Ehegatten, wenn sie sich vollumfänglich und wirksam über die Ehewohnung und die Haushaltsgegenstände geeinigt haben.[1145] Diese Vereinbarung bedarf keiner notariellen Beurkundung und ist kein klassischer Ehevertrag. Es reicht z. B. der endgültige Auszug eines Ehegatten aus der Ehewohnung als Indiz für eine Einigung aus.[1146] Insoweit kann auch die Vermutung des § 1361b IV BGB angeführt werden, wonach die Überlassung des Nutzungsrechts an der Ehewohnung sechs Monate nach dem Auszug eines

---

(§ 753 BGB) des Gegenstands verhindern, weil mit dem notwendigen Verkauf häufig eine „Verschleuderung" von Hausrat verbunden ist, vgl. Bamberger/Roth/*Neumann* § 8 HausratsVO Rn. 1.

1144 Der bisherige § 1 I HausratsVO setzte für eine richterliche Entscheidung in Sachen Ehewohnung und Hausrat sogar vom Wortlaut her voraus, dass die Ehegatten sich nicht einigen konnten.

1145 Vgl. BT-Drucks. 16/6308, S. 249. Ein Muster für eine solche Einigung über Haushaltsgegenstände gibt es etwa bei Meyer-Götz/*Noltemeier* § 12 Rn. 8.

1146 Vgl. z. B. OLG Köln, FamRZ 2005, S. 1993.

Ehepartners und ohne dessen Rückkehrabsicht unwiderleglich vermutet wird. Eine entsprechende Einigung der Ehegatten kann ebenso im Rahmen einer Scheidungsvereinbarung getroffen werden.[1147]

Vorstellbar ist weiterhin, dass die Ehegatten vertraglich festlegen, wer Eigentümer der Haushaltsgegenstände sein soll. Dementsprechend wären die jeweiligen Gegenstände kein „gemeinsames Eigentum" i. S. d. § 1568b BGB und der vertraglich festgelegte Eigentümer kann diese nach der Scheidung behalten.[1148] Die Ehegatten können ferner bei hochwertigen, vorehelich angeschafften Gegenständen im Rahmen des Verzeichnisses des Anfangsvermögens (§ 1377 BGB) klarstellen, dass sie nur einem Ehegatten gehören. Oder sie halten fest, dass ein Ehegatte keinerlei Haushaltsgegenstände mit in den gemeinsamen Haushalt gebracht hat.[1149] Selbstverständlich kann hier nicht stets eine klare Grenze zwischen Vereinbarungen zum Zugewinnausgleich und zu den §§ 1568a, 1568b BGB gezogen werden. Eine Gesamtschau beider Scheidungsfolgen kann vielmehr eine gerechte Verteilung der Güter ermöglichen.[1150] Insofern bieten die Rechtsordnungen Australiens und Neuseelands ein Regelungsbeispiel und damit einen Anhaltspunkt für eine vertragliche Vereinbarung. Dort wird nicht zwischen Haushaltsgegenständen und sonstigen (Vermögens-) Gegenständen differenziert und auch im Hinblick auf die Ehe erworbene Gegenstände können nach der Scheidung mit verteilt werden.[1151]

Schließlich empfiehlt es sich, per Partnerschaftsvertrag während des vorehelichen Zusammenlebens bereits Miteigentum an Gegenständen einzuräumen, die in den gemeinsamen Haushalt eingebracht oder nachträglich erworben wurden.[1152] Hierdurch stünde etwa bei Erwerbsgeschäften, bei denen die Regeln des

1147 Z. B. eine Regelung, in der sich die Ehegatten verpflichten, sich darum zu bemühen, dass ein Ehegatte aus dem Mietvertrag entlassen wird, OLG München, NJW-Spezial 2008, S. 517. Bei Vereinbarungen zu Mietwohnungen ist stets das Vermieterinteresse zu wahren; die Parteien können insoweit nicht zulasten des Vermieters als Drittem Vereinbarungen treffen.

1148 Einen solchen Regelungsvorschlag nach neuem Recht bietet *Brambring,* FPR 2009, S. 297, 298 f.

1149 So etwa *Brambring,* FPR 2009, S. 297, 298.

1150 Dies fordernd auch *Dethloff,* Gutachten, A 99.

1151 In Australien ist im Scheidungsfall ebenso eine Überlassung von im Hinblick auf die Ehe angeschafften Haushaltsgegenständen möglich, vgl. Sec. 79 (1), (4) (a) Family Law Act 1975. Ähnliches gilt in Neuseeland für jegliches Eigentum der Ehegatten, das für den gemeinsamen Gebrauch und Nutzen bestimmt ist, vgl. Sec. 8 Property Relationships Act 1976. Siehe zu den Gesetzestexten auch Kapitel 7.

1152 So etwa *Hausmann/Hohloch,* S. 860 f. Selbstverständlich können die Partner auch umgekehrt vereinbaren, dass die in den Haushalt eingebrachten Gegenstände nur gemein-

„Geschäfts für den, den es angeht" greifen, der Wille der Partner für Miteigentum fest. Von einer solchen Regelung sollten jedoch Gegenstände ausgenommen werden, die nur für den persönlichen Gebrauch eines Partners bestimmt sind (vgl. § 1362 II BGB).[1153]

E. Ergebnis zu Kapitel 5

Für das fünfte Kapitel ist zusammenzufassen, dass die Geschehnisse während des vorehelichen Zusammenlebens der späteren Ehegatten ausreichend durch die Rechtsprechung berücksichtigt werden oder werden könnten. Die §§ 1568a, 1568b BGB enthalten für die Behandlung von Ehewohnung und Haushaltsgegenständen nämlich jeweils eine einzelfallerfassende Billigkeitsabwägung. Für Haushaltsgegenstände kann daneben nach allgemeinen sachenrechtlichen Grundsätzen auch bei vorehelichem Erwerb Miteigentum im Sinne des § 1568b I BGB begründet werden.

Gegen einen weitergehenden Normierungsbedarf unter dem Gesichtspunkt eines bereits vorehelichen Zusammenlebens spricht die Zielrichtung der §§ 1568a, 1568b BGB. Denn die Normen gründen weniger auf der vergangen Rollenverteilung und dem Gedanken der Nachteilskompensation – anders als der nacheheliche Unterhalt, der Zugewinn- oder der Versorgungsausgleich. Sie dienen vielmehr einer zukünftig angemessenen Nutzungsverteilung von Ehewohnung und Haushaltsgegenständen.

---

sam genutzt werden sollen, vgl. so das Muster bei *Grziwotz*, Partnerschaftsvertrag, S. 103.

1153 Vgl. hierzu *Hausmann/Hohloch*, S. 861.

Kapitel 6

Verfassungsrechtliche Rahmenbedingungen

Die bisherigen Auslegungsoptionen sowie denkbare Regelungsvorschläge sind einem kritischen verfassungsrechtlichen Blick zu unterwerfen (Zulässigkeit der Berücksichtigung vorehelicher Beziehungszeiten im Scheidungsfolgenrecht, unter A.). Schließlich darf den Beziehungspartnern kein ehegleiches Recht aufgezwungen werden, obwohl sie bisher nicht geheiratet haben. Außerdem könnte die Institution Ehe an Wert verlieren, wenn den Lebensgefährten derselbe Eheschutz bereits ohne Ehe zuteil wird.

Danach wird untersucht, inwiefern das voreheliche Zusammenleben aus verfassungsrechtlichen Gründen sogar berücksichtigt werden müsste (Schutzwürdigkeit des vorehelichen Zusammenlebens, unter B.). Dies wäre insbesondere der Fall, wenn Art. 6 I GG als Schutznorm bereits für die voreheliche Beziehung greifen würde.

A. Zulässigkeit der Berücksichtigung vorehelicher Beziehungszeiten im Scheidungsfolgenrecht

I. Negative Eheschließungsfreiheit der Partner – Art. 2 I GG

Die vorehelichen Lebensgefährten haben noch nicht geheiratet. Ihnen dürfen deshalb nicht schon Rechtsfolgen einer Ehe aufgedrängt werden. Denn dann könnte ihre Entscheidung, noch keine Ehe einzugehen, missachtet werden. Das heißt, ihre negative Eheschließungsfreiheit könnte tangiert werden. Das BVerfG sieht die negative Eheschließungsfreiheit durch die allgemeine Handlungsfreiheit des Art. 2 I GG geschützt.[1154] Im Schrifttum wird die negative Eheschließungsfreiheit teilweise auch Art. 6 I GG zugeordnet.[1155] Deshalb ist zu fragen, ob die Berücksichtigung vorehelicher Zeiten im Scheidungsfolgenrecht durch

1154 Siehe BVerfGE 56, 363, 384; zustimmend Sachs/*Schmitt-Kammler* Art. 6 Rn. 23; nach *Frings,* FPR 2001, S. 7, 9, 11 über das allgemeine Persönlichkeitsrecht.

1155 Vgl. für ungewollte Verrechtlichung im Allgemeinen *Schlüter,* S. 17 f., 39 f.; *Eyrich,* ZRP 1990, S. 139, 140. Vereinzelt wird auch Art. 2 II GG als verletzt angesehen, vgl. *Starck,* Verhandlungen des 57. DJT, I 85 bis I 90; *Eyrich,* ZRP 1990, S. 139, 140.

Rechtsprechung oder Gesetzesnormen in diesem Sinne gegen Art. 2 I GG bzw. Art. 6 I GG verstößt.

1. Einstellung der Partner zur Berücksichtigung vorehelicher Zeiten im Scheidungsfolgenrecht

Die negative Eheschließungsfreiheit ist verletzt, wenn man Partnern, die bewusst von einer frühen Eheschließung absehen, trotzdem die Rechtsfolgen der Ehe für die voreheliche Beziehungsphase „aufzwingt".[1156] Weniger Probleme entstehen dagegen, wenn die Partner Heiratsabsichten hegen, aber äußere Umstände die Eheschließung verhindern.

a) Ablehnung oder fehlende Möglichkeit einer zeitnahen Eheschließung

Es ist von tragender Bedeutung, ob die Partner eine Ehe noch nicht eingehen *wollten* oder gar nicht eingehen *konnten*.[1157] Eine zunächst gewünschte Unabhängigkeit spricht beispielsweise für die Ablehnung einer frühen Eheschließung. Äußere Hindernisse legen dagegen ein Nichtkönnen nahe.[1158] Vor allem wenn allein wegen des fehlenden Scheidungsurteils bei der noch bestehenden Ehe in einer „vorübergehenden Gemeinschaft ohne Trauschein" nicht geheiratet wird, haben die Lebensgefährten grundsätzlich einen Rechtsbindungswillen hinsichtlich ihrer Beziehung.[1159]

b) Bedeutung der Heiratsabsichten

Weniger Problemen begegnet es grundsätzlich, wenn man an die Beziehung von Partnern mit Heiratsabsichten eheähnliche Rechtsfolgen knüpft. Denn beschäftigen sich die Lebensgefährten mit Heiratsgedanken und können sie sich eine entsprechende Rechtsform der Beziehung vorstellen, sind sie grundsätzlich auch

---

1156 Vgl. für Rechtsfolgen bei nichtehelichen Lebensgemeinschaften *Schlüter,* S. 39 f.; *Schwab,* FS Groß, S. 215, 223; *Diederichsen,* NJW 1983, S. 1017, 1025; *Hausmann/Hohloch,* S. 206; *Venger,* S. 46; ähnlich *Schwenzer,* Vom Status zur Realbeziehung, S. 172; *v. Campenhausen,* VVDStRL 45, S. 7, 19.

1157 Ähnlich für Verrechtlichung allgemein *Hausmann,* S. 18 oder *Winde,* S. 167; ähnlich bereits BGHZ 97, 372, 378.

1158 Vgl. zu den äußeren Umständen Kapitel 1 B. I. 6. So z. B. auch im Fall des SG Duisburg vom 16.12.2009, S 10 R 23/07.

1159 Hierzu und zu dem Begriff „vorübergehende Gemeinschaft ohne Trauschein" *Grziwotz,* S. 8, der zudem darauf hinweist, das oftmals bei solchen Ehen das gesetzliche Scheidungsfolgenrecht wegen negativer Erfahrungen mit der Ehe modifiziert wird.

offen gegenüber den Rechtsfolgen einer Ehe eingestellt. Zudem wurde festgestellt, dass der Fähigkeit eigene Ansprüche zurückzustellen von Paaren mit Heiratsabsichten eine höhere Bedeutung beigemessen wird als von Paaren ohne Heiratsabsicht.[1160] Das bedeutet, dass Partner mit Heiratsabsichten oft bereits vor der Ehe zu Ausgleichs- und Unterstützungsleistungen wie im späteren Scheidungsfolgenrecht bereit sind.

In Deutschland hegen die Partner von rund der Hälfte aller nichtehelichen Lebensgemeinschaften Heiratsabsichten.[1161] Die Gesamtzahl der Partnerschaften, die langfristige Heiratspläne haben und jeweils relativ lange zusammenleben, ist nicht nur groß, sondern nimmt sogar zu.[1162] Was voreheliche Beziehungen angeht, sind ab dem Zeitpunkt des Verlöbnisses Heiratsabsichten unproblematisch zu bejahen. Im Zeitpunkt des Beziehungsbeginns wird dagegen seltener direkt an eine spätere Eheschließung gedacht.[1163] Aber auch für die häufig längste Zeitspanne zwischen Beziehungsbeginn und Verlobung wird davon ausgegangen, dass überwiegend Heiratsabsichten der Partner bestehen.[1164] Die Regel ist trotzdem: Je näher die Eheschließung rückt, umso eher liegen Heiratsabsichten bei beiden Partnern vor.

Zu beachten ist ferner, dass oft trotz einer zunächst unentschlossenen Einstellung der Partner zum Thema Hochzeit später doch geheiratet wird.[1165] Also gibt es auch voreheliche Beziehungen, in denen erst spät Heiratsabsichten ge-

---

1160 Siehe *Matthias-Bleck* 2006, S. 177 f.

1161 60 % nach *Rupp,* ÖIF Materialsammlungen, Heft 4, S. 59, 67 f.; rund ein Drittel bei *Nave-Herz,* FPR 2001, S. 3, 4 sowie *Wellenhofer,* AnwBl 2008, S. 559, 561 m. w. Nw. Ältere Zahlen noch bei BMJFG 1985, S. 35 mit Heiratsabsichten von 30 % bis 50 %, feste Heiratsabsichten indes für 33 % (S. 30).

1162 Vgl. *Vaskovics/Rupp,* S. 162; stetiges Steigen der Zahl vorehelich Zusammenlebender, am deutlichsten sogar bei den 30- bis 44-Jährigen nach *Matthias-Bleck* 2006, S. 172. Insbesondere wegen des steigenden Erstheiratsalters, vgl. *Burkart/Fietze/Kohli,* S. 15.

1163 *Lauterbach,* in *Klein/Lauterbach,* S. 269, 292; vgl. *Kreyenfeld/Konietzka,* S. 45, 49; *Nave-Herz,* FPR 2001, S. 3, 5.

1164 Vgl. umfassend *Vaskovics/Rupp,* S. 68 ff.; wie auch *Glatzer,* S. 8; *Rijsbergen,* S. 153; vgl. *Coester-Waltjen,* NJW 1988, S. 2085, die von Partnerschaften als modernem Verlöbnisersatz spricht. Teilweise wird sogar davon ausgegangen, dass bei allen nichtehelichen Lebensgemeinschaften Heiratsabsichten vorlägen, vgl. so etwa *Rijsbergen,* S. 153. Rund ein Drittel aller nichtehelichen Lebensgemeinschaften bei *Wellenhofer,* AnwBl 2008, S. 559. Dies gilt insbesondere in Abgrenzung zu anderen Partnerschaftsformen wie der alternativ zur Ehe gelebten oder freien Partnerschaft, vgl. hierzu *Glatzer,* S. 8 und auch *Vaskovics/Rupp,* S. 68. Jedoch werden nur 10 % aller Partner in nichtehelichen Lebensgemeinschaften die Eheschließung absolut ablehnen, vgl. *Lauterbach,* in *Klein/Lauterbach,* S. 269, 291, sogar nur 9 % bei *Burkart/Fietze/Kohli,* S. 48; siehe zu den Typen nichtehelicher Lebensgemeinschaften oben Kapitel 1 A. II.

1165 Zur „Quasi-Ehe“ oben Kapitel 1 A. II. 2.

hegt werden und in denen sich die Partner für die längste Zeit der Beziehung keine eheähnlichen Rechtsfolgen wünschen.

c) Einstellung der Partner zum Scheidungsfolgenrecht der späteren Ehe

Nunmehr soll der Blick konkret auf die Einstellung der Partner zum späteren Scheidungsfolgenrecht gerichtet werden. Bereits einmal geschiedene Ehegatten könnten sich gerade vom Scheidungsfolgenrecht der neuen Ehe abschrecken lassen.[1166] Dies gilt vor allem für den im Scheidungsfall voraussichtlich Zahlungspflichtigen.[1167] Man kann insoweit die Auswirkungen des (damals) neuen Scheidungsrechts von 1976 nennen, wobei die Einführung des Versorgungsausgleichs als Mitursache für sinkende Heiratszahlen galt.[1168]

Freilich verbietet sich die uneingeschränkte Annahme, alle vorehelichen Partner sträubten sich gegen eine Berücksichtigung ihres Zusammenlebens im späteren Scheidungsfolgenrecht.[1169] Bloß 15 % der nichtehelichen Partner lehnen jegliche Regelung ihrer Beziehung ab.[1170] Viele nichteheliche Partner sprechen sich nicht einmal gegen eine vollständige oder teilweise Gleichsetzung mit Ehegatten aus.[1171] Es entwickelt sich vor allem in längeren nichtehelichen Lebensgemeinschaften das Bewusstsein, dass die traditionelle Rollenverteilung weniger durch eine formale Eheschließung bedingt ist, sondern vielmehr während eines längeren Zusammenlebens an sich auftritt.[1172] Man müsste über Befragungen von Ehegatten oder nichtehelichen Lebensgefährten weiter untersuchen, inwieweit gerade das Scheidungsfolgenrecht die vorehelichen Partner von einer Eheschließung vorübergehend abhält.[1173] Das Aufschieben der Ehe ge-

1166 Siehe hierzu etwa Kapitel 1 B. I. 4.

1167 Vgl. z. B. *Limbach,* RuP 1983, S. 91, 92; *Kunigk,* S. 42 f.

1168 Hierzu differenzierend *Wingen,* S. 49 f.

1169 Hinsichtlich Verrechtlichung etwa BGHZ 97, 372, 378. Vielmehr rein tatsächlicher Vorgang nach BGH, NJW 1996, S. 1141, 1142; 1997, S. 3371, 3372; vgl. *Matthias-Bleck* 2006, S. 181; *Höhn,* in *Glatzer,* S. 3. Meist sicherlich so für bewusst alternativ zur Ehe gelebte, nicht voreheliche Lebensgemeinschaften, vgl. *Grziwotz,* S. 9; zudem *Schlüter,* S. 39 f.

1170 *Vaskovics/Rupp,* S. 49; nichteheliche Lebensgemeinschaft nicht als „juristisches Kontrastprogramm zur Ehe", vgl. *Hausmann,* S. 17 f.

1171 *Vaskovics/Rupp,* S. 48 f. Obwohl ihnen bewusst sein wird, derzeit nicht unter genau den gleichen rechtlichen Bedingungen zu leben wie in einer Ehe, vgl. *Venger,* S. 46.

1172 *Schenk* 1987, S. 226.

1173 *Hausmann,* S. 18 fordert eine Differenzierung danach, ob regelmäßig wirklich alle gesetzlichen Regelungen nicht gewollt sind oder nur einige.

schieht aber weniger gerade zur Vermeidung ehe*recht*licher Regelungen,[1174] weil es oft an entsprechendem Wissen über die Ausgestaltung des Scheidungsfolgenrechts fehlt.[1175] Und während der vorehelichen Beziehung denken die Partner selten an das Scheitern der zukünftigen Ehe.[1176] Im Endeffekt heiraten sie ja immerhin und entscheiden sich überwiegend[1177] ohne ehevertragliche Regelungen für das gesetzliche Scheidungsfolgenrecht. Sie schwören sich dabei lebenslange Treue. Deshalb erscheint es auch widersprüchlich, wenn ein Ehegatte die Schutzwürdigkeit des anderen bedingt durch voreheliches Zusammenleben später ignorieren will.

d) Mögliche Genehmigungswirkung der Eheschließung

Möglicherweise ist selbst ein vorerst gegen rechtliche Regelungen gerichteter Wille unbeachtlich, wenn später doch geheiratet wird. Die Eheschließung könnte einer rückwirkenden „Genehmigung" der vorehelichen Dispositionen gleichkommen (vgl. Wertung des § 184 I BGB).[1178] Teilweise befürworten die nichtehelichen Lebensgefährten eine Gleichstellung mit der Ehe unter der Bedingung, dass die Beziehung mindestens drei Jahre dauert.[1179] Bei auf Dauer angelegten Lebensgemeinschaften und bei funktionaler Arbeitsteilung wächst der Wunsch nach finanzieller Teilhabe an den gemeinsam erwirtschafteten Früchten.[1180] Somit dürfte eine anschließende Ehe erst recht dazu führen, dass die Partner die Geltung des Scheidungsfolgenrechts wollen. Darüber hinaus belegen die umfassende Rechtsprechung des BGH zu Vermögensausgleichsansprüchen nichtehelicher Lebensgemeinschaften und die bisherigen Entscheidungen zur Berücksichtigung vorehelicher Vermögensdispositionen neben dem Zugewinnausgleich,[1181]

1174 Ähnlich betreffend die Verrechtlichung nichtehelicher Lebensgemeinschaften *Hausmann/Hohloch,* S. 55, 230; *Hausmann,* S. 16; *Dethloff,* Gutachten, A 137; *Schmidt,* S. 12; selbst wenn man von einer gewollten Unabhängigkeit ausgeht, *Barnstedt* et al., S. 42.

1175 Vgl. ähnlich *Schmidt,* S. 12. Nach *Vaskovics/Rupp,* S. 48 wissen wenige Partner nichtehelicher Lebensgemeinschaften gut über ihre rechtliche Situation Bescheid, aber immerhin circa 57 %.

1176 Vgl. ähnlich *Hausmann,* S. 16; *Limbach,* RuP 1983, S. 91, 92.

1177 Hierzu Kapitel 2 D. II.

1178 Ähnlich hierzu bereits Kapitel 2 C. IV. 2. a).

1179 Vgl. unter der Prämisse der freien Wahl *Vaskovics/Rupp,* S. 49. Gerade junge Leute sehen gesetzlichen Handlungsbedarf für nichteheliche Lebensgemeinschaften längerer Dauer und mit Kindern, z. B. hinsichtlich etwaiger Unterhaltsansprüche, steuerlicher Entlastung oder gegenseitiger sozialer Absicherung, vgl. *Vaskovics/Rupp,* S. 195.

1180 Ähnlich *Barnstedt* et al., S. 41 f. für nichteheliche Lebensgemeinschaften allgemein.

1181 Siehe hierzu ausführlich in Kapitel 3.

dass ein finanzielles Ausgleichsbedürfnis besteht. Denn immerhin sucht ein Beziehungspartner das Gericht im Trennungs- bzw. Scheidungsfall auf.[1182] Ex post betrachtet ist das Aufschieben der Eheschließung daher nicht stets mit fehlendem Willen eines finanziellen Ausgleichs gleichzusetzen.

e) Kein Verzicht auf jeglichen Rechtsschutz

Es ist anerkannt, dass selbst das bewusste Aufschieben der Ehe nicht stets als Verzicht auf jeglichen Rechtsschutz zu deuten ist.[1183] Häufig ist es nur der vor der Ehe allein berufstätige Partner, der eine Einbeziehung der vorehelichen Beziehungszeiten ablehnt.[1184] Der haushaltsführende und Nachteile erleidende Lebensgefährte dagegen profitiert von solchen ihn schützenden Regelungen im Scheidungsfall und dürfte sie befürworten. Oftmals erkennt er seine vorehelichen finanziellen Einbußen auch erst im Nachhinein.[1185]

f) Bedeutung für Ausführungen in bisherigen Kapiteln

Abschließend sind die Ergebnisse in den Kapiteln 2 bis 5 auf die soeben herausgearbeiteten Kriterien zu überprüfen. Das gilt insbesondere für die Ergebnisse zum nachehelichen Unterhaltsrecht und zum Zugewinnausgleich. Die bisherige Rechtsprechung und die Auslegungsoptionen in Kapitel 2 bis 5 begrenzten sich darauf, das voreheliche Zusammenleben nur in Härtefällen zu berücksichtigen. Von einer umfassenden Ausdehnung des Scheidungsfolgenrechts auf voreheliche Beziehungszeiten kann nicht gesprochen werden. Mithin bleibt die negative Eheschließungsfreiheit selbst bei Gegnern einer frühen Eheschließung gewahrt. Außerdem können bei den jeweiligen Billigkeitsabwägungen im Scheidungsfolgenrecht – z. B. bei §§ 1570 II, 1578b I, 1579 Nr. 1 BGB oder beim im Zugewinnausgleich herangezogenen § 313 BGB – die Interessen des Zahlungspflichtigen mit berücksichtigt werden. Natürlich ist stets besonders darauf zu achten, ob die Parteien ihren Willen gegen das Scheidungsfolgenrecht ausdrücklich in einem Ehevertrag manifestiert haben.[1186]

1182 Aktuelle Beispiele aus der Rechtsprechung sind BGH, FamRZ 2008, S. 1822; FamRZ 2009, S. 849; NJW 2010, S. 998; hierzu auch *Limbach,* RuP 1983, S. 91, 96 oder *Hausmann,* S. 16.

1183 Vgl. ähnlich *Wellenhofer,* AnwBl 2008, S. 559, 561; *dies.,* FF 2008, S. 350 f.; *Schwenzer,* JZ 1988, S. 781, 782; *Limbach,* RuP 1983, S. 91, 96 f.; *Schlüter,* S. 16; *Finger,* JZ 1981, S. 497 f.; *Venger,* S. 46 f.; *Hausmann,* S. 19.

1184 Vgl. *Holzhauer,* JZ 2000, S. 1076, 1080. Bisher wurde Konsens der Partner unterstellt, vgl. *Peuckert,* S. 66 f.

1185 Ähnlich *Duderstadt,* S. 14.

1186 Vgl. insbesondere für Gütertrennungsehen Kapitel 3 III. 5.

2. Rechtfertigende Schutzaspekte des Scheidungsfolgenrechts

Bereits in den jeweiligen Kapiteln wurden die rechtfertigenden Aspekte der einzelnen Scheidungsfolgen dargestellt.[1187] Diese betreffen überwiegend verfassungsrechtliche Schutzgedanken zugunsten des Schwächeren.[1188] Selbst wenn man davon ausgeht, dass die negative Eheschließungsfreiheit eines Partners durch die Berücksichtigung vorehelichen Zusammenlebens betroffen ist, könnten verfassungsrechtliche Schutzaspekte des Scheidungsfolgenrechts diesen Eingriff rechtfertigen. Denn die Schrankentrias des Art. 2 I GG (der negative Eheschließungsfreiheit umfasst)[1189] ermöglicht eine Rechtfertigung von Eingriffen in die allgemeine Handlungsfreiheit. Hier greifen die das Scheidungsfolgenrecht legitimierenden Verfassungsaspekte, soweit sie auf voreheliche Beziehungszeiten übertragbar sind. Wie in den bisherigen Kapiteln gezeigt, ist dies vor allem bei bereits vorehelicher Arbeitsteilung der Fall.[1190] Es bedarf in Härtefällen eines Ausgleichs sämtlicher beziehungsbedingter Nachteile. Der Gleichberechtigungsgedanke des Art. 3 II GG gebietet eine Teilhabe der meist benachteiligten Frau unabhängig von ihrem Beziehungsstatus. Selbiges gilt für den das Scheidungsfolgenrecht durchdringenden Schutz des schwächeren Partners, der verfassungsrechtlich im Sozialstaatsprinzip (Art. 20 I GG) verankert ist.[1191] Allein die nacheheliche Solidarität muss ein „Ehespezifikum“ bleiben.

Im Rahmen der Billigkeitsabwägungen des Scheidungsfolgenrechts sind daher die negative Eheschließungsfreiheit des Ausgleichspflichtigen und der Schutz des Ausgleichsberechtigten angemessen gegeneinander abzuwiegen.

3. Ergebnis

Festzuhalten ist, dass Art. 2 I GG in Form der negativen Eheschließungsfreiheit die Berücksichtigung vorehelicher Beziehungszeiten bei Normen des Scheidungsfolgenrechts nicht pauschal verbietet.[1192] Selten wird der Wille der Ehegatten missachtet – zumindest soweit eine Berücksichtigung auf Härtefälle beschränkt bleibt. Für den Fall, dass sich der zahlungspflichtige Ehegatte gleich-

---

1187 Siehe hierzu Kapitel 2 bis 5 vor allem jeweils unter B. Legitimation.

1188 Ähnlich hierzu *Diederichsen,* FS Larenz, S. 127, 144.

1189 Siehe oben unter A. I.

1190 Hierzu vor allem unter Kapitel 2 C. I. 2. b) aa).

1191 Ähnlich *Schlüter,* S. 16; *Coester-Waltjen,* NJW 1988, S. 2085, 2086; *Schwenzer,* JZ 1988, S. 781, 782.

1192 Für Verrechtlichung nichtehelicher Lebensgemeinschaften etwa *Hausmann,* S. 10; für Zulässigkeit einzelner Schutznormen zugunsten der nichtehelichen Lebensgemeinschaft *Wellenhofer,* FF 2008, S. 350.

wohl in seiner Handlungsfreiheit eingeschränkt fühlt, rechtfertigen die Schutzgedanken des Scheidungsfolgenrechts diesen Eingriff. Die Rechtsprechung muss bei ihren Entscheidungen daher stets auch die Interessen des Zahlungspflichtigen bedenken. Dies gelingt insbesondere bei Billigkeitsklauseln im Gesetzeswortlaut, wie etwa bei den unterhaltsrechtlichen §§ 1570 II, 1574 II, 1578b, 1579 BGB. Denn Billigkeitsklauseln ermöglichen dem Rechtsanwender eine umfassende Abwägung aller Interessen im Einzelfall. Deshalb empfiehlt sich eine entsprechende Billigkeitsklausel ebenfalls bei der unterhaltsrechtlichen Rangfolgenorm des § 1609 Nr. 2 BGB sowie für den Zugewinnausgleich.[1193]

II. Beeinträchtigung der Institution Ehe – Art. 6 I GG

Neben den Grundrechten der Partner könnte die Ehe als Institution negativ durch die Berücksichtigung des vorehelichen Zusammenlebens im Scheidungsfolgenrecht betroffen sein.

1. Zulässigkeit punktueller Regelungen in Annäherung zur Ehe

Primär fragt sich, in welchem Umfang Beziehungszeiten vor der Ehe im Scheidungsfolgenrecht berücksichtigt werden dürfen. Es darf kein voreheliches Institut geschaffen werden, das den Partnern die gleichen Rechte wie in einer Ehe zugesteht, aber geringere Pflichten auferlegt.[1194] Eheliche Pflichten sind etwa die Verpflichtung zur ehelichen Lebensgemeinschaft (§ 1353 I 2 BGB) oder zum Familienunterhalt (§§ 1360, 1360a BGB). Für diesen Fall wäre nämlich eine Entwertung der Ehe zu befürchten.[1195] Ein gleichwertiges Angebot zur Ehe verstößt nämlich gegen Art. 6 I GG, weil es die Attraktivität der Ehe und damit auch die Zahlen von Eheschließungen zu mindern vermag.[1196] Bei einer vollumfänglichen Gleichstellung (vor- bzw.) nichtehelicher Lebensgemeinschaften mit

1193 Siehe zu den entsprechenden Vorschlägen und zu Problemen der Rechtssicherheit unten Kapitel 7 unter A. II. 7. sowie unter B. Beim Versorgungsausgleich steht dessen Eigenart einer Billigkeitsklausel entgegen, vgl. etwa Kapitel 4 D. I.

1194 BVerfGE 105, 313, 350 f.

1195 So wohl *Schlüter,* S. 18. Gegen Gleichstellung von Ehe und nichtehelicher Lebensgemeinschaft daher *Scholz,* ZRP 1981, S. 225, 228 f.; ähnlich *Bosch,* FamRZ 1986, S. 676 f.; *v. Campenhausen,* VVDStRL 45, S. 7, 19 f.

1196 Vgl. z. B. *Dietlein,* DtZ 1993, S. 136, 141. Man hätte ja ansonsten vor einer Eheschließung die „Vorteile" der fehlenden Bindung und gleichzeitig die rechtlichen Vorteile der Ehe. Ähnlich auch *Bosch,* Anm. zu BGH-Urteil vom 1.12.1987, FamRZ 1988, S. 394, 397 f., *v. Campenhausen,* VVDStRL 45, S. 7, 20 f.

der Ehe wäre Art. 6 I GG somit verletzt.[1197] Allerdings sind punktuelle Regelungen in Annäherung an die Ehe gestattet, solange sie die Ausnahme bleiben oder die Regelungen den gebotenen Abstand zur Ehe wahren.[1198]

In den bisherigen Kapiteln wurde diskutiert, ob man voreheliche Beziehungszeiten im Rahmen von Billigkeitsabwägungen im Scheidungsfolgenrecht berücksichtigen kann oder muss. Dies ist grundsätzlich denkbar, soweit die Partner unter funktionaler Arbeitsteilung gewirtschaftet haben. Voreheliche Beziehungszeiten werden aber nicht pauschal der Ehedauer vorangestellt. Insoweit bleibt es die absolute Ausnahme, dass an das nichteheliche Zusammenleben eheliche Rechtsfolgen geknüpft werden. Das voreheliche Zusammenleben wird nicht in seiner Gesamtheit der Ehe gleichgestellt. Vor allem beziehen sich die Auslegungsoptionen nur auf das Scheidungsfolgenrecht. Während der vorehelichen Beziehungsphase gilt z. B. nicht der elementare § 1353 I 2 BGB (Verpflichtung zur ehelichen Lebensgemeinschaft). Auch bleiben staatliche Fördermaßnahmen ein Eheprivileg. Zum Beispiel steht den vorehelichen Partnern trotz Arbeitsteilung kein „Splittingverfahren" im Steuerrecht zur Verfügung.[1199] Die Ehe ist damit weiterhin besser geschützt als die voreheliche Beziehung.

Darüber hinaus obliegt es bei der Berücksichtigung vorehelicher Zeiten stets dem bedürftigen Ehegatten, die vorehelichen Nachteile oder das voreheliche Vertrauen darzulegen und zu beweisen.[1200] Für die Ehezeit hingegen werden ehebedingte Nachteile und Vertrauen mit zunehmender Dauer vermutet. Außerdem sind Richter oder Gesetzgeber verfassungsrechtlich verpflichtet, die Institution Ehe zu wahren (vgl. Art. 20 III GG). Dies kann im Rahmen von Billigkeitsklauseln auch einzelfallgerecht geschehen. Ferner wurde die bisherige Rechtsprechung zur Berücksichtigung vorehelicher Zeiten verfassungsrechtlich nicht

1197 Siehe etwa *Lieb,* Gutachten, A 26; *Stern,* Staatsrecht Band IV/1, S. 475; *v. Münch,* in *Landwehr,* S. 137, 150; die Aussagen des BVerfG so deutend, dass eine Gleichstellung wegen des „besonderen" Schutzes nicht möglich ist, vgl. *Hausmann/Hohloch,* S. 215.

1198 Z. B. *Hausmann/Hohloch,* S. 213, 220; *Stern,* Staatsrecht Band IV/1, S. 476 f., 479 f. m. w. Nw.; *Pauly,* NJW 1997, S. 1955, 1956; *Krings,* FPR 2001, S. 7, 10; vgl. auch *Wellenhofer,* AnwBl 2008, S. 559, 560 f.; *Eyrich,* ZRP 1990, S. 139, 140; für Zulässigkeit aufgrund des Regelungsauftrags aus Art. 2 I GG *Schwenzer,* JZ 1988, S. 781, 782; für die Zulässigkeit eines adäquaten rechtlichen Rahmens ist *v. Renesse,* ZRP 1996, S. 212; *v. Münch,* in *Landwehr,* S. 137, 150; nicht zuletzt wegen des „besonderen" Schutzes der Ehe, vgl. *Tettinger,* JZ 2002, S. 1146, 1151; ähnlich *Krings,* FPR 2001, S. 7, 9 f. Mittlerweile wird dieses Abstandsgebot nicht mehr vom BVerfG vertreten. Vielmehr darf die Ehe weiterhin privilegiert werden, muss aber nicht stets besser geschützt werden als nichteheliche Lebensgemeinschaften, vgl. BVerfGE 105, 313, 348 f., 350 für das Lebenspartnerschaftsgesetz.

1199 Zum Ehegatten-Splitting siehe § 32a V EStG.

1200 Siehe hierzu etwa Kapitel 2 C. I. 2. b) bb) (4).

beanstandet. Dies gilt z. B. für die Rechtsprechung zu §§ 1578b, 1579 Nr. 1 BGB oder zu den Ergänzungsansprüchen neben dem Zugewinnausgleich über §§ 313, 705 ff. BGB.[1201]

In den Kapiteln 2 bis 5 wurde eine Berücksichtigung vorehelicher Beziehungszeiten nur in Härtefällen vorgeschlagen. Insoweit handelt es sich um zulässige punktuelle Regelungen in Annäherung zur Ehe und eine Verletzung des Art. 6 I GG scheidet aus.[1202]

2. Weniger Eheschließungen aufgrund vorzeitiger Beziehungsabbrüche

Die Berücksichtigung des vorehelichen Zusammenlebens im Scheidungsfolgenrecht könnte den Eheschutz des Art. 6 I GG aber beeinträchtigen, weil einige Paare möglicherweise auf Dauer nichtehelich zusammenleben, um hierdurch eine Berücksichtigung ihrer Beziehung für das spätere Scheidungsfolgenrecht zu umgehen.[1203] Denn ohne eine anschließende Ehe gibt es auch keine Relevanz der nichtehelichen Beziehungszeit für das Scheidungsfolgenrecht. Damit käme es möglicherweise zu weniger Eheschließungen. Es müsste anhand von Befragungen untersucht werden, inwiefern die Lebensgefährten tatsächlich aus diesem Grunde ihre Heiratsabsichten verwerfen würden. Die Ausführungen oben haben indes gezeigt, dass das Scheidungsfolgenrecht selten einen Grund gegen die Eheschließung darstellt.[1204] Hat z. B. ein bereits geschiedener Mann Angst vor weiteren Zahlungsverpflichtungen im erneuten Scheidungsfall, so bleibt ihm stets die Möglichkeit, ehevertraglich die Scheidungsfolgen einzudämmen. Es muss nicht gänzlich von einer Eheschließung abgesehen werden. Art. 6 I GG bleibt damit auch unter diesem Aspekt gewahrt.

III. Ergebnis

Abschließend ist festzustellen, dass weder die negative Eheschließungsfreiheit der Partner nach Art. 2 I GG noch der Schutz der Ehe als Institution aus Art. 6 I GG der vorgeschlagenen Berücksichtigung des vorehelichen Zusam-

---

1201 Vgl. die Ausführungen in Kapitel 2 und 3, z. B. BGH, NJW 1992, S. 427.

1202 Ähnlich *Hausmann/Hohloch,* S. 221.

1203 Vgl. im Hinblick auf die Ängste des keine Verrechtlichung wollenden Partners *Müller-Freienfels,* ZEE 1980, S. 55, 61.

1204 Hierzu oben unter A. I. 1. c). Meist herrscht bei vorehelichen Lebensgemeinschaften Sorglosigkeit hinsichtlich fehlender Regelungen und es wird selten etwas Vertragliches geregelt, vgl. *Vaskovics/Rupp,* S. 195; *Hausmann,* S. 17.

menlebens im Scheidungsfolgenrecht entgegenstehen. Es muss aber stets gesetzesdogmatisch die Möglichkeit bestehen, dass der Richter im Einzelfall sorgfältig abwägen kann, wenn er voreheliche Beziehungszeiten berücksichtigt. Für den Gesetzeswortlaut empfiehlt sich daher eine Billigkeitsklausel. Im Unterhaltsrecht gibt es bereits zahlreiche Billigkeitsnormen. Allerdings sollte die unterhaltsrechtliche Rangfolgenorm des § 1609 Nr. 2 BGB ebenfalls um eine Billigkeitsklausel ergänzt werden. Für den Zugewinnausgleich bedient sich die bisherige Rechtsprechung vor allem des § 313 BGB (Wegfall der Geschäftsgrundlage) als Billigkeitsnorm. Jedoch wäre eine Aufnahme einer Billigkeitsklausel in den §§ 1372 ff. BGB sachnäher. Gegen diese Änderungen bestehen aus verfassungsrechtlicher Sicht wie soeben dargestellt jeweils keine Bedenken.[1205]

B. Verfassungsrechtliche Schutzwürdigkeit des vorehelichen Zusammenlebens

Nachdem soeben festgestellt wurde, dass voreheliche Beziehungszeiten im Scheidungsfolgenrecht berücksichtigt werden können, soll nun untersucht werden, ob eine solche Berücksichtigung verfassungsrechtlich sogar *geboten* ist. Dafür wird die verfassungsrechtliche Schutzwürdigkeit des vorehelichen Zusammenlebens als besonderer Form einer nichtehelichen Lebensgemeinschaft untersucht. Die „normale“ Paarbeziehung der nichtehelichen Lebensgemeinschaft fällt nach einhelliger Ansicht *nicht* unter den Schutz des Art. 6 I GG als Ehe oder Familie,[1206] sondern wird bloß über den subsidiären Art. 2 I GG geschützt.[1207] Aber anders als z. B. eine bewusst alternativ zur Ehe gelebte Beziehung könnte das voreheliche Zusammenleben – vor allem wegen der sich anschließenden Ehe – einen eheähnlichen Schutz über Art. 6 I GG beanspruchen.[1208]

Vorab fragt sich, inwieweit für die voreheliche Paarbeziehung in Anbetracht des „gesicherten“ Schutzes über Art. 2 I GG ein darüber hinausgehender Schutz

1205 Zu den gesetzlichen Gestaltungsmöglichkeiten siehe ausführlich Kapitel 7 unter A. II. 7. sowie dort unter B.

1206 Gegen einen Schutz der nichtehelichen Paarbeziehung an sich (also ohne Kinder) als Familie etwa *Coester-Waltjen,* NJW 1988, S. 2085, 2086. Gegen einen Schutz des vorehelichen Zusammenlebens über Art. 6 I GG ausdrücklich VG Augsburg, Beschluss v. 18.9.2009, Au 1 E 09.1362.

1207 Siehe hierzu eingehend unter II.

1208 Das Eherecht ist ein „Privileg“ gegenüber nichtehelichen Lebensgemeinschaften, vgl. *Brudermüller,* S. 123 für das nacheheliche Unterhaltsrecht.

nach Art. 6 I GG überhaupt von Nöten ist.[1209] Für einen weitergehenden Schutz spricht zunächst, dass der Schutzbereich des subsidiären Art. 2 I GG sehr weit ist, sodass nahezu jedes Handeln hierunter fällt und die Schrankentrias weitgreifende Grundrechtseingriffe ermöglicht, anders als bei der vorbehaltlosen Gewährung des Art. 6 I GG.[1210] Daneben kommt Art. 6 I GG eine wesentliche Funktion als Instituts- oder Einrichtungsgarantie zu, durch welche Ehe und Familie in ihrer wesentlichen Struktur gewährleistet werden.[1211] Art. 6 I GG stellt als Grundsatznorm eine verbindliche Wertentscheidung für den gesamten Bereich des die Ehe und Familie betreffenden Rechts dar.[1212] Laut BVerfG ergibt sich aus dieser Funktion des Art. 6 I GG als wertentscheidender Grundsatznorm

> „für den Staat positiv die Aufgabe, Ehe und Familie durch geeignete Maßnahmen zu fördern und vor Beeinträchtigungen durch andere Kräfte zu bewahren, gleichgültig, ob dies durch Maßnahmen gegen bestehende Ehen geschieht oder ob die Bereitschaft zur Eheschließung gefährdet wird".[1213]

Außerdem rechtfertigt Art. 6 I GG auch die Regelungen des Scheidungsfolgenrechts.[1214]

Wäre also bereits das voreheliche Zusammenleben über Art. 6 I GG geschützt, müssten die vorehelichen Beziehungszeiten im Scheidungsfolgenrecht grundsätzlich berücksichtigt werden. Dies würde wegen des Rechtsstaatsprinzips (Art. 20 III GG) für die Rechtsprechung und den Gesetzgeber gelten.

I. Schutz des vorehelichen Zusammenlebens durch Art. 6 I GG

1. Schutz der vorehelichen Familie durch Art. 6 I GG

Klarstellend sei zunächst erwähnt, dass die nichteheliche Lebensgemeinschaft mit Kindern mittlerweile fast durchweg als Familie i. S. d. Art. 6 I GG anerkannt

1209 Dies fragt sich auch *Rijsbergen,* S. 74; keine weiteren Vorteile hierdurch sieht *Isensee,* NJW 1993, S. 2583, 2585. Teilweise wird nämlich vertreten, dass der Schutz über Art. 2 I GG im Vergleich zu dem aus Art. 6 I GG gleichwertig sei, so wohl *Kingreen,* S. 303.

1210 BVerfGE 24, 119, 135; 31, 58, 68 f.

1211 Nur ein Normenkern des Ehe- und Familienrechts wird verfassungsrechtlich gewährleistet, vgl. grundlegend hierzu BVerfGE 6, 55, 72.

1212 BVerfGE 6, 55, 72.

1213 Zitat der Entscheidung BVerfGE 28, 324, 347, wobei jeweils auf BVerfGE 6, 55, 76 verwiesen wird; vgl. auch BVerfGE 12, 151, 167.

1214 Siehe hierzu etwa in den Kapiteln 2, 3 und 4 jeweils unter B. Legitimation.

ist und deshalb besonderen Schutz erfährt.[1215] Das gilt freilich auch für die voreheliche Familie. Familie ist „die umfassende Gemeinschaft zwischen Eltern und Kindern“.[1216] Der Schutzgrund der Familie liegt hier unabhängig von der Paarbeziehung der Eltern im Kindeswohl[1217] und in der Funktion der Familie für die Gesellschaft.[1218] Voreheliche Familien schützende Regelungen des Scheidungsfolgenrechts, z. B. wenn Kinder (mittelbar) betroffen sind, sind damit relativ unproblematisch durch Art. 6 I GG abgedeckt. Der Gesetzgeber hat zum Beispiel mit der Unterhaltsrechtsreform 2007 bereits den Betreuungsunterhalt der nichtehelichen und ehelichen Mutter (§§ 1615l bzw. 1570 BGB) angeglichen. Der in Kapitel 2 vertretene Ansatz zur Berücksichtigung vorehelicher Kinderbetreuungszeiten bei § 1570 II BGB pflichtet dem ebenfalls bei.[1219]

Eine andere Problematik ist der Schutz der nichtehelichen Stieffamilie, das heißt der Familie bestehend aus einem Elternteil, dem Kind und dem nichtehelichen Partner des Elternteils. Teilweise wird der Schutz dieser Familienform durch die Verfassung bejaht,[1220] aber überwiegend mangels rechtlichen Bandes zwischen dem nichtehelichen Stiefkind und dem Stiefelternteil versagt.[1221] An dieser Stelle kann hierzu nicht umfangreich Stellung genommen werden.

1215 Vgl. etwa BVerfGE 18, 97, 106; 24, 119, 135; 79, 203, 211; 92, 158, 176 ff.; 45, 104, 123; 112, 50, 65 ff.; 106, 166, 176, jeweils zumindest für die jeweilige Eltern-Kind-Beziehung; für den Schutz „nichtehelicher Familien“ ebenso als *eine* Familie (und nicht als zwei, wie teils durch das BVerfG vertreten) z. B. Dreier/*Gröschner,* Art. 6 Rn. 72, 78; v. Münch/Kunig/*Coester-Waltjen,* Art. 6 Rn. 11; *Hausmann/Hohloch,* S. 206, 208; *Friauf,* NJW 1986, 2595, 2602; *Scholz,* ZRP 1981, S. 225, 228; *Krings,* FPR 2001, S. 7, 9; auch angeführt in BT-Drucks. 12/6000, S. 54, 58.

1216 BVerfGE 10, 59, 66.

1217 Vertreten wird, dass Art. 6 V GG an sich zumindest bei vergleichbaren Verhältnissen des Familienlebens den Schutz nichtehelicher Lebensgemeinschaften mit gemeinsamen Kindern beinhalte, vgl. *Hausmann/Hohloch,* S. 206 f.; für einen bedingungslosen Schutz, da die Familie um der Kinder willen geschützt werde, unabhängig vom Status der Eltern, s. *Krings,* FPR 2001, S. 7, 9.

1218 Bonner Kommentar/*Pirson,* GG, Art. 6, Rn. 26 ff.; daher ist der Eheschließungsakt bei typischer Aufgabenerfüllung in einer Familie nur sekundärer Bedeutung, vgl. *Limbach,* FuR 1995, S. 200, 202.

1219 Hierzu ausführlich Kapitel 2 C. I. 2. b), c).

1220 Siehe z. B. wohl Schmidt-Bleibtreu/Hofmann/Hopfauf/*Klein* Art. 6 Rn. 9.

1221 Vgl. z. B. *Hausmann/Hohloch,* S. 209; hierzu auch BVerfG, FamRZ 2005, S. 595, 596.

2. Auswertung der bisherigen Argumente für und gegen den Schutz nichtehelicher Lebensgemeinschaften über Art. 6 I GG

a) Wesentliche Argumente für den Schutz als „Ehe" über Art. 6 I GG

Es empfiehlt sich, an die Diskussion zum Schutz nichtehelicher Lebensgemeinschaften über Art. 6 I GG anzuknüpfen. Die Argumente für einen solchen Schutz dürften insoweit teils erst recht auf voreheliches Zusammenleben übertragbar sein. Aus historischer Perspektive wird angeführt, dass der Parlamentarische Rat die Ehe nicht als einzige rechtmäßige Form des Zusammenlebens im Rahmen des Art. 6 I GG festgelegt habe.[1222] Es sei lediglich die Rede von einem „besonderen" und keinem alleinigen Schutz gewesen.[1223]

Darüber hinaus wird der soziale Wandel als Argument für einen eheähnlichen Schutz angeführt. Zahlenmäßig kann hier auf die Ausführungen in Kapitel 1 verwiesen werden, also insbesondere auf die zahlenmäßige Zunahme nichtehelicher sowie vorehelicher Lebensgemeinschaften.[1224] Im Prinzip seien grundrechtliche Normbereiche insofern offen für einen Wandel gesellschaftlicher Verhältnisse.[1225] Einige Landesverfassungen stellen außereheliche Lebensgemeinschaften sogar ausdrücklich unter Schutz – vgl. Art. 26 II Brandenburgische Verfassung,[1226] § 12 II Verfassung von Berlin[1227] und etwas allgemeiner jeweils § 22 II Sächsische Verfassung und § 24 II 1 der Verfassung des Landes Sachsen-Anhalt[1228]. Allerdings werden die Landesverfassungen durch Art. 142,

1222 Vgl. etwa *Knoche,* S. 53; *v. Münch,* in *Landwehr,* S. 137, 145; *Ramm,* Familienrecht, S. 19 f.; *Schlüter,* S. 15.

1223 Vgl. BVerfGE 105, 313, 348 f.; *Kingreen,* S. 71; *Knoche,* S. 53. Es könne kein Benachteiligungs*ge*bot anderer Lebensgemeinschaften, sondern nur ein Benachteiligungs*ver*bot der Ehe herausgelesen werden, vgl. BVerfGE 105, 313, 348; *v. Renesse,* ZRP 1996, S. 212.

1224 Siehe insoweit Kapitel 1 unter A. und in der Einleitung. Vgl. z. B. *Friauf,* NJW 1986, S. 2595, 2597; *Grimm,* VVDStRL 45, S. 94, 108 f.; *Steiger,* VVDStRL 45, S. 55, 70; aufgrund dieser Tatsache sich mit der verfassungsrechtlichen Einbeziehung beschäftigend: Bericht der Gemeinsamen Verfassungskommission, Zur Sache 5/93, S. 107, 108 = BT-Drucks. 12/6000, S. 54, 55.

1225 Z. B. *Friauf,* NJW 1986, S. 2595, 2599.

1226 „Die Schutzbedürftigkeit anderer auf Dauer angelegter Lebensgemeinschaften wird anerkannt."

1227 „Andere auf Dauer angelegte Lebensgemeinschaften haben Anspruch auf Schutz vor Diskriminierung."

1228 Jeweils: „Wer in häuslicher Gemeinschaft für Kinder oder Hilfsbedürftige sorgt, verdient Förderung und Entlastung."

31 GG derogiert und können infolgedessen nicht als Vorgabe für den Inhalt des Art. 6 I GG genutzt werden.[1229]

Vertreten wird weiterhin, auch die eheähnliche Funktion der nichtehelichen Lebensgemeinschaft in der Gesellschaft könne einen eheähnlichen Schutz begründen.[1230] Gerade die voreheliche Lebensgemeinschaft habe sich mittlerweile als Vorstufe zur Ehe gesellschaftlich etabliert.[1231] Außerdem bestehe insgesamt ein Bedürfnis des Staates, zwischenmenschliche Beziehungen zu stabilisieren, da die Partner auf Dauer füreinander einstehen.[1232] Es ist anerkannt, dass in nichtehelichen Paarbeziehungen ebenso starke Bindungen und gegenseitige Fürsorge wie in einer staatlich geschützten Ehe bestehen können.[1233] Denn unabhängig vom Beziehungsstatus erfüllen auch die Partner einer nichtehelicher Lebensgemeinschaft Solidaritäts- und Loyalitätsaufgaben wie Kindeserziehung oder Haushaltsführung.[1234] Es wird außerdem von gleichen Verhaltensmustern in nichtehelichen und ehelichen Lebensgemeinschaften gesprochen.[1235] Zum Beispiel ergaben Untersuchungen, dass die meisten befragten Partner einer nichtehelichen Lebensgemeinschaft dem anderen aus finanziellen Notlagen helfen oder helfen würden.[1236] Hinsichtlich der Wertvorstellungen beim vorehelichen Zusammenleben besteht sogar überraschende Ähnlichkeit zur Ehe.[1237]

1229 Vgl. *Kleffmann,* S. 277.

1230 Siehe hierzu auch Kapitel 1 zur ähnlichen Lebensgestaltung, vgl. im Übrigen etwa BGH, FamRZ 1993, S. 533, 534; *Brudermüller,* FamRZ 1994, S. 207, 214; *Kingreen,* S. 301; ähnlich *Limbach,* FuR 1995, S. 200, 202; die Gemeinsamkeiten untersucht *Ohlenburger-Bauer,* S. 1 ff.; zur Gleichwertigkeit der Lebensformen *Kingreen,* S. 160 f. und LG Berlin, NJW-RR 1990, S. 1041; der Ehe keinen höheren Wert zurechnend *Stettner,* VVDStRL 45, S. 94, 117 f.

1231 Siehe bereits oben Kapitel 1 A. II. 1. sowie *Kreyenfeld/Konietzka,* S. 45, 49; *Rijsbergen,* S. 153; *Matthias-Bleck* 2006, S. 175 f., 185, die auch die kinderlose Partnerschaft als häufigste Form und anscheinend nur die voreheliche Lebensgemeinschaft in der Phase der Postadoleszenz als feste Institution anerkennt. Vgl. ferner für die nichteheliche Lebensgemeinschaft als gesellschaftlich etablierte Institution *Hausmann/Hohloch,* S. 55; *Trost, in Nave-Herz/Markefka,* S. 363, 369. Selbst das BVerfG betrachtet die nichteheliche Lebensgemeinschaft als „typische Erscheinung des sozialen Lebens", BVerfGE 9, 20, 32; 82, 6, 13; 87, 234, 264.

1232 Z. B. *Robbers,* JZ 2001, S. 779, 782.

1233 Umfangreich hierzu BMJFG 1985, S. 58 f.; ähnlich auch *Peuckert,* S. 72.

1234 Vgl. *Coester-Waltjen,* NJW 1988, S. 2085, 2089; ähnlich Staudinger/*Strätz* Anh zu §§ 1297 ff. Rn. 72.

1235 Vgl. hierzu *Duderstadt,* S. 9.

1236 *Duderstadt,* S. 10.

1237 *Glatzer,* S. 40 spricht sogar von überraschender Ähnlichkeit bei der „Ehe auf Probe".

Daneben sind die Übernahme anderer Betreuungs- und Pflegeleistungen in nichtehelichen Beziehungen als Aufgaben der Gesellschaft schützenswert.[1238]

Letzen Endes gilt dies auch aus finanzpolitischen Gründen, da der Staatshaushalt durch das Sorgen und Aufkommen der Privaten füreinander auf der Ebene der öffentlichen Fürsorge entlastet wird.[1239] Dies gilt vor allem für die ehelichen Unterhaltspflichten (vgl. §§ 1360, 1360a BGB).[1240] Dann wird er aber ebenfalls entlastet, wenn voreheliche Partner faktisch füreinander Unterhalt leisten.[1241]

b) Widerlegung der Argumente gegen Schutz über Art. 6 I GG für voreheliches Zusammenleben

Demgegenüber bestehen aber viele gewichtige Argumente gegen den Schutz der nichtehelichen Lebensgemeinschaft über Art. 6 I GG.[1242] Es soll nachfolgend untersucht werden, ob diese für voreheliche Lebensgemeinschaften widerlegt werden können.

aa) Wortlaut des Art. 6 I GG

Zuvörderst schützt der Wortlaut des Art. 6 I GG ausdrücklich nur die Ehe.[1243] Dabei ist die Ehe ein auf Dauer angelegtes und zuvor staatlich beurkundetes Zusammenleben von Mann und Frau in einer grundsätzlich unauflösbaren Lebensgemeinschaft.[1244] Bei der nichtehelichen sowie vorehelichen Lebensgemein-

---

1238 Siehe zu Zahlen etwa Kapitel 1 B. II. 2 c) sowie Kapitel 2 C. I. 4.

1239 So z. B. auch *Robbers,* JZ 2001, S. 779, 782; *Schwab,* FS Groß, S. 215, 221 f.

1240 *Merten,* FS Leisner, S. 615, 631 f.; *Schwab,* FS Groß, S. 215, 222.

1241 Aber fehlende *rechtliche* Unterhaltspflichten sind kein Ausschlussgrund, ansonsten läge ein Zirkelschluss vor, vgl. ähnlich *Merten,* FS Leisner, S. 615, 632. Jedoch könnte die Ableitung rechtlicher Folgen aus freiwilligen Unterhaltsleistungen die unerwünschte Reaktion hervorrufen, dass solche freiwilligen Zahlungen tendenziell ausbleiben.

1242 Gegen den Schutz nichtehelicher Lebensgemeinschaften als Ehe über Art. 6 I GG vgl. z. B.: BVerfGE 9, 20, 34 f.; 36, 146, 165; 112, 50, 65; Maunz/Dürig/*Badura* Art. 6 Abs. 1 Rn. 55 ff.; Jarass/Pieroth/*Pieroth,* GG, Art. 6 Rn. 2; Sachs/*Schmitt-Kammler,* GG, Art. 6 Rn. 6.

1243 *Hausmann/Hohloch,* S. 203; zum Begriff der Ehe hierbei *v. Münch,* in *Landwehr,* S. 137, 140 f.; *Knoche,* S. 51; *Merten,* FS Leisner, S. 615, 629; *Scholz,* ZRP 1981, S. 225, 228; auf die Wortlautgrenze sowie das Demokratieprinzip hinweisend *Rijsbergen,* S. 224.

1244 BVerfGE 10, 59, 66; 53, 224, 245; 62, 323, 330.

schaft fehlt die staatliche Beurkundung für den Beziehungs*beginn*.[1245] Damit hilft es für das voreheliche Zusammenleben ebenso wenig, dass anstelle des Beziehungsendes der formale Eheschließungsakt tritt. Der formale Schließungsakt ist aus Verfassungssicht auch nicht disponibel;[1246] er dient als Ordnungselement und ihm kommt Bekundungsfunktion gegenüber der Allgemeinheit zu.[1247]

Zudem spricht gegen einen umfassenden Schutz die Entscheidung der Gemeinsamen Verfassungskommission 1993 des Bundestags und Bundesrats zur Erweiterung des Art. 6 I GG durch Mitaufnahme der Formulierung „auch andere auf Dauer angelegte Lebensgemeinschaften". Dieser Vorschlag wurde mangels Zweidrittelmehrheit abgelehnt.[1248] Obgleich das voreheliche Zusammenleben eine stärkere Ähnlichkeit zur Ehe aufweist als z. B. alternativ zur Ehe gelebte Beziehungen, hätte die Gemeinsame Verfassungskommission wahrscheinlich für voreheliches Zusammenleben nicht anders entschieden. Das bezieht sich zumindest auf voreheliche Lebensgemeinschaften ohne ein wirksames Verlöbnis.[1249] Auch dem Parlamentarischen Rat war bereits das Vorliegen alternativer Lebensformen bekannt.[1250] Doch wegen der Tradition des Art. 119 WRV wurde nichteheliches Zusammenleben bewusst nicht in Art. 6 I GG aufgenommen.[1251] Natürlich hat sich die gesellschaftliche Anerkennung des vorehelichen Zusammenlebens seither stark verändert. Das Zusammenleben vor der Ehe wird mittlerweile nahezu erwartet und ist keineswegs mehr wie früher geächtet.[1252] Aktuelle Versuche einer Verfassungsaktualisierung sind dennoch ausgeblieben.

1245 Vgl. zusammenfassend hierzu *Rijsbergen,* S. 72 f.; *Stern,* Staatsrecht Band IV/1, S. 473 f.; *Friauf,* NJW 1986, S. 2595, 2601; *v. Campenhausen,* VVDStRL 45, S. 8, 17; *Merten,* FS Leisner, S. 615, 626; *Hausmann/Hohloch,* S. 204 f.; *Krings,* FPR 2001, S. 7, 8.

1246 Siehe hierzu und instruktiv zum Verhältnis der staatlichen und kirchlichen Eheschließung *Gernhuber/Coester-Waltjen,* § 4 I 1, § 5 I 2.

1247 Vgl. BVerfGE 62, 323, 331; 56, 363, 386; so bessere Überprüfbarkeit der Ehevoraussetzungen sowie -hindernisse, s. BVerfGE 29, 166, 176. Vereinzelt wird aber nicht die formale Eheschließung, sondern die Beziehungsdauer als entscheidend angeführt, vgl. so wohl *Schenk* 1987, S. 227.

1248 Zur Verfassungskommission BT-Drucks. 12/6000, S. 54 ff.; gegen eine weite Verfassungsinterpretation aus diesem Grunde *Merten,* FS Leisner, S. 615, 627.

1249 Vgl. etwa zum „Kuppelei-Paragrafen" oben Fn. 91.

1250 *Ebsen,* VVDStRL 45, S. 94, 126 f.; unmittelbar so Der Parlamentarische Rat 1948-1949, Akten und Protokolle, Band 5/II, S. 935 f.; *v. Münch,* in *Landwehr,* S. 137, 140 f.; vgl. auch *Scholz/Uhle,* NJW 2001, S. 393, 397.

1251 *V. Campenhausen,* VVDStRL 45, S. 7, 11 ff.; Der Parlamentarische Rat, Band 5/II, S. 806.

1252 Siehe hierzu Kapitel 1 B. I. 1.

bb) Schlecht handhabbare Definitionskriterien

Ein wesentliches Argument gegen den Schutz über Art. 6 I GG sind die Probleme bei der Definition einer nichtehelichen Lebensgemeinschaft.[1253] Es wird mitunter vertreten, dass es keine justiziablen Kriterien gäbe, um das Vorliegen einer nichtehelichen Lebensgemeinschaft zu beurteilen.[1254] Zwar wird bereits an den Begriff der nichtehelichen Lebensgemeinschaft als gesetzliches Tatbestandsmerkmal angeknüpft.[1255] Trotzdem erreicht man mit einer formalen Eheschließung deutlich sicherer die notwendige Publizität und alle ehebezogenen Normen können problemlos angewendet werden.[1256] Insoweit hilft bei vorehelichen Lebensgemeinschaften auch nicht das Vorliegen eines wirksamen Verlöbnisses weiter. Denn heutzutage gibt es nur sehr selten eine offiziell gefeierte Verlobung, der eine der Eheschließung ähnelnde Publizitätsfunktion zukommt. Man zelebriert die Verlobung vielmehr meist nur zu zweit.[1257] Für ein wirksames Verlöbnis reicht sogar eine konkludente Übereinstimmung der Partner aus. Dem steht auch nicht entgegen, dass der BGH in seiner Entscheidung vom 2.10.1992[1258] an das Verlöbnis anknüpft und einen Vermögensausgleich wegen dessen Eheähnlichkeit gewährt. Für diese Arbeit ist ohnehin festzuhalten, dass während der kurzen Verlobungszeit selten andauernde Vermögensdispositionen stattfinden. Denn alltägliche Leistungen erhalten ihre Gewichtigkeit regelmäßig erst über mehrere Jahre hinweg. Relevant wird diese kurze Beziehungsphase nur

1253 Zum Problem auf Verfassungsebene etwa *Rijsbergen,* S. 218 ff.

1254 Vgl. *Scholz,* ZRP 1981, S. 225, 226; *Wingen,* FamRZ 1981, S. 331, 332; *Schwab,* Konkurs der Familie, S. 38 f.; Bericht der Gemeinsamen Verfassungskommission, Zur Sache 5/93, S. 107, 113; nur für einfaches Recht *Eyrich,* ZRP 1990, S. 139, 140; *Knoche,* S. 12 f.; *Schildge,* S. 71 f. Aber ökonomischer Feststellungsaufwand für die Kriterien nichtehelicher Lebensgemeinschaften darf nicht über den Grundrechtsschutz entscheiden, vgl. *Rijsbergen,* S. 222.

1255 Siehe etwa Kapitel 7 A. II. 3. b) cc) (2) sowie rechtsvergleichend andere Rechtsordnungen, etwa in Schweden (hierzu Rieck/*Firsching* Schweden Rn. 41 ff.) oder Australien (Rieck/*Klein* Australien Rn. 30).

1256 Vgl. *Schwab,* FamRZ 1981, S. 1151, 1156; ähnlich *De Witt/Huffmann,* Rn. 33 ff. Nach *Schmid,* S. 393 ff., 446 f. müsse bei einer nichtehelichen Lebensgemeinschaft im Einzelfall die Ausübung der sozialen Funktionen überprüft werden und diese könnten nicht vermutet werden; ähnlich BVerfGE 62, 323, 331; *Limbach,* RuP 1983, S. 91, 94.

1257 Hierzu etwa AG Neumünster, FamRZ 2000, S. 817; MünchKomm/*Roth* § 1297 Rn. 9. Der Gesetzgeber knüpft an das Verlöbnis trotzdem weitreichende Rechtsfolgen, z. B. im Bereich des Straf- bzw. Strafprozessrechts, vgl. Aussageverweigerungsrechte als Angehörige i. S. d. § 11 StGB oder § 52 StPO.

1258 BGH, NJW 1992, S. 427.

für den Zugewinnausgleich, wenn die Ehegatten etwa in wenigen Tagen die maßgeblichen Zahlungen für ein Familienheim tätigen.[1259]

cc) „Stützendere" Funktion der Ehe

Des Weiteren wird davon ausgegangen, dass die Funktion der Ehe als Institut enger zwischenmenschlicher Beziehungen allein dadurch gefördert werde, dass sie auf Dauer angelegt sei. Die Ehe biete stärker als nichteheliche Lebensgemeinschaften eine Stütze bei der Lebensbewältigung.[1260] Anders als nichteheliche Lebensgemeinschaften enden voreheliche nicht mit einer Trennung, sondern mit einer Eheschließung. Deshalb sind sie faktisch häufiger wie eine Ehe auch auf Lebensdauer angelegt. Hierfür kann auf die Ausführungen zur Heiratsabsicht oben verwiesen werden.[1261] Soweit die Partner vor der Ehe also feste Heiratsabsichten hegen, dürfte dem vorehelichen Zusammenleben eine ehegleich stützende Funktion zukommen.

dd) Kein Schutz durch Verfassung bei gewollter Bindungslosigkeit

Ferner wird geltend gemacht, dass die nichtehelichen Partner den geringeren Schutz akzeptieren müssten, wenn sie sich bewusst gegen eine Ehe entschieden haben.[1262] Wenn man die Vorteile der Ehe haben wolle, könne man ja jederzeit heiraten. Dann müsse man aber auch alle Pflichten der Ehe auf sich nehmen.[1263] Dagegen spricht indes, dass keinesfalls für alle vorehelichen Partner von gewollter Bindungslosigkeit ausgegangen werden kann.[1264] Der Verzicht auf rechtliche Bindung darf nicht als vollständiger Verzicht auf jeglichen Rechtsschutz gedeutet werden.[1265] Oben wurde bereits ausführlich diskutiert, unter welchen Um-

---

1259 Siehe hierzu mehrere Beispielsfälle in Kapitel 3.

1260 Z. B. *Schmid,* S. 178 f.; *v. Campenhausen,* VVDStRL 45, S. 7, 18; *Wingen,* FamRZ 1981, S. 331, 332; *Kunigk,* S. 34 f.

1261 Vgl. hierzu oben unter A. I. 1. b).

1262 Vgl. z. B. *Eyrich,* ZRP 1990, S. 139, 143; *Bosch,* FamRZ 1985, S. 1256; *Herzog,* Bitburger Gespräche 1988, S. 15, 21 f.; *Rijsbergen,* S. 75; ähnlich *Schmid,* S. 178; *Merten,* FS Leisner, S. 615, 632; gegen eine „Rosinentheorie" daher *Schwab,* FS Groß, S. 215, 222; *Bosch,* FamRZ 1980, S. 849, 853 sowie *Rijsbergen,* S. 221; *Scholz,* ZRP 1981, S. 225, 230; kritisch zur Argumentation der „Rosinentheorie" *Coester-Waltjen,* NJW 1988, S. 2085, 2089.

1263 Vgl. etwa *v. Campenhausen,* VVDStRL 45, S. 17 f.; ähnlich *Bosch,* FamRZ 1983, S. 275, 276.

1264 Hierzu etwa Kapitel 1 A. II. sowie oben unter A. I. 1. a).

1265 Siehe Kapitel 6 A. I. 1. e).

ständen die negative Eheschließungsfreiheit der Partner beim vorehelichen Zusammenleben betroffen oder gerade nicht betroffen ist.[1266]

ee) Wertungswidersprüche bei noch bestehender Ehe

Problematisch sind Situationen, in denen ein Partner „auf dem Papier" noch in einer Ehe lebt und diese Ehe Schutz erfährt über Art. 6 I GG, aber parallel hierzu bereits eine neue voreheliche Lebensgemeinschaft führt.[1267] Es erscheint widersprüchlich, die bisherige Ehe zu schützen und zugleich die der Ehe entgegenwirkende nichteheliche Lebensgemeinschaft über Art. 6 I GG zu fördern. Allerdings sind beide Ehen – die frühere sowie spätere – in gleicher Weise schutzbedürftig über Art. 6 I GG.[1268] Ferner schützt der Gesetzgeber die noch bestehende Ehe ausreichend, z. B. durch das Erfordernis des Trennungsjahres vor der Scheidung nach §§ 1565 II, 1567 BGB. Scheitert die Ehe dennoch, ist der schützende Blick auf die neue Ehe zu richten.

c) Ergebnis

Den mitunter überzeugenden Gedanken des Schutzes nicht- bzw. vorehelicher Lebensgemeinschaften stehen beachtliche Gegenargumente gegenüber, die anders als für nichteheliche Lebensgemeinschaften jeglichen Typs für voreheliches Zusammenleben zum Teil entkräftet werden können. Allerdings reichen die Argumente in ihrer Gesamtschau trotzdem nicht für eine Einbeziehung des vorehelichen Zusammenlebens in den Schutzbereicht des Art. 6 I GG. Denn dem stehen vor allem dessen eindeutiger Wortlaut und Entstehungsgeschichte entgegen. Für eine Einbeziehung des vorehelichen Zusammenlebens bedarf es vielmehr eines Verfassungsänderungsverfahrens (vgl. Art. 79 GG).

3. Vorrangiger Schutz vorehelichen Zusammenlebens über Art. 6 I GG

Nunmehr sind solche Argumente zu erörtern, die spezifisch für einen verfassungsrechtlichen Schutz des vorehelichen Zusammenlebens über Art. 6 I GG sprechen. Dabei sind vor allem unter 2. nicht erwähnte Aspekte hervorzuheben.

1266 Hierzu oben unter A. I.

1267 Vgl. Bericht der Gemeinsamen Verfassungskommission, Zur Sache 5/93, S. 107, 113 f. = BT-Drucks. 12/6000, S. 54, 57 f.; *Merten*, FS Leisner, S. 615, 629.

1268 BVerfGE 55, 114, 128 f.; 68, 256, 267 f.

Vereinzelt wird das „voreheliche Suchen und gemeinsame Versuchen“ sogar ausdrücklich unter den Schutz des Art. 6 I GG gestellt.[1269]

a) Schutz über Art. 6 I GG begründet durch spätere Ehe und/oder Familie

Die voreheliche Lebensgemeinschaft endet nicht mit einer Trennung der Partner, sondern mündet in eine nach Art. 6 I GG geschützte Ehe oder Familie.[1270] Durch den Schutz der Vorstufe zu diesen gesellschaftlich gewünschten Institutionen könnte man Ehe und Familie selbst stärker schützen. Wird die Vorstufe wegen eines besseren Schutzes nämlich häufiger gewählt, so könnte dies häufigere Eheschließungen bewirken und damit einhergehend auch mehr Familiengründungen.[1271] Der Gedanke, dass eine Institution aus dem Grund geschützt wird, weil eine andere aus ihr erwächst, ist dem Verfassungsrecht auch nicht neu oder fremd. Denn z. B. das BVerfG sieht die Ehe vorwiegend als Grundlage für eine Familie als besonders schützenswert an.[1272]

Außerdem wird in vielen sozialwissenschaftlichen Untersuchungen explizit die Frage gestellt, inwieweit das voreheliche Zusammenleben der späteren Ehe Stabilität verleihen kann. Dies geschieht unter dem Stichwort *„weeding-Hypothese“*.[1273] Beispielsweise haben einige Untersuchungen für Ehen mit einem vorehelichen Zusammenleben von über 25 Monaten oder mehr eine höhere Ehestabilität festgestellt.[1274] Stabilisiert das (längere) voreheliche Zusammenleben tatsächlich die spätere Ehe, so könnte es als Faktor des Eheschutzes selbst unter den Schutz des Art. 6 I GG gestellt werden. Die Grundinhalte der „weeding-Hypothese“ sind: Einerseits erleichtert die Bewährungsprobe während des vorehelichen Zusammenlebens den Übergang in die Ehe und schlecht zueinan-

1269 So schon *Schickedanz,* NJW 1975, S. 1890, 1891. Ausdrücklich gegen einen Schutz des vorehelichen Zusammenlebens über Art. 6 I GG ist dagegen VG Augsburg, Beschluss v. 18.9.2009, Au 1 E 09.1362.

1270 Falls bereits Kinder während des vorehelichen Zusammenlebens vorhanden sind, besteht ohnehin ein Schutz über Art. 6 I GG als Familie, vgl. B. I. Für einen Schutz der nichtehelichen Lebensgemeinschaft, weil Familien potenziell aus ihr erwachsen können, siehe auch *Kleffmann,* S. 171 f.

1271 Vgl. zum Zusammenhang von Eheschließung und Familiengründung die mittlerweile typische kindorientierte Eheschließung, hierzu Kapitel 1 B. I. 2.

1272 BVerfGE 25, 167, 196; 76, 1, 51; BVerfG, NJW 1993, S. 3058; hierzu auch z. B. *Ipsen,* in *Isensee/Kirchhof,* S. 431, 437 ff.; *Hausmann/Hohloch,* S. 207; *Krings,* FPR 2001, S. 7, 10.

1273 So fragen sich z. B. *Peuckert,* S. 74; *Wingen,* FamRZ 1981, S. 331, 334, 336; *Rapp,* Kölner Zeitschrift für Soziologie und Sozialpsychologie 2008, S. 500, 506 f.; vgl. hierzu vertiefend sozialwissenschaftliche Forschungsergebnisse zur „weeding-Hypothese“.

1274 Zum Selektionseffekt etwa *Lois,* S. 190.

der passende Paare werden auf diese Weise aussortiert; andererseits können die Partner während des vorehelichen Zusammenlebens bereits Fähigkeiten entwickeln, die den Umgang miteinander erleichtern.[1275] Letztere Kernthese spricht recht unproblematisch für den Schutz dieser Beziehungsintensivierungsphase. Selbiges gilt für die These eines erleichterten Übergangs in die Ehe. Allein das Aussortieren schlecht zueinander passender Paare widerspricht der Schutzwürdigkeit einer vorehelichen Beziehung. Denn trennen sich die Partner deshalb, so kommt es ja gar nicht zur Eheschließung. Allerdings werden für das Scheidungsfolgenrecht ex post betrachtet ohnehin nur die Beziehungen relevant, die tatsächlich in eine Ehe münden.

Gegen die „weeding-Hypothese" wird wiederum angeführt, dass in zahlreichen Ländern, in denen alternative Lebensformen schon früher weit verbreitet waren (z. B. Schweden), keine Verringerung der Scheidungszahlen stattgefunden habe.[1276] Umgekehrt wiesen sogar viele Partnerschaften nach einer „Probe-Ehe" ein erhöhtes Scheidungsrisiko auf,[1277] obgleich vielfältige Faktoren hierfür ausschlaggebend sein dürften und nicht allein das voreheliche Zusammenleben.[1278] Sieht man z. B. das Trennungsrisiko mit der gesamten Beziehungsdauer (ehelich *und* vorehelich) ansteigen, so ist eine frühere Scheidung nach langem vorehelichen Zusammenleben allein der Gesamtdauer der Partnerschaft zuzuordnen.[1279] Es bedarf in jedem Fall noch weiterer festigender Untersuchungen, um einen eheschützenden Effekt des vorehelichen Zusammenlebens anzunehmen. Eine abschließende Bewertung kann daher vorliegend nicht erfolgen.

b) Verlöbnis als Schutzgrund

Ferner ist zu überlegen, ob nicht ein stärkerer Schutz des vorehelichen Zusammenlebens von Nöten ist, weil die voreheliche Lebensgemeinschaft teilweise mit dem Verlöbnis identisch sein kann. Auf einfachgesetzlicher Ebene hat der BGH

1275 Vgl. etwa *Peuckert,* S. 74.

1276 *Wingen,* FamRZ 1981, S. 331, 334; *Peuckert,* S. 74; *Rapp,* Kölner Zeitschrift für Soziologie und Sozialpsychologie 2008, S. 500, 507.

1277 Vgl. etwa *Nave-Herz,* FPR 2001, S. 3, 6, wobei die genauen Ursachen unklar sind.

1278 Hierzu etwa *Rapp,* Kölner Zeitschrift für Soziologie und Sozialpsychologie 2008, S. 500, 506 f. Typische Paarkonstellationen einer Probe-Ehe sind überwiegend jüngere Erwachsene, bei denen das Scheidungsrisiko im Gegensatz zu heute älteren Partner generell schon angestiegen ist, so *Peuckert,* S. 74.

1279 Vgl. ähnlich *Rapp,* Kölner Zeitschrift für Soziologie und Sozialpsychologie 2008, S. 500, 507.

etwa für den Zugewinnausgleich das Verlöbnis mit der Ehe verglichen.[1280] Hieraus lässt sich aber kein zwingender Rückschluss für die Verfassung entnehmen.

Voraussetzung für einen entsprechenden verfassungsrechtlichen Schutz wäre indes, dass das Verlöbnis an sich überhaupt durch Art. 6 I GG geschützt ist. Dies wird trotz der rechtlichen Regelung (§§ 1297 ff. BGB) überwiegend verneint.[1281] Die Normen des Verlöbnisrechts sind sogenanntes „vorkonstitutionelles Recht".[1282] Das Verlöbnisrecht ist also nicht das Ergebnis des verfassungsrechtlichen Eheschutzes. Soweit vereinzelte Stimmen das Verlöbnis dennoch unter den Schutz des Art. 6 I GG stellen, wird der Unterschied zur nichtehelichen Lebensgemeinschaft betont.[1283]

Mehr oder weniger anerkannt ist ein Schutz des Verlöbnisses über Art. 6 I GG dagegen, wenn bereits eine Anmeldung der Eheschließung beim Standesbeamten stattgefunden hat.[1284] Doch diese bis zu sechsmonatige[1285] Beziehungsphase zwischen Anmeldung beim Standesbeamten und Hochzeit ist mit Blick auf die für diese Arbeit überwiegend relevanten Konstellationen längerer funktionaler Arbeitsteilung vor der Ehe meist irrelevant.[1286]

c) Vergleich zum Getrenntleben und nachehelichen Zeiten

Des Weiteren könnte man überlegen, inwiefern nicht das voreheliche Zusammenleben erst recht über Art. 6 I GG geschützt sein müsste, wenn dies das Getrenntleben der Ehegatten (vgl. § 1567 BGB) oder die Folgezeit nach der Ehe (vgl. das Scheidungsfolgenrecht) anerkannter Weise ist.[1287] Praktisch liegt beim

1280 Etwa BGH, NJW 1992, S. 427, 428.

1281 So etwa BayVwGH, Beschluss vom 4.3.1999, 10 ZE 99.589. Das Verlöbnis ist aber nach Maunz/Dürig/*Badura* Art. 6 Abs. 1 Rn. 59 auch dem Maßstab des Art. 6 I GG unterworfen.

1282 Siehe hierzu BVerfG, NJW 1972, S. 571.

1283 So anscheinend Maunz/Dürig/*Badura* Art. 6 Abs. 1 Rn. 59.

1284 BayVwGH, Beschluss vom 4.3.1999, 10 ZE 99.589.

1285 Nach sechs Monaten erlischt die Anmeldung zur Eheschließung wieder, § 13 IV 3 PStG.

1286 Aber zu beachten ist der Zugewinnausgleich, bei dem an einem Tag relevante Vermögensdispositionen getätigt werden können, vgl. Kapitel 3 und insoweit auch die einschlägige BGH-Entscheidung BGH, NJW 1992, S. 427.

1287 Vgl. etwa BVerfGE 53, 224, 250; 66, 84, 93; 108, 351, 363 f. für die Folgezeit. Z. B. ist *Müller-Freienfels,* ZEE 1980, S. 55, 59 wohl der Ansicht, dass die (formelle) Ehe, bei der die Partner in Trennung leben, weniger schützenswert sei als die parallel bestehende (funktionierende) nichteheliche Lebensgemeinschaft.

vorehelichen *Zusammen*leben nämlich eher eine klassische Rollenverteilung vor als beim *Getrennt*leben oder nach der Ehe.[1288]

Aber die Normen zum Getrenntleben (etwa §§ 1565 II, 1566, 1567 BGB) bezwecken, das rechtliche Band zwischen den Ehegatten zu erhalten. Dieser Schutzzweck passt nicht zu den Schutzaspekten des Scheidungsfolgenrechts, welches überwiegend auf Schutzbedürftigkeiten in einer „Hausfrauenehe“ zugeschnitten ist.[1289] Demzufolge scheitert ein Vergleich mit dem rechtlichen Schutz der beiden Beziehungsphasen am Ende bzw. nach der Ehe. Der Schutzzweck des Getrenntlebens ist jedoch auf andere Weise bedeutsam. Denkbar ist etwa der Fall, dass die späteren Ehegatten bereits zusammenleben und nicht heiraten, weil der Mann noch formal mit seiner ersten Ehefrau verheiratet ist und in Trennung lebt. Für das Scheidungsfolgenrecht der späteren zweiten Ehe kommt es vor allem auf die bereits während dieser vorehelichen Beziehungsphase entstehenden Fortkommensnachteile an. Hierbei steht auch nicht der Zweck des Getrenntlebens entgegen. Denn das Getrenntleben soll nur das rechtliche Band der (Noch-) Ehegatten aufrechterhalten. Dem ausgleichsberechtigten (Noch-) Ehegatten soll durch die Normen des Getrenntlebens allerdings kein höherer, durch die längere Ehedauer bedingter Zahlungsanspruch im Scheidungsfall gesichert werden.

Das Scheidungsfolgenrecht begründet als nacheheliche Phase keine weitergehende Schutzbedürftigkeit des Ehegatten – der schutzbedürftige Ehegatte erhält vielmehr Zahlungen. Eine Schutzwürdigkeit des vorehelichen Zusammenlebens „a maiori ad minus“ kann hieraus also nicht abgeleitet werden.

d) Schutz des Art. 6 I GG über Art. 3 I GG

Schließlich könnte ein Schutz des vorehelichen Zusammenlebens durch Art. 6 I GG aufgrund von Art. 3 I GG im Vergleich zur Ehe geboten sein.[1290] Für eine Gleichbehandlung von nichtehelicher Lebensgemeinschaft und Ehe wird angeführt, dass ansonsten eine potenzielle Diskriminierung einer immer größer

---

1288 Das „living apart together“, hierzu Kapitel 1 B. II. 3. a), ist nicht mit dem Getrenntleben i. S. d. § 1567 I 1 BGB gleichzusetzen, da hier kein subjektiver Trennungswille vorliegt; hierzu etwa MünchKomm/*Ey* § 1567 Rn. 33.

1289 Siehe zur verfassungsrechtlichen Grundlage des Scheidungsfolgenrechts in den Kapiteln 2 bis 4 jeweils unter „B. Legitimation“.

1290 Vgl. zum Meinungsstand für nichteheliche Lebensgemeinschaften z. B. *Ebsen,* VVDStRL 45, S. 126, 127; *Hausmann/Hohloch,* S. 217, wobei eine positive Gleichstellung wegen fehlender Vergleichbarkeit zur Ehe abgelehnt wird.

werdenden Menschengruppe vorläge, die außerhalb einer Ehe lebt.[1291] Für das voreheliche Zusammenleben als mittlerweile gesellschaftlich etablierte Beziehungsform sollte dies erst recht gelten.[1292] Das Leben und die Einstellungen der Partner vor der Ehe unterscheiden sich selten deutlich vom Eheleben.[1293] Gleichwohl lassen sich auch hier die oben genannten, gegen den Schutz vorehelicher Beziehungen als Ehe sprechenden Argumente anführen.[1294]

Ferner wird teilweise eine Gleichbehandlung (sonstiger) nichtehelicher Lebensgefährten zu eingetragenen Lebenspartnern gefordert. Da nur gleichgeschlechtlichen Lebenspartnern ein eigenes gesetzliches Institut zur Verfügung gestellt wurde (vgl. das Lebenspartnerschaftsgesetz), könnte hierin eine Diskriminierung aufgrund des Geschlechts nach Art. 3 II 1, III 1 GG liegen.[1295] Eine Rechtfertigung dieser Diskriminierung über Art. 6 I GG scheide insoweit aus.[1296] Allerdings fragt sich, ob die eingetragene Lebenspartnerschaft überhaupt mit der nichtehelichen Lebensgemeinschaft vergleichbar ist. Hiergegen spricht, dass den Partnern der nichtehelichen Lebensgemeinschaft prinzipiell die Möglichkeit offen steht, eine Ehe einzugehen – den Lebenspartnern aber gerade nicht.[1297] Die Lebenspartnerschaft ist aufgrund der Gleichgeschlechtlichkeit vielmehr ein „aliud“ zur Ehe[1298] und daher keine Konkurrenz.[1299] Außerdem liegt bei den Lebenspartnern, die sich eintragen lassen, ein Wille zur rechtlichen Bindung vor.[1300]

Darüber hinaus besteht bei Art. 3 I GG ein sehr weiter Spielraum.[1301] Denn eine Ungleichbehandlung kann durchaus gerechtfertigt sein. Daher fehlt es jedenfalls an einer Verpflichtung für Rechtsprechung oder Gesetzgeber zur (punk-

---

1291 Bericht der Gemeinsamen Verfassungskommission, Zur Sache 5/93, S. 107, 112; zur Ungleichbehandlung der nichtehelichen Lebensgemeinschaften gegenüber der Ehe z. B. BVerfGE 67, 186, 196.

1292 Vgl. zum etablierten vorehelichen Zusammenleben Kapitel 1 A. II. 1.

1293 Bereits Kapitel 1 B. II. 1 sowie oben B. I. 2. a).

1294 Siehe unter B. I. 2. b).

1295 Vgl. hierzu *Krings,* ZRP 2000, S. 409, 414; *Sachs,* JR 2001, S. 45, 49; *Scholz/Uhle,* NJW 2001, S. 393, 399.

1296 Schmidt-Bleibtreu/Hofmann/Hopfauf/*Hofmann,* Art. 6 Rn. 21; als nicht verletzt betrachtet Art. 3 II GG das BVerfG, siehe BVerfGE 105, 313, 351.

1297 BVerfGE 105, 313, 352; *Robbers,* JZ 2001, S. 779, 785; *Merten,* FS Leisner, S. 615, 629 sieht dies generell als Argument gegen die Gleichsetzung von Ehen und nichtehelichen Lebensgemeinschaften; andere Ansicht diesbezüglich *Schumacher,* FamRZ 1994, S. 857 f.

1298 BVerfGE 105, 313, 351.

1299 *Tettinger,* JZ 2002, S. 1146, 1148.

1300 Und damit quasi zur Gleichstellung mit der Ehe, vgl. *Hausmann/Hohloch,* S. 219.

1301 Vgl. für den Spielraum des Gesetzgebers z. B. BVerfGE 64, 158, 168 f.; 66, 84, 95.

tuellen) Gleichstellung vorehelicher und ehelicher Beziehungen bzw. zu eingetragenen Lebenspartnerschaften.

4. Ergebnis

Es konnten insgesamt einige Argumente dafür aufgezeigt werden, das voreheliche Zusammenleben wie eine Ehe über Art. 6 I GG zu schützen. Eine zwingende Einbeziehung in den Schutzbereich des Art. 6 I GG zeichnet sich indes nicht ab. Somit ist es für das voreheliche Zusammenleben nicht wie bei der Ehe verfassungsrechtlich durch Art. 6 I GG geboten, diese Beziehungszeit im späteren Scheidungsfolgenrecht zu berücksichtigen.

II. Schutz des vorehelichen Zusammenlebens allein über Art. 2 I GG

Infolge der bisherigen Ausführungen bleibt es für die Paarbeziehung des vorehelichen Zusammenlebens beim Schutz über die allgemeine Handlungsfreiheit nach Art. 2 I GG. Denn so ist es für alle Formen nichtehelicher Lebensgemeinschaften anerkannt.[1302] Denkbar wäre es, dem vorehelichen Zusammenleben über Art. 2 I GG eine ähnliche Schutzqualität wie über Art. 6 I GG zukommen zu lassen. Immerhin haben einige Argumente unter I. einen ehegleichen Schutz der vorehelichen Beziehung durch Art. 6 I GG nahe gelegt. Teilweise wird nämlich auch Art. 2 I GG ein Regelungsauftrag für den Gesetzgeber entnommen,[1303] was ebenfalls für Probleme nichtehelicher Lebensgemeinschaften gilt.[1304] Außerdem

---

1302 Hierfür vgl. bspw. BVerfGE 56, 363, 384; 82, 6, 16; als Bestandteil des Rechts auf freie Entfaltung der Persönlichkeit nach BVerfGE 87, 234, 267; zudem z. B. nach Dreier/*Gröschner,* Art. 6 Rn. 42; Mangoldt/Klein/Starck/*Robbers,* GG, Art. 6 Rn. 43; Jarass/Pieroth/*Jarass,* GG, Art. 2 Rn. 8, Art. 6 Rn. 2; *Stern,* Staatsrecht Band IV/1, S. 474; *Grziwotz,* S. 19; *Hausmann/Hohloch,* S. 210; *Steiger,* VVDStRL 45, S. 55, 61 f.; *v. Münch,* in *Landwehr,* S. 137, 149; *Merten,* FS Leisner, S. 615, 629; *Schwenzer,* JZ 1988, S. 781, 782; *Kingreen,* S. 73, 303; *Krings,* FPR 2001, S. 7, 11; *Eyrich,* ZRP 1990, S. 139, 140; *Scholz,* ZRP 1981, S. 225, 228; Bericht der Gemeinsamen Verfassungskommission, Zur Sache 5/93, S. 107, 113; *Rijsbergen,* S. 73. Teilweise wird auch auf einen Schutz über das allgemeine Persönlichkeitsrecht abgestellt, so *Kingreen,* S. 73; wohl zustimmend *Hausmann/Hohloch,* S. 213.

1303 *Lieb,* Gutachten, A 27, aber klarstellend, dass eine völlige Gleichstellung zur Ehe unzulässig ist; ähnlich *Scholz,* ZRP 1981, S. 225, 228 f.

1304 *Schwenzer,* JZ 1988, S. 781, 782; nach *Steiger,* VVDStRL 45, S. 55, 78 folgt ein notwendiger adäquater Schutz aus dem Gebot der Achtung der Menschenwürde und dem Rechtsstaatsprinzip.

wird bereits den gleichgeschlechtlichen Lebenspartnern ein umfassender rechtlicher Rahmen zur Verfügung gestellt, obwohl die eingetragene Lebenspartnerschaft ebenfalls keinen Schutz über Art. 6 I GG erfährt.[1305] Allerdings bietet Art. 2 I GG gerade keine der Institutsgarantie des Art. 6 I GG gleichende Ausgestaltungsbefugnis des Gesetzgebers, wie bereits oben dargestellt wurde.[1306] Bei gleichgeschlechtlichen Lebenspartnerschaften fehlt es an einer vergleichbaren Konstellation, wie ebenfalls oben begründet.[1307]

Einen umfassenden Schutz der vorehelichen Paarbeziehung durch Art. 2 I GG könnte man allenfalls über die allgemeine Handlungsfreiheit des schutzbedürftigen Ehegatten herleiten. Denn soweit vor der Ehe bereits beziehungsbedingte Nachteile für diesen Ehegatten entstehen, könnte dessen allgemeine Handlungsfreiheit für die Zukunft wegen der resultierenden Fortkommensnachteile beeinträchtigt werden. Diese Herangehensweise ist jedoch sehr vage. Die bisherige Rechtsprechung kennt einen solchen Schutz höchstens im Rahmen von Bürgschaftsverträgen oder sonstiger Mithaftung von Ehegatten oder Kindern.[1308] Es sollte daher keine Ausweitung auf die vorliegende Fallgestaltung erfolgen.

Es gibt also keinen Schutz der vorehelichen Paarbeziehung, der über den allgemein anerkannten Schutz nichtehelicher Lebensgemeinschaften durch Art. 2 I GG hinausgeht. Aber für den Fall vorehelicher Arbeitsteilung besteht dennoch keine verfassungsrechtliche Schutzlücke. Denn die bisherigen Ausführungen in den Kapiteln 2 bis 5 haben ergeben, dass viele Schutzaspekte des Scheidungsfolgenrechts bereits auf die voreheliche Beziehungszeit übertragen werden können. Insoweit gibt es zahlreiche Auslegungsmöglichkeiten für die Rechtsprechung, um die spezifischen Schutzlücken zulasten des benachteiligten Ehegatten einzelfallgerecht zu schließen.

C. Ergebnis zu Kapitel 6

Die bisherigen Auslegungsvorschläge verstoßen nicht gegen die allgemeine Handlungsfreiheit des Zahlungspflichtigen oder gegen den Eheschutz des Art. 6 I GG. Denn eine Berücksichtigung vorehelicher Zeiten im Scheidungsfolgenrecht wurde nur für Härtefälle befürwortet. Geschieht die Berücksichtigung im Rahmen einer Billigkeitsklausel, so kann der Rechtsanwender alle Interessen des Einzelfalls wahren und zu einem angemessenen Ausgleich bringen. Bislang

---

1305 BVerfGE 105, 313, 345 f.

1306 Siehe hierzu unter B. I.

1307 Hierzu unter B. I. 3. d).

1308 Vgl. etwa BGH, NJW 1999, S. 2584 mit Überblick sowie BGH, NJW 2001, S. 815.

gibt es Billigkeitsnormen nur in den unterhaltsrechtlichen §§ 1570 II, 1574 II, 1578b, 1579 Nr. 1 BGB. Es empfiehlt sich somit, den Gesetzeswortlaut in den übrigen Fällen, in denen nach dem hier vertretenen Ansatz eine Berücksichtigung vorehelicher Beziehungszeiten geboten ist, um eine Billigkeitsklausel zu ergänzen. Konkret geht es um die unterhaltsrechtliche Rangfolgenorm (§ 1609 Nr. 2 BGB) sowie um den Zugewinnausgleich.

Das voreheliche Zusammenleben erfährt keinen Schutz durch Art. 6 I GG. Allein die voreheliche Familie fällt in dessen Schutzbereich des Art. 6 I GG. Obwohl das voreheliche Zusammenleben der Ehe näher steht als andere Typen der nichtehelichen Lebensgemeinschaft,[1309] bleibt es für die voreheliche Paarbeziehung bei einem verfassungsrechtlichen Schutz über Art. 2 I GG. Für den gebotenen Schutzumfang im Scheidungsfolgenrecht ist vielmehr an die verfassungsrechtlichen Grundlagen des Scheidungsfolgenrechts anzuknüpfen. Deren konkrete Übertragbarkeit auf voreheliche Beziehungskonstellationen wurde bereits in den bisherigen Kapiteln 2 bis 5 diskutiert.[1310]

1309 Zu den anderen Formen nichtehelicher Lebensgemeinschaften s. Kapitel 1 A. II. 2.

1310 Siehe hierzu bereits in den Kapiteln zwei bis fünf jeweils unter B. und C.

Kapitel 7

Regelungsvorschläge

Abschließend sollen Anregungen zur Umgestaltung einzelner Normen des nachehelichen Unterhalts und des Zugewinnausgleichs dargestellt werden.[1311] Es sei darauf hingewiesen, dass die nachfolgenden Regelungsvorschläge keinen zwingenden Reformbedarf markieren. Wie in den Kapiteln zwei und drei gezeigt wurde, könnte die Rechtsprechung in nahezu allen Fällen des vorehelichen Zusammenlebens auch im Wege der Normauslegung zu einem angemessenen Ergebnis kommen. Allerdings ist die Rechtsprechung bislang für alle Scheidungsfolgen recht zurückhaltend, was die Berücksichtigung vorehelicher Beziehungszeiten angeht. Dies mag unter anderem daran liegen, dass die bis heute geschiedenen Ehen noch vermehrt einer anderen „Generation Ehe" zuzurechnen sind. Die Zahlen in der Einleitung und in Kapitel 1 verdeutlichen aber, dass das voreheliche Zusammenleben immer länger und häufiger wird. Dies gilt für Beziehungen vor der Erst-Ehe und ebenfalls für solche „zwischen den Ehen".

Daher sind die nachfolgenden Vorschläge als zukunftsgerichtetes Ergebnis der hiesigen Untersuchungen zu verstehen. Der letzte Reformgipfel in allen Bereichen des Scheidungsfolgenrechts ist gerade erst überstanden.[1312] Sicherlich wird es in absehbarer Zukunft keine weiteren grundlegenden Reformbestrebungen geben. Aber mit Blick auf die gesellschaftliche Realität ist zu beobachten, ob beziehungsbedingte Nachteile vor der Ehe weiter vermehrt auftreten und sich hieraus zukünftig ein konkreter Reformbedarf ergibt.

Inhaltlich sei vorweggenommen, dass sich im Gesetzeswortlaut vor allem Billigkeitsklauseln empfehlen.[1313] Dies ergaben die Untersuchungen in den bisherigen Kapiteln. Durch Billigkeitsabwägungen kann ein wirtschaftliches Ungleichgewicht, welches seine Ursache im vorehelichen Zusammenleben der Ehegatten hat, einzelfallgerecht ausgeglichen werden. Auch die grundrechtlichen Wertungen gebieten es insofern, die Berücksichtigung vorehelicher Zeiten auf

---

1311 Keine Gestaltungsoptionen bieten sich für den Versorgungsausgleich und die Behandlung von Ehewohnung und Haushaltsgegenständen an, vgl. hierzu Kapitel 4 und 5 jeweils unter D. I.

1312 Vgl. hierzu die Nachweise in der Einleitung in Fn. 13 bis 16.

1313 Der 67. Deutsche Juristentag hat sich mit deutlicher Mehrheit dafür ausgesprochen, dass im Familienrecht die Generalklausel das Mittel zur Berücksichtigung von Einzelfällen darstellt, vgl. die Beschlüsse des 67. Deutschen Juristentags, A. III. 1. (angenommen 23:8:4), vgl. FamRZ 2008, S. 2004, 2005.

Härtefälle zu begrenzen.[1314] Der Gesetzgeber hat im Rahmen der Unterhaltsrechtsreform ferner die Beibehaltung von Billigkeits- und Zumutbarkeitsgesichtspunkten als Ziel betont.[1315] In dieser Arbeit ist darüber hinaus eine restriktive Billigkeitsklausel auch für den Zugewinnausgleich zu diskutieren.

A. Regelungsvorschläge für das nacheheliche Unterhaltsrecht

In Kapitel 2 wurden einige Defizite der aktuellen Rechtslage des nachehelichen Unterhalts festgestellt. Zunächst empfiehlt es sich wegen der zögerlichen Rechtsprechung im Gesetzeswortlaut ausdrücklich auf die mögliche Entstehung ehebedingter Nachteile bereits vor der Ehe hinzuweisen. Daneben sollten die variierenden Wortlaute der §§ 1570 II, 1574 II, 1578b, 1579 Nr. 1 BGB hinsichtlich ehebedingter Nachteile vereinheitlicht werden. Schließlich ist eine Billigkeitsabwägung in den Gesetzeswortlaut des § 1609 Nr. 2 BGB (Rangfolge bei Ehe von langer Dauer) aufzunehmen.

I. Rechtsvergleichende Aspekte

Zunächst ist der Blick auf das nacheheliche Unterhaltsrecht in anderen Ländern zu richten. Teilweise wird dort das tatsächliche Zusammenleben vor der Ehe durch Rechtsprechung oder Gesetz umfassend berücksichtigt. Hieraus könnten sich Anregungen für die nachfolgenden Regelungsvorschläge ergeben.

Zum Beispiel wurde bereits 1980 in England einem 24-jährigen vorehelichen Zusammenleben trotz sehr kurzer Ehedauer Bedeutung für den nachehelichen Unterhalt zugesprochen.[1316] Nach englischem Recht sind bei der Entscheidungsfindung stets alle Umstände des Einzelfalls zu berücksichtigen, darunter auch das Verhalten der Ehegatten vor der Eheschließung.[1317] Konkret nennt der Gesetzeswortlaut als Kriterien das Berücksichtigen der Ehedauer und der part-

1314 Siehe hierzu Kapitel 6 unter C.

1315 BT-Drucks. 16/1830, S. 13.

1316 *Kokosinski* vs. *Kokosinski,* All England Law Reports 22nd April 1980, S. 1106, 1107, allerdings hinsichtlich „lump sum payment“ (= Einmalzahlung) und nicht für laufende Unterhaltszahlungen wie nach deutschem Unterhaltsrecht.

1317 Sec. 25 (1) Matrimonial Causes Act 1973: „to have regard to all the circumstances of the case“, zum Verhalten („conduct“, Sec. 25 (2) (g) Matrimonial Causes Act 1973) vor der Eheschließung s. *Kokosinski* vs. *Kokosinski,* All England Law Reports 22nd April 1980, S. 1106, 1115.

nerschaftlichen Beiträge für das Wohlergehen der Familie.[1318] Für die nachfolgend diskutierten Regelungsvorschläge zu den Unterhaltsnormen (§§ 1570 II, 1574, 1578b, 1579 Nr. 1, 1609 Nr. 2 BGB) kann insoweit übernommen werden, dass Kriterien wie die Ehedauer oder Haushaltsführung oder Kinderbetreuung während der Ehe zwar im Gesetzeswortlaut zu nennen sind. Es bedarf jedoch stets einer Einzelfallabwägung, um jegliche Fallkonstellationen – wie langes voreheliches Zusammenleben – würdigen zu können.

Nach neuseeländischem Recht werden Ehe und nichteheliche Lebensgemeinschaft im Unterhaltsrecht gleich behandelt.[1319] Deshalb findet dort das voreheliche Zusammenleben und die dortige Arbeitsteilung unproblematisch für den gesamten späteren Unterhaltsanspruch Beachtung.

Im Schweizer Unterhaltsrecht wird auch auf die Ehedauer als Kriterium abgestellt.[1320] Daneben ist die Aufgabenteilung während der Ehe für die Unterhaltsbemessung bedeutsam und es wird auf ehebedingte Nachteile abgestellt.[1321] Ausdrücklich ging etwa das Kantonsgericht Basel-Landschaft in einer Entscheidung 2003 auf das voreheliche Zusammenleben ein. Das Gericht stellte fest, dass für eine Beachtung dieser Zeitphase „gemeinschaftsbedingte Nachteile“ entstanden sein müssten.[1322]

In Belgien berechnet man den Unterhalt ebenfalls anhand des Zusammenlebens der Ehegatten.[1323] In Italien wird der Ehedauer in Relation zur wirtschaftlichen Verflechtung der Ehegatten Bedeutung zugemessen.[1324]

Dieser knappe Überblick zeigt die Tendenz in einigen Ländern, die maßgeblichen Verflechtungen zwischen den Eheleuten beim nachehelichen Unterhalt

---

1318 Sec. 25 (2) (d) Matrimonial Causes Act 1973: „duration of the marriage" und Sec. 25 (2) (f) Matrimonial Causes Act 1973: „the contributions which each of the parties has made […] to the welfare of the family".

1319 Sec. 64 Maintenance after marriage or civil union dissolved or de facto relationship ends (Family Proceedings Act 1980).

1320 Aber nicht losgelöst von den tatsächlichen Auswirkungen der Ehe auf die verminderte nachhaltige Eigenversorgung eines Partners, vgl. hierzu auch Obergericht Luzern, II. Kammer Entscheid vom 13.5.2003 – 22 02 88 (Nr. 13); *Hausheer,* in *Hofer/Schwab/Henrich,* S. 291, 304.

1321 Vgl. Art. 125 E. I. 2 ZGB. Von ehebedingten Nachteilen spricht insoweit Wendl/Staudigl/*Dose* § 9 Rn. 157.

1322 Umkehrschluss aus KGZS vom 3.6.2003, www.baselland.ch/ktger2003_01-htm.288866.0.html betreffend Art. 125 II ZGB. Das Problem der Berücksichtigung vorehelicher Zeiten nennend, aber offen lassend Obergericht Luzern, II. Kammer Entscheid vom 13.5.2003 – 22 02 88 (Nr. 13).

1323 Vgl. Art. 301 § 1 des Bürgerlichen Gesetzbuchs, Übersetzung bei *Pintens,* in *Hofer/Schwab/Henrich,* S. 27, 53.

1324 Vgl. *Cubeddu-Wiedemann,* in *Hofer/Schwab/Henrich,* S. 139, 159 m. w. Nw.

als Kriterium heranzuziehen. Dem tatsächlichen Zusammenleben der Ehegatte wird zum Teil wesentliche Bedeutung beigemessen, sei es vor oder während der Ehe.

II. Konkrete Änderungsvorschläge für das nacheheliche Unterhaltsrecht

1. Ehebedingte Nachteile als Inhalt der Billigkeitsabwägung

Dem bisherigen Unterhaltsrecht sind seit der Reform 2007 ehebedingte Nachteile nicht mehr fremd. Nach dem in dieser Arbeit vertretenen Ansatz soll beim nachehelichen Unterhaltsrecht weiter verstärkt auf den Ausgleich tatsächlich entstandener Fortkommensnachteile abgestellt werden. Mithilfe einer Billigkeitsabwägung – mit ehebedingten Nachteilen als Inhalt – kann der gewünschte Eigenverantwortungsgrundsatz einzelfallgerechten Eingang in viele Entscheidungen finden.[1325] Solche Nachteile können durch Zusammenleben vor der Ehe oder während der Ehe entstehen. Die Ursachen für ehebedingte Nachteile sind bereits in § 1578b I 3 BGB recht konkret aufgezählt:

„Solche Nachteile können sich vor allem aus der Dauer der Pflege oder Erziehung eines gemeinschaftlichen Kindes, aus der Gestaltung von Haushaltsführung und Erwerbstätigkeit während der Ehe sowie aus der Dauer der Ehe ergeben.“

Auch den §§ 1570 II, 1574, 1579 Nr. 1, 1609 Nr. 2 BGB liegt der Gedanke des Ausgleichs beziehungsbedingter Nachteile zugrunde. Es ergibt sich nach den bisherigen Untersuchungen ein einheitliches Schema, welches den Billigkeitsabwägungen der benannten Normen gleichermaßen zugrunde liegt. Dieses Schema beschreibt die Inhalte und Vorgehensweise bei den jeweiligen Billigkeitsabwägungen, obgleich die Gesetzeswortlaute teils differieren.

Billigkeitsabwägung
↓
– insbesondere **ehebedingte Nachteile** berücksichtigen –
Solche Nachteile können **bereits vor der Ehe** entstehen.
→ Nachteilsursachen sind vor allem:
- Dauer und Pflege oder Erziehung eines gemeinschaftlichen Kindes

1325 Nach der Gesetzesbegründung pflichten ehebedingte Nachteile im Rahmen der Billigkeitsabwägung dem Grundsatz der Eigenverantwortung bei, vgl. BT-Drucks. 16/1830, S. 18.

- Gestaltung der Haushaltsführung und Erwerbstätigkeit während der Ehe
→ **Indiz** für Entstehen ehebedingter Nachteile: **Ehe von langer Dauer**

Damit weicht das hier vorgeschlagene Schema leicht vom Musterwortlaut des § 1578b BGB ab.

Zunächst sind auch voreheliche Nachteile ausdrücklich erwähnt, weil beziehungsbedingte Fortkommensnachteile – wie mehrfach in dieser Arbeit festgestellt – bereits vor der Ehe entstehen können.[1326]

Zudem fließt die lange Ehedauer als Indiz in die Abwägung ein. Denn es ist anerkannt, dass sich mit zunehmender Ehedauer regelmäßig eine klassische Rollenverteilung einstellt. Die Gesetzesbegründung zu § 1578b BGB formuliert zum Beispiel:[1327]

„Ehebedingte Nachteile, die auf der Aufgabenverteilung in der Ehe beruhen, steigen wegen der zunehmenden persönlichen und sozialen Verflechtung typischerweise mit der Dauer der Ehe, so dass im Einzelfall eine lebenslange Unterhaltspflicht gerechtfertigt sein kann."

Dies steht ebenfalls im Einklang mit der aktuellen BGH-Rechtsprechung, welche z. B. hinsichtlich § 1578b I 3 BGB dem Merkmal der Ehedauer nur die Funktion eines Indizes für die zunehmende Verflechtung der beiderseitigen Verhältnisse beimisst.[1328] Der Ehedauer muss fernerhin aus Gründen des verfassungsrechtlichen Eheschutzes eine Sonderstellung zukommen. Durch die hier vorgeschlagene Vermutung für das Entstehen ehebedingter Nachteile bei einer langen Ehedauer wird dem besonderen Gewicht der Ehedauer aber ausreichend Rechnung getragen.

Nicht ausdrücklich erwähnt ist die voreheliche Betreuung nicht gemeinschaftlicher Kinder oder die Pflege sonstiger naher Angehöriger als mögliche Ursache für Nachteile. Diese Fälle zählen auch nicht zu den ausdrücklich benannten, ehebedingten Nachteilen im bisherigen Gesetzeswortlaut.[1329] Das schadet auch nicht, weil die vorgeschlagene Abwägung nicht abschließend ist. Im Gesetzeswortlaut muss sicher weiterhin das Wort „insbesondere" finden – wie

---

1326 Siehe hierzu vor allem Kapitel 2 C. I. 2. b) aa).

1327 BT-Drucks. 16/1830, S. 18; mittlerweile so auch die Rechtsprechung, z. B. OLG Brandenburg, NJW 2008, S. 2268 oder die BGH-Rechtsprechung – hierzu sogleich ausführlich.

1328 Vgl. BGH, NJW 2008, S. 2581, 2585 = FamRZ 2008, S. 1325, 1328; NJW 2009, S. 989; sich anschließend etwa OLG Koblenz, NJW 2009, S. 2315, 2317; BT-Drucks. 16/1830, S. 19.

1329 Außerdem würde ein weiteres Eingehen zur Berücksichtigung nicht gemeinschaftlicher Kinder den Rahmen dieser Arbeit sprengen, vgl. aber kurz hierzu Kapitel 1 C. I. unter 3., Fn. 254.

bisher in § 1578b I 2 BGB.[1330] Insoweit reicht es aus, wenn diese bislang zahlenmäßig noch selten zu berücksichtigenden Einzelfälle als sonstige Aspekte bei der Billigkeitsabwägung berücksichtigt werden können. Sollte die Pflege oder die Betreuung von Stiefkindern vor und während der Ehe zahlenmäßig weiter zunehmen, so ist es vielmehr Aufgabe des Gesetzgebers, das Unterhaltsrecht diesen Veränderungen grundlegend anzupassen.[1331]

2. Fragen der Regelungsdichte bei der Normierung vorehelicher Nachteile

Es stellt sich weiterhin die im Familienrecht häufig auftauchende Frage der Regelungsdichte.[1332] Der deutsche Juristentag hat für die Ausgleichssysteme des Scheidungsfolgenrechts beschlossen, dass zur Sicherung der Einzelfallgerechtigkeit an Generalklauseln anzuknüpfen ist.[1333] Nicht jeder Einzelfall kann per Gesetzesnorm erfasst werden.[1334] Ansonsten gäbe es eine Unzahl von einzelnen Normen, was wenig praktikabel wäre. Dies gilt vor allem im Familienrecht, wo es unzählbar viele Fallkonstellationen gibt.

Wenn jedoch immer häufiger bereits vor der Ehe für längere Zeit zusammengelebt wird, sollte auf bereits vorehelich eintretende Fortkommensnachteile ausdrücklich im Gesetz hingewiesen werden.[1335] Schließlich hält sich die Rechtsprechung insofern noch sehr zurück. Das mag auch daran liegen, dass im Gesetzeswortlaut stets eine Ehebedingtheit der Nachteile betont wird.[1336] Dies soll freilich weiterhin als Regelfall vermutet werden. Allerdings ist es kaum abzusehen, wie schnell sich die traditionelle Arbeitsteilung auf Zeiten des vorehelichen Zusammenlebens der Ehegatten verschieben wird oder bereits verschoben hat. Denn nicht zu vergessen bleibt, dass eine Ehe nach langem vorehelichem Zu-

1330 „[Bei der Unbilligkeitsabwägung] ist insbesondere zu berücksichtigen, inwieweit durch die Ehe Nachteile im Hinblick auf die Möglichkeit eingetreten sind, für den eigenen Unterhalt zu sorgen."

1331 Selbiges gilt nicht nur für voreheliche, sondern sogar für ehebedingte Nachteile durch Pflege.

1332 Der 67. Deutsche Juristentag hat sich bei der Frage der Regelungsdichte z. B. für Generalklauseln als Berücksichtigungsmittel ausgesprochen, vgl. 67. Deutschen Juristentags, Beschlüsse, A. III. 1. (angenommen 23:8:4), FamRZ 2008, S. 2004, 2005.

1333 Vgl. die Beschlüsse des 67. Deutschen Juristentags, A. III. 1. (angenommen 23:8:4), FamRZ 2008, S. 2004, 2005.

1334 Diese Frage soll zudem beim konkreten Vorschlag unten vertieft werden.

1335 Siehe zu den Zahlen oben die Einleitung und Kapitel 1 A. II. 1.

1336 Vgl. ausdrücklich § 1578b I BGB, aber auch §§ 1574 II, 1570 II, 1579 Nr. 1, 1609 Nr. 2 BGB.

sammenleben häufig nur kurz ist. In solchen Fällen dürften die Beziehungspartner sehr oft vor der Ehe intensiver als während der Ehe zusammen gelebt und gewirtschaftet haben. Das voreheliche Zusammenleben ist im deutschen Unterhaltsrecht nicht zuletzt zu berücksichtigen, um dem restriktiven Grundsatz der Eigenverantwortung zu begegnen.[1337] Soweit man die Unterhaltsansprüche aus reinen Solidaritätsgründen immer restriktiver gewährt, sollte man als Ausgleich dafür zumindest vorehelich entstandene Nachteile aufgrund eines tatsächlichen Zusammenlebens in Härtefällen angemessen würdigen.

Daneben spricht die Tendenz „From Contract to Status"[1338] für eine gesetzliche Normierung der typischen Nachteilskonstellationen. Ähnliche Schutzkonstellationen wie im Scheidungsfolgenrecht gibt es etwa im Arbeitsrecht, Verbraucherschutzrecht oder Minderjährigenrecht. Hier greift der Gesetzgeber bei vertraglichen Regelungen der Parteien mit ungleichen Machtvoraussetzungen jeweils schützend ein. Ein solches typisches Machtungleichgewicht kann sich bereits vor der Ehe zwischen den Ehegatten einstellen und es bedarf eines gesetzgeberischen Einschreitens.

Ferner könnte auch die Gesellschaft für das Phänomen schon vorehelich eintretender Nachteile sensibilisiert und informiert werden, wenn im Gesetzestext ausdrücklich voreheliche Fortkommensnachteilen benannt sind. Es bedürfte zumindest umfangreicher Befragungen von Paaren, gesellschaftswissenschaftlichen Experten oder der Einschätzung von Praktikern wie Richtern und Anwälten, was die Notwendigkeit der ausdrücklichen Normierung vorehelicher Nachteile angeht. Die Frage der Regelungsdichte bleibt letzten Endes eine rechtspolitische. Um hierfür ausreichende Diskussionsansätze zu liefern, wird in dieser Arbeit zugunsten der Rechtssicherheit favorisiert, ausdrücklich auf bereits vor der Ehe eingetretene Nachteile im Gesetz hinzuweisen.

3. Regelungsvorschlag für § 1578b BGB

a) § 1578b BGB als „Grundnorm", auf die Bezug genommen werden kann

Zunächst wird auf den konkreten Wortlautvorschlag zu § 1578b BGB eingegangen, da dessen Wortlaut bereits das Prinzip des Nachteilsausgleichs aufgreift. Inhaltlich dient § 1578b BGB der Beschränkung eines Unterhaltsanspruchs wegen Unbilligkeit. § 1578b BGB soll nach dem hiesigen Vorschlag weiterhin als

---

1337 Eigenverantwortung als Hintergrund der Unterhaltsrechtsreform 2007, siehe hierzu etwa BT-Drucks. 16/1830 S. 14.

1338 Hierzu vertiefend *Rehbinder,* FS Hirsch, S. 141, 153 ff. bzw. der mittlerweile mehrfach abgewandelt herangezogene Grundgedanke von Sir Henry James Sumner Maine: „From Status to Contract" (so etwa *Schwenzer,* Vom Status zur Realbeziehung).

„Grundnorm" dienen.[1339] Der systematisch an erster Stelle im Gesetz stehende § 1570 II BGB bietet sich insoweit nicht an, weil er wegen seines kindeswohlorientierten Zwecks eine gewisse Sonderstellung einnimmt. Es bleibt außerdem bei der Definition ehebedingter Nachteile nur in § 1578b BGB-E, um Wiederholungen im Gesetzestext zu vermeiden. Die übrigen, ähnlich gestalteten Normen (§§ 1570 II, 1574 II, 1579 Nr. 1, 1609 Nr. 2 BGB) nehmen dann auf § 1578b BGB-E Bezug und verweisen auf die maßgeblichen Nachteile im Sinne des § 1578b BGB-E.[1340] Der Inhalt des § 1578b BGB-E richtet sich nach dem oben abstrakt dargestellten Schema.[1341] Die Frage, auf welche Weise man die vorehelichen wirtschaftlichen Verflechtungen in den Wortlaut des § 1578b BGB-E einbeziehen kann, wird sogleich unter b) diskutiert und beantwortet.

b) § 1578b BGB-E

(1) [1]Der Unterhaltsanspruch des geschiedenen Ehegatten ist auf den angemessenen Lebensbedarf herabzusetzen, wenn eine an den ehelichen Lebensverhältnissen orientierte Bemessung des Unterhaltsanspruchs auch unter Wahrung der Belange eines dem Berechtigten zur Pflege oder Erziehung anvertrauten gemeinschaftlichen Kindes unbillig wäre. [2]Dabei ist insbesondere zu berücksichtigen, inwieweit durch die Ehe Nachteile im Hinblick auf die Möglichkeit eingetreten sind, für den eigenen Unterhalt zu sorgen. [3]Solche Nachteile können sich vor allem aus der Dauer der Pflege oder Erziehung eines gemeinschaftlichen Kindes *sowie* aus der Gestaltung von Haushaltsführung und Erwerbstätigkeit während der Ehe ergeben. *[4]Insoweit können auch vor der Ehe eingetretene Nachteile zu berücksichtigen sein, wenn der berechtigte Ehegatte bereits auf eine spätere Eheschließung vertrauen durfte. [5]Liegt eine Ehe von langer Dauer vor, so wird vermutet, dass ehebedingte Nachteile eingetreten sind.*

[(2), (3) bleiben unverändert.]

(Kursiver Text ist neu.)

1339 Darüber hinaus wird teilweise davon ausgegangen, dass seit der Reform 2007 dem Tatbestand des § 1578b BGB aufgrund der Abkehr von der Lebensstandardgarantie verstärkt Bedeutung zukommt, vgl. hierzu *Triebs,* FPR 2008, S. 31, 33.

1340 Wie bisher bereits bei § 1609 Nr. 2 Hs. 2 BGB.

1341 Also eine Billigkeitsabwägung als Grundlage mit ehebedingten Nachteilen bzw. deren Ursache als Mittelpunkt, wobei die Dauer der Ehe das Eintreten von Nachteilen indiziert.

aa) Vorehelich entstehende Nachteile oder Zeiten als Kriterium

Es verbietet sich, die Ehedauer gesetzlich schlichtweg um die Zeit des vorehelichen Zusammenlebens zu ergänzen. Das Abstellen allein auf die Beziehungszeit muss weiterhin ein Eheprivileg bleiben. Ansonsten besteht die Gefahr, die nichtehelichen Zeiten den ehelichen gleichzustellen und so gegen die Sonderstellung der Ehe und damit gegen Art. 6 GG zu verstoßen.[1342] Außerdem lebt ein Großteil der Ehegatten vor der ersten Ehe zusammen. Dort wird seltener nach dem Muster traditioneller Aufgabenteilung gelebt. Es darf daher nicht wie in einer Ehe allein von der vorehelichen Beziehungsdauer auf die eingetretenen Nachteile geschlossen werden.[1343]

Deshalb ist auf die tatsächlich eingetretenen Nachteile abzustellen. So umgeht man auch die beweisrechtlichen Probleme, die mit der Feststellung des konkreten Beginns des vorehelichen Zusammenlebens einhergehen.[1344] Oft geschieht der Einzug beim Partner nämlich schleichend – häufig verbringt man zunächst nur die Wochenenden zusammen. Daneben ist die Berechnung des angemessenen Unterhalts leichter, wenn man die entstandenen Nachteile ausgleichen will. Denn hierbei kann grundsätzlich gefragt werden, wie der bereits voreheliche Nachteile erfahrende Partner nach der Scheidung (hypothetisch) stünde, wenn er diese Einbußen nicht erlitten hätte. Die Differenz ist dann je nach Einzelfall auszugleichen.

bb) *Ehe*bedingte Nachteile als Anknüpfungspunkt im Gesetz

Nach wie vor ist an den *ehe*bedingten Nachteilen als Anknüpfungspunkt im Gesetz festzuhalten. Denn wenn man bei § 1578b BGB-E ausschließlich und allgemein auf *beziehungs*bedingte Nachteile abstellt, missachtet man die Regelannahme, dass in der Ehe (noch) verstärkt Arbeitsteilung praktiziert wird. Insofern geriete man auch in Konflikt mit dem Eheschutz des Art. 6 I GG.[1345] Aus denselben Gründen sind ebenso die in § 1578b I 2, 3 BGB enthaltenen Zusätze wie Nachteile „durch die Ehe“ oder Ursachen hierfür „während der Ehe“ beizubehalten. Es bietet sich vielmehr an, in einem gesonderten Satz auf die Tatsache bereits vorehelich entstehender Nachteile zusätzlich hinzuweisen, vgl. § 1578b I 4 BGB-E – auf Fragen der Regelungsdichte wurde bereits oben eingegangen.[1346]

1342 Vgl. diesbezüglich oben Kapitel 6 A. II. 1.

1343 Trotz Zunahme von Doppelverdienerehen ist noch immer hiervon auszugehen.

1344 Der Übergang in eine nichteheliche Lebensgemeinschaft ist meist fließend, vgl. *Matthias-Bleck* 2006, S. 181.

1345 Hierzu Kapitel 6 A. unter II.

1346 Siehe oben unter A. II. 2.

Ein verfassungsrechtlich gebotener Abstand zur Ehe bleibt dabei gewahrt, da voreheliche Verflechtungen stets positiv bewiesen werden müssen. Ehebedingte Nachteile werden dagegen bei längerer Ehedauer vermutet, vgl. S. 5 des Entwurfs. Die absolut geringere Anzahl vorehelicher Nachteile in Beziehungen ist unschädlich, da sie nur berücksichtigt werden, wenn sie tatsächlich eingetreten sind.

cc) Zusätzliche Voraussetzung bei vorehelich eintretenden Nachteilen

Es sollte aber nicht allein ausreichen, dass vor der Ehe bereits Nachteile eingetreten sind. Immerhin stellt man die vorehelichen Nachteile den Nachteilen während der Ehezeit gleich.

(1) Heiratsabsichten kein passender Anknüpfungspunkt

Denkbar wäre zwar, neben dem Eintreten von Nachteilen vor der Ehe noch Heiratsabsichten der Partner zu fordern. Denn die entscheidenden Dispositionen während einer vorehelichen Lebensgemeinschaft werden vorwiegend getroffen, wenn bereits Heiratsabsichten bestehen.[1347] Bei Heiratsabsichten wird meist von einer lebenslangen Beziehung und damit von einem ausgeglichenen gegenseitigen Geben und Nehmen ausgegangen. Heiratsabsichten sind zudem ein früher Ausdruck ehelicher Solidarität. Sie müssten aber (zumindest unausgesprochen) bei *beiden* Partnern vorhanden sei, damit sie für ein Mittragen der Nachteile seitens des Unterhaltsverpflichteten herangezogen werden können. Oftmals hegt nämlich nur ein Lebensgefährte vor der Ehe ernsthafte Heiratsabsichten – meist der später schutzbedürftige Ehegatte. Bekundet der andere Partner dagegen seine Heiratsabsichten, obwohl er „insgeheim" doch nicht heiraten will, so dürfte er hierdurch beim anderen Lebensgefährten Vertrauen erwecken. Auf ein schutzwürdiges Vertrauen wird sogleich unter (2) noch ausführlich eingegangen.

Außerdem gibt es beweistechnische Schwierigkeiten bei der Feststellung von Heiratsabsichten.[1348] Das BGB kennt zwar den Begriff der „Absicht" und setzt ihn trotz unvermeidbarer Beweisprobleme ein.[1349] Zum Beispiel wird eine beabsichtigte Aufhebung des Testaments vermutet, wenn der Erblasser das Schriftstück vernichtet hat (§ 2255 S. 2 BGB). Aber es erscheint äußerst fragwürdig, in entsprechender Weise etwa eine Heiratsabsicht zu vermuten, wenn

1347 Wie bereits mehrfach gezeigt, vgl. etwa die Rechtsprechung in Kapitel 3 C. I. 2.

1348 Vgl. *Rijsbergen,* S. 221.

1349 Vgl. z. B. in § 685 BGB (Schenkungsabsicht), § 959 BGB (Aufgabe des Eigentums), § 1375 II Nr. 3 und 1390 I 1 BGB (Benachteiligungsabsicht).

benachteiligende Dispositionen getroffen werden.[1350] Ein solcher Rückschluss mag oft zutreffen, ist jedoch keinesfalls zwingend.[1351]

Die Heiratsabsichten kommen mithin nicht als gesetzliches Kriterium in Betracht.

(2) „Vertrauendürfen" als vorzugswürdiges Kriterium

Passender ist es, an das „Vertrauendürfen" als Kriterium abzustellen. Dem nachehelichen Unterhaltsrecht ist der Vertrauensschutz immanent.[1352] Das Vertrauen ist daneben ein verfassungsrechtlich anerkannter Schutzgrund, vgl. Art. 20 III GG. Die bisherigen Ausführungen zum unterhaltsrechtlichen Vertrauensschutz ergaben darüber hinaus, dass es stets eines *Vertrauenstatbestands* bedarf.[1353] Der schwächere Partner muss also vertrauen „dürfen". Dies ist dann der Fall, wenn seine Einschränkung der Erwerbstätigkeit durch das Verhalten des Partners (mit-) veranlasst wurde. Ansonsten obliegt es dem Benachteiligten, frühzeitig selbst für seinen zukünftigen Unterhalt vorzusorgen. Denkbar ist insofern, dass er sich z. B. um umfassende Kinderbetreuungsmöglichkeiten kümmert und recht zeitnah nach der Geburt des Kindes wieder seinen Beruf ausübt.

Haben die Partner eine Ehe ohne ehevertragliche Einschränkung des Scheidungsfolgenrechts geschlossen, so darf der unterhaltsbedürftige Ehegatte grundsätzlich auf eine (dauerhafte) Versorgung durch den anderen vertrauen. Dies dürfte trotz der steigenden Scheidungsrate nach wie vor gelten. Während der vorehelichen Beziehungsphase fehlt aber eine bereits geschlossene Ehe als vertrauensbegründendes Element. Aus der Sicht des Unterhaltsbegehrenden müssen daher sonstige Anhaltspunkte für eine dauerhafte Unterhaltsleistung durch den anderen Partner vorliegen. Ein schützenswertes Vertrauen vor der Ehe entsteht infolge der ausdrücklichen Zustimmung des Mannes zur Einschränkung der Erwerbstätigkeit der Frau wegen Kinderbetreuung und Haushaltsführung. Hier hat der Mann die Fortkommensnachteile der Frau faktisch (mit-) veranlasst. Es kann insoweit auch reichen, dass der Mann die ihm auch zugutekommende Arbeitsteilung duldet. Denkbar ist weiterhin, dass die Frau ihre Erwerbstätigkeit im Hinblick auf die gemeinsam geplante Eheschließung aufgibt, denn hierbei vertraut die Frau auf die angestrebte Ehe und damit auf eine dauerhafte finanzielle Absicherung. Dabei müssen grundsätzlich beide Partner Heiratsabsichten haben. Der schutzbedürftige Partner darf etwa von festen Heiratsabsichten des berufstätigen

---

1350 Z. B. entsprechend dem § 2255 BGB.

1351 Anders als z. B. der Aufhebungswille bei Vernichtung des Testaments bei konkreten Handlungen (§ 2255 S. 2 BGB), wie etwa das Verbrennen des Papiers.

1352 Siehe hierzu Kapitel 2 unter B. sowie dort unter C. I. 2. b) bb).

1353 Vgl. hierzu etwa Kapitel 2 C. I. 2. b) bb) (4).

Partners ausgehen, wenn ihn dieser mit dem Versprechen einer baldigen Eheschließung über längere Zeit „hinhält“ bzw. „vertröstet“. Dann schadet es auch nicht, wenn der später unterhaltspflichtige Ehegatte es im Scheidungsfall leugnet, vor der Ehe bereits wahre Heiratspläne gehabt zu haben.

Allerdings bestehen *Beweisprobleme* hinsichtlich der Feststellbarkeit des berechtigten Vertrauens. Das BGB kennt den Begriff des Vertrauens. Zum Beispiel in §§ 627, 311 III BGB taucht das Vertrauen ebenfalls für zwischenmenschliche Konstellationen auf.[1354] Schwierigkeiten könnten sich aber beim Vertrauen während des vorehelichen Zusammenlebens ergeben, weil es sich wohl erst im Laufe mehrerer Monate oder Jahre der gelebten Beziehung festigt. Jedoch zeigt der Tatbestand des § 7 III Nr. 3 c) SGB II, dass nichteheliche Lebensgemeinschaften grundsätzlich feststellbar sind. Hiernach ist eine Bedarfsgemeinschaft eine Beziehung zwischen dem Hilfebedürftigen und „einer Person, die mit dem Hilfebedürftigen in einem gemeinsamen Haushalt so zusammenlebt, dass nach verständiger Würdigung der wechselseitige Wille anzunehmen ist, Verantwortung füreinander zu tragen und füreinander einzustehen“. Ähnliches gilt für § 9 II SGB II.[1355] Nach diesem Muster könnte ein Zusammenleben mit dem zukünftigen Ehegatten ebenso das „Vertrauendürfen“ in eine dauerhafte Unterhaltsunterstützung indizieren. In diesem Zusammenhang ist ferner die „sozial-familiäre Beziehung“ i. S. d. §§ 1600 II, III, 1685 II BGB zu nennen. Hier hat der Gesetzgeber mit der „Übernahme tatsächlicher Verantwortung“ ein auslegungsbedürftiges Merkmal geschaffen; eine solche Verantwortungsübernahme wird bei einer Ehe oder bei längerem Zusammenleben in häuslicher Gemeinschaft vermutet. Außerdem gibt es den Unterhaltsbeschränkungstatbestand des § 1579 Nr. 2 BGB, wobei eine „verfestigte Lebensgemeinschaft“ ein zu beweisendes Tatbestandsmerkmal ist.

(a) Aufgeben der Erwerbstätigkeit nach Kindesgeburt als Indiz

Es erleichtert die Rechtsanwendung, wenn handhabbare Kriterien für ein voreheliches „Vertrauendürfen“ existieren. Man kann ein „Vertrauendürfen“ annehmen und damit leichter beweisen, wenn die Berufstätigkeit direkt im Anschluss an die Geburt eines gemeinsamen Kindes aufgegeben wurde. Dies gilt erst recht, wenn das Kind ein von beiden gewolltes Wunschkind ist. Dann sind beide Partner zumindest konkludent darin übereingekommen, dass beide die

---

1354 Darüber hinaus wird der Vertrauensschutz etwa beim gutgläubigen Erwerb relevant, §§ 932 ff. BGB.

1355 Auch hier ist eine Bedarfsgemeinschaft zu beweisen, wozu auch die eheähnliche Gemeinschaft zählt, vgl. Rolfs/Giesen/Kreikebohm/*Udsching* § 7 SGB II Rn. 13.

Lasten der Kindererziehung tragen. Selbiges muss ebenfalls gelten, wenn der nicht erziehende Partner das Kind wie ein Wunschkind akzeptiert und dies zum Ausdruck bringt. Insgesamt dürfte es sogar eine Art Anscheinsbeweis für ein „Vertrauendürfen" darstellen, wenn die Erwerbstätigkeit in der vorehelichen Beziehung zugunsten der Betreuung eines gemeinsamen Kindes aufgegeben wird.[1356]

(b) Lange Dauer des vorehelichen Zusammenlebens als Indiz

Weiterhin entstehen mit zunehmender Dauer des Zusammenlebens vor der Ehe dem nicht Erwerbstätigen regelmäßig auch mehr Fortkommensnachteile.[1357] Ein langes Zusammenleben ist also ein Indiz für ein „Vertrauendürfen" auf die dauerhafte Versorgung durch den anderen Partner. Das lange Zusammenleben ist vor allem leichter darzulegen als das „Vertrauendürfen" an sich. Es kann nämlich auf den Zeitpunkt des Zusammenziehens der Lebensgefährten abgestellt werden. Hierfür könnte man Mietverträge als Beweismittel heranziehen. Zudem gibt es regelmäßig Hausbewohner oder Familie und Freunde, die Auskunft über den Zeitpunkt des Zusammenziehens geben können. Anerkannt ist ferner, dass der Dauer der vorehelichen Hausgemeinschaft unterhaltsrechtliche Relevanz zukommt.[1358] Wie einleitend unter (2) gezeigt, gibt es bereits Normen, die an das Zusammenleben von Partnern und dessen Dauer anknüpfen.

4. Regelungsvorschlag für § 1570 II BGB

Als nächstes soll ein Regelungsvorschlag für den Annex-Anspruch aus § 1570 II BGB dargestellt werden. § 1570 II BGB ermöglicht eine Verlängerung des Betreuungsunterhalts aus elternbezogenen Gründen.[1359] Der bisherige Gesetzeswortlaut des § 1570 II BGB unterscheidet sich zwar etwas von der oben formulierten „Grundnorm" des § 1578b BGB-E. Anders als § 1578b I 2, 3 BGB nennt § 1570 II BGB nur die Ehedauer und die Gestaltung von Kindesbetreuung und Erwerbstätigkeit. Aber nach der Gesetzesbegründung lehnt sich die Regelungstechnik des § 1570 II BGB an die des § 1578b BGB an.[1360] Deshalb kann auch in § 1570 II BGB-E auf die Nachteile i. S. d. § 1578b I 2-5 BGB-E verwiesen werden. Außerdem dienen beide Normen in ähnlicher Weise dem Schutz des „in

1356 Ähnlich bereits Kapitel 2 C. I. 2. b) bb) (4).
1357 Siehe hierzu auch Kapitel 1 B. II. 3.
1358 Hierzu Göppinger/Wax/*Bäumel* Rn. 1153.
1359 Siehe hierzu ausführlich Kapitel 2 C. I. 2.
1360 Vgl. BT-Drucks. 16/6980, S. 9.

der Ehe gewachsene[n] Vertrauen[s] in die gemeinsame Rollenverteilung und die gemeinsame Ausgestaltung der Kinderbetreuung".[1361]

Ein dogmatischer Unterschied besteht dagegen in der anspruchsbegründenden Funktion des § 1570 BGB. Ein Verweis durch § 1570 II BGB-E auf die Nachteile des § 1578b BGB-E ändert aber nichts an dessen Normqualität und -eigenschaft. Der Schutzumfang zugunsten des Berechtigten wird so vielmehr erweitert.[1362] Wie oben dargestellt,[1363] sind bei § 1570 II BGB-E ebenfalls voreheliche Nachteile zu beachten (daher Verweis auch auf § 1578b I 4 BGB-E). Ferner umfasst der Verweis auch S. 5 des § 1578b I BGB-E. Denn bei § 1570 II BGB wird bereits nach jetziger Rechtslage von einer Festigung des relevanten Vertrauens für den Fall einer langen Ehe ausgegangen.[1364]

Die aktuelle Rechtsprechung des BGH, dass Ansprüche aus § 1570 BGB nicht durch § 1578b BGB zu beschränken sind, ist beizubehalten.[1365] Nach dem BGH enthält § 1570 BGB seit der Unterhaltsrechtsreform eine Sonderregelung für die Billigkeitsabwägung. Sind alle kind- und elternbezogenen Gründe bereits bei der Abwägung des § 1570 BGB berücksichtigt und führen sie dazu, dass ein Anspruch über drei Jahre hinaus zu gewähren ist, dann kommt keine Beschränkung des Anspruchs mehr in Betracht. So wird eine doppelte Prüfung nach den gleichen Maßstäben vermieden.[1366] Bei dem vorliegenden Entwurf ist ohnehin nur die Abwägung des § 1570 II BGB-E identisch mit der Abwägung des § 1578b I BGB-E. Es sind daher nur die nachrangigen elternbezogenen Gründe

1361 So für § 1570 II BGB bei BT-Drucks. 16/6980, S. 9.

1362 Eine andere Frage ist die gebotene Anpassung des § 1615l BGB, obwohl dort wie in Kapitel 2 C. I. 2. b) cc) unter (1) gezeigt bereits das Vertrauen in der Paarbeziehung über die Billigkeitsprüfung Beachtung erfahren kann (vgl. „insbesondere").

1363 Siehe hierzu Kapitel 2 C. I. 2 a) sowie 2. b) aa).

1364 Vgl. BT-Drucks. 16/6980, S. 9; BGH, NJW 2009, S. 1876, 1878; Palandt/*Brudermüller* § 1570 Rn. 15; Wendl/*Pauling* § 4 Rn. 71 spricht von „ehebezogenen Gründen".

1365 Siehe BGH, NJW 2009, S. 1876, 1879; NJW 2009, S. 2592, 2596, FamRZ 2009, S. 1124, 1128 m. Anm. *Borth.* Zur Forderung der Unbeschränkbarkeit des Betreuungsunterhaltsanspruchs insgesamt *Dethloff,* Gutachten A 133 f.

1366 Es wäre denkbar, diese BGH-Rechtsprechung einfachgesetzlich in § 1578b BGB-E oder § 1570 BGB-E zu normieren. Aber bislang waren bereits Ansprüche aus § 1576 BGB auch nicht über § 1578b BGB (bzw. die Vorgängernormen §§ 1578 I 2, 3, 1573 V BGB a.F.) beschränkbar. Denn die umfassende Abwägung der positiven Billigkeitsklausel des § 1576 BGB ist ebenfalls hinsichtlich der Bedarfsbegrenzung und Dauer abschließend, siehe hierzu nur MünchKomm/*Maurer* § 1576 Rn. 44 a.E.

betroffen, die seltener greifen als die Abwägung mit kindbezogenen Gründen (§ 1570 I BGB).[1367] Überschneidungen bleiben somit eher die Ausnahme.

§ 1570 BGB-E:

[(1) bleibt unverändert.]

(2) Die Dauer des Anspruchs verlängert sich darüber hinaus, wenn dies unter Berücksichtigung *der Nachteile im Sinne des § 1578b Abs. 1 Satz 2 bis 5 BGB der Billigkeit entspricht.*

5. Regelungsvorschlag für § 1574 II BGB

§ 1574 BGB regelt, welche Erwerbstätigkeit für den unterhaltsbegehrenden Ehegatten angemessen ist. Durch die Unterhaltsrechtsreform 2007 wurde eine Stärkung der Eigenverantwortung postuliert. Dies spiegelt sich auch in § 1574 BGB wider und soll für den folgenden Entwurf beibehalten werden. Es bleibt also bei einer negativen Billigkeitsprüfung unter Bezugnahme auf die ehelichen Lebensverhältnisse.

§ 1574 II 2 BGB hält fest, dass bei den ehelichen Lebensverhältnissen „insbesondere die Dauer der Ehe sowie die Dauer der Pflege und Erziehung eines gemeinschaftlichen Kindes zu berücksichtigen“ sind. Vergleicht man die Wortlaute der geltenden § 1574 II 2 BGB und § 1578b I 3 BGB, so sind die Kriterien nahezu identisch.[1368] Wie durch das Wort „insbesondere“ indiziert, ist die Aufzählung der Kriterien in § 1574 II 2 BGB ohnehin nicht abschließend.[1369] Es können durch entsprechende Auslegung bereits bei § 1574 BGB vorehelich eingetretene Nachteile berücksichtigt werden, wie in Kapitel 2 gezeigt.[1370] Demzufolge verweist § 1574 II BGB-E ebenfalls auf die Nachteile des § 1578b I 2-5 BGB-E.

Nach der Entwurfslage könnte es wegen der deckungsgleichen Kriterien zwar zu einer doppelten Abwägung nach demselben Muster kommen. Dies wäre der Fall, wenn § 1574 BGB-E *und* § 1578b BGB-E für ein und denselben Unterhaltsanspruch angewendet würden (zunächst Feststellung der angemessenen

---

1367 So etwa Wendl/*Pauling* § 4 Rn. 71. Zur Nachrangigkeit der elternbezogenen Gründe mittlerweile auch BGH, FamRZ 2009, S. 1124, 1127.

1368 Sie unterscheiden sich allein um die zusätzliche Nennung der Gestaltung von Haushaltsführung und Erwerbstätigkeit bei § 1578b I 3 BGB.

1369 So etwa auch § Wendl/*Pauling* § 4 Rn. 143; weitere Kriterien z. B. bei BGH, FamRZ 1986, S. 553, 554 f.; FamRZ 1985, S. 908. 909.

1370 Siehe hierzu Kapitel 2 C. III. 2.

Erwerbstätigkeit und später eine mögliche Beschränkung des Anspruchs). Eine vergleichbare Situation ergäbe sich für §§ 1573 oder 1575 BGB, da diese Normen auf die angemessene Erwerbstätigkeit (und damit § 1574 II BGB) Bezug nehmen. Allerdings bestehen diese fast deckungsgleichen Kriterien bereits nach der aktuellen Rechtslage, vgl. §§ 1574 II 2 und 1578b I 3 BGB. Außerdem gibt es inhaltliche Unterschiede bei den Rahmenbedingungen der jeweiligen Billigkeitsabwägungen: Bei § 1578b BGB geht es um die Unterhaltsbeschränkung unter Berücksichtigung der Interessen des Unterhaltsverpflichteten und es wird der gebotene Beschränkungsumfang festgelegt. Für §§ 1574 II, 1573, 1575 BGB kommt es primär auf die Erwerbstätigkeit sowie deren Angemessenheit für den Unterhaltsberechtigten an.

§ 1574 BGB-E:

[(1) bleibt unverändert.]

(2) Angemessen ist eine Erwerbstätigkeit, die der Ausbildung, den Fähigkeiten, einer früheren Erwerbstätigkeit, dem Lebensalter und dem Gesundheitszustand des geschiedenen Ehegatten entspricht, soweit eine solche Tätigkeit nicht nach den ehelichen Lebensverhältnissen unbillig wäre. Bei den ehelichen Lebensverhältnissen *ist insbesondere zu berücksichtigen, inwieweit Nachteile im Sinne des § 1578b Abs. 1 Satz 2 bis 5 eingetreten sind.*

[(3) bleibt unverändert.]

6. Regelungsvorschlag für § 1579 Nr. 1 BGB

Weiterhin soll ein Vorschlag für § 1579 Nr. 1 BGB unterbreitet werden. Über § 1579 Nr. 1 BGB kann ein Unterhaltsanspruch wegen einer Ehe von kurzer Dauer beschränkt oder versagt werden, soweit die Inanspruchnahme des Unterhaltsverpflichteten grob unbillig wäre. Bei § 1579 Nr. 1 BGB steht das Kriterium der Ehe von kurzer Dauer im Mittelpunkt. An die Feststellung einer Kurzzeitehe schließt sich eine umfassende Billigkeitsabwägung an.[1371] Laut Gesetzesbegründung handelt es sich „hierbei stets um einen an der konkreten Lebenssituation orientierten Akt wertender Erkenntnis."[1372] Obwohl der Gesetzeswortlaut bisher starr erscheint, sind wie bei § 1578b I 2, 3 BGB ehebedingte Nachteile mit in den Gesetzestext aufzunehmen, um dem „Akt wertender Erkenntnis" umfassend gerecht zu werden. Zudem berücksichtigt die Rechtsprechung bereits

1371 So auch in Übereinstimmung mit der Gesetzesbegründung, s. BT-Drucks. 16/1830, S. 20.

1372 BT-Drucks. 16/1830, S. 20.

ausdrücklich voreheliche Nachteile bei der Billigkeitsabwägung für § 1579 Nr. 1 BGB.[1373] Deshalb soll der Entwurf zu § 1579 Nr. 1 BGB ebenfalls auf die Nachteile i. S. d. § 1578b I 2-4 BGB-E verweisen. Außerdem ist gerade der ausdrückliche Hinweis auf voreheliche Verflechtungen von Vorteil, weil bei einer kurzen Ehe der erste Anschein meist für fehlende wirtschaftliche Verflechtungen zwischen den Ehegatten spricht. Freilich bleibt es weiterhin die Regel, dass nach einer kurzen Ehe keine markanten Verflechtungen entstanden sind.[1374] Jedoch ist der Rechtsanwender dafür zu sensibilisieren, dass die tatsächliche Zeit des Zusammenlebens (vorehelich + während der Ehe) trotz kurzer Ehedauer lange sein kann. Vor allem in solchen Fällen darf es aus Schutzgesichtspunkten nur sehr selten zu einem – unter Umständen folgenschweren – Unterhaltsausschluss kommen.

Auf die Vermutung bei einer Ehe von *langer* Dauer in S. 5 des § 1578b BGB-E kommt es für § 1579 Nr. 1 BGB-E nicht an. Ehebedingte Nachteile sind vielmehr bei der Feststellung einer Ehe von *kurzer* Dauer zu berücksichtigen. Die kurze Ehedauer bleibt dementsprechend im Wortlaut des Entwurfs zu § 1579 Nr. 1 BGB als Indiz fehlender wirtschaftlicher Verflechtungen enthalten.

Bisher findet sich in Nr. 1, 2. Halbsatz die Regelung, dass bei einer Ehe von kurzer Dauer die Zeit zu berücksichtigen ist, „in welcher der Berechtigte wegen der Pflege und Erziehung eines gemeinschaftlichen Kindes nach § 1570 Unterhalt verlangen kann".[1375] Anders als bei § 1578b I 3 BGB wird hier nur die *nach*eheliche Kindesbetreuung und nicht die eheliche (bzw. voreheliche) erfasst. Es geht also um Fälle, in denen der Unterhaltsbegehrende bereits einen Betreuungsunterhaltsanspruch aus § 1570 BGB innehat. Meistens sind dies Konstellationen, bei denen der Unterhaltspflichtige erst einige Zeit nach der Scheidung eine Unterhaltskürzung anstrebt.[1376] Denkbar ist zwar, im hiesigen Gesetzesentwurf pauschal auf alle Kinderbetreuungszeiten abzustellen – also während der Ehe, davor und danach.[1377] Jedoch sollte das bisherige Schema beibehalten wer-

1373 BGH, FamRZ 1995, S. 1405, 1407 und ausführlich Kapitel 2 C. VI.

1374 Vertiefend hierzu Wendl/*Gerhardt* § 4 Rn. 640 f.; zur Bedeutung der maßgeblichen Verflechtungen siehe z. B. BGH, FamRZ 1981, S. 140, 142; OLG Hamm, NJW-RR 2006, S. 651, 652.

1375 Selbige Formulierung fand sich im alten § 1582 I 3 BGB a.F. und wurde durch eine Privilegierung des Betreuungsunterhaltsempfängers in § 1609 Nr. 2 BGB ersetzt.

1376 Für die Zeit der Rechtshängigkeit des Scheidungsantrags bis zur rechtskräftigen Scheidung soll bei Erhalt des Getrenntlebensunterhalts indes nichts anderes gelten, vgl. OLG Schleswig, FamRZ 1984, S. 588, 590, 1099, 1100.

1377 So zumindest ansatzweise Palandt/*Brudermüller* § 1579 Rn. 8, obgleich nicht abgrenzend zu § 1570 BGB-Unterhaltszeiten. Um die Berücksichtigung künftiger Kindesbetreuungszeiten zu ermöglichen, wurde immerhin auch „konnte" in „kann" umgeden. Demnach bleiben die nachehelichen Kinderbetreuungszeiten als Kriterium wie bisher in § 1579 Nr. 1 a.E. BGB enthalten, zumal nach dem Zweck des bisherigen § 1579 Nr. 1 Hs. 2 BGB Kinderbetreuungszeiten ohnehin nur dann berücksichtigt werden sollen, wenn der betreuende Ehegatte tatsächlich Unterhalt i. S. d. § 1570 BGB verlangt hat.[1378] Auf voreheliche Kinderbetreuungs- oder Paarbeziehungszeiten passt der Zweck dieser Regelungen daher nicht. Das gilt auch dann, wenn man das tatsächliche Verlangen eines Anspruchs aus § 1570 BGB dem tatsächlichen Verlangen eines Anspruchs aus § 1615l BGB (Unterhalt nicht verheirateter Eltern) vor der Ehe gleichstellt. Denn während der vorehelichen intakten Beziehung dürfte ein Anspruch auf Betreuungsunterhalt wohl kaum geltend gemacht werden. Folglich sind die ehebedingten Nachteile i. S. d. § 1578b BGB-E im nachfolgenden Entwurf nur als weiterer Aspekt hinsichtlich des Kriteriums der Ehedauer zu berücksichtigen.

Durch den partiellen Verweis in § 1579 Nr. 1 BGB-E auf § 1578b BGB-E entsteht auch nicht die Gefahr, nun zwei identische Beschränkungsnormen für den Fall kurzer Ehen zu erhalten. Der ähnliche Maßstab der Beschränkungsnormen § 1579 Nr. 1 BGB und § 1578b BGB besteht bereits seit der Unterhaltsrechtsreform. Die Gesetzesbegründung verweist zur Differenzierung der Normen auf das nur dem § 1579 BGB anhaftende Unwerturteil (vgl. Nr. 2 bis 8).[1379] Zudem stellt § 1579 BGB auf die *grobe* Unbilligkeit als Maßstab ab, anders als § 1578b BGB. Die „grobe Unbilligkeit“ ist ebenso im Entwurf beizubehalten. Schließlich können Ansprüche auf Betreuungsunterhalt (§ 1570 BGB) über § 1579 BGB beschränkt werden – anders als durch § 1578b BGB.[1380]

§ 1579 BGB-E:

Ein Unterhaltsanspruch ist zu versagen, herabzusetzen oder zeitlich zu begrenzen, soweit die Inanspruchnahme des Verpflichteten auch unter Wahrung der Belange eines zur Pflege oder Erziehung anvertrauten gemeinschaftlichen Kindes grob unbillig wäre, weil

1. die Ehe von kurzer Dauer war; dabei ist *das Eintreten von Nachteilen im Sinne des § 1578b Satz 2 bis 4 BGB zu berücksichtigen sowie* die Zeit, in welcher

---

wandelt, vgl. BT-Drucks. 16/1830, S. 20. Gegen eine Gleichstellung von vorehelicher Kinderbetreuungszeit *Diederichsen,* in FS Müller-Freienfels, S. 99, 106.

1378 Vgl. OLG Köln, FamRZ 2008, S. 523.

1379 BT-Drucks. 16/1830, S. 19 f.

1380 Zur Nichtbeschränkbarkeit des Betreuungsunterhalts durch § 1578b BGB siehe bereits Kapitel 2 C. V. Vgl. hierzu insgesamt BVerfGE 57, 361, 381 ff.; vertiefend *Rauscher,* Rn. 621.

der Berechtigte wegen der Pflege und Erziehung eines gemeinschaftlichen Kindes Unterhalt verlangen kann.

[2. bis 8. bleiben unverändert.]

7. Regelungsvorschlag für § 1609 Nr. 2 BGB

Ferner ist ein Vorschlag für § 1609 Nr. 2 BGB zu diskutieren. § 1609 Nr. 2 BGB bestimmt unter anderem den Unterhaltsrang des Ehegatten bei einer Ehe von langer Dauer für den Fall mehrerer Unterhaltsberechtigter. Für § 1609 Nr. 2 BGB bedarf es einer relativ bedeutenden Umgestaltung. Beim bisherigen § 1609 Nr. 2 BGB gibt es keine Billigkeitsklausel. Trotzdem ist nach der Gesetzesbegründung die Zeitspanne bei einer Ehe von langer Dauer im Wege einer Einzelfallbetrachtung und als Akt wertender Erkenntnis zu ermitteln.[1381] Bei § 1609 Nr. 2 BGB-E ist das inhaltlich vom Gesetzgeber Gewollte auch gesetzlich zu fixieren. In Kapitel 6 wurde daneben festgestellt, dass verfassungsrechtliche Aspekte der Einführung einer Billigkeitsklausel bei § 1609 Nr. 2 BGB nicht entgegenstehen.[1382] Die Einführung einer Billigkeitsklausel bietet sich vielmehr aus verfassungsrechtlicher Sicht an, da insoweit Raum für die Berücksichtigung sämtlicher Interessen besteht. Bisher wurde eine Billigkeitsabwägung im Wortlaut wahrscheinlich vermieden, weil es so wenig Rechtsunsicherheit wie möglich bei der Rangfrage geben sollte. Rangverhältnisse sollten grundsätzlich auch klar definiert und leicht feststellbar sein. Eine Erweiterung des § 1609 Nr. 2 BGB um eine einzelfallerfassende Billigkeitsabwägung widerspräche dem zum Teil. Trotzdem befindet sich in § 1609 Nr. 2 BGB bereits nach aktueller Gesetzeslage der unbestimmte Rechtsbegriff der „Ehe von langer Dauer". Auch dieser wirft Auslegungsprobleme auf,[1383] erst recht vor dem Hintergrund der gesetzgeberisch gewollten flexiblen Handhabung. Darüber hinaus wird in § 1609 Nr. 2 Hs. 2 BGB bereits auf die auslegungsbedürftigen Kriterien des § 1578b I 2, 3 BGB verwiesen.[1384] Der anschließend vorgeschlagene Entwurf dürfte daher kei-

1381 BT-Drucks. 16/1830, S. 24, siehe hierzu bereits oben Kapitel 2 C. VII. 2. b).

1382 Siehe zum Ergebnis oben Kapitel 6 unter C.

1383 So etwa Wendl/*Gutdeutsch* § 5 Rn. 115 mit Lösungsansätzen dieses Problems, Rn. 115a ff.; kritisch wegen Unsicherheiten insoweit *Graba,* FamRZ 2008, S. 1217, 1222.

1384 In § 1578b I 2 BGB – oder auch bei den ähnlichen §§ 1570 II, 1574 II 2 BGB – wird von „berücksichtigen" oder „Berücksichtigung" der Merkmale stets im Hinblick auf eine Billigkeitsabwägung gesprochen.

ne neuen Beweisprobleme schaffen.[1385] Die Billigkeitsabwägung soll sich zudem anders als bei § 1579 BGB nur auf die Nr. 2 des § 1609 BGB beziehen. Insoweit legt § 1609 BGB-E in seiner Grundstruktur mit den Nummern 1 bis 7 weiterhin eine klare Rangfolge fest. Denn wurde zum Beispiel eine Ehe von langer Dauer bejaht, sind die entsprechenden Unterhaltsansprüche eindeutig der Nr. 2 des § 1609 BGB-E zuzuordnen.

Der vorgeschlagene Entwurf verweist den bisherigen Ausführungen folgend auf die Vermutung des § 1578b I 5 BGB-E – also auf die Vermutung für das Entstehen von ehebedingten Nachteilen bei einer langen Ehedauer. So findet das maßgebliche Kriterium der „Ehe von langer Dauer" den Eingang in die Prüfung. Zugleich wird man der anerkannten[1386] Indizwirkung einer langen Ehedauer für das Vorliegen von ehebedingten Nachteilen gerecht.

Wie in Kapitel 2 festgestellt, können ebenso voreheliche Verhaltensweisen für die spätere Rangfrage bedeutend sein.[1387] Bei der neu einzuführenden Billigkeitsabwägung sollen daher im Wortlaut auch voreheliche Nachteile erwähnt werden.[1388] Zu diesem Zweck verweist § 1609 Nr. 2 Hs. 2 BGB-E ebenfalls auf Satz 4 des § 1578b I BGB-E. Ferner sei auch in § 1609 Nr. 2 BGB-E das Wort „insbesondere" aufgenommen und damit die Billigkeitsabwägung für sonstige Aspekte geöffnet. Insoweit kann beispielhaft auf den in Kapitel 2[1389] geschilderten Beispielsfall verwiesen werden. Dort wurde angeregt, auch auf sonstige Billigkeitsaspekte zu achten. Die Würdigung sonstiger Aspekte hat jedoch die absolute Ausnahme zu bleiben, da die Rangfolge grundsätzlich vorhersehbar bleiben muss. Der Vorteil einer Billigkeitsabwägung ist wiederum, dass eine Berücksichtigung sonstiger Aspekte ohnehin nur dann statthaft ist, wenn dies im Einklang mit den Interessen aller Beteiligten steht.

§ 1609 BGB-E:

Sind mehrere Unterhaltsberechtigte vorhanden und ist der Unterhaltspflichtige außerstande, allen Unterhalt zu gewähren, gilt folgende Reihenfolge:

[1. bleibt unverändert],

1385 Kritischer hinsichtlich der Beweisprobleme bei Rangfragen, vor allem wegen zukünftiger Verfahren unter Einbeziehung bisher außenstehender Dritter, *Graba,* FamRZ 2008, S. 1217, 1222.

1386 Vgl. hierzu oben Kapitel 2 C. VII. 2. b).

1387 Siehe hierzu ausführlich unter Kapitel 2 C. VII. 2.

1388 Anders als bei § 1578b I 2 BGB sind nicht die Interessen des Unterhaltspflichtigen mit zu berücksichtigen, vgl. hierzu Wendl/*Gutdeutsch* § 5 Rn. 115c sowie Rn. 115b zum Verhältnis der Ehedauer in § 1609 Nr. 2 BGB und § 1578b I 3 BGB.

1389 Siehe Kapitel 2 C. VII. 2. a).

2. Elternteile, die wegen der Betreuung eines Kindes unterhaltsberechtigt sind oder im Fall einer Scheidung wären, sowie Ehegatten und geschiedene Ehegatten, *wenn eine nachrangige Berücksichtigung unbillig wäre; hierbei sind insbesondere die Nachteile im Sinne des § 1578b Abs. 1 Satz 2 bis 5 zu berücksichtigen,*

[3.-7. bleiben unverändert].

B. Regelungsvorschlag für den Zugewinnausgleich

Wie in Kapitel 3 gezeigt,[1390] kann das Gros der vorehelichen Vermögensmehrungen durch gegenstandsbezogene Leistungen (z. B. beim Hausbau)[1391] bereits nach aktueller Gesetzeslage ausgeglichen werden. Hilfsmittel sind dabei das Gesellschaftsrecht, das Bereicherungsrecht und vor allem die Grundsätze des Wegfalls der Geschäftsgrundlage. Gleichwohl ist insoweit ein Anknüpfen an die Normen des Zugewinnausgleichs (§§ 1372 ff. BGB) praktischer und sachnäher.[1392] Dann bedarf es nicht mehr des Weges über die bislang noch mit reichlich Rechtsunsicherheit behaftete „Ausgleichsrechtsprechung". Zudem wurde im verfassungsrechtlichen Teil des Kapitels 6 festgestellt, dass sich für den Zugewinnausgleich die Einführung einer Billigkeitsklausel empfiehlt.[1393] Dem steht nicht der Eheschutz des Art. 6 I GG entgegen, da sich die Berücksichtigung von Beziehungszeiten ohne Ehe auf absolute Ausnahmefälle beschränkt. Bei Einführung einer Härteklausel bleibt zudem die allgemeine Handlungsfreiheit des ausgleichspflichtigen Ehegatten gewahrt, weil bei der insoweit gebotenen Abwägung auch seine Interessen angemessen berücksichtigt werden können.

I. Kurzer Rechtsvergleich

1. Neuseeland und Australien

In Neuseeland und Australien wird dem vorehelichen Zusammenleben für den Güterausgleich bei Scheidung aus rechtsvergleichender Sicht am meisten Bedeutung geschenkt. In Neuseeland gibt es sozusagen ein „Partnerschaftseigentum". Dieses besteht aus dem Eigentum, das jedem Partner vor der Ehe gehörte

1390 Hierzu Kapitel 3 C. I. 2., III.

1391 Siehe zum Begriff „gegenstandsbezogen" in Kapitel 3 unter C. III. 1.

1392 *Grziwotz,* FamRZ 2003, S. 1417, 1424 sieht insoweit den bisherigen Gesetzeswortlaut als nicht ausreichend an die veränderten sozialen Strukturen angepasst an.

1393 Zum Ergebnis in Kapitel 6 siehe dort unter A. III. und C.

und welches unmittelbar vor der Ehe bzw. in Erwartung der Ehe erworben wurde. Zugleich muss das Eigentum für den gemeinsamen Gebrauch oder Nutzen bestimmt sein.[1394] Dieses Eigentum wird im Scheidungsfall hälftig geteilt.[1395]

In Australien findet sich ebenfalls eine ausdrückliche gesetzliche Berücksichtigung vorehelicher Zeiten beim ehelichen Güterrecht. Das Gericht soll bei seiner Entscheidungsfindung im Wesentlichen vier Aspekte beachten: 1. Direkte oder indirekte finanzielle Beiträge im Hinblick auf die Ehe, auf ein eheliches Kind oder auf wesentliche Gegenstände hinsichtlich der Hochzeit; 2. direkte oder indirekte nicht finanzielle Beiträge im Hinblick auf die Ehe, auf ein eheliches Kind oder auf wesentliche Gegenstände hinsichtlich der Hochzeit; 3. Beiträge im Hinblick auf die Ehe zum Wohle der Familie einschließlich der Beiträge als Hausfrau/-mann oder Elternteil und 4. die Auswirkungen jeglicher Gerichtsbeschlüsse auf die Erwerbsfähigkeit jedes Ehegatten.[1396] Damit wird nach australischem Recht umfassend auf Auswirkungen und Vermögensdisposi-

---

1394 Sec. 8 Relationship property defined (Property Relationships Act 1976):
„(1) (d) all property owned by either spouse or partner immediately before their marriage, civil union, or de facto relationship began, if –
(i) the property was acquired in contemplation of the marriage, civil union, or de facto relationship; and
(ii) the property was intended for the common use or common benefit of both spouses or partners." Damit wird sogar Eigentum vor der nichtehelichen Lebensgemeinschaft erfasst.

1395 Sec. 11 Property Relationships Act 1976.

1396 Sec. 79 (Alteration of property interests) (4) (a)-(d) Family Law Act 1975:
„In considering what order (if any) should be made under this section in property settlement proceedings, the court shall take into account:
(a) the financial contribution made directly or indirectly by or on behalf of a party to the marriage or a child of the marriage to the acquisition, conservation or improvement of any of the property of the parties to the marriage or either of them, or otherwise in relation to any of that last-mentioned property, whether or not that last-mentioned property has, since the making of the contribution, ceased to be the property of the parties to the marriage or either of them; and
(b) thc contribution (other than a financial contribution) made directly or indirectly by or on behalf of a party to the marriage or a child of the marriage to the acquisition, conservation or improvement of any of the property of the parties to the marriage or either of them, or otherwise in relation to any of that last-mentioned property, whether or not that last-mentioned property has, since the making of the contribution, ceased to be the property of the parties to the marriage or either of them; and
(c) the contribution made by a party to the marriage to the welfare of the family constituted by the parties to the marriage and any children of the marriage, including any contribution made in the capacity of homemaker or parent; and
(d) the effect of any proposed order upon the earning capacity of either party to the marriage [...]."

tionen während der vorehelichen Beziehung eingegangen. Es wird für das Scheidungsfolgenrecht nicht nach der Bedeutung von gegenstandsbezogenen oder bloß alltäglichen Leistungen differenziert. Selbst indirekte Auswirkungen finden Beachtung. Daneben spielen das Kindeswohl sowie die Erwerbstätigkeit der Partner eine wesentliche Rolle.

Für das deutsche Recht kann insoweit übernommen werden, dass voreheliche einseitige Vermögensmehrungen im Wege einer Billigkeitsklausel für den zugewinnrechtlichen Ausgleichsanspruch berücksichtigt werden sollten. Dabei kommt es nach dem Muster des australischen Rechts nicht darauf an, welcher Art die vermögensmehrenden Beiträge waren – also ob gegenstandsbezogen oder nicht.

2. Vereinigte Staaten von Amerika und Kanada

Für die Vereinigten Staaten sieht ein Entwurf des American Law Institute[1397] vor, dass unmittelbar vor der Eheschließung erworbenes Vermögen wie eheliches Vermögen im Scheidungsfall zu teilen ist. Die Partner müssen bereits als sog. „domestic partner" zusammengelebt haben.[1398]

In Kanada (Provinz Manitoba) kann das Gericht bei der Vermögensteilung anlässlich der Scheidung die Dauer des Zusammenlebens der Ehegatten berücksichtigen, sei es während der Ehe oder unmittelbar davor.[1399] Da auf den unmittelbaren Zusammenhang mit der Eheschließung abgestellt wird, gleicht diese Möglichkeit der kanadischen Gerichte der bisherigen BGH-Rechtsprechung zum Ausgleich von gegenstandsbezogenen Leistungen unter Verlobten.[1400] Man könnte für das deutsche Recht insoweit eine einfachgesetzliche Normierung der BGH-Rechtsprechung erwägen.

1397 Das American Law Institute ist eine führende unabhängige Organisation in den Vereinigten Staaten, die Einfluss auf Gesetzgebung und Praxis durch wissenschaftliche Untersuchungen erlangt, vgl. www.ali.org. Vorliegend relevant sind die „Principles of the Law of the Family Dissolution" (Titel: Principles of the Law of the Family Dissolution: Analysis and Recommendations, 2002).

1398 American Law Principles § 4.03, S. 653.

1399 „the length of the time the spouses have cohabitated with each other during their marriage and immediately before their marriage", so sec. 14 (2) (d) of The Family Property Act C.C.S.M., c. F 25.

1400 Vor allem BGH, NJW 1992, S. 427.

3. Länder mit Vermögensregelungen ähnlich einer Gütergemeinschaft

In den Niederlanden gilt als einzigem europäischem Staat eine Art Gütergemeinschaft als gesetzlicher Güterstand.[1401] In Planung ist zwar eine Gesetzesänderung zur Abschaffung der Gütergemeinschaft als Regelfall. Gleichwohl ist für das niederländische Recht in Diskussion, den während der vorehelichen Lebensgemeinschaft erworbenen Vermögenszuwachs in Anbetracht der Häufigkeit des vorehelichen Zusammenlebens weiterhin im ehelichen Güterrecht zu berücksichtigen.[1402]

Der Gesetzgeber hat sich in Deutschland gegen eine Gütergemeinschaft (§§ 1415 ff. BGB) als gesetzlichem Güterstand entschieden. In dieser Arbeit wird auch keinesfalls ein gesetzlicher Güterstand der Gütergemeinschaft gefordert, zumal sie von Ehegatten nur sehr selten vereinbart wird.[1403] Die Rechtsordnungen anderer Länder zeigen dagegen, dass selbst eine Gütergemeinschaft als gesetzlicher Güterstand handhabbar ist. Umso eher dürfte das für die bloße Berücksichtigung vorehelicher Dispositionen in Härtefällen gelten. Ferner spricht der in den Niederlanden vertretene Ansatz für den hier erörterten Vorschlag. Denn dort wird ebenfalls von der tatsächlichen Häufigkeit vorehelicher Vermögensanhäufungen auf eine entsprechende Gesetzesregelung geschlossen.

II. Konkreter Regelungsvorschlag für den Zugewinnausgleich

1. Regelungsdichte und Stichtagsprinzip

Es stellt sich beim Zugewinnausgleich wiederum die Frage der Regelungsdichte, wenn man voreheliche Dispositionen der Ehegatten – und damit eine recht spezielle Problematik – per Gesetzeswortlaut berücksichtigen will. Insoweit kann grundsätzlich auf die obigen Ausführungen zur Regelungsdichte beim Unterhaltsrecht verwiesen werden.[1404] In Anbetracht der tatsächlichen Häufung entsprechender Fälle von vorehelichen Leistungen durch die Ehegatten für die gemeinsame Zukunft wird auch beim Zugewinnausgleich kein vernachlässigbarer Einzelfall behandelt. Darüber hinaus ist eine Billigkeitsklausel im Wortlaut zu

1401 Vgl. Artikel 1:94 BW, Art. 1:100 BW.

1402 Zu den Reformabsichten und dem vorehelichen Vermögenszuwachs als berücksichtigenswertem Vermögensposten siehe *Boele-Woelki,* FamRZ 2005, S. 1632, 1633.

1403 So z. B. bei *Stach,* S. 64 ff., wobei in bloß 0,2 % der Eheverträge Gütergemeinschaft vereinbart wurde.

1404 Hierzu oben unter A. II. 2.

bevorzugen. Denn so wird auf die Auflistung der denkbaren Einzelfälle verzichtet, in denen voreheliche und auszugleichende Vermögensmehrungen entstehen können (z. B. bei laufenden Beiträgen durch Kindererziehung, beim Zusammenleben der Partner, bei einer festgelegten Mindesthöhe der Beitragsleistungen, bei schützenswertem Vertrauen etc.). Insoweit können zunächst verschiedenste Fälle vorehelichen Zusammenlebens grundsätzliche Beachtung finden, aber die Härteklausel fungiert als „Filter“ und beschränkt eine Berücksichtigung auf Ausnahmefälle.

Das Stichtagsprinzip des Zugewinnausgleichs wird durch die Einführung der hier vorgeschlagenen Härteklausel nicht missachtet, weil sich die Berücksichtigung vorehelicher Dispositionen auf unbillige Härten beschränkt. Bisher existieren bereits einige Durchbrechungen des an sich starren Zugewinnausgleichs, etwa in § 1381 BGB (Leistungsverweigerung wegen grober Unbilligkeit) oder § 1383 BGB (Übertragung von Vermögensgegenständen). Auch § 1380 BGB oder §§ 1384 ff. BGB modifizieren das System zugunsten der Einzelfallgerechtigkeit. Darüber hinaus ähnelt die in § 1375 II BGB bestehende Durchbrechung des Stichtagsprinzips der vorliegend entstehenden Durchbrechung. Gemäß § 1375 II 1 BGB wird dem Endvermögen nämlich ein Betrag hinzugerechnet. Dies ist etwa dann geboten, wenn der ausgleichspflichtige Ehegatte sein Vermögen verschwendet hat (vgl. Nr. 2). Beim vorehelichen Zusammenleben ist nach dem Muster der BGH-Rechtsprechung denkbar, rechnerisch die Zuwendung aus dem Anfangvermögen des ausgleichspflichtigen Ehegatten herauszurechnen.[1405] Hierin liegt grundsätzlich ein „gleichwertiger“ Verstoß gegen das Stichtagsprinzip, den der Gesetzgeber in Härtefällen duldet bzw. nach dem hiesigen Entwurf dulden müsste.

Schließlich spiegelt die sehr begrenzte und hier vorgeschlagene Härteklausel ohnehin einen Großteil existenter Rechtsprechung wider. Es macht im Ergebnis kaum einen Unterschied für das Stichtagsprinzip, ob es ausnahmsweise im Wege der Anspruchsgewährung neben dem Zugewinnausgleich oder durch Modifikation innerhalb des Zugewinnausgleichs tangiert wird.

2. Strenger Maßstab zur Berücksichtigung vorehelicher Dispositionen

Der BGH bevorzugt im Rahmen seiner Rechtsprechung zum finanziellen Ausgleich nach Beendigung nichtehelicher Lebensgemeinschaften das Merkmal der Unbilligkeit:[1406]

1405 Vgl. hierzu BGH, NJW 1992, S. 427, 429.
1406 BGH, NJW 2008, S. 3277, 3281.

„Ein korrigierender Eingriff ist grundsätzlich nur gerechtfertigt, wenn dem Leistenden die Beibehaltung der durch die Leistungen geschaffenen Vermögensverhältnisse nach Treu und Glauben nicht zuzumuten ist. [...] Das Merkmal der Unbilligkeit impliziert zugleich, dass ein Ausgleich nur wegen solcher Leistungen in Betracht kommt, denen nach den jeweiligen Verhältnissen erhebliche Bedeutung zukommt. Maßgebend ist eine Gesamtabwägung der Umstände des Einzelfalls [...].“

Venger schlägt konkret eine gesetzliche Regelung für den Ausgleich vorehelicher Lebensgemeinschaften vor. Hiernach sollen Ausgleichsansprüche wegen vorehelicher Leistungen nur dann geltend gemacht werden können, „soweit dies notwendig ist, um unbillige Härten zu vermeiden.“[1407]

Der restriktive Maßstab der unbilligen Härte ist auch dem hiesigen Gesetzesentwurf zugrunde zu legen, weil er für den an Stichtagen orientierten Zugewinnausgleich geboten ist. Es liegt etwa keine Härte und damit kein Ausgleichsbedürfnis vor, wenn die Ehegatten bereits vor der Ehe ein gemeinsames Konto besaßen, auf welches das Gehalt (und damit der Vermögenszuwachs) des allein verdienenden Partners floss. An einer unbilligen Härte fehlt es zudem, wenn sich die erlittenen Karrierenachteile zum Beispiel durch mietfreies Wohnen oder andere Vergünstigungen seitens des Alleinberufstätigen bereits vor der Ehe die Waage hielten.[1408] Ferner kennt das Familienrecht des Bürgerlichen Gesetzbuchs begrifflich das Vermeiden einer unbilligen Härte (§§ 1361b I 1, 1568a II 1 BGB).

Mit diesem strengen Maßstab wird außerdem die Grenze zwischen Zugewinngemeinschaft und Gütergemeinschaft (§§ 1415 ff. BGB) gewahrt. Die Gütergemeinschaft führt zu gemeinschaftlichem Vermögen der Ehegatten, sog. Gesamtgut (§ 1416 BGB). Das heißt, dass ebenfalls voreheliche Güter zu diesem Gesamtgut zählen. Aber die Gütergemeinschaft muss ausdrücklich vereinbart werden, § 1415 BGB. Auch wenn die Ehegatten teilweise in der Vorstellung leben, dass es quasi nur ein gemeinsames Vermögen gibt,[1409] darf die Grundstruktur des deutschen Güterrechts nicht verletzt werden.

3. Herausrechnen der Vermögenszuwendung aus dem Anfangsvermögen

Der Wortlaut des Regelungsvorschlags sollte konkret gehalten werden, um so der Rechtsprechung einen Leitfaden an die Hand zu geben. Daneben pflichtet

1407 *Venger*, S. 182.

1408 Vgl. hierzu auch *Wellenhofer*, AnwBl 2008, S. 559, 564.

1409 Hierzu etwa *Kogel*, FamRB 2007, S. 273.

dies der Rechtssicherheit bei, weil die Ergebnisse bei der Normanwendung vorhersehbarer sind. Das gewünschte Ergebnis ist, dass beim Zugewinnausgleichsanspruch aus § 1378 I BGB die vorehelichen Leistungen grundsätzlich so behandelt werden, als wären sie nach der Eheschließung erfolgt. Das ist auch das vom BGH gewünschte Ergebnis in seiner einschlägigen Entscheidung zu vorehelichen Leistungen. Nach dem BGH ist der Ausgleichsanspruch grundsätzlich danach zu bemessen,

„was sich für den [Leistenden] als Mehr an Zugewinnausgleich ergeben würde, wenn im Anfangsvermögen des [Empfängers] das Hausgrundstück nur mit dem geringeren Wert angesetzt würde, den es im Zeitpunkt der Eheschließung ohne die vorehelichen Leistungen [des Leistenden] (...) gehabt hätte."[1410]

Dieses gewollte Ergebnis sollte dementsprechend aus dem Wortlaut des Regelungsvorschlags hervorgehen. Inhaltlich in eine ähnliche Richtung geht auch die Empfehlung des 18. Deutschen Familiengerichtstags 2009.[1411] Mithin ist das Anfangsvermögen des Zuwendungsempfängers um den Betrag des zugewendeten Vermögens zu verringern, um den es zuwendungsbedingt unbilliger Weise erhöht wurde. Die Neuregelung sollte als Absatz 2a des § 1374 BGB (Anfangsvermögen) eingeführt werden. Denn in dogmatischer Hinsicht modifiziert sie das Anfangsvermögen des Zuwendungsempfängers. Zudem ähnelt der Vorschlag dem bisherigen privilegierten Erwerb in § 1374 II BGB – nur durch § 1374 II BGB wird dem Anfangsvermögen ein Betrag hinzugerechnet und nach dem hiesigen Vorschlag wird Vermögen aus dem Anfangsvermögen herausgerechnet.

In Anlehnung an den Wortlaut des § 1380 BGB wird nachfolgend der Begriff des „Zuwendens" gebraucht. Zuwendung ist dabei „jedes Rechtsgeschäft, durch das ein Ehegatte dem anderen einen Vermögensvorteil verschafft."[1412] Damit bezieht sich der Regelungsvorschlag grundsätzlich nur auf solche Vermögenssteigerungen, bei denen die Ehegatten einen Rechtsbindungswillen hatten. Dies entspricht der strengen BGH-Rechtsprechung, die einen Ausgleich von Leistungen vor der Ehe auf gegenstandsbezogene Beiträge begrenzt. Demnach werden einseitige Vermögensmehrungen aufseiten des (allein) berufstätigen Partners von der vorgeschlagenen Norm grundsätzlich nicht erfasst, soweit die Vermögensmehrung durch laufende Beiträge des anderen Partners erreicht wurde – wie etwa bei vorehelicher Kindesbetreuung. Insoweit könnte zum Beispiel eine Vermögensmehrung seitens des allein berufstätigen Mannes durch die voreheliche Kindesbetreuung und Haushaltsführung der Frau entstanden sein, weil

1410 BGH, FamRZ 1992, S. 427, 429; siehe hierzu veranschaulichend in Kapitel 3 C. III. 2.

1411 Arbeitskreis 4, 18 DFGT.

1412 Siehe nur MünchKomm/*Koch* § 1380 Rn. 7.

er insoweit entlastet wurde. Die Nichtbeachtung solcher Vermögensmehrungen widerspricht zwar der in Kapitel 3 als geboten festgestellten Ausdehnung des Zugewinnausgleichs auf einen Ausgleich aller beziehungsbedingten Vermögensnachteile, vor allem wenn die Ehegatten vor der Ehe einverständlich nach dem „Hausfrauenmodell" lebten.[1413] Eine solche umfassende Berücksichtigung vorehelicher Dispositionen wäre grundsätzlich nach dem Muster des australischen Rechts vorstellbar. Dort sind nämlich bei der Entscheidungsfindung für den vermögensrechtlichen Ausgleichsanspruch sämtliche „Beiträge" zu berücksichtigen, die die Partner im Hinblick auf die Ehe getätigt haben. Solche Beiträge umfassen nach australischem Recht wie gezeigt finanzielle, nicht finanzielle, direkte oder indirekte Beiträge für die Ehe und das Familienwohl. Dieser weite Begriff des Beitrags findet sich im BGB etwa bei den zu leistenden Anteilen von Gesamtschuldnern (§ 426 I 2 BGB) oder als Synonym für alltägliche Leistungen finanzieller oder nichtfinanzieller Art (so wohl bei § 1360b BGB).

Allerdings wird gegen einen Ausgleich sämtlicher vorehelicher Beziehungsbeiträge und -nachteile zu Recht eingewendet, dass eine Erfassung solcher alltäglichen Beiträge nach jahrelangem Leben in der Gemeinschaft praktisch sehr schwierig sei.[1414] Darüber hinaus fehlt es bislang noch an einschlägigen Entscheidungen, die ein Bedürfnis der Rechtspraxis für eine umfassende Berücksichtigung sämtlicher Vermögensmehrungen im Wortlaut des § 1374 BGB belegen. Außerdem werden die wesentlichen vorehelichen Vermögensmehrungen aufgrund alltäglicher Beiträge bereits indirekt durch § 1377 III BGB ausgeglichen, weil kaum ein Ehepaar im gesetzlichen Güterstand ein Verzeichnis des Anfangsvermögens erstellt.[1415]

Für den Regelungsvorschlag bleibt es damit bei einem Ausgleich (gegenstandsbezogener) Vermögenszuwendungen. Auf weitergehende Auslegungsoptionen des Normvorschlags wird sogleich unter 5. c) eingegangen.

4. Regelungsvorschlag für § 1374 BGB (Anfangsvermögen)

§ 1374 BGB-E

[(1), (2) bleiben unverändert.]

1413 Hierzu oben Kapitel 3 C. II. 1. a).

1414 So die herrschende Meinung gegen Unterhaltsansprüche nach Beendigung nichtehelicher Lebensgemeinschaften, siehe nur *Wellenhofer,* in *Scherpe/Yassari,* S. 101, 110 m. w. Nw.

1415 Siehe hierzu oben Kapitel 3 unter C. II. 4.

(2a) Vermögen, das ein Ehegatte dem anderen vor der Eheschließung zugewendet hat, wird aus dem Anfangsvermögen des Zuwendungsempfängers herausgerechnet, wenn dadurch eine unbillige Härte vermieden werden kann.

[(3) bleibt unverändert.]

5. Auslegungshinweise für den Regelungsvorschlag

a) Maßstab der Teilhabe

Maßstab der Teilhabe und zugleich Obergrenze sollte für den Fall bereits vorehelich erlittener Vermögensnachteile jeweils der Halbteilungsgrundsatz sein.[1416] Je nach Einzelfall kommt eine geringere Ausgleichsquote in Betracht, z. B. wenn ein zahlenmäßig geringerer Vermögensnachteil des Berechtigten beziffert werden kann. Dies ist etwa bei einer zugunsten der Haushaltsführung aufgegebenen Beamtenstelle oder bei einer vorehelichen Lebensgemeinschaft nach dem Modell der Zuverdienerehe der Fall. Nach dem obigen Vorschlag ergibt sich eine hälftige Beteiligung aber oftmals „automatisch", wenn das Anfangsvermögen um den zugewendeten Betrag verringert und insoweit der Zugewinn des Ehegatten erhöht wird.

b) Vorstellung vom Bestand der künftigen Ehe

Die Unbilligkeit im Sinne dieser Regelung ist vor allem dann zu bejahen, wenn der zuwendende Ehegatte die Leistung in Vorstellung vom Bestand der zukünftigen Ehe getätigt hat. Dies steht auch im Einklang mit der oben dargestellten BGH-Rechtsprechung.[1417] Ähnlich wird auch nach neuseeländischem Recht beim Anfangsvermögen jeweils das Eigentum mit berücksichtigt, welches unmittelbar vor der Eheschließung „in Erwartung der Ehe" erworben wurde und dem gemeinsamen Gebrauch oder Nutzen dienen sollte.

c) Weite Auslegung der „Vermögenszuwendungen"

Weil es bislang an konkreten Anhaltspunkten für eine Berücksichtigung sämtlicher Vermögensmehrungen vor der Ehe im Gesetzeswortlaut fehlt, bezieht sich der Wortlaut des Regelungsvorschlags nur auf den Ausgleich vorehelicher „Vermögenszuwendungen". Diese betreffen in aller Regel gegenstandsbezogene Investitionen in ein Haus oder Unternehmen. Grundsätzlich könnte man in erweiternder Auslegung des Normvorschlags erwägen, auch sonstige vorehelichen

1416 Hierzu bereits Kapitel 3 C. II. 1. a).

1417 Siehe nur BGH, NJW 1992, S. 427, 428.

Vermögensmehrungen unter den Begriff der „Zuwendung“ zu fassen – wie etwa für einseitige Vermögenssteigerungen aufseiten des allein berufstätigen Ehegatten wegen vorehelicher Rollenverteilung. Rechnerisch wäre eine solche Vermögensmehrung zwar schwer zu fassen, aber nicht unmöglich. Denn nach dem Muster des Zugewinnausgleichs kann häufig ein konkreter Vermögenswert zugrunde gelegt werden, der dann zu teilen ist.[1418] Den Nachweis für die Berechnungsgrundlagen könnte man z. B. durch Kontoauszüge oder Steuerunterlagen erbringen. So könnte man an das vom verdienenden Partner angesammelte Vermögen anknüpfen, welches sich in der Zeit vom Beginn der Arbeitsteilung (sei es ab der Kindesgeburt oder ab dem Zusammenziehen) bis hin zur Eheschließung gebildet hat. Es gäbe dann einen rechnerischen Anhaltspunkt für den Wert der alltäglichen Beiträge und auf die schwierige Wertbestimmung der einzelnen Tätigkeiten wie Kindesbetreuung oder Haushaltsführung käme es nicht mehr an.

Jedoch fehlt es für eine solche weite Auslegung des Begriffs der „Vermögenszuwendung“ in aller Regel an einer „Zuwendung“ bzw. einem entsprechenden Rechtsbindungswillen des haushaltsführenden Ehegatten. Mithin können voreheliche, durch funktionale Rollenverteilung bedingte Vermögensmehrungen in den allermeisten Fällen nicht über die Billigkeitsklausel des § 1374 IIa BGB-E ausgeglichen werden. Vielmehr ist die Zukunft der vorehelichen Paarbeziehungen weiter dahingehend zu beobachten, ob es einen konkreten Bedarf für den Ausgleich sämtlicher Vermögensmehrungen vor der Ehe gibt – seien diese bedingt durch Vermögenszuwendungen zugunsten eines Hauses/Unternehmens oder bedingt durch klassische Rollenverteilung. Ergibt sich ein konkreter Regelungsbedarf auch hinsichtlich letzterem, so sind die (Vermögens-) „Zuwendungen“ im Regelungsvorschlag durch den weiteren Begriff des „Beitrags“ zu ersetzen.

C. Ergebnis zu Kapitel 7

Für den nachehelichen Unterhalt wird eine verstärkte Ausrichtung am Ausgleich ehebedingter Nachteile vorgeschlagen. Dabei findet sich in § 1578b I 2 bis 5 BGB-E eine ausformulierte Definition dieser Nachteile. Laut Regelungsvorschlag können Nachteile bereits vor der Ehe eintreten (Satz 4). Bei einer langen Ehedauer wird das Vorliegen ehebedingter Nachteile indiziert (Satz 5). Die ähnlich aufgebauten Normtatbestände der §§ 1570 II, 1574 II, 1579 Nr. 1 und 1609

1418 Dieser Vermögenswert kann einerseits in der Schaffung positiven, neuen Vermögens liegen, aber auch in Form des Schuldenabbaus erreicht worden sein (vgl. das nunmehr mögliche negative Anfangsvermögen nach § 1374 III BGB).

Nr. 2 BGB-E verweisen auf die Nachteile im Sinne des § 1578b I 2 bis 5 BGB-E, um unnötige Wiederholungen im Gesetzestext zu vermeiden. Für die Rangfolgenorm des § 1609 Nr. 2 BGB empfiehlt sich insofern die Einführung einer Billigkeitsklausel. Für den Zugewinnausgleich wird vorgeschlagen, eine Härteklausel zum Ausgleich vorehelicher Vermögenszuwendungen in § 1374 BGB (Anfangsvermögen) als Absatz 2a einzuführen.

Die dargestellten Regelungsvorschläge verstehen sich als Option, um auf das voreheliche Zusammenleben als sich festigende Institution aufmerksam zu machen. Zudem werden potenzielle Verfahren im Scheidungsfolgenrecht durch eine detaillierte Rechtslage vereinfacht. Theoretisch reicht es in den meisten Fällen zwar aus, zur Durchsetzung der wesentlichen Berücksichtigung vorehelicher Zeiten auf eine entsprechende Rechtsfortbildung durch die Rechtsprechung zu verweisen.[1419] Gleichwohl muss sich eine solche Rechtsprechung – im Idealfall eine höchstrichterliche – erst einmal entwickeln. Vielleicht schaffen es nur wenige Rechtstreitigkeiten bis zum BGH, etwa weil dem schwächeren Partner der Mut fehlt, ein nach gesetzlicher Lage aussichtslos scheinendes Verfahren einzuleiten. Demzufolge richtet sich der Appell bis zum nächsten Reformprojekt an die Rechtsprechung, einem vorehelichen Zusammenleben besondere Aufmerksamkeit zu schenken, soweit die Ehegatten bereits nach dem „Hausfrauenmodell“ lebten. Spätestens im Rahmen der nächsten Reformprojekte sollte sich auch der Gesetzgeber dieses gesellschaftlichen Phänomens annehmen und zudem rechtstatsächliche Untersuchungen in Auftrag geben, denn bislang fehlen noch umfassende Zahlenbelege aus der Forschung.

1419 Insoweit keine Probleme trotz allgemeiner Billigkeitsabwägungen sieht etwa *Borth*, FPR 2005, S. 313, 314 f. für die BGH-Rechtsprechung zur Inhaltskontrolle von Eheverträgen anhand von §§ 138, 242 BGB. Es haben sich insoweit konkrete Rechtssätze entwickelt und es besteht weniger die Gefahr von Rechtsunsicherheit.

Schlussbetrachtung

Zu Beginn stellte sich die Frage, inwieweit dem vorehelichen Zusammenleben im Scheidungsfolgenrecht Bedeutung zukommt. Hierbei sollte der Schwerpunkt auf Paarbeziehungen gelegt werden, in denen die Ehegatten bereits vor der Ehe arbeitsteilig nach dem Modell der „Hausfrauenehe“ lebten.

Es sei an das in der Einleitung geschilderte Fallbeispiel angeknüpft: Die Ehegatten lebten und wirtschafteten bereits über zehn Jahre vor der Ehe zusammen. Die Frau betreute über acht Jahre die gemeinsamen Kinder, während der Mann allein berufstätig war und die Familie finanziell unterhielt. Zudem errichteten die Lebensgefährten mit beiderseitigen Beiträgen bereits vor der Eheschließung das zukünftige Familienheim auf dem Grundstück des Mannes. Nach zehn Jahren vorehelicher Lebensgemeinschaft heiratet das Paar. Doch schon nach drei Jahren folgt die Scheidung. Es fragte sich, ob die Rechtsprechung solche vorehelichen, arbeitsteiligen Beziehungsphasen im Scheidungsfolgenrecht der späteren Ehe bisher berücksichtigt und inwieweit sie darüber hinaus zu berücksichtigen wären.

Im ersten Kapitel ist im Wesentlichen auf rechtstatsächliche Daten zurückgegriffen worden. Es wurde festgestellt, dass die Rollen auch beim vorehelichen Zusammenleben häufig klassisch verteilt sind. Dies gilt vor allem, wenn die Partnerin allein die gemeinsamen Kinder betreut. Gerade in den ersten Jahren nach der Geburt bestehen kaum Unterschiede zwischen einer Ehe und einer nichtehelichen Lebensgemeinschaft, was die kindbedingte Einschränkung der Berufstätigkeit angeht. Eine traditionelle Aufgabenteilung bei langem vorehelichem Zusammenleben kann sich auch ohne Kinder einschleichen. Zudem wird nicht allein vor der ersten Ehe und damit im Alter zwischen 20 und 30 zusammengelebt. Auch nach einer Scheidung und vor der neuen Eheschließung bevorzugen immer mehr Paare eine vorübergehende nichteheliche Lebensgemeinschaft. Das erste Kapitel ergab folglich, dass das voreheliche Zusammenleben in der Gesellschaft alles andere als eine Ausnahme ist und dass die Lebensgefährten oftmals nach dem für das Scheidungsfolgenrecht relevanten „Hausfrauenmodell“ leben.

Die Untersuchungen zum nachehelichen Unterhaltsrecht im zweiten Kapitel zeigten, dass ein Teil der Rechtsprechung voreheliches Zusammenleben bereits bei den Beschränkungstatbeständen (§§ 1578b, 1579 Nr. 1 BGB) berücksichtigt. Dies gilt jedoch primär für § 1579 Nr. 1 BGB (Beschränkung des Unterhalts wegen grober Unbilligkeit), wobei die Rechtsprechung eine Beschränkung des Unterhaltsanspruchs trotz einer formell kurzen Ehe dann verneint, wenn die Ehegatten bereits vor der Ehe zusammen lebten und wirtschafteten. Die vorehechen Verflechtungen finden insoweit über die Billigkeitsabwägung des § 1579 BGB Eingang in die richterliche Entscheidung. Beim Beschränkungstatbestand des § 1578b BGB (Beschränkung wegen Unbilligkeit) ist der BGH strenger. In zwei aktuellen Entscheidungen lehnte er die Berücksichtigung des vorehelichen Zusammenlebens als Billigkeitsaspekt bei § 1578b BGB grundsätzlich ab.[1420] Dabei stellt der BGH vor allem auf das Fehlen eines *ehe*bedingten Nachteils hinsichtlich vorehelicher Verflechtungen ab. Der maßgebliche Fortkommensnachteil ergab sich in den zugrunde liegenden Fällen jedoch nicht aufgrund einer vorehelichen Kindesbetreuung; die Frauen schränkten ihre Berufstätigkeit jeweils aus sonstigen Gründen zugunsten der Beziehung ein.[1421] Sinn und Zweck des § 1578b BGB gebieten es aber, das voreheliche Zusammenleben der späteren Ehegatten im Rahmen der Billigkeitsabwägung des § 1578b BGB zu berücksichtigen, wenn bereits vor der Ehe nur einseitig beziehungsbedingte Nachteile entstanden sind und dies dem anderen Partner im weitesten Sinne mit zugerechnet werden kann. Das ist vor allem der Fall beim Betreuen eines gemeinsamen Kindes durch die Frau, wenn der Mann hierdurch weiterhin uneingeschränkt seiner beruflichen Tätigkeit nachgehen kann. Diesem Muster folgend sollten voreheliche beziehungsbedingte Nachteile ebenso bei den systematisch und inhaltlich ähnlich ausgestalteten Normen im Rahmen der Billigkeitsabwägung berücksichtigt werden. Solche ähnlichen Normen sind vorliegend § 1570 II BGB (Betreuungsunterhalt aus elternbezogenen Gründen), § 1574 II BGB (angemessene Erwerbstätigkeit) und § 1609 Nr. 2 BGB (Rangfolge bei langer Ehedauer). Weil die Rechtsprechung bisher sehr zögert, die vorehelich entstandenen Fortkommensnachteile bei allen maßgeblichen Normen (§§ 1570 II, 1574, 1578b, 1579 Nr. 1, 1609 Nr. 2 BGB) konsequent zu berücksichtigen, empfiehlt es sich im Gesetzeswortlaut zu verankern, dass ehebedingte Nachteile bereits vor der Ehe entstehen können. Außerdem wäre es folgerichtig, auch bei § 1609 Nr. 2 BGB (Rangfolge bei langer Ehedauer) eine Billigkeitsabwägung einzuführen. Für das geschilderte Fallbeispiel ergibt sich insoweit, dass die Rechtsprechung bei einer derartigen Konstellation nach der Ehescheidung einen verlängerten Betreuungsunterhaltsanspruch gemäß § 1570 II BGB gewähren müsste – einschlägige Entscheidungen fehlen aber bislang. Weil die Rechtsprechung zum Beschränkungstatbestand des § 1579 Nr. 1 BGB bereits voreheliche Verflechtungen berücksichtigt, käme im Fallbeispiel trotz einer kurzen (dreijährigen) Ehedauer zumindest keine Beschränkung des Betreuungsunterhalts wegen grober Unbilligkeit in Betracht.

1420 BGH, NJW 2010, S. 2349 Rz. 39; FamRZ 2010, S. 1971 Rz. 25.

1421 Zum zugrunde liegenden Sachverhalt der späteren BGH-Entscheidungen siehe oben Kapitel 2 C. V. 1., 2. a).

Die Ausführungen im dritten Kapitel zum Zugewinnausgleich ergaben, dass für die Bedeutung des vorehelichen Zusammenlebens grundsätzlich zwischen gegenstandsbezogenen Investitionen (z. B. in ein Familienheim auf dem Grundstück eines Partners oder in ein Unternehmen) sowie alltäglichen Leistungen wie Kinderbetreuung und Haushaltsführung zu unterscheiden ist. Für gegenstandsbezogene Dispositionen während der vorehelichen Beziehung gibt es bereits mehrere Rechtsprechungsfälle, in denen jeweils ein Ausgleichsanspruch neben dem Zugewinnausgleich über das allgemeine Zivilrecht gewährt wurde. Hierfür zieht die Rechtsprechung die Grundgedanken zum Ausgleich nach Beendigung nichtehelicher Lebensgemeinschaften heran. Die Anspruchsgrundlagen sind meist § 313 BGB (Wegfall der Geschäftsgrundlage) und §§ 705 ff. BGB (Gesellschaft bürgerlichen Rechts). Bei entsprechender Rechtsfortbildung könnten diese Institute grundsätzlich alle gebotenen Unbilligkeiten wegen gegenstandsbezogener Dispositionen vor der Ehe kompensieren. Anders verhält es sich bei Vermögensmehrungen durch alltägliche Beiträge vor der Ehe. Einem ähnlichen Ausgleich über das allgemeine Zivilrecht steht – im Einklang mit dem BGH – der Grundsatz der Nichtausgleichung entgegen.[1422] Obwohl Sinn und Zweck des Zugewinnausgleichs eine Berücksichtigung vorehelicher Nachteile bei der Vermögensbildung gebieten können, soweit die Ehegatten bereits wie in einer „Hausfrauenehe" gewirtschaftet haben, widerspräche dies bislang dem klaren Wortlaut des § 1374 BGB (Anfangsvermögen) und des § 1378 I BGB (Ausgleichsforderung). Immerhin werden voreheliche Vermögensmehrungen durch klassische Aufgabenteilung oft rechtsreflektorisch aufgrund der Vermutung des § 1377 III BGB kompensiert. Eine befriedigende Lösung für alle Fälle einseitiger vorehelicher Vermögensmehrung wäre die Einführung einer entsprechenden Härteklausel in den Wortlaut der §§ 1372 ff. BGB. Im oben geschilderten Fallbeispiel würden die vorehelichen Wertsteigerungen durch Leistungen in das Familienheim auf dem Grundstück des Mannes bereits nach aktueller Rechtsprechung ausnahmsweise ausgeglichen. Der Ausgleich geschähe durch die Gewährung eines Anspruchs aus § 313 BGB neben dem Zugewinnausgleich. Sofern die Ehegatten kein Verzeichnis des Anfangsvermögens erstellt haben, würde der Zugewinnausgleich ebenfalls die einseitigen Vermögensmehrungen wegen der vorehelichen Kindesbetreuung durch die Frau erfassen. Denn wegen der Vermutung des § 1377 III BGB käme es auf die tatsächlichen Vermögensbestände zum Zeitpunkt der Eheschließung nicht mehr an.

Die Untersuchungen im vierten Kapitel verdeutlichten, dass die Rechtsprechung im Rahmen des Versorgungsausgleichs bisher ein voreheliches Zusam-

1422 So ständige Rechtsprechung des BGH, aktuell z. B. BGH, NJW 2008, S. 443, 444 oder BGH NJW 2008, S. 3277, 3278.

menleben der Ehegatten nicht berücksichtigt. Obwohl bei traditioneller Rollenverteilung die vorehelich angesammelten Anrechte grundsätzlich wie beim ähnlich gestalteten Zugewinnausgleich auszugleichen wären, scheitert eine solche Gesetzesauslegung am eindeutigen Wortlaut des VersAusglG. Ein Regelungsdefizit besteht nicht, weil die Einführung einer Billigkeitsklausel nicht mit dem komplexen und öffentlich-rechtlichen System des Versorgungsausgleichs vereinbar ist. Den Ehegatten bleiben daher lediglich vertragliche Gestaltungsoptionen, die ebenfalls nur eingeschränkt möglich sind. Zu empfehlen ist insofern der Abschluss einer eigenen (Kapital-) Lebensversicherung, um voreheliche Nachteile eines Ehegatten bei der Altersvorsorge neben dem Versorgungsausgleich zu kompensieren. Im vorliegenden Fallbeispiel würden daher die Vorsorgenachteile der Frau aufgrund der vorehelichen Arbeitsteilung nicht kompensiert.

Für die Behandlung von Ehewohnung und Haushaltsgegenständen (§§ 1568a, 1568b BGB) nach der Scheidung ergaben die Untersuchungen im fünften Kapitel, dass hier voreheliche Zeiten wenig relevant sind. Primär dient dieser Bereich des Scheidungsfolgenrechts dazu, zukünftig die Nutzungsverteilung zu regeln. Dabei spielt eine länger zurückliegende, voreheliche Beziehungsphase kaum eine Rolle. Gleichwohl kann die Rechtsprechung voreheliche Aspekte über die Billigkeitsklauseln der Normen berücksichtigen. Daneben können bereits vor der Ehe für den gemeinsamen Haushalt angeschaffte Gegenstände nach allgemeinen sachenrechtlichen Grundsätzen zu gemeinsamen Eigentum im Sinne des § 1568b I BGB werden. Auch im Beispielsfall sei unterstellt, dass die Ehegatten bereits während der zehnjährigen vorehelichen Beziehung gemeinsame Haushaltsgegenstände angeschafft haben. Diese könnten über § 1568b I BGB wie während der Ehe angeschaffte Gegenstände behandelt und beansprucht werden. Da der Mann im Fallbeispiel Alleineigentümer des gemeinsam errichteten Familienheims blieb, könnte die Frau nach der Scheidung eine Wohnungsüberlassung nur zur Vermeidung einer unbilligen Härte verlangen (§ 1568a II BGB).

Die Untersuchungen im sechsten Kapitel belegten die verfassungsrechtliche Zulässigkeit der zuvor erörterten Auslegungsoptionen. Weder die allgemeine Handlungsfreiheit der vorehelichen Lebensgefährten noch der Eheschutz des Art. 6 I GG sind verletzt, wenn voreheliche Beziehungszeiten ausnahmsweise aus Billigkeitsgründen im Scheidungsfolgenrecht berücksichtigt werden. Der Rechtsanwender hat bei der Anwendung einer Billigkeitsklausel ohnehin restriktiv vorzugehen und kann sämtliche Interessen und Umstände des Einzelfalls würdigen. Einen verfassungsrechtlichen Schutz des vorehelichen Zusammenlebens über Art. 6 I GG gibt es dagegen nicht. Es bleibt beim allgemeinen Schutz des Art. 2 I GG. Insofern ist eine gesetzliche Normierung von ehegleichen

Schutznormen für das voreheliche Zusammenleben verfassungsrechtlich nicht geboten.

Abschließend wurde in Kapitel 7 die Frage nach einer möglichen Verbesserung des Gesetzestexts gestellt. Wie in den Kapiteln zwei bis fünf gezeigt, reicht die bisherige Rechtsprechung grundsätzlich aus, um voreheliche Beziehungszeiten der späteren Ehegatten in gebotener Weise zu berücksichtigen. Es gibt daher bislang keinen akuten Reformbedarf. Dennoch helfen die diskutierten Auslegungsoptionen dem finanziell schwächeren Ehegatten nur weiter, wenn der Rechtsanwender auch tatsächlich von ihnen Gebrauch macht. Davon ist in naher Zukunft nur bedingt auszugehen, weil den Richtern bisher eine detaillierte Kenntnis über das Gesellschaftsphänomen des vorehelichen Zusammenlebens fehlen dürfte. Außerdem ist eine je nach Einzelfall erforderliche Rechtsfortbildung stets mit Rechtsuntersicherheit verbunden. Die Regelungsvorschläge knüpfen an die für das Unterhaltsrecht und den Zugewinnausgleich aufgezeigten Lücken oder Uneinheitlichkeiten im Gesetzestext an.

Im nachehelichen Unterhaltsrecht sollten die ähnlich strukturierten Billigkeitsabwägungen in §§ 1570 II, 1574 II, 1578b und 1579 Nr. 1 BGB einheitlich ausgestaltet werden. Denn den Billigkeitsklauseln liegt einheitlich der Gedanke zugrunde, zumindest ehebedingte Nachteile auszugleichen. Wie in Kapitel 2 gezeigt, lässt sich dieser Gedanke auch auf den Ausgleich bereits vorehelicher Nachteile ausweiten. Durch den Ausgleich ehebedingter Nachteile sollen nur die finanziellen Einbußen eines Ehegatten ausgeglichen werden, die dieser tatsächlich erlitten hat. Dem liegt der Gedanke der Eigenverantwortlichkeit der Ehegatten nach Scheidung zugrunde. Konsequenter Weise müssen dann aber alle beziehungsbedingten Nachteile kompensiert werden. Außerdem ist entsprechend dem gesetzgeberisch gewollten Abwägungsmuster auch für § 1609 Nr. 2 BGB (Rangfolge bei langer Ehedauer) eine Billigkeitsabwägung einzuführen. Dieser Abwägung liegt dasselbe inhaltliche Schema wie den oben genannten Normen zugrunde.

Als Muster der hier vorgeschlagenen einheitlichen Billigkeitsabwägung soll die Abwägung des zum 1.1.2008 eingeführten § 1578b I BGB dienen. In § 1578b BGB kommt bereits jetzt der Gedanke der Nachteilskompensation im Gesetzeswortlaut zum Ausdruck. Die ehebedingten Nachteile sind gemäß § 1578b I 2 BGB im Rahmen der Billigkeitsabwägung zu berücksichtigen. Insoweit ist ein ergänzender Satz einzuführen, der auch im Gesetz klarstellt, dass entsprechende Nachteile bereits vor der Ehe entstehen können. Als gebotene Einschränkung, damit nicht auch beziehungsfremde Einbußen vor der Ehe kompensiert werden, empfiehlt sich als Kriterium ein schutzwürdiges Vertrauen des unterhaltsbegehrenden Ehegatten. Um Wiederholungen zu vermeiden, verweisen die übrigen Normvorschläge (zu §§ 1570 II, 1574 II, 1579 Nr. 1, 1609 Nr. 2 BGB) auf die Nachteile im Sinne des § 1578b BGB-E.

In die Normen des Zugewinnausgleichs sollte eine Billigkeitsklausel aufgenommen werden, über die voreheliche Vermögenszuwendungen in Härtefällen berücksichtigt werden können. Insoweit bietet es sich an, in § 1374 BGB einen neuen Absatz 2a einzufügen. Nach dem Regelungsvorschlag wird die voreheliche Vermögenszuwendung aus dem Anfangsvermögen des Zuwendungsempfängers herausgerechnet, wenn dadurch eine unbillige Härte vermieden werden kann. Andere Vermögensnachteile des haushaltsführenden Partners, die allein durch voreheliche Arbeitsteilung und ohne konkrete Zuwendungshandlung entstehen, werden vom Wortlaut dieses Vorschlags nicht erfasst.

Bislang fehlen umfangreiche rechtstatsächliche Untersuchungen zum Thema des vorehelichen Zusammenlebens. Heute mag es noch die Ausnahme sein, dass markante beziehungsbedingte Nachteile vor der Ehe entstehen. Aber soweit sich die zu erwartende Entwicklung bestätigt und die Ehegatten zukünftig noch länger ohne Trauschein vor der ersten Ehe und „zwischen den Ehen" zusammenleben, entsteht ein konkretes Reformbedürfnis. Insoweit bieten sich die in Kapitel 7 dargestellten Entwürfe an, um beziehungsbedingte Nachteile während des vorehelichen Zusammenlebens angemessen im nachehelichen Unterhaltsrecht und Zugewinnausgleich zu berücksichtigen.

Bis dahin richtet sich der Appell an die Familiengerichte. Die Rechtsprechung sollte sich bei Entscheidungen zum Scheidungsfolgenrecht vermehrt mit der Problematik vorehelicher Arbeitsteilung befassen und in einschlägigen Fallkonstellationen angemessen berücksichtigen. Der Gesetzeswortlaut des nachehelichen Unterhaltsrechts bietet mit den entsprechenden Billigkeitsklauseln den hierfür nötigen Auslegungsspielraum. Gerade der Betreuungsunterhalt sollte über den Annexanspruch des § 1570 II BGB aus elternbezogenen Gründen über die Dauer von drei Jahren nach der Kindesgeburt verlängert werden können. Denn haben die Ehegatten bereits vor der Ehe lange zusammen gelebt und ein Lebensgefährte Fortkommensnachteile erlitten, so darf nicht allein die (kurze) Ehedauer auf dem Papier entscheiden. Daneben sollte auch für den Zugewinnausgleich stets der Blick auf mögliche Vermögensmehrungen vor der Eheschließung gelenkt werden, die in Härtefällen auszugleichen sind. Dem Richter stehen insoweit zumindest die Ausgleichsmechanismen des allgemeinen Zivilrechts zur Verfügung – insbesondere § 313 BGB. Die BGH-Entscheidung vom 2.10.1991 für einen Ausgleich von Leistungen zwischen Verlobten zum gemeinsamen Hausbau ist insoweit aus einer anderen Perspektive zu sehen. Denn in Anbetracht der sich weiter entwickelnden Rechtsprechung zum Vermögensausgleich nichtehelicher Lebensgemeinschaften[1423] sollten nunmehr auch voreheliche Investitionen ohne ein Verlöbnis – insoweit in Übereinstimmung mit höchstrichterlicher Rechtsprechung – ausnahmsweise ausgeglichen werden.

Ferner ist auf die zahlreichen (Ehe-) Vertragsregelungen zur Berücksichtung des vorehelichen Zusammenlebens hinzuweisen. Diese sind sehr sinnvoll und hilfreich, werden allerdings noch viel zu selten von den Ehepartnern gewählt. Damit richtet sich ein weiterer Appell an die Beratungspraxis. Soweit der Anwalt oder Notar von einem vorehelichen Zusammenleben der Ehegatten erfährt, sollte er sie frühzeitig auf die möglichen Folgen und Regelungsoptionen hinweisen.

Zum Schluss sei betont, dass eine funktionierende Gesellschaft auf Nachwuchs und nachfolgende Generationen angewiesen ist. Es liegt jedoch in der Natur der Sache, dass Frauen als Mütter durch das Großziehen von Kindern mehr berufliche sowie finanzielle Nachteile erleiden als Männer. Die Folge ist der seit Jahren zu beobachtende Geburtenrückgang.[1424] Zwar versucht der Gesetzgeber immer weiter, dieses Problem in den Griff zu bekommen. Das Kinder- und Elterngeld sowie das in dieser Arbeit thematisierte Scheidungsfolgenrecht kompensieren bereits einen Großteil der entstehenden Fortkommensnachteile. Doch gerade auf der Beziehungsebene – also wenn gemeinsame Kinder der Partner großgezogen werden – sollte unabhängig vom Beziehungsstatus ein vollständiger Nachteilsausgleich zwischen den Eltern als Beziehungspartnern angestrebt werden. Dies gilt in ähnlicher Weise für andere gemeinsame Aufgaben in einer Lebensgemeinschaft – wie die Haushaltsführung. Es obliegt insoweit beiden Lebensgefährten gleichermaßen, die anfallenden Fortkommensnachteile eines Partners gemeinsam zu tragen. Dem pflichtet nicht zuletzt der Gleichberechtigungsgedanke des Art. 3 II GG bei. Ein entsprechender Nachteilsausgleich ist dann erst recht geboten, wenn die Lebensgefährten nach längerem Zusammenleben schließlich heiraten und insoweit die bisherige partnerschaftliche Solidarität besiegeln.

1423 Siehe BGH, FamRZ 2008, S. 1822 oder aktuell BGH, NJW 2010, S. 998.

1424 Vgl. etwa die Tabellen bei Statistisches Bundesamt, Mikrozensus 2008.

Literaturverzeichnis

Alt, Christian: Kinderleben – Aufwachsen zwischen Familie, Freunden und Institutionen, Band 1: Aufwachsen in Familien, Wiesbaden 2005

Anwaltkommentar: Anwaltkommentar BGB, Band 4, Familienrecht, *Kaiser, Dagmar/Schnitzler, Klaus/Friederici, Peter* (Hrsg.), Bonn 2005 (zitiert als: Anwaltkommentar-BGB/*Bearbeiter*)

Arbeitskreis 3: Arbeitskreis 3: Abschied von den ehelichen Lebensverhältnissen?, *Derleder, Peter* (Leiter), in: Siebzehnter Deutscher Familiengerichtstag vom 12.-15. September 2007 in Brühl, Ansprachen und Referate, Berichte und Ergebnisse der Arbeitskreise, Brühler Schriften zum Familienrecht, Band 15, Deutscher Familiengerichtstag e. V. (Hrsg.), Bielefeld 2008, S. 141-142 (zitiert als: Arbeitskreis 3, 17. DFGT)

Arbeitskreis 4: Arbeitskreis 4: Zuwendungen in Lebensgemeinschaften, *Schulz, Werner* (Leiter), in: Ergebnisse der Arbeitskreise des 18. Deutschen Familiengerichtstages vom 16.-19.9.2009, Brühl 2009 (zitiert als: Arbeitskreis 4, 18. DFGT)

Arbeitskreis 13: Arbeitskreis 13: Erwerbsobliegenheit und Kinderbetreuung, *Happ-Göhring, Sabine* (Leiterin), in: Siebzehnter Deutscher Familiengerichtstag vom 12.-15. September 2007 in Brühl, Ansprachen und Referate, Berichte und Ergebnisse der Arbeitskreise, Brühler Schriften zum Familienrecht, Band 15, Deutscher Familiengerichtstag e. V. (Hrsg.), Bielefeld 2008, S. 155-156 (zitiert als: Arbeitskreis 13, 17. DFGT)

Bamberger, Heinz Georg/Roth, Herbert (Hrsg.): Bürgerliches Gesetzbuch, 16. Edition, Stand 1.2.2010, Stand 1.9.2009 (für Unterhalt des geschiedenen Ehegatten und für Eheliches Güterrecht), Stand 1.8.2009 (für Versorgungsausgleich), Stand 1.1.2008 (für HausratsV), Stand 1.10.2007 (für Ungerechtfertigte Bereicherung), München (zitiert als: Bamberger/Roth/*Bearbeiter*)

Barnstedt, Elke Luise/Hägemeyer, Ludwig/Lipp, Volker/Pawlowski, Hans-Martin/Windel, Peter A. (Hrsg.): Was gehen den Staat Ehe und Partnerschaft an?, 35. Reinhäuser Juristengespräche in Gedenken an Karl Michaelis, Heidelberg 2002

Battes, Robert: (Betreuungs-)Unterhalt nach Beendigung einer nichtehelichen Lebensgemeinschaft?, JZ 1986, S. 240-241

Battes, Robert: Unterhaltsansprüche aufgrund nichtehelichen Zusammenlebens?, – Eine rechtsvergleichende Skizze –, in: *Hofmann, Paul/Meyer-Cording, Ulrich/Wiedemann, Herbert* (Hrsg.), Festschrift für Klemens Pleyer zum 65. Geburtstag, Köln (u. a.) 1986, S. 467-483 (zitiert als: *Battes,* FS Pleyer)

Beitzke, Günther: Die deutsche Lösung: Das Familienrecht, in: *Zacher, Hans F.* (Hrsg.), Der Versorgungsausgleich im internationalen Vergleich und in der zwischenstaatlichen Praxis, Colloquium des Max-Planck-Instituts für ausländisches und internationales Sozialrecht Tutzing 1984, Berlin 1985, S. 223-247

Berghahn, Sabine: Der Unterhalt im System der Existenzsicherung – Einleitung, in: Unterhalt und Existenzsicherung, Recht und Wirklichkeit in Deutschland, *Berghahn, Sabine* (Hrsg.), Baden-Baden 2007, S. 5-26 (zitiert als: *Berghahn,* in Unterhalt und Existenzsicherung)

Bergner, Ludwig: Der reformierte Versorgungsausgleich, Die wichtigsten materiellen Neuerungen, NJW 2009, S. 1169-1175

Bergner, Ludwig: Inwieweit sind Vereinbarungen über den Versorgungsausgleich nach § 1587o BGB – über den Rahmen des § 1587b I BGB hinaus – zulässig?, FamRZ 1979, S. 993-997

Bergschneider, Ludwig (Hrsg.): Beck'sches Formularbuch, Familienrecht, 2. Auflage, München 2008 (zitiert als: Bergschneider/*Bearbeiter*)

Bergschneider, Ludwig: Verträge in Familiensachen, Eheverträge, Trennungs- und Scheidungsvereinbarungen, 3. Auflage, Bielefeld 2006 (zitiert als: *Bergschneider,* Verträge in Familiensachen)

Bergschneider, Ludwig: Zur Neuregelung des Versorgungsausgleichs, RNotZ 2009, S. 457-469

Berringer, Christian: Die geplante Reform des Unterhaltsrechts, in: Unterhalt und Existenzsicherung, Recht und Wirklichkeit in Deutschland, *Berghahn, Sabine* (Hrsg.), Baden-Baden 2007, S. 131-152 (zitiert als: *Berringer,* in Unterhalt und Existenzsicherung)

Boele-Woelki, Katharina: Geplante Änderungen im niederländischen Familienrecht, FamRZ 2005, S. 1632-1633

Bonner Kommentar: Bonner Kommentar zum Grundgesetz, *Dolzer, Rudolf/Vogel, Klaus/ Graßhof, Karin* (Hrsg.), Band 2 Art. 4-6 I, Heidelberg, Stand August 1976 (36. Lieferung) (zitiert als: Bonner Kommentar/*Bearbeiter)*

Born, Winfried: Anmerkung zum Urteil des BGH vom 12.4.2006 – XII ZR 240/03, FamRZ 2006, S. 1008-1010

Born, Winfried: Das neue Unterhaltsrecht, NJW 2008, S. 1-8

Born, Winfried: Der Bedarf in der aktuellen Rechtsprechung – Das Ende eines unterhaltsrechtlichen Grundbegriffs?, NJW 2008, S. 3089-3095

Born, Winfried: Reform der familienrechtlichen Ausgleichssysteme – Kosmetik oder Kurskorrektur, NJW 2008, S. 2289-2295

Borth, Helmut: Der Gesetzesentwurf der Bundesregierung zur Reform des Unterhaltsrechts, FamRZ 2006, S. 813-821

Borth, Helmut: Verhindern Billigkeitsregelungen im Familienrecht Ungerechtigkeiten?, FPR 2005, S. 313-316

Borth, Helmut: Versorgungsausgleich in anwaltlicher und familiengerichtlicher Praxis, 5. Auflage, Köln 2009

Bosch, F.: Zur Neuordnung des ehelichen Güterrechts, FamRZ 1954, S. 149-156

Bosch, Friedrich Wilhelm: Anmerkung zum Beschluss des LG Hannover vom 31.7.1985 – 3 S 182/85, FamRZ 1985, S. 1256

Bosch, Friedrich Wilhelm: Anmerkung zum Urteil des BGH vom 1.12.1987 – VI ZR 50/87 , FamRZ 1988, S. 394-398

Bosch, Friedrich Wilhelm: Anmerkung zum Urteil des OLG Düsseldorf vom 14.12.1982 – 21 U 120/82, FamRZ 1983, S. 275-277

Bosch, Friedrich Wilhelm: Anmerkung zum Urteil des OLG Oldenburg vom 26.3.1986 – 3 U 299/85, FamRZ 1986, S. 676-677

Bosch, Friedrich Wilhelm: Rückblick und Ausblick oder – De legibus ad familiam pertinentibus – reformatis et reformandis? (Familienrechtsreform in Vergangenheit, Gegenwart und Zukunft), FamRZ 1980, S. 849-855

Brambring, Günter: Ehevertragliche Vereinbarungen nach neuem Recht, FPR 2009, S. 297-303

Brambring, Günter/Jerschke, Hans-Ulrich (Hrsg.): Beck'sches Notarhandbuch, 5. Auflage, München 2009 (zitiert als: Brambring/Jerschke/*Bearbeiter*)

Bredthauer, Jürgen: Vereinbarungen über den Versorgungsausgleich, FPR 2009, S. 500-506

Brudermüller, Gerd: Der reformierte Zugewinnausgleich – Erste Praxisprobleme, NJW 2010, S. 401-407

Brudermüller, Gerd: Die Neuregelungen im Recht des Zugewinnausgleichs ab 1.9.2009, Negatives Anfangs- und Endvermögen, erweiterte Auskunftspflichten, Änderung des Stichtags, Konkretisierung der Beweislast, FamRZ 2009, S. 1185-1191

Brudermüller, Gerd: Geschieden und doch gebunden?, Ehegatten zwischen Recht und Moral, München 2008

Brudermüller, Gerd: Regelungen der Nutzungs- und Rechtsverhältnisse an Ehewohnung und Hausrat (Teil 1), Eine Übersicht anhand der Rechtsprechung der letzten zehn Jahre, FamRZ 1999, S. 129-139

Brudermüller, Gerd: Wohnungszuweisung bei Beendigung einer nichtehelichen Lebensgemeinschaft?, FamRZ 1994, S. 207-216

Brüggen, Andrea: Die Strukturreform des Versorgungsausgleichs – Auswirkungen auf die notarielle Praxis, MittBayNot 2009, S. 337-345

Büchting, Hans-Ulrich/Heussen, Benno (Hrsg.): Beck'sches Rechtsanwaltshandbuch, 9. Auflage 2007 (zitiert als: Büchting/Heussen/*Bearbeiter*)

Bundesministerium für Jugend, Familie und Gesundheit (Hrsg.): Nichteheliche Lebensgemeinschaften in der Bundesrepublik Deutschland, Stuttgart (u. a.) 1985 (zitiert als: BMJFG 1985)

Burhoff, Detlef: Handbuch der nichtehelichen Lebensgemeinschaft, 2. Auflage, Berlin 1998

Burkart, Günter/Fietze, Beate/Kohli, Martin: Liebe, Ehe, Elternschaft: eine qualitative Untersuchung über den Bedeutungswandel von Paarbeziehungen und seine demographischen Konsequenzen, Wiesbaden 1989

Busch, Friedrich W./Scholz, Wolf-Dieter: Zwischen Bewahrung und Veränderung, Ehe-, Familien- und Erziehungsvorstellungen von Jugendlichen, in: *Busch, Friedrich W./Nave-Herz, Rosemarie* (Hrsg.), Familie und Gesellschaft, Beiträge zur Familienforschung, Oldenburg 2005, S. 125-146

Busche, Jan: Unterhaltsansprüche nach Beendigung nichtehelicher Lebensgemeinschaften, Eine kritische Bestandsaufnahme, JZ 1998, S. 387-396

Büte, Dieter: Zugewinnausgleich bei Ehescheidung, Bewertung – Berechnung – Sicherung – Verjährung, 3. Auflage, Berlin 2006

Büttner, Helmut: 25 Jahre Ehescheidungsreform – Die Entwicklung der Rechtsprechung zum Unterhalt anhand der „ehelichen Lebensverhältnisse", FF 2002, S. 78-80

Campenhausen, Axel Freiherr von: Verfassungsgarantie und sozialer Wandel, Das Beispiel von Ehe und Familie, 1. Bericht, VVDStRL 45 (1987), S. 7-54

Coester, Michael: Anmerkung zum Urteil des BGH vom 31.10.2007 - XII ZR 261/04, JZ 2008, S. 315-316

Coester-Waltjen, Dagmar: Die Lebensgemeinschaft – Strapazierung des Parteiwillens oder staatliche Bevormundung?, NJW 1988, S. 2085-2090

Cornelißen, Waltraud (Hrsg.): Gender-Datenreport, 1. Datenreport zur Gleichstellung von Frauen und Männern in der Bundesrepublik Deutschland im Auftrag des Bundesministeriums für Familie, Senioren, Frauen und Jugend, 2. Fassung, München November 2005

Cubeddu-Wiedemann, Maria Giovanna: Scheidung und nachehelicher Unterhalt in Italien, in: *Hofer, Sibylle/Schwab, Dieter/Henrich, Dieter* (Hrsg.): Scheidung und nachehelicher Unterhalt im europäischen Vergleich, Beiträge zum europäischen Familienrecht, Band 8, Bielefeld 2003, S. 139-167

Dauner-Lieb, Barbara: Eheverträge im Spannungsfeld zwischen Privatautonomie und verfassungsrechtlicher Aufwertung der Familienarbeit, FF 2002, S. 151-154

Derleder, Peter: Die ehelichen Lebensverhältnisse, Zur Struktur des nachehelichen Unterhalts, FuR 1990, S. 9-19

Derleder, Peter: Vermögenskonflikte zwischen Lebensgefährten bei Auflösung ihrer Gemeinschaft, NJW 1980, S. 545-552

Dethloff, Nina: Nichteheliche Lebensgemeinschaft und Kinder, in: *Scherpe, Jens M./Yassari, Nadjma* (Hrsg.), Die Rechtsstellung nichtehelicher Lebensgemeinschaften, The Legal Status of Cohabitants, Tübingen 2005, S. 137-162

Dethloff, Nina: Vermögensausgleich bei Auflösung nichtehelicher Lebensgemeinschaften, in: *Helms, Tobias/Zeppernick, Jens Martin* (Hrsg.), Festschrift für Rainer Frank, Lebendiges Familienrecht, Frankfurt am Main 2008, S. 81-99 (zitiert als: *Dethloff,* in FS Frank)

Dethloff, Nina: Unterhalt, Zugewinn, Versorgungsausgleich – Sind unsere familienrechtlichen Ausgleichssysteme noch zeitgemäß?, Gutachten A zum 67. Deutschen Juristentag Erfurt 2008, München 2008 (zitiert als: *Dethloff,* Gutachten)

Deutscher Familiengerichtstag e. V./Wissenschaftliche Vereinigung für Familienrecht e. V.: Strukturreform des Versorgungsausgleichs, Stellungnahmen des Deutschen Familiengerichtstages e. V. und der Wissenschaftlichen Vereinigung für Familienrecht e. V. zu dem Abschlussbericht der hierfür eingesetzten Regierungskommission v. 24.10.2004, FamRZ 2005, S. 852-856 (zitiert als: Stellungnahme Familiengerichtstag/Wissenschaftliche Vereinigung für Familienrecht, FamRZ 2005)

Diederichsen, Uwe: Die Ehedauer als Begrenzungskriterium für den nachehelichen Unterhalt, in Festschrift Müller-Freienfels, S. 99-130 (zitiert als: *Diederichsen,* FS Müller-Freienfels)

Diederichsen, Uwe: Die nichteheliche Lebensgemeinschaft im Zivilrecht, NJW 1983, S. 1017-1026

Diederichsen, Uwe: Geschiedenenunterhalt – Überforderung nachehelicher Solidarität?, NJW 1993, S. 2265-2275

Diederichsen, Uwe: „Richtiges" Familienrecht, in: Festschrift für Karl Larenz zum 80. Geburtstag, München 1983, S. 127-160 (zitiert als: *Diederichsen,* FS Larenz)

Diederichsen, Uwe: Teilhabegerechtigkeit in der Ehe, FamRZ 1992, S. 1-12

Dietlein, Johannes: Der Schutz nichtehelicher Lebensgemeinschaften in den Verfassungen und Verfassungsentwürfen der neuen Länder, DtZ 1993, S. 136-141

Dorbritz, Jürgen: Stirbt die Familie? Gründe und Folgen der Schwächung einer Institution, FAZ vom 20.12.1999, S. 14

Dorbritz, Jürgen/Lengerer, Andrea/Ruckdeschel, Kerstin: Einstellungen zu demographischen Trends und zu bevölkerungsrelevanten Politiken, Wiesbaden 2005

Dreier, Horst (Hrsg.): Grundgesetz, Kommentar, Band I, Präambel, Artikel 1-19, 2. Auflage, Tübingen 2004 (zitiert als: Dreier/*Bearbeiter*)

Duderstadt, Jochen: Die nichteheliche Lebensgemeinschaft, Der aktuelle Leitfaden für junge Rechtsanwälte, 2. Auflage, München (u. a.) 2004

Ebsen, Ingwer: Stellungsnahme in Aussprache und Schlussworte, Verfassungsgarantie und sozialer Wandel, VVDStRL 45 (1987), S. 94-151 (S. 126 f.)

Eichenhofer, Eberhard: Ausschluß des Versorgungsausgleichs durch Ehevertrag, DNotZ 1994, S. 213-230

Eichenhofer, Eberhard: Zukünftiger Anwendungsbereich des schulrechtlichen Versorgungsausgleichs (künftig: schulrechtliche Ausgleichszahlungen), FPR 2009, S. 211-214

Engstler, Heribert/Menning, Sonja: Die Familie im Spiegel der amtlichen Statistik, Lebensformen, Familienstrukturen, wirtschaftliche Situation der Familien und familiendemographische Entwicklung in Deutschland, Bundesministerium für Familie, Senioren, Frauen und Jugend, Berlin 2003

Erler, Michael: Nicht-eheliche Lebensgemeinschaften zwischen Alternative und „Normalität", FuR 1996, S. 10-13

Erman, Walter (Begr.): Bürgerliches Gesetzbuch, Handkommentar, Band II, §§ 759-2385, AGG, EGBGB (Auszug), ErbbauRG, HausratsVO, LPartG, ProdHaftG, UKlaG, VAHRG und WEG, 12. Auflage, Köln 2008 (zitiert als: Erman/*Bearbeiter*)

Eschenbruch, Klaus/Klinkhammer, Frank: Der Unterhaltsprozess, 5. Auflage, Köln 2009 (zitiert als: Eschenbruch/Klinkhammer/*Bearbeiter*)

Eyrich, Heinz: Nichteheliche Lebensgemeinschaft – eine Aufgabe für den Gesetzgeber?, ZRP 1990, S. 139-140

Finger, Peter: Wohngemeinschaft – Partnerschaft – Lebensgemeinschaft, „Alternative Formen" des Zusammenlebens, JZ 1981, S. 497-510

Flade, Antje: Wie sehen Eltern jetzt die Umwelt?, in: Handbuch Elternbildung, Band 1: Wenn aus Partnern Eltern werden, Deutscher Familienverband (Hrsg.), Opladen 1999, S. 459-472

Franz, Wolfgang: Unterhaltsanspruch und Rente aus Versorgungsausgleich, – Eine wechselreiche Beziehung –, FamRZ 2010, S. 418-421

Friauf, Karl Heinrich: Verfassungsgarantie und sozialer Wandel – das Beispiel von Ehe und Familie, NJW 1986, 2595-2602

Frings, Günter: Verfassungsrechtliche Vorgaben für eine rechtliche Ordnung nichtehelicher Lebensgemeinschaften, FPR 2001, S. 7-12

Gernhuber, Joachim/Coester-Waltjen, Dagmar: Familienrecht, 6. Auflage, München 2010

Glatzer, Wolfgang: Nichteheliche Lebensgemeinschaften, Wiesbaden 1987

Göppinger, Horst (Begr.)/Börger, Ulrike: Vereinbarungen anlässlich der Ehescheidung, Die vertragliche Regelung der zivil-, steuer- und sozialrechtlichen Folgen, München 2009 (zitiert als: Göppinger/Börger/*Bearbeiter*)

Göppinger, Horst/Wax, Peter: Unterhaltsrecht, 9. Auflage, Bielefeld 2008 (zitiert als: Göppinger/Wax/*Bearbeiter*)

Graba, Hans-Ulrich: Anmerkung zum Urteil des BGH vom 6.2.2008 – XII ZR 14/06, FPR 2008, S. 309-311

Graba, Hans-Ulrich: Auf dem Weg zu einem Ehegattenunterhaltsrecht nach Billigkeit, FamRZ 2008, S. 1217-1223

Graba, Hans-Ulrich: Die Entwicklung des Unterhaltsrechts nach der Rechtsprechung des Bundesgerichtshofs im Jahre 2009, FamRZ 2010, S. 601-611

Grimm, Dieter: Stellungnahme in Aussprache und Schlussworte, Verfassungsgarantie und sozialer Wandel, Das Beispiel von Ehe und Familie, VVDStRL 45 (1987), S. 94-151 (S. 108 f.)

Grosse, Martin Christian: Freie römische Ehe und nichteheliche Lebensgemeinschaft, Pfaffenweiler 1991

Grötsch, Michael: Möglichkeiten und Grenzen der Rechtsangleichung durch vertragliche Vereinbarungen im Rahmen der Vermögensauseinandersetzung bei Ehescheidung im deutsch-österreichischen Rechtsverkehr, Dissertation, München 2007

Grünheid, Evelyn: Die demographische Lage in Deutschland 2005, Zeitschrift für Bevölkerungswissenschaft 2006, S. 3-104 (zitiert als: *Grünheid* 2006)

Grünheid, Evelyn: Die demographische Lage in Deutschland 2008, Bundesinstitut für Bevölkerungsforschung (BiB), Wiesbaden 2008 (zitiert als: *Grünheid* 2008)

Grziwotz, Herbert: Die zweite Spur – ein (neuer) Weg zur Gerechtigkeit zwischen Ehegatten, Bemerkungen zum Urteil des BGH v. 30.6.1999 – XII ZR 230/96, DNotZ 2000, S. 486-498

Grziwotz, Herbert: Nichteheliche Lebensgemeinschaft, 4. Auflage, München 2006

Grziwotz, Herbert: Partnerschaftsvertrag für die nichteheliche und nicht eingetragene Lebensgemeinschaft, 4. Auflage, München 2002 (zitiert als: *Grziwotz,* Partnerschaftsvertrag)

Grziwotz, Herbert: Rechtsprechung zur nichtehelichen Lebensgemeinschaft, FamRZ 2003, S. 1417-1424

Grziwotz, Herbert: „Unbedachte" Zuwendungen unter Ehegatten und nichtehelichen Partnern, MDR 1998, S. 129-132

Hahne, Meo-Micaela: Regelungsbefugnisse der Ehegatten nach der Strukturreform des Versorgungsausgleichs, FamRZ 2009, S. 2041-2047

Hahne, Meo-Micaela: Zur Auslegung der §§ 1578 I S. 2 und S. 3 und 1573 V BGB i.d.F. des Unterhaltsänderungsgesetzes vom 20. Februar 1986, FamRZ 1986, S. 305-311

Hamann, Bruno: Zeitgeschichtliche Tendenzen gesellschaftlicher Entwicklungen als Herausforderung einer familienorientierten Erziehung, in: *Schneewind, Klaus A./Rosenstiel, Lutz von* (Hrsg.), Wandel der Familie, Göttingen 1992, S. 57-74

Hauß, Jörn: Der Betreuungsunterhalt im neuen Unterhaltsrecht, FamRB 2007, S. 367-370

Hausheer, Heinz: Scheidung und nachehelicher Unterhalt in der Schweiz, in: *Hofer, Sibylle/Schwab, Dieter/Henrich, Dieter* (Hrsg.): Scheidung und nachehelicher Unterhalt im europäischen Vergleich, Beiträge zum europäischen Familienrecht, Band 8, Bielefeld 2003, S. 291-331

Haußleiter, Martin: Zum Ausgleichsanspruch bei einer Ehegatteninnengesellschaft neben einem Anspruch auf Zugewinnausgleich, NJW 2006, S. 2741-2743

Haußleiter, Otto/Schulz, Werner: Vermögensauseinandersetzung bei Trennung und Scheidung, 4. Auflage, München 2004

Hausmann, Rainer: Nichteheliche Lebensgemeinschaften und Vermögensausgleich, Grundfragen der rechtlichen Organisation und Abwicklung von Lebensgemeinschaften im Spannungsfeld zwischen Rechtsgeschäftslehre, Schuldrecht und Familienrecht, München 1989

Hausmann, Rainer/Hohloch, Gerd: Das Recht der nichtehelichen Lebensgemeinschaft, Handbuch, 2. Auflage, Berlin 2004

Herzog, Roman: Schutz von Ehe und Familie durch die Verfassung, in: Bitburger Gespräche, Jahrbuch 1988, München 1988, S. 15-24

Hohloch, Gerhard: Konzeption und Ziele der Unterhaltsrechtsreform, in: Reform des Unterhaltsrechts, 5. Göttinger Workshop zum Familienrecht, *Lipp, Volker/Schumann, Eva/ Veit, Barbara* (Hrsg.), Göttingen 2007, S. 7-28

Hohmann-Dennhardt, Christine: Familienrechtliche Antworten auf veränderte Familienwelten, FF 2007, S. 174-185

Höhn, Charlotte: Vorwort, in: *Glatzer, Wolfgang* (Hrsg.), Nichteheliche Lebensgemeinschaften, Wiesbaden 1987, S. 3-4

Holzhauer, Heinz: Aktuelles Familienrecht vor rechtsgeschichtlichem Hintergrund, JZ 2000, S. 1076-1085

Höpflinger, François: Wandel der Familienbildung in Westeuropa, Frankfurt am Main 1987

Hoppenz, Rainer: Anmerkung zum Urteil des BGH vom 28.9.2005 – XII ZR 189/02, FamRZ 2006, S. 610

Ipsen, Jörn: Ehe und Familie, in: *Isensee, Josef/Kirchhof, Paul* (Hrsg.), Handbuch des Staatsrechts der Bundesrepublik Deutschland, Band VII, Freiheitsrechte, 3. Auflage, Heidelberg 2009, § 154, S. 431-476

Isensee, Josef: Das Grundrecht als Abwehrrecht und staatliche Schutzpflicht, in: *Isensee, Josef/Kirchhof, Paul* (Hrsg.), Handbuch des Staatsrechts, Band V, Allgemeine Grundrechtslehren, Heidelberg 1992, § 111, S. 143-242

Isensee, Josef: Mit blauem Auge davongekommen – das Grundgesetz, Zu Arbeit und Resultaten der gemeinsamen Verfassungskommission, NJW 1993, S. 2583-2587

Jarass, Hans D./Pieroth, Bodo (Hrsg.): Grundgesetz für die Bundesrepublik Deutschland, Kommentar, 9. Auflage, München 2007 (zitiert als: Jarass/Pieroth/*Bearbeiter*)

Johannsen, Kurt H./Henrich, Dieter (Mitbegr./Hrsg.): Familienrecht, Scheidung, Unterhalt, Verfahren, Kommentar, 5. Auflage, München 2010 (zitiert als: Johannsen/Henrich/*Bearbeiter*)

Joost, Detlev: Zuwendungen unter Ehegatten und Bereicherungsausgleich nach der Scheidung, Zum Verhältnis von Schuldrecht und Familienrecht, JZ 1985, S. 10-18

Kalthoener, Elmar/Büttner, Helmut/Niepmann, Birgit: Die Rechtsprechung zur Höhe des Unterhalts, 10. Auflage, München 2008

Kemper, Rainer: Das neue Unterhaltsrecht, Köln 2008

Kemper, Rainer: Der Anspruch auf Unterhalt wegen Betreuung eines Kindes nach § 1570 BGB, FuR 2008, S. 169-176

Kemper, Rainer: Hausratsteilung und Zugewinnausgleich – Konkurrenz und Reformfragen, FPR 2007, S. 202-205

Kemper, Rainer: Rangverhältnisse im kommenden Unterhaltsrecht, FuR 2007, S. 49-54

Kingreen, Thorsten: Die verfassungsrechtliche Stellung der nichtehelichen Lebensgemeinschaft im Spannungsfeld zwischen Freiheits- und Gleichheitsrechten, Dissertation, Berlin 1995

Kleffmann, Gunnar: Ehe und andere Lebensgemeinschaften nach Landes- und Bundesverfassungsrecht, Art. 26 Abs. 2 Brandenburgische Landesverfassung im Verhältnis zu Art. 6 Abs. 1 Grundgesetz, Dissertation, Köln 1999

Klein, Anne/Schlechta, Bettina: Will die Unterhaltsrechtsreform den Wert der Frau auf ihre Gebährtüchtigkeit reduzieren?, FPR 2005, S. 496-502

Knoche, Joachim: Die Partner der nichtehelichen Lebensgemeinschaft als „Familienangehörige"?, Das privatrechtliche Außenverhältnis, München 1987

Koch, Elisabeth: Die Teilungsmasse des Zugewinns – der Topos von der starren, schematischen Regelung des Gesetzes, in: *Schwab, Dieter/Hahne, Meo-Micaela* (Hrsg.), Familienrecht im Brennpunkt, Fachkongress zum 50-jährigen Bestehen der FamRZ vom 22.-24. April 2004 in Bonn, Bielefeld 2004, S. 139-159

Kogel, Walter: Rückforderung unbedachter vorehelicher Zuwendungen nach Scheitern der Ehe, FamRB 2007, S. 273-275

Konietzka, Dirk/Kreyenfeld, Michaela: Nichteheliche Mutterschaft und soziale Ungleichheit, Zur sozioökonomischen Differenzierung der Familienformen in Ost- und Westdeutschland, Max-Planck-Institut für demografische Forschung, Working Paper WP 2005-001, Rostock 2005 (zitiert als: *Konietzka/Kreyenfeld,* Working Paper)

Körner-Damman, Marita: Veränderte Erwerbs- und Familienstrukturen als Voraussetzung der Vereinbarkeit von Beruf und Familie, NJW 1994, S. 2056-2063

Kreyenfeld, Michaela/Konietzka, Dirk: Nichteheliche Lebensgemeinschaften – Demographische Trends und gesellschaftliche Strukturen, in: *Scherpe, Jens M./Yassari, Nadjma* (Hrsg.), Die Rechtsstellung nichtehelicher Lebensgemeinschaften, The Legal Status of Cohabitants, Tübingen 2005, S. 45-76

Krings, Günter: Die „eingetragene Lebenspartnerschaft" für gleichgeschlechtliche Paare, Der Gesetzgeber zwischen Schutzabstandsgebot und Gleichheitssatz, ZRP 2000, S. 409-415

Krings, Günter: Verfassungsrechtliche Vorgaben für eine rechtliche Ordnung nichtehelicher Lebensgemeinschaften, FPR 2001, S. 7-12

Kunigk, Fritz: Die Lebensgemeinschaft, Rechtliche Gestaltung von ehelichem und eheähnlichem Zusammenleben, Stuttgart (u. a.) 1978

Künzler, Jan: Arbeitsteilung in Ehe und nichtehelichen Lebensgemeinschaften, in: *Klein, Thomas/Lauterbach, Wolfgang* (Hrsg.), Nichteheliche Lebensgemeinschaften, Analysen zum Wandel partnerschaftlicher Lebensformen, Opladen 1999, S. 235-268

Langenfeld, Gerrit: Handbuch der Eheverträge und Scheidungsvereinbarungen, 5. Auflage, München 2005

Langheim, Tanja: Befristung und Herabsetzung von Unterhaltsansprüchen nach § 1578b BGB, FamRZ 2010, S. 409-415

Larenz, Karl: Methodenlehre der Rechtswissenschaft, 5. Auflage, Berlin (u. a.) 1983

Lauterbach, Wolfgang: Die Dauer Nichtehelicher Lebensgemeinschaften, Alternative oder Vorphase zur Ehe?, in: *Klein, Thomas/Lauterbach, Wolfgang* (Hrsg.), Nichteheliche Lebensgemeinschaften, Analysen zum Wandel partnerschaftlicher Lebensformen, Opladen 1999, S. 269-308

Lieb, Manfred: Empfiehlt es sich, die rechtlichen Fragen der nichtehelichen Lebensgemeinschaft gesetzlich zu regeln?, Gutachten A zum 57. Deutschen Juristentag Mainz 1988, München 1988 (zitiert als: *Lieb,* Gutachten)

Limbach, Jutta: Die nichteheliche Lebensgemeinschaft als Regelungsproblem, RuP 1983, S. 91-98

Limbach, Jutta: Familienrecht und sozialer Wandel, FuR 1995, S. 200-204

Lois, Daniel: Lebensstile und Entwicklungspfade nichtehelicher Lebensgemeinschaften, Eine empirische Analyse mit dem Sozioökonomischen Panel, Dissertation, Wiesbaden 2009

Luthin, Horst/Koch, Elisabeth (Hrsg.): Handbuch des Unterhaltsrechts, 11. Auflage, München 2010 (zitiert als: Luthin/Koch/*Bearbeiter*)

Lützenkirchen, Klaus: Die Kündigung aus wichtigem Grund im Sinne von § 569a Abs. 5 BGB, WuM 1990, S. 413-414

Maier, Winfried: Die gleiche Teilhabe der Ehegatte am gemeinsam Erwirtschafteten im Unterhaltsrecht, NJW 2002, S. 3359-3365

Mangoldt, Hermann von (Begr.)/Klein, Friedrich/Starck, Christian (Hrsg.): Das Bonner Grundgesetz, Band 1: Präambel, Art. 1 bis 19, 4. Auflage, München 1999 (zitiert als: Mangoldt/Klein/Starck/*Bearbeiter*)

Matthias-Bleck, Heike: Die gesellschaftliche Etablierung der nichtehelichen Lebensgemeinschaft, in: *Busch, Friedrich W./Nave-Herz, Rosemarie* (Hrsg.), Familie und Gesellschaft, Beiträge zur Familienforschung, Oldenburg 2005, S. 53-76, (zitiert als: *Matthias-Bleck* 2005)

Matthias-Bleck, Heike: Jenseits der Institution? Lebensformen auf dem Weg in die Normalität, Würzburg 2006 (zitiert als: *Matthias-Bleck* 2006)

Matthias-Bleck, Heike: Warum noch Ehe?, Erklärungsversuche der kindorientierten Eheschließung, Bielefeld 1997 (zitiert als: *Matthias-Bleck* 1997)

Maultzsch, Felix: Die „fehlerhafte Gesellschaft“: Rechtsnatur und Minderjährigenschutz, JuS 2003, S. 544-551

Maunz, Theodor/Dürig, Günter (Begr.): Grundgesetz, Kommentar, München 2009 (zitiert als: Maunz/Dürig/*Bearbeiter*)

Mayer, Norbert: Hausbau durch nichteheliche Lebenspartner auf dem Grundstück eines Partners – ein Grundfall der Vertragsgestaltung, ZEV 1999, S. 384-388

Meder, Stephan: Eigenverantwortung und Solidarität im Familienrecht am Beispiel des Geschiedenenunterhalts, in: Bundesministerium für Familie, Senioren, Frauen und Jugend (Hrsg.), Dokumentation der Tagung „Eigenverantwortung, private und öffentliche Solidarität – Rollenleitbilder im Familien- und Sozialrecht im europäischen Vergleich", 4.-6.10.2007, Villa Vigoni, Como, Italien, Baden-Baden 2007 (zitiert als: *Meder,* BMFSFJ 2007)

Mehrle, Gebhard: Zum Bedarf der Unterhaltsberechtigten nach §§ 1610, 1615l BGB, FamRZ 2010, S. 510-513.

Meier-Scherling, Anne-Gudrun: Die eheähnliche Lebensgemeinschaft, DRiZ 1979, S. 296-301

Merten, Detlef: Eheliche und nichteheliche Lebensgemeinschaften unter dem Grundgesetz, in: *Isensee, Josef/Lecheler, Helmut* (Hrsg.), Freiheit und Eigentum, Festschrift für Walter Leisner zum 70. Geburtstag, Berlin 1999, S. 615-632 (zitiert als: *Merten,* FS Leisner)

Metz, Bernhard: Rechtsethische Prinzipien des nachehelichen Unterhalts, Eine Kritik an der nachwirkenden ehelichen Solidarität, Frankfurt am Main (u. a.) 2005

Meyer, Sibylle/Schulze, Eva: Familie im Umbruch, Zur Lage der Familien in der ehemaligen DDR, Studie im Auftrag des Bundesministeriums für Familie und Senioren, Stuttgart 1992

Meyer-Götz, Karin (Hrsg.): Familienrecht, Vertragsgestaltung, Prozessführung, Baden-Baden 2009 (zitiert als: Meyer-Götz/*Bearbeiter*)

Müller, Rolf: Lebenserfahrung und Partnerschaftsentscheidung, Moralvorstellungen, Chancen und Partnerschaftserfahrung und der Einfluss auf die erste und weitere Eheschließungen und Gründung von nichtehelichen Lebensgemeinschaften, Bremen 2002

Müller, Wolfgang: Verfassungswidrigkeit des Versorgungsausgleichs bei „Altehen"?, NJW 1977, S. 1745-1748

Müller-Freienfels, W.: Tendenzen zur Verrechtlichung nichtehelicher Lebensgemeinschaften, ZEE (Zeitschrift für Evangelische Ethik) 1980, S. 55-73

Münch, Christof: Die Scheidungsimmobilie, München 2009

Münch, Eva Marie von/Backhaus, Beate: Die Scheidung nach neuem Recht, Verfahren, Kindschafts- und Unterhaltsrecht, Lebenspartnerschaft, 12. Auflage, München 2006

Münch, Ingo von: Verfassungsrecht und nichteheliche Lebensgemeinschaft, in: *Landwehr, Götz* (Hrsg.), Die nichteheliche Lebensgemeinschaft, Hamburg 1978, S. 137-151 (zitiert als: *Schwab,* in *Landwehr*)

Münch, Ingo von (Begr.)/Kunig, Philip (Hrsg.): Grundgesetz-Kommentar, Band 1, Präambel, Art. 1-19, 5. Auflage, München 2000 (zitiert als: v. Münch/Kunig/*Bearbeiter*)

Münchener Kommentar: Bürgerliches Gesetzbuch, Band 2, Schuldrecht Allgemeiner Teil, §§ 241-432, *Krüger, Wolfgang* (Hrsg.), 5. Auflage, München 2006 (zitiert als: MünchKomm/*Bearbeiter*)

Münchener Kommentar: Bürgerliches Gesetzbuch, Band 3, Schuldrecht Besonderer Teil I, §§ 433-610, Finanzierungsleasing, HeizkostenV, BetriebskostenV, CISG, *Krüger, Wolfgang/Westermann, Harm Peter* (Hrsg.), 5. Auflage, München 2008 (zitiert als: MünchKomm/*Bearbeiter*)

Münchener Kommentar: Bürgerliches Gesetzbuch, Band 5, Schuldrecht Besonderer Teil III, §§ 705-853, Partnerschaftsgesellschaftsgesetz, Produkthaftungsgesetz, *Habersack, Mathias* (Hrsg.), 5. Auflage, München 2009 (zitiert als: MünchKomm/*Bearbeiter*)

Münchener Kommentar: Bürgerliches Gesetzbuch, Band 7, 1. Halbband, Familienrecht I, §§ 1297-1588, GewSchG, *Weber-Monecke, Beatrix* (Hrsg.), 5. Auflage, München 2010 (zitiert als: MünchKomm/*Bearbeiter*)

Münchener Kommentar: Bürgerliches Gesetzbuch, Band 7, 1. Halbband, Familienrecht I, §§ 1297-1588, VAHRG, VAÜG, HausratsV, *Weber-Monecke, Beatrix* (Hrsg.), 4. Auflage, München 2000 (zitiert als: MünchKomm/*Bearbeiter,* 4. Auflage)

Münchener Kommentar: Bürgerliches Gesetzbuch, Band 7 1. Halbband, Familienrecht I, §§ 1297-1588, VAHRG, VAÜG, HausratsV, *Kurt Rebmann, Franz Jürgen Säcker* (Hrsg.), 3. Auflage, München 1993 (zitiert als: MünchKomm/*Bearbeiter,* 3. Auflage)

Münder, Johannes/Ernst, Rüdiger: Familienrecht, Eine sozialwissenschaftliche Darstellung, 6. Auflage, Köln 2009

Muscheler, Karlheinz: Familienrecht, Neuwied 2006

Musielak, Hans-Joachim/Borth, Helmut: Familiengerichtliches Verfahren, München 2009

Nave-Herz, Rosemarie: Die Hochzeit, Ihre heutige Sinnzuschreibung seitens der Eheschließenden: eine empirisch-soziologische Studie, Würzburg 1997 (zitiert als: *Nave-Herz* 1997)

Nave-Herz, Rosemarie: Die nichteheliche Lebensgemeinschaft - eine soziologische Analyse, FPR 2001, S. 3-7

Niemeyer, Frank: Nichteheliche Lebensgemeinschaften und Ehepaare – Formen der Partnerschaft gestern und heute, Wirtschaft und Statistik 1994, S. 504-517

Noyon, Alexander/Kock, Tanja: Living apart together: Ein Vergleich getrennt wohnender Paare mit klassischen Partnerschaften, Zeitschrift für Familienforschung, 18. Jahrgang, Heft 1/2006, S. 27-45

Ohlenburger-Bauer, Karin: Die eheähnliche Gemeinschaft, Eine vergleichende Betrachtung ihrer Rechtslage und Rechtswirkungen in Frankreich und Deutschland, Dissertation, Köln 1977

Palandt, Otto (Begr.): Bürgerliches Gesetzbuch, München 2010 (zitiert als: Palandt/*Bearbeiter*)

Pauling, Dieter: Stiefkinder und Ehegattenunterhalt – Problematik des § 1576 BGB, FPR 2004, S. 99-101

Pauly, Walter: Sperrwirkungen des verfassungsrechtlichen Ehebegriffs, NJW 1997, S. 1955-1957

Paus, Bernhard: Unterhaltsleistungen an den Partner der eheähnlichen Lebensgemeinschaft, Anmerkungen zu dem BFH-Urteil vom 27.10.1989 – III R 205/82, FR 1990, S. 172

Peschel-Gutzeit, Lore Maria: Der neue Betreuungsunterhalt – Ende des Altersphasenmodells?, FPR 2008, S. 24-27

Peuckert, Rüdiger: Familienformen im sozialen Wandel, 7. Auflage, Wiesbaden 2008

Pintens, Walter: Scheidung und nachehelicher Unterhalt in Belgien, in: *Hofer, Sibylle/Schwab, Dieter/Henrich, Dieter* (Hrsg.): Scheidung und nachehelicher Unterhalt im europäischen Vergleich, Beiträge zum europäischen Familienrecht, Band 8, Bielefeld 2003, S. 27-55

Prütting, Hanns/Wegen, Gerhard/Weinreich, Gerd (Hrsg.): BGB, Kommentar, 4. Auflage, Köln 2009

Rakete-Dombek, Ingeborg: Die Reform des Güterrechts – Was leistet die Reform, was leistet sie nicht?, FPR 2009, S. 270-273

Ramm, Thilo: Familienrecht, Verfassung, Geschichte, Reform, Tübingen 1996 (zitiert als: *Ramm,* Familienrecht)

Ramm, Thilo: Grundgesetz und Eherecht, Tübingen 1972 (zitiert als: *Ramm,* Grundgesetz und Eherecht)

Rapp, Ingmar: Wann werden Ehen getrennt?, Der Einfluss der Ehedauer auf das Trennungsrisiko, Kölner Zeitschrift für Soziologie und Sozialpsychologie 2008, S. 500-527

Rauscher, Thomas: Familienrecht, 2. Auflage, Heidelberg (u. a.) 2008

Rebe, Bernd: Ehe“ausbruch“ als absoluter Unterhaltsverwirkungsgrund?, Scheidungsreform, Scheidungsrealität und die Anwendung der negativen Billigkeitsklausel des § 1579 Abs. 1 Nr. 4 BGB durch die Rechtsprechung, ZblJugR 1981, S. 78-92

Reetz, Wolfgang: Die Reform des Zugewinnausgleichs, DNotZ 2009, S. 826-844

Reichsgerichtsrätekommentar: Das Bürgerliche Gesetzbuch mit besonderer Berücksichtigung der Rechtsprechung des Reichsgerichts und des Bundesgerichtshofs, Kommentar hrsg. von Mitgliedern des Bundesgerichtshofs, Band 4, Teil 2, §§ 1303-1320, §§ 1564-1588, VAHRG §§ 1-13, VAÜG §§ 1-5, EheG §§ 58-73, HausratsVO, 12. Auflage, Berlin 1999 (zitiert als: RGRK/*Bearbeiter*)

Rehbinder, Manfred: Status – Kontrakt – Rolle, Wandlungen der Rechtsstruktur auf dem Wege zur offenen Gesellschaft, in: Berliner Festschrift für Ernst E. Hirsch, dargebracht von den Mitgliedern der juristischen Fakultät zum 65. Geburtstag, Berlin 1968, S. 141-169 (zitiert als: *Rehbinder,* FS Hirsch)

Renesse, Margot von: Ein rechtliches Dach für Wohn- und Lebensgemeinschaften!, ZRP 1996, S. 212-214

Reng, Ingo: Unterhaltsansprüche aufgrund nichtehelicher Lebensgemeinschaft, Dissertation, Frankfurt a. M. (u. a.) 1994

Rieck, Jürgen: Ausländisches Familienrecht, Eine Auswahl von Länderdarstellungen, München 2010 (zitiert als: Rieck/*Bearbeiter*)

Rijsbergen, Claudia: Der besondere Schutz von Ehe und Familie, Die verfassungsrechtliche Einordnung nichtehelicher Lebensgemeinschaften und Lebenspartnerschaften unter dem Blickwinkel des Verfassungswandels, Dissertation, Tübingen 2005

Robbers, Gerhard: Eingetragene Lebenspartnerschaften, Verfassungsrechtliche Überlegungen, JZ 2001, S. 779-786

Rolfs, Christian/Giesen, Richard/Kreikebohm, Ralf/Udsching, Peter (Hrsg.): Sozialrecht, 16. Edition, Stand 1.12.2009. München (zitiert als: Rolfs/Giesen/Kreikebohm/Udsching/*Bearbeiter*)

Rolland, Walter: Das neue Ehe- und Familienrecht, 1. EheRG, Kommentar zum 1. Eherechtsreformgesetz, 2. Auflage, Neuwied 1982

Röthel, Anne: Nichteheliche Lebensgemeinschaften – Neue Rechtsfragen und Regelungsaufgaben im In- und Ausland, ZRP 1999, S. 511-519

Röthel, Anne: Rückgewähr von Zuwendungen durch Verlobte, Ehegatten, Lebenspartner, Jura 2006, S. 641-650

Roth-Stielow, Klaus: Rechtsfragen des ehelosen Zusammenlebens von Mann und Frau, JR 1978, S. 233-236

Ruland, Franz: Die Problemstruktur des Versorgungsausgleichs, in: *Zacher, Hans F.* (Hrsg.), Der Versorgungsausgleich im internationalen Vergleich und in der zwischenstaatlichen Praxis, Colloquium des Max-Planck-Instituts für ausländisches und internationales Sozialrecht Tutzing 1984, Berlin 1985, S. 167-221

Ruland, Franz: Versorgungsausgleich, 2. Auflage, München 2009

Rupp, Marina: Nichteheliche Lebensgemeinschaften ohne Kinder, ÖIF Materialsammlung, Heft 4, „Lebens- und Familienformen – Tatsachen und Normen", S. 59-70

Sachs, Michael (Hrsg.): Grundgesetz, Kommentar, 5. Auflage, München 2009 (zitiert als: Sachs/*Bearbeiter*)

Sachs, Michael: Rechtsförmliche Lebenspartnerschaft für Menschen gleichen Geschlechts – Verfassungsgebot oder Verfassungsverstoß?, JR 2001, S. 45-50

Schenk, Herrad: Freie Liebe – wilde Ehe, Über die allmähliche Auflösung der Ehe durch Liebe, München 1987 (zitiert als: *Schenk* 1987)

Schenk, Herrad: Freie Liebe, wilde Ehe, Über die allmähliche Auflösung der Ehe durch Liebe, München 1995, Nachwort, S. 237-238 (zitiert als: *Schenk* 1995)

Schickedanz, Erich: Anmerkung zum Urteil des AG Emden vom 11.2.1985 – 5 C 788/74, NJW 1975, S. 1890-1891

Schildge, Georg: Die nichteheliche Lebensgemeinschaft im Mietrecht, Pfaffenweiler 1986

Schilling, Roger: § 1615l BGB nach der Reform, FPR 2008, S. 27-31

Schilling, Roger: § 1615l BGB-E – ein Fortschritt?, FPR 2005, S. 513-516

Schlüter, Wilfried: Die nichteheliche Lebensgemeinschaft, Berlin 1981

Schmeiduch, D.: Können die Ehegatten im Verfahren über den Versorgungsausgleich im Rahmen des § 1587o BGB vereinbaren, daß das Familiengericht mehr Anwartschaften aus der gesetzlichen Rentenversicherung überträgt, als § 1587b Abs. 1 BGB vorschreibt?, FamRZ 1979, S. 762-764

Schmid, Viola: Die Familie in Art. 6 des Grundgesetzes, Berlin 1989

Schmidt, Johannes: Vertrag statt Trauschein?, Nichteheliche Paare und das Recht, Forschung an der Universität Bielefeld 18/1998, S. 1-13

Schmidt-Bleibtreu, Bruno/Hofmann, Hans/Hopfauf, Axel (Hrsg.): Grundgesetz, Kommentar, 11. Auflage, Köln 2008 (zitiert als: Schmidt-Bleibtreu/Hofmann/Hopfauf/*Bearbeiter*)

Schmidt-Futterer, Wolfgang (Begr.): Mietrecht, Großkommentar des Wohn- und Gewerberaummietrechts, Bürgerliches Gesetzbuch (§§ 535 bis 580a, § 138 BGB), Verordnung über die gebrauchsabhängige Abrechnung der Heiz- und Warmwasserkosten, Wirtschaftsstrafgesetz 1954 (§ 5 WiStG) und Zivilprozessordnung (§§ 721, 765a, 794a ZPO), 9. Auflage, München 2007 (zitiert als: Schmidt-Futterer/*Bearbeiter*)

Schneewind, Klaus A.: Familien zwischen Rhetorik und Realität: eine familienpsychologische Perspektive, in: *Schneewind, Klaus A./Rosenstiel, Lutz von* (Hrsg.), Wandel der Familie, Göttingen 1992, S. 9-36

Schneider, Norbert F./Rosenkranz, Doris/Limmer, Ruth: Nichtkonventionelle Lebensformen, Entstehung, Entwicklung, Konsequenzen, Opladen 1998

Schneider, Norbert F./Ruckdeschel, Kerstin: Partnerschaften mit zwei Haushalten: Eine moderne Lebensform zwischen Partnerschaftsideal und beruflichen Erfordernissen, in: *Bien, Walter/Marbach, Jan H.* (Hrsg.), Partnerschaft und Familiengründung, Ergebnisse der dritten Welle des Familien-Survey, Opladen 2003, S. 245-258

Schneider, Norbert F./Rüger, Heiko: Value of Marriage, Der subjektive Sinn der Ehe und die Entscheidung zur Heirat, Zeitschrift für Soziologie 2007, S. 131-152

Schnitzler, Klaus: Münchener Anwaltshandbuch, Familienrecht, 2. Auflage, München 2008 (zitiert als: Schnitzler/*Bearbeiter*)

Scholz, Rainer: Die nichteheliche Lebensgemeinschaft – ein Problem für den Gesetzgeber?, ZRP 1981, S. 225-230

Scholz, Harald/Stein, Rolf (Begr.): Praxishandbuch Familienrecht, *Scholz, Harald/Kleffmann, Norbert/Motzer, Stefan* (Hrsg.), 17. Ergänzung, München 2009 (zitiert als: Scholz/Stein/*Bearbeiter*)

Scholz, Rupert/Uhle, Arnd: „Eingetragene Lebenspartnerschaft" und Grundgesetz, NJW 2001, S. 393-400

Schramm, Barbara: Vereinbarungen zum Versorgungsausgleich nach neuem Recht, NJW-Spezial 2009, S. 292-293

Schröder, Rudolf/Bergschneider, Ludwig: Familienvermögensrecht, Handbuch, 2. Auflage, Bielefeld 2007

Schubert, Werner: Zur Reform der Gemeinschaftsteilung durch die Hausratsverordnung von 1944, JZ 1983, S. 939-944

Schulte-Bunert, Kai/Weinreich, Gerd (Hrsg.): FamFG, Kommentar, Köln 2009 (zitiert als: Schulte-Bunert/Weinreich/*Bearbeiter*)

Schulz, Werner: Vermögensauseinandersetzung der nichtehelichen Lebensgemeinschaft, FamRZ 2007, S. 593-605

Schumacher, Klaus: Zum gesetzlichen Regelungsbedarf für nichteheliche Lebensgemeinschaften, FamRZ 1994, S. 857-865

Schürmann, Heinrich: Kinder – Eltern – Rang, Die neue Rangordnung nach dem Unterhaltsrechtsänderungsgesetz, FamRZ 2008, S. 313-326

Schwab, Dieter: Ehe und eheloses Zusammenleben, - Eine Reflexion -, in: *Schnitzler, Klaus/Rakete-Dombek, Ingeborg* (Hrsg.), Festschrift für Rechtsanwältin Dr. Ingrid Groß, Bonn 2004, S. 215-227 (zitiert als: *Schwab,* FS Groß)

Schwab, Dieter: Eheschließungsrecht und nichteheliche Lebensgemeinschaft, Eine rechtsgeschichtliche Skizze, FamRZ 1981, S. 1151-1156

Schwab, Dieter: Familienrecht, 17. Auflage, München 2009 (zitiert als: *Schwab,* FamR)

Schwab, Dieter: Handbuch des Scheidungsrechts, 6. Auflage, München 2010 (zitiert als: Schwab/*Bearbeiter,* Handbuch)

Schwab, Dieter: Konkurs der Familie?, Familienrecht im Umbruch, München 1994 (zitiert als: *Schwab,* Konkurs der Familie)

Schwab, Dieter: Zivilrecht und nichteheliche Lebensgemeinschaft, in: *Landwehr, Götz* (Hrsg.), Die nichteheliche Lebensgemeinschaft, Göttingen 1978, S. 61-83 (zitiert als: *Schwab,* in *Landwehr*)

Schwab, Dieter: Zur Reform des Unterhaltsrechts, FamRZ 2005, S. 1417-1425

Schwenzer, Ingeborg: Ein Familienrecht für das 21. Jahrhundert, in: Siebzehnter Deutscher Familiengerichtstag vom 12.-15. September 2007 in Brühl, Ansprachen und Referate, Berichte und Ergebnisse der Arbeitskreise, Brühler Schriften zum Familienrecht, Band 15, Deutscher Familiengerichtstag e. V. (Hrsg.), Bielefeld 2008, S. 27-40 (zitiert als: *Schwenzer,* 17. DFGT)

Schwenzer, Ingeborg: Gesetzliche Regelung der Rechtsprobleme nichtehelicher Lebensgemeinschaften?, JZ 1988, S. 781-789

Schwenzer, Ingeborg: Grundlinien eines modernen Familienrechts aus rechtsvergleichender Sicht, RabelsZ 2007, S. 705-728

Schwenzer, Ingeborg: The Evolution of Family Law: From Status to Contract and Relation, European Journal of Law Reform 2001, S. 199-202

Schwenzer, Ingeborg: Vom Status zur Realbeziehung: Familienrecht im Wandel, Baden-Baden 1987

Schubert, Werner: Zur Reform der Gemeinschaftsteilung durch die Hausratsverordnung von 1944, JZ 1983, S. 939-944

Soergel, Hans Theodor (Begr.): Bürgerliches Gesetzbuch mit Einführungsgesetzen und Nebengesetzen, Band 2, Schuldrecht I (§§ 241-432), 12. Auflage, Stuttgart (u. a.) 1990 (zitiert als: Soergel/*Bearbeiter*)

Soergel, Hans Theodor (Begr.): Bürgerliches Gesetzbuch mit Einführungsgesetzen und Nebengesetzen, Band 5/1, Schuldrecht IV/1 (§§ 705-822), 12. Auflage, Stuttgart (u. a.) 2007 (zitiert als: Soergel/*Bearbeiter*)

Soergel, Hans Theodor (Begr.): Bürgerliches Gesetzbuch mit Einführungsgesetzen und Nebengesetzen, Band 7, Familienrecht I (§§ 1297-1588), VAHRG, Nichteheliche Lebensgemeinschaft, 12. Auflage, Stuttgart (u. a.) 1989 (zitiert als: Soergel/*Bearbeiter*)

Soergel, Hans Theodor (Begr.): Bürgerliches Gesetzbuch mit Einführungsgesetzen und Nebengesetzen, Band 7, Familienrecht II (§§ 1589-1921), EheG, HausratsVO, 12. Auflage, Stuttgart (u. a.) 1987 (zitiert als: Soergel/*Bearbeiter*)

Stach, Simone: Eheverträge – Gesetz und Rechtstatsachen –, Dissertation, Berlin 1988

Starck, Christian: 30. Einleitender Diskussionsbeitrag zum Thema „Empfiehlt es sich, die rechtlichen Fragen der nichtehelichen Lebensgemeinschaft gesetzlich zu regeln?“, in: Verhandlungen des 57. Deutschen Juristentags, Band II, Sitzungsbericht I, München 1988, I 85-90

Statistisches Bundesamt (Hrsg.): Datenreport 2008: Ein Sozialbericht für die Bundesrepublik Deutschland, Bonn 2008

Statistisches Bundesamt (Hrsg.): Im Blickpunkt – Frauen in Deutschland 2006, Wiesbaden 2006 (zitiert als: Statistisches Bundesamt, Frauen in Deutschland 2006)

Statistisches Bundesamt (Hrsg.): Leben und Arbeiten in Deutschland, Sonderheft 1: Familien und Lebensformen, Ergebnisse des Mikrozensus 1996-2004, Wiesbaden 2006 (zitiert als: Statistisches Bundesamt, Leben und Arbeiten in Deutschland)

Statistisches Bundesamt (Hrsg.): Mikrozensus 2008, Neue Daten zur Kinderlosigkeit in Deutschland, Begleitmaterial zur Pressekonferenz am 29. Juli 2009 in Berlin, Wiesbaden 2009 (zitiert als: Statistisches Bundesamt, Mikrozensus 2008)

Statistisches Bundesamt (Hrsg.): Pflegestatistik 2007, Pflege im Rahmen der Pflegeversicherung, 4. Bericht: Ländervergleich – Pflegeheime, Wiesbaden 2009 (zitiert als: Statistisches Bundesamt, Pflegestatistik 2007)

Staudinger, J. von (Begr.): J. von Staudingers Kommentar zum Bürgerlichen Gesetzbuch mit Einführungsgesetz und Nebengesetzen, Buch 3: Sachenrecht, §§ 985-1011, 13. Auflage, Berlin 2006 (zitiert als: Staudinger/*Bearbeiter*)

Staudinger, J. von (Begr.): J. von Staudingers Kommentar zum Bürgerlichen Gesetzbuch mit Einführungsgesetz und Nebengesetzen, Buch 4: Familienrecht, Einleitung zu §§ 1297 ff., §§ 1297-1302, Faktische Lebensgemeinschaft (Anhang zu §§ 1297 ff.), §§ 1303-1362, Neubearbeitung 2007, Berlin 2007 (zitiert als: Staudinger/*Bearbeiter*)

Staudinger, J. von (Begr.): J. von Staudingers Kommentar zum Bürgerlichen Gesetzbuch mit Einführungsgesetz und Nebengesetzen, Buch 4: Familienrecht, §§ 1363-1563 (Eheliches Güterrecht), Neubearbeitung 2007, Berlin 2007 (zitiert als: Staudinger/*Bearbeiter*)

Staudinger, J. von (Begr.): J. von Staudingers Kommentar zum Bürgerlichen Gesetzbuch mit Einführungsgesetz und Nebengesetzen, Buch 4: Familienrecht, §§ 1564-1568, HausratsVO (Scheidung der Ehe), Berlin 2004 (zitiert als: Staudinger/*Bearbeiter*)

Staudinger, J. von (Begr.): J. von Staudingers Kommentar zum Bürgerlichen Gesetzbuch mit Einführungsgesetz und Nebengesetzen, Buch 4: Familienrecht, §§ 1587-1588, VAHRG, Neubearbeitung 2004, Berlin 2004 (zitiert als: Staudinger/*Bearbeiter*)

Steiger, Heinhard: Verfassungsgarantie und sozialer Wandel, Das Beispiel von Ehe und Familie, VVDStRL 45 (1987), S. 55-93

Steinert, Karl-Friedrich: Vermögensrechtliche Fragen während des Zusammenlebens und nach Trennung Nichtverheirateter, NJW 1986, S. 683-689

Stern, Klaus: Das Staatsrecht der Bundesrepublik Deutschland, Band IV, Die einzelnen Grundrechte, 1. Halbband, Der Schutz und die freiheitliche Entfaltung des Individuums, München 2006

Strätz, Hans-Wolfgang: Rechtsfragen des Konkubinats im Überblick, FamRZ 1980, S. 301-308

Tettinger, Peter J.: Kein Ruhmesblatt für Hüter der Verfassung, JZ 2002, S. 1146-1152

Tiedtke, Klaus: Güterrechtlicher und schuldrechtlicher Ausgleich bei Scheidung der Ehe, DNotZ 1983, S. 161-169

Tiedtke, Klaus: Rechtsprechung des Bundesgerichtshofs zum ehelichen Güterrecht seit dem 1. Januar 1978 – Teil 2, JZ 1984, S. 1078-1086

Trost, Jan: Nichteheliche Lebensgemeinschaften, in: Handbuch der Familien- und Jugendforschung, Band I: Familienforschung, in *Nave-Herz, Rosemarie/Markefka, Manfred* (Hrsg.), Neuwied, Frankfurt a. M. 1989, S. 363-373

Vaskovics, Laszlo A./Hofmann, Barbara/Rost, Harald: Ergebnisse der soziologischen Teilstudie, in: Optionen der Lebensgestaltung junger Ehen und Kinderwunsch, Bundesministerium für Familie, Senioren, Frauen und Jugend (Hrsg.), *Schneewind, Klaus A.* (Mitherausgeber), Stuttgart 1997, S. 37-164

Vaskovics, Laszlo A./Rost, H. /Rupp, Marina: Lebenslage nichtehelicher Kinder, Rechtstatsächliche Untersuchung zu Lebenslagen und Entwicklungsverläufen nichtehelicher Kinder, im Auftrag des Bundesministeriums der Justiz, Köln 1997

Vaskovics, Laszlo A./Rupp, Marina: Partnerschaftskarrieren, Entwicklungspfade nichtehelicher Lebensgemeinschaften, Opladen 1995

Venger, Sonja: Gesetzliche Regelung der Rechtsverhältnisse nichtehelicher Lebensgemeinschaften, Zur Notwendigkeit und inhaltlichen Ausgestaltung eines solchen Gesetzes im Rechtsvergleich mit den Regelungen in Frankreich, den Niederlanden, Belgien und Katalonien, Dissertation, Berlin 2004

Waldner, Wolfram: Eheverträge, Scheidungs- und Partnerschaftsvereinbarungen für die notarielle und anwaltliche Praxis, 2. Auflage, Berlin 2004

Walther-Reining, Kerstin: Das deutsche eheliche Güterrecht im 20. Jahrhundert, Anspruch und rechtstatsächliche Wirklichkeit, Dissertation, Wiesbaden 2009

Weinmann, Julia: Frauen und Männer in verschiedenen Lebensphasen, Statistisches Bundesamt (Hrsg.), Wiesbaden 2010

Weinreich, Gerd/Klein, Michael (Hrsg.): Fachanwaltskommentar Familienrecht, 3. Auflage, Köln 2008 (zitiert als: Weinreich/Klein/*Bearbeiter*)

Wellenhofer, Marina: Die Unterhaltsrechtsreform nach dem Urteil des BVerfG zum Betreuungsunterhalt, FamRZ 2007, S. 1282-1289

Wellenhofer, Marina: Familienrecht, München 2009 (zitiert als: *Wellenhofer,* FamR)

Wellenhofer, Marina: Freiheit der Lebensformen im Lichte des Artikel 6 GG – Gesetzliche Regelung der nichtehelichen Lebensgemeinschaft?, FF 2008, S. 350-351

Wellenhofer, Marina: Rechtsprobleme bei Auflösung der nichtehelichen Lebensgemeinschaft – unter Lebenden und im Todesfall, in: *Scherpe, Jens M./Yassari, Nadjma* (Hrsg.), Die Rechtsstellung nichtehelicher Lebensgemeinschaften, The Legal Status of Cohabitants, Tübingen 2005, S. 101-136

Wellenhofer, Marina: Regelungslücken bei der nichtehelichen Lebensgemeinschaft?, Freiheit der Lebensform im Lichte des Artikel 6 GG, AnwBl 2008, S. 559-565

Wendl, Philipp/Staudigl, Siegfried (Begr.): Das Unterhaltsrecht in der familienrichterlichen Praxis, Die neuere Rechtsprechung des Bundesgerichtshofs und die Leitlinien der Oberlandesgerichte zum Unterhaltsrecht und zum Verfahren in Unterhaltsprozessen, 7. Auflage, München 2008 (zitiert als: Wendl/*Bearbeiter*)

Wever, Reinhardt: Anmerkung zum Urteil des OLG Köln vom 18.1.2002 – 19 U 56/01, FamRZ 2002, S. 1405

Wever, Reinhardt: Die Entwicklung der Rechtsprechung zur Vermögensauseinandersetzung der Ehegatten außerhalb des Güterrechts, FamRZ 2010, S. 237-249

Wever, Reinhardt: Unterhalt bei Betreuung nichtehelicher Kinder – der neu gestaltete § 1615l BGB, FamRZ 2008, S. 553-562

Wever, Reinhardt: Vermögensauseinandersetzung der Ehegatten außerhalb des Güterrechts, 5. Auflage, Bielefeld 2009

Winde, Barbara: Regelungsbedarf und Regelungsmöglichkeiten bei nichtehelichen Lebensgemeinschaften unterschiedlichen Typs, Dissertation, Berlin 2002

Wingen, Max: Der soziologische Tatbestand der nichtehelichen Lebensgemeinschaften, FamRZ 1981, S. 331-337

Wingen, Max: Nichteheliche Lebensgemeinschaften, Formen, Motive, Folgen, Osnabrück 1984

Witt, Siegfried de/Huffmann, Johann-Friedrich: Nichteheliche Lebensgemeinschaft, 2. Auflage, München 1986

Zippelius, Reinhold: Juristische Methodenlehre, 9. Auflage, München 2005

Internetquellen

Kommission „Strukturreform des Versorgungsausgleichs“: Abschlussbericht der Kommission „Strukturreform des Versorgungsausgleichs“, Berlin 2004, http://www.bmj.de/files/-/1377/Abschlussbericht.pdf (abgerufen am 2.1.2011)

Luef, Christina: Frauen verdienen ein Leben lang weniger, Lebenseinkommen von Frauen mit Kindern liegt deutlich unter dem der Männer, in: Das Familienhandbuch des Staatsinstituts für Frühpädagogik (IFP) 2004/2005, S. 3, www.familienhandbuch.de/cmain/f_Fachbeitrag/a_Familienforschung/s_1773.html (abgerufen am 2.1.2011)

Müller-Soares, Joachim: Soll der Staat generell Eheverträge vorschreiben?, Artikel vom 8.6.2007, http://www.capital.de/politik/100006841.html?eid =100003213 (abgerufen am 2.1.2011)

Pittscheidt, Claudia: Ehe ohne Risiko, Focus Nr. 29 (1994), http://www.focus.de/finanzen/news/familienrecht-ehe-ohne-risiko_aid_147864.html (abgerufen am 2.1.2011)

Statistisches Bundesamt (Hrsg.): Tabelle Durchschnittliches Alter der Mütter bei der Geburt des 1. Kindes 2005-2008, http://www.destatis.de/jetspeed/portal/cms/Sites/destatis/Internet/DE/Content/Statistiken/Bevoelkerung/GeburtenSterbefaelle/Tabellen/Content75/GeburtenMutteralter,templateId=renderPrint.psml (zitiert als: Statistisches Bundesamt, Tabelle Durchschnittsalter bei Geburt) (abgerufen am 2.1.2011)

Statistisches Bundesamt (Hrsg.): Tabelle Erst-Ehen und Wiederverheiratung 2005-2008, http://www.destatis.de/jetspeed/portal/cms/Sites/destatis/Internet/DE/Content/Statistiken/Bevoelkerung/EheschliessungenScheidungen/Tabellen/Content50/ErstEhenWiederverheiratung,templateId=render Print.psml (zitiert als: Statistisches Bundesamt, Tabelle Erst-Ehen und Wiederverheiratung) (abgerufen am 2.1.2011)

Studien zum deutschen und internationalen Familien- und Erbrecht

Herausgegeben von Martin Lipp, Christoph Benicke, Marina Wellenhofer und Bettina Heiderhoff

Band 1 Jessica Kriewald: Statusrelevante Erklärungen des Familienrechts. 2009.

Band 2 Martin Gilbert: Unmoralische Angebote, Grundrechtskitsch und die kalte Hand des Erblassers. 2009.

Band 3 Anja Vellmer: Religiöse Kindererziehung und religiös begründete Konflikte in der Familie. Eine rechtsübergreifende Darstellung familiärer religiöser Konflikte und der staatlichen Instrumentarien zu ihrer Lösung. 2010.

Band 4 Uta Heidenreich: Auskunfts- und Wertermittlungsansprüche des Pflichtteilsberechtigten. 2010.

Band 5 Ulla Möhn: Vertrauensschutz im intertemporalen Scheidungsunterhaltsrecht. Zugleich eine Analyse des § 36 Nr. 1 EGZPO. 2010.

Band 6 Gabriele Metternich: Verfügungsverhalten von Erblassern. Eine empirische Untersuchung als Beitrag zur Rechtstatsachenforschung und Reformdiskussion auf dem Gebiet des Erbrechts. 2010.

Band 7 Patrick Schroer: Europäischer Erbschein. Mit rechtsvergleichender Darstellung. 2010.

Band 8 Isabella Toscano: Ehescheidungen mit grenzüberschreitendem Bezug. Von divergierenden nationalen Scheidungsvoraussetzungen zu einem einheitlichen europäischen Scheidungsrecht? 2011.

Band 9 Ulrich Kühle: Die gerichtliche Überprüfung von Erb- und Pflichtteilsverzichtsverträgen im Spiegel ehevertraglicher Inhaltskontrolle. 2011.

Band 10 Gregor Blüm: Härtefälle im Recht des Versorgungsausgleichs. Eine legitimationszentrierte Untersuchung der Rechtsprechung zur Generalklausel des § 1587c Nr. 1 BGB a. F. unter Berücksichtigung der Neuerungen in der Härtefallregelung des § 27 VersAusglG. 2011.

Band 11 Linda Schlegel: Die Bedeutung des vorehelichen Zusammenlebens im Scheidungsfolgenrecht. 2011.

www.peterlang.de